FOOTBALL IN SCOTLAND

1973 to 2022

Michael Robinson

INTRODUCTION

The Scottish League was founded in 1890 after a series of meetings in Glasgow were initiated by Scottish F.A. members Renton FC. The meetings were held in "Holton's Hotel" with representatives of the following clubs invited: Abercorn, Cambuslang, Celtic, Clyde, Cowlairs, Dumbarton, Heart of Midlothian, Queen's Park, Rangers, Renton, St. Bernard's, St. Mirren, Third Lanark and Vale of Leven. All these clubs except for Clyde FC and Queen's Park FC sent two delegates and an agreement was made which resulted in the inauguration of the League in August, 1890 with 11 teams participating. All clubs which attended the inaugural and subsequent meetings became members with the exception of Clyde FC and Queen's Park FC who both decided against joining the League. St. Bernard's FC were also not accepted as members as it was alleged that they "paid" their players, a practice which was not permitted at the time.

The final tables and results of the Scottish League for the period from its foundation in 1890 until the end of the 1972/73 season are contained in another of our publications, "Scotland Football League Tables & Results 1873 to 1973", which was published in 2012 and this book can be ordered directly from us at the address below.

This updated second book contains the statistics for the 49 seasons since 1973 during which a number of major changes to the structure of the Scottish League have taken place. In 1973, a two Division system was in place but the League was subsequently expanded to three Divisions from 1975 until 1994 when a fourth Division was added. In 1998, the top 10 Scottish League clubs (then in the "Premier Division") resigned from the League to set up a new "Scottish Premier League", the remaining 30 clubs forming the 3 divisions of the Scottish Football League below the newly-formed SPL. A further reorganisation took place during June 2013 as the SPL and SFL merged to become the Scottish Professional Football League – functionally equivalent to how the old SFL operated before the SPL breakaway! Finally, promotion into and relegation out of the SPFL commenced during the 2014/2015 season. Following the reorganisation of Scottish non-league football, the winners of the Highland Football League and Lowland Football League now play-off to face the team finishing bottom of the SPFL in a further play-off to decide promotion or relegation. Since then, famous old names such as East Stirlingshire FC, Berwick Rangers FC, Brechin City FC and Cowdenbeath FC have been relegated, replaced by Edinburgh City FC, Cove Rangers FC, Kelty Hearts FC and Bonnyrigg Rose Athletic FC respectively.

The full names of clubs are used whenever possible with name-changes, mergers etc. shown as and when they occur. The club names are listed in the following format: Club Name (Home Town/City/Village). In addition to the results of all League matches and final League tables, a list of the top goal-scorers and results of the latter stages of the national Cup competition are also included.

British Library Cataloguing in Publication Data

A catalogue record for this book is available from the British Library

ISBN 978-1-86223-481-9

Copyright © 2022, SOCCER BOOKS LIMITED. (01472 696226)   www.soccer-books.co.uk

72 St. Peter's Avenue, Cleethorpes, N.E. Lincolnshire, DN35 8HU, United Kingdom

All rights are reserved. No part of this publication may be reproduced, stored in a retrieval system or transmitted, in any form or by any means, electronic, mechanical, photocopying, recording, or otherwise, without the prior written permission of Soccer Books Limited.

Printed by 4Edge Limited.

1973-74 SEASON

1973-1974 Scottish Football League Division 1	Aberdeen	Arbroath	Ayr United	Celtic	Clyde	Dumbarton	Dundee	Dundee United	Dunfermline	East Fife	Falkirk	Hearts	Hibernian	Morton	Motherwell	Partick Thistle	Rangers	St. Johnstone
Aberdeen FC	■	2-2	2-1	0-0	1-1	3-0	0-0	3-1	0-0	2-0	6-0	3-1	1-1	0-0	0-0	2-0	1-1	0-1
Arbroath FC	1-3	■	1-1	1-2	1-2	2-1	2-4	1-2	3-1	1-2	0-0	2-3	3-2	2-1	0-2	0-3	1-2	3-1
Ayr United FC	0-0	1-2	■	0-1	2-2	0-1	4-2	1-1	3-1	1-0	1-0	2-1	1-1	2-1	1-0	1-0	0-1	3-2
Celtic FC	2-0	1-0	4-0	■	5-0	3-3	1-2	3-3	6-0	4-2	6-0	1-0	1-1	1-1	2-0	7-0	1-0	3-0
Clyde FC	1-3	3-2	1-3	0-2	■	0-3	0-2	1-2	1-0	2-0	0-0	2-0	1-1	0-2	0-3	1-0	0-2	0-1
Dumbarton FC	0-1	5-2	0-2	0-2	1-1	■	2-0	1-2	1-0	1-1	1-5	0-1	3-3	1-0	3-0	2-0	0-2	2-1
Dundee FC	1-1	5-1	2-1	0-1	6-1	2-1	■	0-1	1-5	0-1	4-0	0-0	1-3	2-1	0-1	4-1	2-3	2-2
Dundee United FC	0-3	3-1	2-1	0-2	4-0	6-0	1-2	■	0-1	0-0	2-1	3-3	1-4	4-2	0-1	1-1	1-3	2-0
Dunfermline Athletic FC	0-0	1-1	0-4	2-3	2-3	3-2	1-5	2-3	■	0-1	4-0	2-3	2-3	1-1	2-4	1-1	2-2	3-1
East Fife FC	2-2	0-2	0-1	1-6	1-0	0-1	0-3	0-2	0-1	■	1-2	0-0	0-3	0-1	1-0	2-1	0-3	1-2
Falkirk FC	1-3	2-2	1-1	1-1	3-0	2-3	3-3	0-1	0-1	1-1	■	0-2	0-0	1-1	1-1	0-0	0-0	1-1
Heart of Midlothian FC	0-0	4-0	0-1	1-3	0-0	0-0	2-2	1-1	3-0	2-2	2-1	■	4-1	0-2	2-0	3-1	2-4	0-2
Hibernian FC	3-1	2-1	4-2	2-4	5-0	3-0	2-1	3-1	1-1	2-1	2-0	3-1	■	5-0	1-0	2-1	3-1	3-3
Morton FC	2-0	1-1	1-2	0-0	2-2	3-1	0-1	0-2	1-2	1-0	0-3	2-3	0-3	■	4-3	0-0	2-3	1-1
Motherwell FC	0-0	3-4	2-0	3-2	0-0	2-0	2-2	4-0	1-0	3-1	2-1	2-2	1-1	1-0	■	1-2	1-4	0-1
Partick Thistle FC	2-0	2-3	3-0	2-0	1-3	0-0	1-0	2-1	1-1	0-1	2-2	1-3	1-0	0-0	1-0	■	0-1	0-1
Rangers FC	1-1	2-3	0-0	0-1	4-0	3-1	1-2	3-1	3-0	0-1	2-1	0-3	4-0	1-0	2-1	1-1	■	5-1
St. Johnstone FC	1-2	0-0	1-1	2-1	1-1	3-3	1-4	1-1	3-1	1-3	2-0	0-2	0-2	1-4	0-1	2-2	1-3	■

	Division 1	Pd	Wn	Dw	Ls	GF	GA	Pts	
1.	CELTIC FC (GLASGOW)	34	23	7	4	82	27	53	
2.	Hibernian FC (Edinburgh)	34	20	9	5	75	42	49	
3.	Rangers FC (Glasgow)	34	21	6	7	67	34	48	
4.	Aberdeen FC (Aberdeen)	34	13	16	5	46	26	42	
5.	Dundee FC (Dundee)	34	16	7	11	67	48	39	
6.	Heart of Midlothian FC (Edinburgh)	34	14	10	10	54	43	38	
7.	Ayr United FC (Ayr)	34	15	8	11	44	40	38	
8.	Dundee United FC (Dundee)	34	15	7	12	55	51	37	
9.	Motherwell FC (Motherwell)	34	14	7	13	45	40	35	
10.	Dumbarton FC (Dumbarton)	34	11	7	16	43	58	29	
11.	Partick Thistle FC (Glasgow)	34	9	10	15	33	46	28	
12.	St. Johnstone FC (Perth)	34	9	10	15	41	60	28	
13.	Arbroath FC (Arbroath)	34	10	7	17	52	69	27	
14.	Morton FC (Greenock)	34	8	10	16	37	49	26	
15.	Clyde FC (Glasgow)	34	8	9	17	29	65	25	
16.	Dunfermline Athletic FC (Dunfermline)	34	8	8	18	43	65	24	
17.	East Fife FC (Methil)	34	9	6	19	26	51	24	R
18.	Falkirk FC (Falkirk)	34	4	14	16	33	58	22	R
		612	227	158	227	872	872	612	

Top goalscorer 1973-74

1) John DEANS   (Celtic FC)   26

1973-1974 Scottish Football League Division 2	Airdrieonians	Albion Rovers	Alloa Athletic	Berwick Rangers	Brechin City	Clydebank	Cowdenbeath	East Stirling	Forfar Athletic	Hamilton	Kilmarnock	Montrose	Queen/South	Queen's Park	Raith Rovers	St. Mirren	Stenhousemuir	Stirling Albion	Stranraer
Airdrieonians FC		0-0	5-2	2-0	8-0	4-1	5-0	2-0	4-0	4-1	0-0	2-0	3-0	4-0	4-0	6-1	1-0	3-0	3-1
Albion Rovers FC	0-1		2-2	0-1	3-1	3-0	0-0	3-3	1-2	1-3	3-4	1-4	0-2	0-1	0-1	2-3	1-1	2-0	0-2
Alloa Athletic FC	0-1	1-0		1-1	2-1	0-1	0-2	2-2	2-0	0-1	0-1	3-1	0-1	2-1	0-4	3-1	2-0	1-0	3-2
Berwick Rangers FC	3-1	1-0	1-0		2-2	0-0	3-3	1-1	0-0	0-0	4-1	1-1	2-1	2-0	1-0	3-2	2-1	2-0	0-1
Brechin City FC	0-3	0-0	0-4	2-0		0-1	2-4	0-3	2-1	0-1	0-4	0-4	0-3	1-5	0-4	2-4	1-2	2-5	2-2
Clydebank FC	2-1	0-1	1-2	1-2	2-0		2-2	1-3	3-3	1-1	1-2	3-0	0-1	2-0	1-1	1-1	1-1	2-0	5-0
Cowdenbeath FC	0-1	3-4	2-1	1-1	2-1	0-2		3-5	3-2	2-3	2-4	4-2	1-1	1-1	2-2	0-0	3-0	1-4	2-2
East Stirlingshire FC	0-2	1-2	2-3	1-0	1-3	2-0	5-1		0-1	1-1	1-3	3-1	0-1	1-2	0-1	1-0	1-2	1-0	1-3
Forfar Athletic FC	0-7	4-0	1-1	1-1	1-2	0-2	1-2	2-1		1-2	3-5	2-3	1-2	3-1	1-4	0-1	0-2	1-7	1-1
Hamilton Academical FC	0-0	2-0	2-0	0-4	3-1	3-0	4-1	1-0	2-1		2-2	2-0	2-0	3-2	2-1	4-2	2-1	1-2	1-1
Kilmarnock FC	4-0	3-1	8-2	2-3	3-1	3-2	4-3	4-0	5-1	3-1		2-1	1-0	5-0	1-1	1-1	3-1	2-1	4-1
Montrose FC	2-1	3-1	4-0	1-0	3-2	1-3	4-1	4-2	5-1	1-0	0-2		2-2	2-0	1-3	5-0	0-0	2-2	2-2
Queen of the South FC	1-1	5-2	1-0	3-3	2-1	0-1	5-0	3-1	3-2	1-2	1-0	5-0		2-0	3-0	3-3	5-1	3-1	1-2
Queen's Park FC	1-3	3-1	0-2	1-0	2-0	2-1	1-0	1-1	6-0	0-3	0-2	0-2	0-3		1-0	2-1	0-1	0-0	1-3
Raith Rovers FC	0-4	3-0	3-2	1-1	1-1	2-2	1-2	5-0	4-1	0-3	3-1	2-2	3-0	3-1		2-4	3-0	5-4	1-0
St. Mirren FC	3-5	3-1	0-1	1-1	3-0	2-0	0-2	3-1	3-1	2-2	1-3	2-0	0-0	3-4	0-1		4-1	3-3	1-2
Stenhousemuir FC	2-3	1-0	4-0	2-1	4-2	1-2	0-1	3-2	1-1	0-1	0-1	3-3	0-4	3-0	0-1	3-1		0-3	4-1
Stirling Albion FC	0-2	7-1	1-0	0-2	5-0	3-0	6-1	6-0	2-0	1-3	1-1	4-3	1-0	3-2	1-1	1-1	1-0		1-0
Stranraer FC	1-6	1-2	1-3	1-4	3-0	1-0	5-2	3-0	4-2	2-4	2-2	3-1	5-5	1-1	2-3	0-2	1-0	2-0	

	Division 2	Pd	Wn	Dw	Ls	GF	GA	Pts	
1.	Airdrieonians FC (Airdrie)	36	28	4	4	102	25	60	P
2.	Kilmarnock FC (Kilmarnock)	36	26	6	4	96	44	58	P
3.	Hamilton Academical FC (Hamilton)	36	24	7	5	68	38	55	
4.	Queen of the South FC (Dumfries)	36	20	7	9	73	41	47	
5.	Berwick Rangers FC (Berwick-upon-Tweed)	36	16	13	7	53	35	45	
6.	Raith Rovers FC (Kirkcaldy)	36	18	9	9	69	48	45	
7.	Stirling Albion FC (Stirling)	36	17	6	13	76	50	40	
8.	Montrose FC (Montrose)	36	15	7	14	71	64	37	
9.	Stranraer FC (Stranraer)	36	14	8	14	64	70	36	
10.	Clydebank FC (Clydebank)	36	13	8	15	47	48	34	
11.	St. Mirren FC (Paisley)	36	12	10	14	62	66	34	
12.	Alloa Athletic FC (Alloa)	36	15	4	17	47	58	34	
13.	Cowdenbeath FC (Cowdenbeath)	36	11	9	16	59	85	31	
14.	Queen's Park FC (Glasgow)	36	12	4	20	42	64	28	
15.	Stenhousemuir FC (Stenhousemuir)	36	11	5	20	44	59	27	
16.	East Stirlingshire FC (Falkirk)	36	9	5	22	47	73	23	
17.	Albion Rovers FC (Coatbridge)	36	7	6	23	38	72	20	
18.	Forfar Athletic FC (Forfar)	36	5	6	25	42	94	16	
19.	Brechin City FC (Brechin)	36	5	4	27	33	99	14	
		684	278	128	278	1133	1133	684	

Note: Ferranti Thistle FC (Edinburgh) were elected to Division 2 which was extended to 20 clubs for the next season. However, due to league regulations banning advertising in club names, they changed their name to Meadowbank Thistle FC (Edinburgh).

SCOTTISH CUP FINAL   (Hampden Park, Glasgow – 04/05/1974 – 75,959)

CELTIC FC (GLASGOW)　　　　　　　　3-0　　　　　　　　Dundee United FC (Dundee)
Hood, Murray, Deans　　　　　　　　(H.T. 2-0)

Celtic: Connaghan, McGrain (Callaghan), Brogan, Murray, McNeill, McCluskey, Johnstone, Hood, Deans, Hay, Dalglish.

Dundee United: Davie, Gardner, Kopel, Copland, D. Smith (Traynor), W.Smith, Payne (Rolland), Knox, Gray, Fleming, Houston.

Semi-finals   (03/04/1974 – 09/04/1974)

Celtic FC (Glasgow)　　　　　　　　　1-0　　　　　　　　Dundee FC (Dundee)
Heart of Midlothian FC (Edinburgh)　　1-1, 2-4　　　　　Dundee United FC (Dundee)

1974-75 SEASON

1974-1975 Scottish Football League Division 1	Aberdeen	Airdrieonians	Arbroath	Ayr United	Celtic	Clyde	Dumbarton	Dundee	Dundee United	Dunfermline	Hearts	Hibernian	Kilmarnock	Morton	Motherwell	Partick Thistle	Rangers	St. Johnstone
Aberdeen FC		1-0	5-1	3-0	3-2	4-1	1-1	4-0	2-0	1-1	2-2	2-3	4-0	3-3	2-2	1-1	1-2	3-1
Airdrieonians FC	2-2		1-0	1-2	1-0	0-3	1-1	0-1	1-1	5-2	1-1	0-0	2-2	3-1	2-0	1-0	4-3	1-1
Arbroath FC	1-2	3-1		1-3	2-2	2-0	0-3	2-2	1-3	1-3	3-1	0-2	0-0	0-2	1-1	2-0	1-2	0-0
Ayr United FC	2-0	1-0	1-0		1-5	1-0	1-3	2-1	1-1	3-2	3-3	2-2	3-2	1-1	0-4	5-2	1-1	1-0
Celtic FC	1-0	6-0	1-0	5-3		5-1	2-2	1-2	0-1	2-1	4-1	5-0	5-0	1-1	2-3	3-2	1-2	3-1
Clyde FC	1-1	2-1	3-1	1-0	2-4		1-3	0-1	1-2	2-2	2-2	0-3	4-2	1-2	0-0	2-2	1-2	2-2
Dumbarton FC	2-3	2-0	5-1	1-2	1-3	2-0		0-0	1-2	1-1	0-1	2-3	1-1	0-0	0-1	0-1	1-5	0-0
Dundee FC	0-1	1-0	0-1	2-3	0-6	4-1	2-1		2-0	2-0	2-0	0-0	4-1	3-0	4-1	1-0	1-2	4-0
Dundee United FC	4-0	1-0	3-1	3-1	0-0	3-3	3-3	3-0		1-0	5-0	1-3	3-4	1-0	5-0	2-1	2-2	1-1
Dunfermline Athletic FC	1-3	2-2	3-1	0-2	1-3	1-1	3-0	3-1	1-2		2-2	1-1	1-1	1-1	0-1	1-2	1-6	2-3
Heart of Midlothian FC	1-4	2-1	0-0	1-0	1-1	0-1	2-1	0-0	3-1	1-0		0-0	1-1	3-1	4-1	3-1	1-1	1-2
Hibernian FC	0-1	6-1	2-1	2-1	2-1	1-0	2-0	2-1	3-0	5-1	2-1		0-2	5-0	6-2	2-2	1-1	0-1
Kilmarnock FC	1-0	3-3	2-2	3-0	0-1	2-0	1-2	1-1	2-4	2-4	1-1	1-1		2-1	3-1	1-1	0-6	1-1
Morton FC	0-3	3-0	3-2	1-1	0-1	1-0	1-1	1-2	0-6	0-2	0-0	0-1	2-3		0-3	3-1	1-1	1-1
Motherwell FC	2-1	1-3	3-1	5-1	1-2	1-1	3-1	0-1	0-1	1-2	1-3	4-1	2-0	3-0		0-0	0-5	3-0
Partick Thistle FC	1-0	1-3	1-0	2-2	1-2	2-2	2-1	2-2	0-5	3-0	4-1	1-5	2-2	3-1	2-1		0-4	0-0
Rangers FC	3-2	0-1	3-0	3-0	3-0	3-1	3-2	1-0	4-2	2-0	0-1	3-3	2-0	3-0	3-2			1-0
St. Johnstone FC	1-1	0-1	3-2	0-0	2-1	1-0	3-0	3-1	2-0	2-1	2-3	2-2	2-2	2-0	0-1	1-3	1-2	

	Division 1	Pd	Wn	Dw	Ls	GF	GA	Pts
1.	RANGERS FC (GLASGOW)	34	25	6	3	86	33	56
2.	Hibernian FC (Edinburgh)	34	20	9	5	69	37	49
3.	Celtic FC (Glasgow)	34	20	5	9	81	41	45
4.	Dundee United FC (Dundee)	34	19	7	8	72	43	45
5.	Aberdeen FC (Aberdeen)	34	16	9	9	66	43	41
6.	Dundee FC (Dundee)	34	16	6	12	48	42	38
7.	Ayr United FC (Ayr)	34	14	8	12	50	61	36
8.	Heart of Midlothian FC (Edinburgh)	34	11	13	10	47	52	35
9.	St. Johnstone FC (Perth)	34	11	12	11	41	44	34
10.	Motherwell FC (Motherwell)	34	14	5	15	52	57	33
11.	Airdrieonians FC (Airdrie)	34	11	9	14	43	55	31
12.	Kilmarnock FC (Kilmarnock)	34	8	15	11	52	68	31
13.	Partick Thistle FC (Glasgow)	34	10	10	14	48	62	30
14.	Dumbarton FC (Dumbarton)	34	7	10	17	44	55	24
15.	Dunfermline Athletic FC (Dunfermline)	34	7	9	18	46	66	23
16.	Clyde FC (Glasgow)	34	6	10	18	40	63	22
17.	Morton FC (Greenock)	34	6	10	18	31	62	22
18.	Arbroath FC (Arbroath)	34	5	7	22	34	66	17
		612	226	160	226	950	950	612

Top goalscorers 1974-75

1)	Andrew GRAY	(Dundee United FC)	20
	William PETTIGEW	(Motherwell FC)	20

The league was re-structured for the next season into a Premier Division of 10 clubs with Divisions 1 and 2 consisting of 14 clubs each.

1974-1975 Scottish Football League Division 2	Albion R.	Alloa Ath.	Berwick R.	Brechin City	Clydebank	Cowdenbeath	East Fife	East Stirling	Falkirk	Forfar Ath.	Hamilton	Meadowbank	Montrose	Queen/South	Queen's Park	Raith Rovers	St. Mirren	Stenhousem.	Stirling Alb.	Stranraer
Albion Rovers FC	■	3-2	3-2	3-0	1-3	2-0	2-1	6-2	4-1	5-3	1-2	0-1	3-0	1-1	1-2	2-1	2-4	0-0	1-4	4-0
Alloa Athletic	1-1	■	0-0	1-0	1-0	0-0	0-1	2-1	0-1	3-1	0-0	8-1	0-2	0-4	3-0	0-2	3-1	0-0	2-2	1-3
Berwick Rangers FC	2-0	3-0	■	2-1	2-0	4-1	2-0	1-0	1-2	1-1	0-1	3-0	2-2	0-3	0-2	2-1	1-5	4-2	2-1	3-0
Brechin City FC	3-2	2-2	0-1	■	0-0	3-1	3-2	1-0	0-3	4-1	1-3	0-1	1-2	0-4	2-1	1-1	2-6	4-5	1-2	2-2
Clydebank FC	2-0	4-1	2-1	3-1	■	2-1	0-1	0-3	2-0	2-2	1-0	3-0	1-1	3-1	2-1	3-2	0-0	1-1	0-0	0-3
Cowdenbeath FC	1-5	1-1	0-0	1-2	0-3	■	0-2	1-1	1-4	2-1	1-1	5-0	1-0	0-2	2-0	0-2	1-4	0-3	4-5	0-0
East Fife FC	5-0	3-2	2-1	3-0	1-0	2-2	■	1-1	1-0	2-1	0-0	4-1	1-1	1-0	2-1	1-2	1-1	1-1	1-1	4-1
East Stirlingshire FC	1-0	4-0	0-2	1-2	1-0	2-2	1-0	■	2-0	4-0	0-3	2-0	3-1	2-4	1-0	1-1	5-0	1-0	1-1	0-2
Falkirk FC	3-1	2-0	3-0	3-1	0-1	5-0	4-0	6-1	■	2-0	2-1	2-0	3-2	5-1	1-0	4-0	2-0	1-2	3-0	
Forfar Athletic FC	0-5	0-3	2-3	1-3	0-2	1-1	1-2	2-3	0-2	■	0-2	1-3	0-4	2-3	2-2	2-0	1-1	0-3	0-4	1-4
Hamilton Academical FC	0-0	1-0	1-0	1-1	2-0	5-0	0-1	3-4	0-2	3-0	■	8-0	2-1	2-0	0-1	1-1	3-1	6-2		
Meadowbank Thistle	3-1	0-1	1-1	0-0	1-0	1-6	2-1	0-2	1-0	0-0	0-4	■	1-2	0-2	0-3	1-0	2-4	0-2	1-1	1-0
Montrose FC	0-1	2-1	2-0	3-0	1-1	3-0	3-1	4-3	0-0	2-1	2-1	2-0	■	2-0	0-0	0-0	2-1	2-1	3-1	1-2
Queen of the South FC	1-1	1-1	1-3	3-0	3-0	2-1	2-0	2-0	1-0	7-0	0-0	3-0	1-0	■	0-2	1-1	0-1	2-1	3-0	4-2
Queen's Park FC	1-4	0-2	1-2	3-0	1-0	1-1	0-0	1-2	0-2	4-0	0-3	1-1	1-2	0-3	■	1-1	0-0	1-1	1-2	2-1
Raith Rovers FC	1-2	3-1	2-0	5-2	1-2	1-0	0-2	1-1	1-0	2-0	0-4	2-2	2-2		■	1-2	2-0	3-0	2-1	
St. Mirren FC	1-1	5-1	1-0	6-1	2-0	1-1	0-3	2-0	0-1	4-0	1-2	0-5	0-3	0-1		■	4-1	3-0	4-0	
Stenhousemuir FC	6-1	0-0	2-0	2-0	1-2	1-0	0-1	0-0	0-1	5-2	1-0	0-1	1-0	1-3	4-4		■	2-1	0-0	
Stirling Albion	3-2	2-2	2-0	5-0	3-3	2-0	1-3	0-0	0-2	2-0	1-2	4-1	1-4	3-0	3-0	2-1	1-1	0-1	■	2-0
Stranraer FC	1-1	0-4	2-2	0-0	2-1	2-1	2-1	1-0	3-4	0-0	1-4	3-1	2-2	2-1	0-0	0-0	2-1	0-0	1-2	■

	Division 2	Pd	Wn	Dw	Ls	GF	GA	Pts
1.	Falkirk FC (Falkirk)	38	26	2	10	76	29	54
2.	Queen of the South FC (Dumfries)	38	23	7	8	77	33	53
3.	Montrose FC (Montrose)	38	23	7	8	70	37	53
4.	Hamilton Academical FC (Hamilton)	38	21	7	10	69	30	49
5.	East Fife FC (Methil)	38	20	7	11	57	42	47
6.	St. Mirren FC (Paisley)	38	19	8	11	74	52	46
7.	Clydebank FC (Clydebank)	38	18	8	12	50	40	44
8.	Stirling Albion FC (Stirling)	38	17	9	12	67	55	43
9.	Berwick Rangers FC (Berwick-upon-Tweed)	38	17	6	15	53	49	40
10.	East Stirlingshire FC (Falkirk)	38	16	8	14	56	52	40
11.	Stenhousemuir FC (Stenhousemuir)	38	14	11	13	52	42	39
12.	Albion Rovers FC (Coatbridge)	38	16	7	15	72	64	39
13.	Raith Rovers FC (Kirkcaldy)	38	14	9	15	48	44	37
14.	Stranraer FC (Stranraer)	38	12	11	15	47	65	35
15.	Alloa Athletic FC (Alloa)	38	11	11	16	49	56	33
16.	Queen's Park FC (Glasgow)	38	10	10	18	41	54	30
17.	Brechin City FC (Brechin)	38	9	7	22	44	85	25
18.	Meadowbank Thistle FC (Edinburgh)	38	9	5	24	26	87	23
19.	Cowdenbeath FC (Cowdenbeath)	38	5	11	22	39	76	21
20.	Forfar Athletic FC (Forfar)	38	1	7	30	27	102	9
		760	301	158	301	1094	1094	760

SCOTTISH CUP FINAL (Hampden Park, Glasgow – 03/05/1975 – 75,457)

CELTIC FC (GLASGOW)　　　　　　　3-1　　　　　　　Airdrieonians FC (Airdrie)
Wilson 2, McCluskey pen.　　　　　　*(H.T. 2-1)*　　　　　　　　　　　　*McCann*

Celtic: Latchford, McGrain, Lynch, Murray, McNeill, McCluskey, Hood, Glavin, Dalglish, Lennox, Wilson.

Airdrieonians: McWilliams, Jonquin, Cowan, Menzies, Black, Whiteford, McCann, Walker, McCulloch (March), Lapsley (Reynolds), Wilson

Semi-finals (02/04/1975 – 09/04/1975)

Airdrieonians FC (Airdrie)	1-1, 1-0	Motherwell FC (Motherwell)
Celtic FC (Glasgow)	1-0	Dundee FC (Dundee)

1975-76 SEASON

1975-1976 Scottish Football League Premier Division	Aberdeen	Ayr United	Celtic	Dundee	Dundee United	Hearts	Hibernian	Motherwell	Rangers	St. Johnstone
Aberdeen FC (Aberdeen)	■	3-1	1-2	2-0	1-3	0-0	2-2	2-2	1-0	2-0
	■	2-1	0-1	0-1	5-3	0-3	3-0	0-0	0-0	3-0
Ayr United FC (Ayr)	1-0	■	2-7	2-1	2-2	1-1	1-3	2-0	3-0	1-0
	1-1	■	3-5	3-1	1-0	0-1	2-0	2-1	0-1	2-0
Celtic FC (Glasgow)	0-2	3-1	■	4-0	2-1	3-1	1-1	0-2	1-1	3-2
	1-1	1-2	■	3-3	2-1	2-0	4-0	4-0	0-0	1-0
Dundee FC (Dundee)	3-2	2-2	1-0	■	0-0	2-3	2-0	3-6	0-0	4-3
	1-3	1-2	0-1	■	2-1	4-1	1-1	1-0	1-1	3-0
Dundee United FC (Dundee)	1-2	3-2	1-3	1-2	■	0-1	1-0	1-1	0-0	3-1
	1-0	5-0	3-2	1-0	■	2-0	2-0	1-4	0-1	1-1
Heart of Midlothian FC (Edinburgh)	2-2	2-1	0-1	1-1	1-0	■	1-1	3-3	0-2	2-0
	3-3	1-0	1-0	3-0	0-1	■	0-1	1-2	1-2	1-0
Hibernian FC (Edinburgh)	3-1	1-0	1-3	1-1	1-1	1-0	■	1-0	2-1	4-2
	3-2	3-0	2-0	4-0	0-1	3-0	■	2-0	0-3	5-0
Motherwell FC (Motherwell)	3-0	1-1	1-1	3-2	2-1	1-1	2-1	■	2-1	2-0
	2-1	1-0	1-3	1-1	3-2	2-0	0-1	■	0-1	2-0
Rangers FC (Glasgow)	1-0	3-0	2-1	2-1	4-1	1-2	1-1	3-2	■	2-0
	2-1	2-1	1-0	3-0	0-0	3-1	2-0	2-1	■	4-0
St. Johnstone FC (Perth)	1-1	0-1	1-2	1-3	1-0	0-1	3-4	2-1	1-5	■
	2-0	1-2	3-4	1-1	1-1	0-0	0-2	1-3	0-3	■

	Premier Division	**Pd**	**Wn**	**Dw**	**Ls**	**GF**	**GA**	**Pts**	
1.	RANGERS FC (GLASGOW)	36	23	8	5	60	24	54	
2.	Celtic FC (Glasgow)	36	21	6	9	71	42	48	
3.	Hibernian FC (Edinburgh)	36	18	7	11	55	43	43	
4.	Motherwell FC (Motherwell)	36	16	8	12	57	48	40	
5.	Heart of Midlothian FC (Edinburgh)	36	13	9	14	39	45	35	
6.	Ayr United FC (Ayr)	36	14	5	17	46	59	33	
7.	Aberdeen FC (Aberdeen)	36	11	10	15	49	50	32	
8.	Dundee United FC (Dundee)	36	12	8	16	46	48	32	
9.	Dundee FC (Dundee)	36	11	10	15	49	62	32	R
10.	St. Johnstone FC (Perth)	36	3	5	28	28	79	11	R
		360	142	76	142	500	500	360	

Top goalscorers 1975-76

1)	Kenneth DALGLISH	(Celtic FC)	24
2)	William PETTIGREW	(Motherwell FC)	22
3)	John GRAHAM	(Ayr United FC)	16
4)	John DEANS	(Celtic FC)	15
	Derek JOHNSTONE	(Rangers FC)	15

1975-1976 Scottish Football League Division 1	Airdrieonians	Arbroath	Clyde	Dumbarton	Dunfermline	East Fife	Falkirk	Hamilton	Kilmarnock	Montrose	Morton	Partick Thistle	Queen/South	St. Mirren
Airdrieonians FC		2-2	2-1	3-0	1-1	1-0	2-0	2-2	3-4	2-2	2-1	2-4	2-2	1-3
Arbroath FC	3-0		3-0	1-5	1-0	3-1	0-1	2-1	2-0	1-2	0-1	0-0	3-2	4-1
Clyde FC	2-2	5-2		1-2	0-2	0-2	3-4	0-0	0-2	3-0	1-2	1-2	1-3	3-0
Dumbarton FC	0-0	3-2	1-0		2-0	5-5	1-4	5-1	3-0	0-6	4-0	2-3	2-1	2-0
Dunfermline Athletic FC	3-3	0-1	5-1	0-3		1-1	2-2	0-4	1-0	1-0	1-0	0-3	2-2	2-2
East Fife FC	1-1	3-1	4-3	2-1	5-1		2-1	0-0	2-4	1-7	2-2	1-1	2-0	0-2
Falkirk FC	1-1	1-0	1-2	3-2	4-1	0-1		1-0	0-1	2-0	3-3	0-0	1-0	1-1
Hamilton Academical FC	2-1	0-1	0-0	2-3	1-1	3-2	1-0		1-1	3-3	2-0	1-2	2-0	0-1
Kilmarnock FC	2-1	2-1	3-0	1-0	4-0	2-1	1-0	4-2		1-1	3-2	0-1	2-0	3-1
Montrose FC	1-0	3-5	4-3	3-2	2-2	3-0	2-1	1-1	2-0		1-1	2-1	2-1	2-1
Morton FC	1-0	2-2	1-1	1-1	1-1	3-0	2-3	1-4	1-3	2-1		0-0	0-1	1-0
Partick Thistle FC	0-1	2-0	1-0	0-0	1-1	5-0	3-2	2-0	2-0	4-1	2-0		2-1	2-1
Queen of the South FC	1-7	2-1	1-3	4-2	5-2	1-1	3-2	2-2	2-1	2-1	0-1	1-1		2-2
St. Mirren FC	2-2	0-0	3-0	3-2	2-0	2-0	1-0	2-2	0-0	3-1	2-2	2-3	0-2	

Division 1

		Pd	Wn	Dw	Ls	GF	GA	Pts	
1.	Partick Thistle FC (Glasgow)	26	17	7	2	47	19	41	P
2.	Kilmarnock FC (Kilmarnock)	26	16	3	7	44	29	35	P
3.	Montrose FC (Montrose)	26	12	6	8	53	43	30	
4.	Dumbarton FC (Dumbarton)	26	12	4	10	53	46	28	
5.	Arbroath FC (Arbroath)	26	11	4	11	41	39	26	
6.	St. Mirren FC (Paisley)	26	9	8	9	37	37	26	
7.	Airdrieonians FC (Airdrie)	26	7	11	8	44	41	25	
8.	Falkirk FC (Falkirk)	26	10	5	11	38	35	25	
9.	Hamilton Academical FC (Hamilton)	26	7	10	9	37	37	24	
10.	Queen of the South FC (Dumfries)	26	9	6	11	41	47	24	
11.	Morton FC (Greenock)	26	7	9	10	31	40	23	
12.	East Fife FC (Methil)	26	8	7	11	39	53	23	
13.	Dunfermline Athletic FC (Dunfermline)	26	5	10	11	30	51	20	R
14.	Clyde FC (Glasgow)	26	5	4	17	34	52	14	R
		364	135	94	135	569	569	364	

1975-1976 Scottish Football League Division 2	Albion Rovers	Alloa Athletic	Berwick Rangers	Brechin City	Clydebank	Cowdenbeath	East Stirling	Forfar Athletic	Meadowbank	Queen's Park	Raith Rovers	Stenhousemuir	Stirling Albion	Stranraer
Albion Rovers FC		0-1	2-2	4-0	0-4	1-1	2-1	4-0	4-0	0-0	1-2	2-2	1-1	2-1
Alloa Athletic FC	2-0		1-0	0-0	0-0	4-0	1-0	2-1	1-1	3-3	0-1	4-2	1-2	3-3
Berwick Rangers FC	0-1	0-3		2-1	0-4	0-1	1-2	3-3	1-0	1-1	1-3	1-1	3-2	1-2
Brechin City FC	2-0	2-3	1-0		1-2	1-2	2-2	2-1	0-3	1-0	0-4	1-1	2-3	0-4
Clydebank FC	2-2	3-1	0-1	3-0		3-0	3-0	2-0	2-0	1-1	1-1	2-1	1-0	2-1
Cowdenbeath FC	3-0	0-1	3-2	5-2	1-1		0-1	2-2	2-0	2-2	1-1	3-1	2-1	2-1
East Stirlingshire FC	0-0	0-3	1-1	1-0	0-1	4-2		1-1	3-0	2-1	1-3	0-0	3-1
Forfar Athletic FC	1-0	3-3	1-3	0-1	0-2	1-1	2-2		1-1	4-1	0-0	3-1	0-0	0-3
Meadowbank Thistle FC	4-1	1-2	2-6	0-4	0-0	1-1	0-4	1-0		1-0	0-1	1-1	0-2	2-3
Queen's Park FC	2-2	3-1	1-0	1-0	0-2	4-1	1-0	4-0	1-1		2-3	0-3	3-1	2-0
Raith Rovers FC	1-1	1-0	3-0	1-1	1-0	2-1	0-0	2-2	3-2	0-2		2-0	2-2	3-3
Stenhousemuir FC	4-2	0-1	2-1	4-1	2-1	0-2	2-1	1-2	2-1	2-2	0-3		0-1	1-2
Stirling Albion FC	2-2	1-1	2-0	1-1	0-1	5-2	3-2	2-0	5-0	1-3	0-1	1-2		3-0
Stranraer FC	0-1	1-2	1-2	4-2	0-1	2-4	2-1	4-0	5-1	1-1	1-3	3-1	1-0	

	Division 2		Pd	Wn	Dw	Ls	GF	GA	Pts	
1.	Clydebank FC (Clydebank)		26	17	6	3	44	13	40	P
2.	Raith Rovers FC (Kirkcaldy)		26	15	10	1	45	22	40	P
3.	Alloa Athletic FC (Alloa)		26	14	7	5	44	28	35	
4.	Queen's Park FC (Glasgow)		26	10	9	7	41	33	29	
5.	Cowdenbeath FC (Cowdenbeath)		26	11	7	8	44	43	29	
6.	Stirling Albion FC (Stirling)		26	9	7	10	39	32	25	
7.	Stranraer FC (Stranraer)		26	11	3	12	49	43	25	
8.	East Stirlingshire FC (Falkirk)		26	8	8	10	33	33	24	
9.	Albion Rovers FC (Coatbridge)		26	7	10	9	35	38	24	
10.	Stenhousemuir FC (Stenhousemuir)		26	9	5	12	39	44	23	
11.	Berwick Rangers FC (Berwick-upon-Tweed)		26	7	5	14	32	44	19	
12.	Forfar Athletic FC (Forfar)		26	4	10	12	28	48	18	
13.	Brechin City FC (Brechin)		26	6	5	15	28	51	17	
14.	Meadowbank Thistle FC (Edinburgh)		26	5	6	15	24	53	16	
			364	133	98	133	525	525	364	

SCOTTISH CUP FINAL   (Hampden Park, Glasgow – 01/05/1976 – 85,354)

RANGERS FC (GLASGOW)	3-1	Heart of Midlothian FC (Edinburgh)
Johnstone 2, MacDonald	*(H.T. 2-0)*	*Shaw*

Rangers: McCloy, Miller, Greig, Forsyth, Jackson, MacDonald, McKean, Hamilton (Jardine), Henderson, McLean, D. Johnstone.

Hearts: Cruickshank, Brown, Burrell (Aird), Jefferies, Gallacher, Kay, Gibson (Park), Busby, Shaw, Callachan, Prentice.

Semi-finals   (31/03/1976 – 14/04/1976)

Dumbarton FC (Dumbarton)	0-0, 0-3	Heart of Midlothian FC (Edinburgh)
Motherwell FC (Motherwell)	2-3	Rangers FC (Glasgow)

1976-77 SEASON

1976-1977 Scottish Football League Premier Division	Aberdeen	Ayr United	Celtic	Dundee United	Hearts	Hibernian	Kilmarnock	Motherwell	Partick Thistle	Rangers
Aberdeen FC (Aberdeen)		1-0	2-1	3-2	2-2	1-0	2-0	3-1	1-1	3-3
		0-2	2-0	0-1	4-1	0-0	2-0	2-1	0-2	2-1
Ayr United FC (Ayr)	0-5		0-2	1-4	0-1	2-3	3-1	4-1	2-1	1-1
	0-0		2-4	1-4	1-1	1-2	1-1	3-2	1-1	0-2
Celtic FC (Glasgow)	2-2	3-0		5-1	2-2	1-1	2-1	2-0	2-0	2-2
	4-1	2-0		2-0	5-1	4-2	1-0	2-2	2-1	1-0
Dundee United FC (Dundee)	3-2	2-2	1-0		1-1	2-1	3-0	2-0	2-1	0-0
	2-3	0-1	1-2		1-2	1-0	4-0	1-1	0-0	0-1
Heart of Midlothian FC (Edinburgh)	2-1	2-2	3-4	1-2		0-1	2-2	2-1	0-0	0-1
	1-1	1-2	0-3	1-1		2-2	4-0	3-2	1-0	1-3
Hibernian FC (Edinburgh)	0-0	1-0	1-1	1-2	1-1		2-0	0-2	0-0	1-1
	0-0	2-0	0-1	0-0	3-1		0-0	1-2	1-1	0-0
Kilmarnock FC (Kilmarnock)	1-2	6-1	0-4	1-0	2-1	1-1		1-1	0-0	0-4
	1-2	0-1	1-3	1-2	2-2	0-1		2-2	1-3	1-0
Motherwell FC (Motherwell)	1-1	4-1	3-0	4-0	1-1	2-2	5-4		3-0	3-1
	1-3	2-4	2-2	1-1	2-1	1-1	2-0		1-1	0-2
Partick Thistle FC (Glasgow)	2-2	0-2	2-4	1-5	2-1	1-1	2-1	2-0		2-1
	2-1	0-1	1-1	0-0	2-0	1-0	3-1	0-0		4-3
Rangers FC (Glasgow)	1-0	1-1	0-1	3-0	4-2	1-1	0-0	1-0	1-0	
	1-0	5-1	2-2	2-3	3-2	2-1	3-0	4-1	2-1	

	Premier Division	Pd	Wn	Dw	Ls	GF	GA	Pts	
1.	CELTIC FC (GLASGOW)	36	23	9	4	79	39	55	
2.	Rangers FC (Glasgow)	36	18	10	8	62	37	46	
3.	Aberdeen FC (Aberdeen)	36	16	11	9	56	42	43	
4.	Dundee United FC (Dundee)	36	16	9	11	54	45	41	
5.	Partick Thistle FC (Glasgow)	36	11	13	12	40	44	35	
6.	Hibernian FC (Edinburgh)	36	8	18	10	34	35	34	
7.	Motherwell FC (Motherwell)	36	10	12	14	57	60	32	
8.	Ayr United FC (Ayr)	36	11	8	17	44	68	30	
9.	Heart of Midlothian FC (Edinburgh)	36	7	13	16	49	66	27	R
10.	Kilmarnock FC (Kilmarnock)	36	4	9	23	32	71	17	R
		360	124	112	124	507	507	360	

Top goalscorers 1976-77

1)	William PETTIGREW	(Motherwell FC)	21
2)	Ronald GLAVIN	(Celtic FC)	19
3)	Joseph HARPER	(Aberdeen FC)	18

1976-1977 Scottish Football League Division 1

	Airdrieonians	Arbroath	Clydebank	Dumbarton	Dundee	East Fife	Falkirk	Hamilton	Montrose	Morton	Queen/South	Raith Rovers	St. Johnstone	St. Mirren
Airdrieonians FC (Airdrie)	■■	2-0	0-2	---	2-2	---	---	---	1-2	1-1	---	3-3	---	2-2
	■■	3-0	1-1	1-2	2-2	0-0	4-3	2-1	0-2	3-2	3-3	1-0	3-0	2-3
Arbroath FC (Arbroath)	---	■■	---	1-2	---	1-2	---	2-1	---	---	1-1	---	2-1	1-2
	1-0	■■	0-2	1-0	1-0	1-1	4-0	1-1	2-1	2-1	2-0	2-1	2-1	0-2
Clydebank FC (Clydebank)	---	8-1	■■	4-2	3-0	3-1	---	---	---	---	---	2-0	2-0	---
	1-0	3-0	■■	2-0	2-1	2-1	4-1	2-0	1-2	2-3	2-0	3-0	1-0	2-2
Dumbarton FC (Dumbarton)	2-1	---	---	■■	---	3-3	4-0	1-1	2-2	0-4	2-0	---	---	---
	1-3	2-3	1-1	■■	1-1	5-1	2-2	1-2	2-1	1-1	3-3	2-0	2-4	0-1
Dundee FC (Dundee)	---	5-2	---	4-0	■■	---	---	---	3-2	---	0-2	4-0	2-0	---
	3-1	2-1	2-3	2-1	■■	2-2	2-0	5-1	6-1	1-1	1-1	3-1	1-0	0-4
East Fife FC (Methil)	2-1	---	---	---	0-2	■■	1-0	---	---	0-2	1-1	---	1-1	---
	0-4	1-0	0-6	2-3	2-4	■■	1-1	1-1	1-0	0-1	1-0	2-1	1-1	3-3
Falkirk FC (Falkirk)	1-1	1-0	2-4	---	0-8	---	■■	---	---	0-1	---	---	---	1-1
	1-0	1-3	0-4	1-3	1-6	1-1	■■	1-0	0-1	3-5	2-0	1-2	0-0	2-0
Hamilton Academical FC (Hamilton)	0-0	---	0-2	---	0-3	1-2	2-2	■■	---	---	0-3	---	6-0	---
	0-4	0-1	3-2	0-1	4-2	3-1	1-2	■■	0-2	1-0	2-2	0-0	3-2	0-0
Montrose FC (Montrose FC)	---	3-2	3-3	---	---	1-1	1-0	3-0	■■	1-3	---	2-1	---	---
	3-1	1-2	2-2	2-1	0-1	2-0	3-2	1-0	■■	0-0	2-2	2-0	2-2	2-4
Morton FC (Greenock)	---	1-0	2-2	---	2-3	---	1-1	---	---	■■	3-1	---	2-0	3-0
	1-3	4-1	0-0	3-0	2-2	2-0	1-0	0-2	3-0	■■	0-2	3-1	3-1	3-6
Queen of the South FC (Dumfries)	3-0	---	2-2	---	---	---	3-2	---	2-1	---	■■	3-3	1-4	0-4
	2-2	0-1	1-2	1-2	2-2	3-1	3-0	0-1	4-2	0-4	■■	1-0	0-1	1-1
Raith Rovers FC (Kirkcaldy)	---	0-1	---	3-1	---	2-1	3-0	1-1	---	3-4	---	■■	---	1-3
	2-2	1-0	2-1	1-1	1-2	1-0	1-1	0-2	1-0	3-3	1-2	■■	1-1	1-1
St. Johnstone FC (Perth)	1-2	---	---	0-2	---	1-0	---	2-3	---	---	3-3	---	■■	0-5
	0-2	2-1	0-0	1-2	0-0	3-1	2-1	0-1	1-1	1-1	2-2	2-0	■■	1-1
St. Mirren FC (Paisley)	---	---	3-1	3-2	3-1	2-0	---	1-0	2-2	---	---	---	---	■■
	3-0	3-0	0-0	2-1	4-0	1-1	2-0	5-2	2-0	5-1	2-1	2-0	1-1	■■

	Division 1	Pd	Wn	Dw	Ls	GF	GA	Pts	
1.	St. Mirren FC (Paisley)	39	25	12	2	91	38	62	P
2.	Clydebank FC (Clydebank)	39	24	10	5	89	38	58	P
3.	Dundee FC (Dundee)	39	21	9	9	90	55	51	
4.	Morton FC (Greenock)	39	20	10	9	77	52	50	
5.	Montrose FC (Montrose)	39	16	9	14	61	62	41	
6.	Airdrieonians FC (Airdrie)	39	13	12	14	63	58	38	
7.	Dumbarton FC (Dumbarton)	39	14	9	16	63	68	37	
8.	Arbroath FC (Arbroath)	39	17	3	19	46	62	37	
9.	Queen of the South FC (Dumfries)	39	11	13	15	58	65	35	
10.	Hamilton Academical FC (Hamilton)	39	11	10	18	44	59	32	
11.	St. Johnstone FC (Perth)	39	8	13	18	42	64	29	
12.	East Fife FC (Methil)	39	8	13	18	40	71	29	
13.	Raith Rovers FC (Kirkcaldy)	39	8	11	20	45	68	27	R
14.	Falkirk FC (Falkirk)	39	6	8	25	36	85	20	R
		546	202	142	202	845	845	546	

1976-1977 Scottish Football League Division 2	Albion Rovers	Alloa Athletic	Berwick Rangers	Brechin City	Clyde	Cowdenbeath	Dunfermline	East Stirling	Forfar Athletic	Meadowbank	Queen's Park	Stenhousemuir	Stirling Albion	Stranraer
Albion Rovers FC (Coatbridge)		---	---	4-0	3-1	---	---	---	1-1	---	4-1	0-1	---	2-1
		2-2	0-1	2-2	1-4	4-2	2-2	3-2	1-1	3-0	1-1	2-0	4-4	5-2
Alloa Athletic FC (Alloa)	2-2		0-0	---	---	---	---	---	2-2	---	0-1	2-1	0-1	--
	2-2		5-1	6-0	2-0	2-1	3-3	4-1	5-0	2-0	1-1	2-1	3-0	1-1
Berwick Rangers FC (Berwick-upon-Tweed)	1-0	---		4-1	---	1-0	0-1	---	---	0-0	3-2	---	1-0	---
	1-3	2-0		3-1	1-1	0-0	0-2	1-0	2-2	2-3	0-3	1-0	0-3	0-1
Brechin City FC (Brechin)	---	1-3	---		1-2	---	---	0-1	---	1-1	1-1	0-1	0-0	---
	1-3	1-2	1-1		1-1	4-1	2-3	0-0	1-2	3-1	3-2	3-3	0-4	3-1
Clyde FC (Glasgow)	---	2-0	2-3	---		---	4-0	---	3-0	---	0-0	---	2-2
	3-2	1-3	1-0	2-1		4-1	3-2	2-2	0-1	1-1	3-3	1-2	0-0	4-2
Cowdenbeath FC (Cowdenbeath)	3-1	2-3	---	1-4	2-0		---	1-2	---	---	---	---	0-1	---
	2-4	0-2	0-1	2-1	4-3		1-0	2-1	0-0	3-0	1-2	0-0	1-1	1-1
Dunfermline Athletic FC (Dunfermline)	3-1	1-2	---	1-0	0-0	2-0		3-2	---	---	---	---	---	3-0
	2-1	0-2	1-0	1-1	4-0	1-1		1-0	3-1	1-1	1-0	1-0	1-0	2-0
East Stirlingshire FC (Falkirk)	3-1	0-1	2-2	---	---	---	---		2-1	---	1-3	---	0-2	---
	1-1	2-2	0-0	1-1	1-3	2-0	0-1		1-0	3-2	3-0	2-1	0-3	2-1
Forfar Athletic FC (Forfar)	---	---	1-2	0-4	1-2	1-2	0-2	---		0-0	---	---	1-2	---
	2-1	1-2	1-0	1-2	1-3	1-3	1-1	4-1		0-0	1-2	4-0	0-2	2-4
Meadowbank Thistle FC (Edinburgh)	0-0	1-1	---	---	---	1-2	0-0	1-4	---		---	0-0	---	1-0
	1-3	1-1	2-0	1-1	3-3	3-1	1-1	3-1	3-2		1-1	1-2	1-2	2-1
Queen's Park FC (Glasgow)	---	---	---	---	4-0	1-0	3-0	---	2-2	2-3		---	---	4-2
	3-0	1-1	1-0	3-1	0-4	0-1	0-0	3-2	3-0	1-0		1-1	2-1	1-3
Stenhousemuir FC (Stenhousemuir)	---	---	0-0	---	---	0-1	0-1	0-1	0-1	---	2-1		0-3	---
	1-3	3-0	2-1	3-1	3-0	0-2	2-1	1-0	2-1	1-0	1-0		0-2	1-2
Stirling Albion FC (Stirling)	0-0	---	---	---	3-0	---	1-0	---	---	1-0	1-1	---		0-1
	2-1	2-1	0-0	1-1	3-2	4-1	2-0	1-1	0-0	2-2	0-3	2-1		2-0
Stranraer FC (Stranraer)	---	1-1	5-1	5-1	---	3-1	---	1-0	3-2	---	---	4-0	---	
	0-1	3-0	4-1	3-1	1-1	2-0	3-0	3-0	2-1	2-0	2-2	2-1	0-1	

Division 2

		Pd	Wn	Dw	Ls	GF	GA	Pts	
1.	Stirling Albion FC (Stirling)	39	22	11	6	59	29	55	P
2.	Alloa Athletic FC (Alloa)	39	19	13	7	73	45	51	P
3.	Dunfermline Athletic FC (Dunfermline)	39	20	10	9	52	36	50	
4.	Stranraer FC (Stranraer)	39	20	6	13	74	53	46	
5.	Queen's Park FC (Glasgow)	39	17	11	11	65	51	45	
6.	Albion Rovers FC (Coatbridge)	39	15	12	12	74	61	42	
7.	Clyde FC (Glasgow)	39	15	11	13	68	64	41	
8.	Berwick Rangers FC (Berwick-upon-Tweed)	39	13	10	16	37	51	36	
9.	Stenhousemuir FC (Stenhousemuir)	39	15	5	19	38	49	35	
10.	East Stirlingshire FC (Falkirk)	39	12	8	19	47	63	32	
11.	Meadowbank Thistle FC (Edinburgh)	39	8	16	15	41	57	32	
12.	Cowdenbeath FC (Cowdenbeath)	39	13	5	21	46	64	31	
13.	Brechin City FC (Brechin)	39	7	12	20	51	77	26	
14.	Forfar Athletic FC (Forfar)	39	7	10	22	43	68	24	
		546	203	140	203	768	768	546	

SCOTTISH CUP FINAL   (Hampden Park, Glasgow – 07/05/1977 – 54,252)

CELTIC FC (GLASGOW)	1-0	Rangers FC (Glasgow)

Lynch pen.   *(H.T. 1-0)*

Celtic: Latchford, McGrain, Lynch, Stanton, MacDonald, Aitken, Dalglish, Edvaldsson, Craig, Conn, Wilson.

Rangers: Kennedy, Jardine, Greig, Forsyth, Jackson, Watson (Robertson), McLean, Hamilton, Parlane, MacDonald, D. Johnstone.

Semi-finals   (30/03/1977 – 06/04/1977)

Celtic FC (Glasgow)	2-0	Dundee FC (Dundee)
Heart of Midlothian FC (Edinburgh)	0-2	Rangers FC (Glasgow)

1977-78 SEASON

1977-1978 Scottish Football League Premier Division	Aberdeen	Ayr United	Celtic	Clydebank	Dundee United	Hibernian	Motherwell	Partick Thistle	Rangers	St. Mirren
Aberdeen FC (Aberdeen)		0-0	2-1	1-1	0-0	1-2	4-1	2-1	3-1	3-1
		4-1	2-1	2-0	1-0	3-0	5-0	2-1	4-0	4-2
Ayr United FC (Ayr)	0-1		2-1	2-0	0-2	0-1	1-1	1-2	0-5	3-2
	1-1		2-1	0-0	0-1	2-0	0-1	1-3	2-5	0-1
Celtic FC (Glasgow)	3-2	3-2		1-0	0-0	3-1	0-1	3-0	1-1	1-2
	2-2	3-0		5-2	1-0	2-1	0-1	5-2	2-0	1-2
Clydebank FC (Clydebank)	1-3	0-2	3-2		0-3	1-0	2-1	0-4	0-3	2-2
	0-1	0-2	1-1		2-0	0-3	0-2	2-0	0-2	2-2
Dundee United FC (Dundee)	0-1	1-0	1-2	4-0		2-0	3-2	2-2	0-1	2-1
	0-0	3-1	0-1	1-0		1-1	1-1	5-2	0-1	2-1
Hibernian FC (Edinburgh)	2-0	1-2	1-1	2-0	0-0		0-0	2-3	0-1	2-0
	1-1	4-2	4-1	2-0	3-1		2-1	3-1	1-1	5-1
Motherwell FC (Motherwell)	1-1	5-0	2-3	2-1	0-0	1-0		3-0	1-4	0-3
	0-0	3-0	2-1	0-1	0-1	2-4		2-0	3-5	1-0
Partick Thistle FC (Glasgow)	1-0	2-2	1-0	1-0	2-1	1-0	1-0		0-4	2-1
	0-2	4-1	0-4	0-0	0-2	2-1	2-3		1-2	5-0
Rangers FC (Glasgow)	3-1	2-0	3-2	4-1	2-0	0-2	3-1	3-3		2-1
	0-3	1-1	3-1	1-0	3-0	0-0	2-0	2-1		1-1
St. Mirren FC (Paisley)	0-4	2-0	3-3	1-1	0-1	3-0	1-0	2-1	3-3	
	1-2	2-3	3-1	2-0	1-2	3-0	1-1	1-1	0-2	

	Premier Division	Pd	Wn	Dw	Ls	GF	GA	Pts	
1.	RANGERS FC (GLASGOW)	36	24	7	5	76	39	55	
2.	Aberdeen FC (Aberdeen)	36	22	9	5	68	29	53	
3.	Dundee United FC (Dundee)	36	16	8	12	42	32	40	
4.	Hibernian FC (Edinburgh)	36	15	7	14	51	43	37	
5.	Celtic FC (Glasgow)	36	15	6	15	63	54	36	
6.	Motherwell FC (Motherwell)	36	13	7	16	45	52	33	
7.	Partick Thistle FC (Glasgow)	36	14	5	17	52	64	33	
8.	St. Mirren FC (Paisley)	36	11	8	17	52	63	30	
9.	Ayr United FC (Ayr)	36	9	6	21	36	68	24	R
10.	Clydebank FC (Clydebank)	36	6	7	23	23	64	19	R
		360	145	70	145	508	508	360	

Top goalscorers 1977-78

1) Derek JOHNSTONE   (Rangers FC)   25
2) Gordon SMITH   (Rangers FC)   20

1977-1978 Scottish Football League Division 1	Airdrieonians	Alloa Athletic	Arbroath	Dumbarton	Dundee	East Fife	Hamilton	Hearts	Kilmarnock	Montrose	Morton	Queen/South	St. Johnstone	Stirling Albion
Airdrieonians FC (Airdrie)		2-1	2-1	---	3-3	0-0	---	---	4-3	2-3	2-0	---	---	
		3-1	1-1	0-2	3-0	2-1	1-1	2-4	1-2	0-3	0-1	2-1	1-1	0-1
Alloa Athletic FC (Alloa)	---		0-0	3-0	1-5	---	---	---	3-0	0-5	---	---	0-0	
	3-3		1-1	2-3	3-5	3-2	2-2	0-2	1-2	1-3	1-3	2-2	1-3	1-0
Arbroath FC (Arbroath)	---	---		1-1	---	1-0	3-0	0-1	1-0	---	2-2	---	---	---
	1-0	2-0		2-2	0-0	2-2	2-1	0-7	2-2	0-3	1-2	3-1	2-2	1-3
Dumbarton FC (Dumbarton)	2-1	---	---		2-1	---	1-1	---	---	2-2	1-4	1-1	2-1	---
	2-1	2-0	1-0		0-0	3-0	1-0	2-2	2-2	4-0	1-1	2-0	5-1	1-1
Dundee FC (Dundee)	---	---	2-0	---		2-0	---	---	5-2	---	1-1	3-0	3-4	---
	3-0	6-0	2-3	2-1		2-1	3-0	1-1	2-1	4-1	3-1	3-0	5-3	0-1
East Fife FC (Methil)	---	1-2	---	0-0	---		---	1-2	0-0	---	2-0	1-3	1-1	
	2-3	2-2	0-0	3-1	0-3		0-0	2-0	2-3	1-1	2-3	1-0	1-2	0-1
Hamilton Academical FC (Hamilton)	0-0	0-1	---	---	0-1	3-2		---	1-3	2-1	---	---	---	3-1
	4-0	4-1	3-1	3-3	1-1	5-3		0-2	2-1	4-1	0-0	4-3	0-1	1-1
Heart of Midlothian FC (Edinburgh)	3-0	2-1	---	1-1	2-2	---	1-0		3-0	---	---	---	---	---
	3-2	1-0	3-2	2-1	2-1	4-1	0-2		1-2	2-2	1-1	1-0	3-0	2-0
Kilmarnock FC (Kilmarnock)	1-1	4-0	---	0-1	---	---	---	---		1-0	---	2-0	2-0	---
	0-0	3-1	3-0	2-2	1-0	0-0	1-1	1-1		5-1	0-3	1-1	0-1	2-3
Montrose FC (Montrose)	---	---	1-0	---	0-3	2-1	---	0-0	---		---	5-2	3-2	---
	1-2	1-2	2-1	2-2	1-2	2-0	1-2	3-1	0-0		0-1	0-0	1-2	2-2
Morton FC (Greenock)	---	---	---	---	5-0	3-0	0-1	2-0	2-1	---		1-1	---	2-0
	3-1	4-2	1-2	0-0	2-3	1-0	4-1	5-3	0-2	2-2		0-1	4-1	4-2
Queen of the South FC (Dumfries)	---	1-0	0-1	---	---	---	---	1-1	1-1	---	---		2-2	1-4
	2-2	1-0	1-2	1-0	0-2	3-3	2-1	3-3	1-0	2-1	2-3		2-2	2-3
St. Johnstone FC (Perth)	0-1	3-0	---	---	---	---	1-1	0-2	---	0-1	---	1-3		
	2-1	0-1	2-1	0-2	1-2	3-0	1-0	0-1	2-0	1-0	1-3	1-2		0-0
Stirling Albion FC (Stirling)	2-0	---	0-0	2-2	2-3	---	---	1-2	0-0	4-2	---	---	---	
	0-1	1-1	0-0	2-3	0-2	4-1	1-0	2-4	2-1	2-1	1-2	1-1	5-1	

	Division 1	Pd	Wn	Dw	Ls	GF	GA	Pts	
1.	Morton FC (Greenock)	39	25	8	6	85	42	58	P
2.	Heart of Midlothian FC (Edinburgh)	39	24	10	5	77	42	58	P
3.	Dundee FC (Dundee)	39	25	7	7	91	44	57	
4.	Dumbarton FC (Dumbarton)	39	16	17	6	65	48	49	
5.	Stirling Albion FC (Stirling)	39	15	12	12	60	52	42	
6.	Kilmarnock FC (Kilmarnock)	39	14	12	13	52	46	40	
7.	Hamilton Academical FC (Hamilton)	39	12	12	15	54	56	36	
8.	St. Johnstone FC (Perth)	39	15	6	18	52	64	36	
9.	Arbroath FC (Arbroath)	39	11	13	15	42	55	35	
10.	Airdrieonians FC (Airdrie)	39	12	10	17	50	64	34	
11.	Montrose FC (Montrose)	39	10	9	20	55	71	29	
12.	Queen of the South FC (Dumfries)	39	8	13	18	44	68	29	
13.	Alloa Athletic FC (Alloa)	39	8	8	23	44	84	24	R
14.	East Fife FC (Methil)	39	4	11	24	39	74	19	R
		546	199	148	199	810	810	546	

1977-1978 Scottish Football League Division 2	Albion Rov.	Berwick Ran.	Brechin City	Clyde	Cowdenbeath	Dunfermline	East Stirling	Falkirk	Forfar Ath.	Meadowbank	Queen's Park	Raith Rovers	Stenhousem.	Stranraer
Albion Rovers FC (Coatbridge)	■	---	---	---	0-1	---	1-1	1-1	---	3-4	---	2-0	4-0	
		3-3	2-0	0-0	4-3	3-0	0-1	0-2	2-0	3-2	3-3	1-2	3-1	1-2
Berwick Rangers FC (Berwick-upon-Tweed)	3-3	■	5-3	---	1-1	---	2-0	---	2-1	3-0	---	1-2	---	---
	2-0		3-2	0-0	4-0	2-2	1-1	1-1	4-1	2-1	1-0	0-0	2-2	2-2
Brechin City FC (Brechin)	0-1	---	■	0-2	---	1-2	---	---	---	0-1	2-2	---	---	2-2
	1-2	2-3		1-2	1-2	0-1	3-2	3-1	0-0	3-5	3-1	4-0	2-1	0-2
Clyde FC (Glasgow)	4-0	3-1	---	■	4-1	4-2	---	---	0-0	---	0-1	---	---	---
	3-0	3-1	2-0		3-2	2-0	2-2	2-2	2-1	7-0	0-1	0-0	3-0	4-0
Cowdenbeath FC (Cowdenbeath)	7-1	---	0-2	---	■	1-1	1-2	---	---	4-0	1-3	---	---	1-3
	3-4	2-1	2-1	1-2		3-1	1-2	2-1	1-4	1-1	4-3	1-2	1-2	1-0
Dunfermline Athletic FC (Dunfermline)	---	1-1	---	---	---	■	---	2-0	1-1	7-1	0-0	---	4-1	---
	2-1	0-0	6-1	1-1	3-3		1-0	0-1	2-0	3-0	4-0	0-2	2-1	2-0
East Stirlingshire FC (Falkirk)	2-1	---	1-0	2-1	---	2-2	■	0-2	3-4	---	---	2-2	---	---
	1-0	2-7	1-0	1-1	3-1	1-0		0-2	0-1	1-2	1-1	1-2	2-1	2-1
Falkirk FC (Falkirk)	---	0-0	2-0	1-0	2-2	---	---	■	---	2-4	---	2-2	1-0	---
	1-2	2-1	1-0	2-1	2-2	0-0	2-3		1-2	1-1	0-3	2-2	1-1	1-0
Forfar Athletic FC (Forfar)	---	---	4-1	---	2-1	---	---	2-2	■	---	0-3	---	1-1	3-1
	3-1	1-0	4-1	1-2	1-3	0-1	3-3	2-0		2-0	3-1	1-0	4-1	3-2
Meadowbank Thistle FC (Edinburgh)	0-3	---	---	1-1	---	---	1-2	---	1-1	■	1-3	---	---	2-1
	1-2	0-2	0-0	0-1	2-3	2-4	2-4	1-2	1-0		1-1	0-0	2-3	2-2
Queen's Park FC (Glasgow)	---	2-3	---	0-1	---	---	0-0	1-1	---	---	■	0-0	1-0	2-0
	1-1	0-0	0-2	1-1	2-1	1-1	3-2	1-2	2-1	1-1		0-3	1-0	0-2
Raith Rovers FC (Kirkcaldy)	2-0	---	1-0	---	2-2	0-1	---	---	2-0	4-0	---	■	---	---
	1-1	7-1	3-1	1-1	2-2	2-1	1-0	1-1	1-2	1-0	1-1		3-0	1-1
Stenhousemuir FC (Stenhousemuir)	---	1-1	1-0	0-2	0-4	---	1-0	---	---	3-1	---	1-2	■	---
	2-4	0-0	2-2	2-2	1-3	2-0	4-1	1-1	1-0	2-2	0-2	1-1		1-0
Stranraer FC (Stranraer)	---	0-1	---	2-1	---	0-2	3-0	0-1	---	---	---	1-0	1-2	■
	3-5	0-1	1-1	2-1	3-1	1-1	3-2	0-2	4-1	4-1	1-1	1-4	3-0	

	Division 2	Pd	Wn	Dw	Ls	GF	GA	Pts	
1.	Clyde FC (Glasgow)	39	21	11	7	71	32	53	P
2.	Raith Rovers FC (Kirkcaldy)	39	18	15	5	63	34	53	P
3.	Dunfermline Athletic FC (Dunfermline)	39	18	12	9	64	41	48	
4.	Berwick Rangers FC (Berwick-upon-Tweed)	39	16	16	7	68	51	48	
5.	Falkirk FC (Falkirk)	39	15	14	10	51	46	44	
6.	Forfar Athletic FC (Forfar)	39	17	8	14	61	55	42	
7.	Queen's Park FC (Glasgow)	39	13	15	11	52	51	41	
8.	Albion Rovers FC (Coatbridge)	39	16	8	15	68	68	40	
9.	East Stirlingshire FC (Falkirk)	39	15	8	16	55	65	38	
10.	Cowdenbeath FC (Cowdenbeath)	39	13	8	18	75	78	34	
11.	Stranraer FC (Stranraer)	39	13	7	19	54	63	33	
12.	Stenhousemuir FC (Stenhousemuir)	39	10	10	19	43	67	30	
13.	Meadowbank Thistle FC (Edinburgh)	39	6	10	23	43	89	22	
14.	Brechin City FC (Brechin)	39	7	6	26	45	73	20	
		546	199	148	199	813	813	546	

SCOTTISH CUP FINAL   (Hampden Park, Glasgow – 06/05/1978 – 61,563)

RANGERS FC (GLASGOW)   2-1   Aberdeen FC (Aberdeen)

MacDonald, Johnstone   *(H.T. 1-0)*   *Ritchie*

Rangers: McCloy, Jardine, Greig, Forsyth, Jackson, MacDonald, McLean, Russell, D. Johnstone, Smith, Cooper (Watson).

Aberdeen: Clark, Kennedy, Ritchie, McMaster, Garner, Miller, Sullivan, Fleming (Scanlon), Harper, Jarvie, Davidson.

Semi-finals   (05/04/1978 – 12/04/1978)

Aberdeen FC (Aberdeen)	4-2	Partick Thistle FC (Glasgow)
Dundee United FC (Dundee)	0-2	Rangers FC (Glasgow)

1978-79 SEASON

1978-1979 Scottish Football League Premier Division	Aberdeen	Celtic	Dundee United	Hearts	Hibernian	Morton	Motherwell	Partick Thistle	Rangers	St. Mirren
Aberdeen FC (Aberdeen)	■	4-1	1-0	1-2	4-1	3-1	4-0	1-1	0-0	1-1
	■	0-1	0-2	5-0	0-0	1-2	8-0	2-1	2-1	1-2
Celtic FC (Glasgow)	0-0	■	1-1	4-0	0-1	0-0	1-2	1-0	3-1	2-1
	1-1	■	2-1	1-0	3-1	3-0	2-1	2-0	4-2	2-1
Dundee United FC (Dundee)	1-1	1-0	■	3-1	0-0	1-2	2-1	2-0	3-0	1-1
	2-2	2-1	■	2-1	2-1	4-1	2-1	2-1	1-2	2-0
Heart of Midlothian FC (Edinburgh)	1-4	2-0	2-0	■	1-1	1-1	3-2	0-1	0-0	1-1
	0-0	0-3	0-3	■	1-2	0-1	3-0	0-2	3-2	1-2
Hibernian FC (Edinburgh)	2-1	2-2	1-1	1-2	■	1-1	2-2	0-0	0-0	1-0
	1-1	2-1	1-0	1-1	■	1-1	4-0	1-0	2-1	0-2
Morton FC (Greenock)	2-1	1-2	3-1	3-2	2-2	■	1-2	1-0	2-2	1-3
	0-1	1-0	3-1	2-2	3-0	■	6-0	2-2	0-2	1-0
Motherwell FC (Motherwell)	1-1	1-5	0-1	0-1	2-3	1-1	■	0-1	2-0	1-2
	1-1	3-4	0-4	3-2	0-3	3-3	■	1-1	1-2	0-3
Partick Thistle FC (Glasgow)	0-1	2-3	1-1	3-2	2-1	2-1	2-0	■	1-0	2-1
	1-2	1-2	1-2	2-0	6-1	2-1	0-0	■	0-2	3-1
Rangers FC (Glasgow)	1-1	1-1	1-1	5-3	2-1	3-0	4-1	0-0	■	0-1
	2-0	1-0	1-0	4-0	1-0	1-1	3-0	1-0	■	1-0
St. Mirren FC (Paisley)	2-1	0-1	1-3	4-0	1-0	0-0	0-1	1-0	0-1	■
	2-2	0-2	2-1	2-1	2-3	3-1	1-0	1-1	1-2	■

	Premier Division	Pd	Wn	Dw	Ls	GF	GA	Pts	
1.	CELTIC FC (GLASGOW)	36	21	6	9	61	37	48	
2.	Rangers FC (Glasgow)	36	18	9	9	52	35	45	
3.	Dundee United FC (Dundee)	36	18	8	10	56	37	44	
4.	Aberdeen FC (Aberdeen)	36	13	14	9	59	36	40	
5.	Hibernian FC (Edinburgh)	36	12	13	11	44	48	37	
6.	St. Mirren FC (Paisley)	36	15	6	15	45	41	36	
7.	Morton FC (Greenock)	36	12	12	12	52	53	36	
8.	Partick Thistle FC (Glasgow)	36	13	8	15	42	39	34	
9.	Heart of Midlothian FC (Edinburgh)	36	8	7	21	39	71	23	R
10.	Motherwell FC (Motherwell)	36	5	7	24	33	86	17	R
		360	135	90	135	483	483	360	

Top goalscorers 1978-79

1)	Andrew RITCHIE	(Morton FC)	22
2)	Joseph HARPER	(Aberdeen FC)	19
3)	Steven ARCHIBALD	(Aberdeen FC)	13
	Frank McGARVEY	(St. Mirren FC)	13

1978-1979 Scottish Football League Division 1	Airdrieonians	Arbroath	Ayr United	Clyde	Clydebank	Dumbarton	Dundee	Hamilton	Kilmarnock	Montrose	Queen/South	Raith Rovers	St. Johnstone	Stirling Albion
Airdrieonians FC (Airdrie)	■	2-0	2-0	---	1-3	---	2-4	2-1	---	8-2	---	0-1	---	---
		1-1	2-4	2-2	1-1	3-6	0-2	4-1	4-1	1-1	4-1	3-0	0-1	2-1
Arbroath FC (Arbroath)	---	■	2-3	2-0	---	1-1	---	---	0-1	4-0	---	---	3-1	0-0
	3-3		4-1	0-2	1-1	1-1	0-1	3-0	3-2	1-3	1-1	0-5	3-0	1-0
Ayr United FC (Ayr)	---	---	■	---	1-0	1-2	2-1	2-1	5-0	---	---	4-2	2-0	
	0-0	3-0		2-0	4-3	2-5	0-1	1-2	0-0	5-0	1-1	3-0	1-0	0-1
Clyde FC (Glasgow)	2-3	---	0-5	■	0-1	---	---	---	0-1	---	3-0	1-1	---	---
	2-1	1-0	0-1		1-2	1-0	2-1	2-3	1-1	2-4	3-0	3-1	6-4	0-0
Clydebank FC (Clydebank)	---	2-2	0-1	---	■	3-1	---	3-1	1-2	---	3-1	---	1-0	---
	4-1	5-2	3-1	1-4		1-1	2-1	4-1	2-1	1-0	2-0	2-1		5-2
Dumbarton FC (Dumbarton)	0-1	---	---	0-0	---	■	3-2	3-0	1-3	---	---	3-1	---	0-2
	1-1	0-1	2-0	3-0	1-2		0-0	2-0	0-3	4-1	4-1	1-3	2-0	0-1
Dundee FC (Dundee)	---	0-2	---	2-0	2-1	---	■	4-3	---	1-0	4-0	---	---	
	1-0	2-0	2-2	2-0	2-0	2-0		1-1	0-0	1-1	5-0	2-0	1-1	2-1
Hamilton Academical FC (Hamilton)	---	2-0	---	2-0	---	---	---	■	1-0	---	0-0	---	2-1	2-0
	2-0	3-1	3-1	3-3	1-0	5-0	1-2		2-3	3-1	3-2	1-1	2-1	1-1
Kilmarnock FC (Kilmarnock)	1-0	---	---	---	---	2-1	---	■		4-1	3-1	2-1	3-1	---
	2-0	3-1	1-2	2-1	0-0	0-0	1-1	4-0		2-2	0-0	3-2	5-0	
Montrose FC (Montrose)	---	---	---	4-0	1-2	0-2	---	2-4	---	■	---	1-1	---	0-2
	2-2	3-0	4-6	2-2	1-3	2-1	0-2	1-1	0-4		6-1	0-0	1-3	1-1
Queen of the South FC (Dumfries)	1-5	2-2	0-1	---	---	1-3	---	---	2-1	---	■	---	1-2	3-2
	1-3	1-1	1-0	3-0	2-1	0-2	3-1	3-3	2-1	1-3		2-1	1-1	1-2
Raith Rovers FC (Kirkcaldy)	---	1-0	2-0	---	1-2	---	1-2	2-0	---	---	3-0	■	---	---
	2-0	1-2	0-0	1-2	4-2	0-0	2-4	0-1	1-3	3-1	4-0		1-2	0-0
St. Johnstone FC (Perth)	1-3	---	---	0-1	---	2-2	3-2	---	---	4-0	---	3-0	■	0-2
	0-2	1-1	4-2	1-1	2-3	2-2	0-2	0-0	0-0	3-2	5-2	1-1		0-0
Stirling Albion FC (Stirling)	1-2	---	---	3-2	0-0	---	0-1	---	0-0	---	---	3-0	---	■
	2-1	2-1	1-2	1-4	2-3	1-1	1-0	0-0	1-4	0-1	4-1	0-1	1-5	

Division 1

		Pd	Wn	Dw	Ls	GF	GA	Pts	
1.	Dundee FC (Dundee)	39	24	7	8	68	36	55	P
2.	Kilmarnock FC (Kilmarnock)	39	22	10	7	72	35	54	P
3.	Clydebank FC (Clydebank)	39	24	6	9	78	50	54	
4.	Ayr United FC (Ayr)	39	21	5	13	71	52	47	
5.	Hamilton Academical FC (Hamilton)	39	17	9	13	62	60	43	
6.	Airdrieonians FC (Airdrie)	39	16	8	15	72	61	40	
7.	Dumbarton FC (Dumbarton)	39	14	11	14	58	49	39	
8.	Stirling Albion FC (Stirling)	39	13	9	17	43	55	35	
9.	Clyde FC (Glasgow)	39	13	8	18	54	65	34	
10.	Arbroath FC (Arbroath)	39	11	11	17	50	61	33	
11.	Raith Rovers FC (Kirkcaldy)	39	12	8	19	47	55	32	
12.	St. Johnstone FC (Perth)	39	10	11	18	57	66	31	
13.	Montrose FC (Montrose)	39	8	9	22	55	92	25	R
14.	Queen of the South FC (Dumfries)	39	8	8	23	43	93	24	R
		546	213	120	213	830	830	546	

1978-1979 Scottish Football League Division 2	Albion Rovers	Alloa Athletic	Berwick Rangers	Brechin City	Cowdenbeath	Dunfermline	East Fife	East Stirling	Falkirk	Forfar Athletic	Meadowbank	Queen's Park	Stenhousemuir	Stranraer
Albion Rovers FC (Coatbridge)	■	2-1 / 1-2	--- / 0-2	2-2 / 3-2	--- / 1-1	1-0 / 1-1	--- / 2-0	--- / 1-1	0-0 / 1-1	--- / 3-0	2-0 / 1-2	4-0 / 1-0	--- / 0-1	--- / 2-1
Alloa Athletic FC (Alloa)	--- / 2-6	■	--- / 2-1	1-0 / 1-1	4-0 / 2-4	2-0 / 1-1	4-3 / 0-0	--- / 2-2	2-0 / 3-3	--- / 2-0	--- / 1-1	1-1 / 1-0	--- / 2-1	0-1 / 3-1
Berwick Rangers FC (Berwick-upon-Tweed)	5-1 / 2-0	3-2 / 0-1	■	1-0 / 2-0	--- / 4-1	0-0 / 2-2	--- / 1-2	5-1 / 5-2	--- / 1-1	1-0 / 2-4	--- / 0-0	--- / 1-1	3-2 / 6-1	--- / 1-1
Brechin City FC (Brechin)	--- / 1-1	--- / 4-2	--- / 1-2	■	2-1 / 1-1	0-0 / 1-6	--- / 1-1	3-1 / 1-1	--- / 1-4	1-0 / 3-2	2-1 / 2-2	1-1 / 2-1	2-1 / 1-3	--- / 1-2
Cowdenbeath FC (Cowdenbeath)	3-1 / 4-1	--- / 5-1	1-2 / 1-3	--- / 0-0	■	--- / 1-1	1-1 / 1-0	2-1 / 1-2	--- / 1-1	--- / 2-1	4-1 / 2-1	--- / 2-2	--- / 1-2	3-1 / 2-0
Dunfermline Athletic FC (Dunfermline)	--- / 2-1	--- / 2-2	--- / 1-0	2-0 / 1-1	--- / 3-0	■	1-1 / 5-1	--- / 2-1	--- / 1-1	2-2 / 2-1	1-0 / 2-1	2-2 / 0-3	2-1 / 1-0	3-0 / 6-1
East Fife FC (Methil)	1-2 / 0-2	--- / 3-0	2-1 / 2-4	1-0 / 0-0	--- / 0-1	--- / 2-1	■	--- / 5-0	--- / 1-0	--- / 1-2	2-3 / 2-2	3-0 / 3-2	--- / 3-0	0-2 / 2-0
East Stirlingshire FC (Falkirk)	0-1 / 3-3	3-1 / 3-2	--- / 1-4	--- / 3-2	--- / 4-1	0-2 / 1-1	2-1 / 0-1	■	--- / 1-1	3-1 / 1-1	--- / 4-1	4-2 / 4-2	--- / 1-3	--- / 4-1
Falkirk FC (Falkirk)	--- / 2-1	--- / 1-0	1-1 / 6-0	2-0 / 3-0	0-3 / 2-1	4-1 / 1-1	2-5 / 0-1	1-1 / 2-0	■	--- / 1-0	--- / 6-0	--- / 1-0	1-1 / 1-0	--- / 2-0
Forfar Athletic FC (Forfar)	1-1 / 1-1	2-0 / 2-1	--- / 2-2	2-0 / 2-2	--- / 4-2	1-1 / 1-2	--- / 3-1	1-4 / 4-0	--- / 1-0	■	--- / 2-3	0-0 / 2-1	--- / 1-1	2-0 / 1-3
Meadowbank Thistle FC (Edinburgh)	--- / 2-0	1-1 / 0-1	0-1 / 0-5	--- / 0-3	--- / 0-2	--- / 1-3	--- / 1-3	3-1 / 3-1	1-1 / 1-2	1-0 / 0-0	■	--- / 0-4	1-2 / 2-0	--- / 0-1
Queen's Park FC (Glasgow)	--- / 2-0	--- / 0-1	1-1 / 0-1	--- / 1-1	1-2 / 1-1	--- / 0-1	--- / 1-1	--- / 4-0	1-2 / 0-3	0-1 / 1-1	3-0 / 1-1	■	--- / 0-0	2-1 / 0-1
Stenhousemuir FC (Stenhousemuir)	2-3 / 3-2	0-1 / 0-2	--- / 0-2	--- / 4-2	0-0 / 1-1	--- / 1-2	2-2 / 1-2	5-0 / 0-2	--- / 1-2	--- / 1-1	--- / 2-0	5-1 / 1-2	■	1-2 / 4-1
Stranraer FC (Stranraer)	0-1 / 3-1	--- / 4-0	1-5 / 0-0	4-2 / 1-0	--- / 2-4	--- / 1-0	--- / 2-4	6-2 / 1-0	2-1 / 1-0	--- / 0-3	1-0 / 3-1	--- / 0-2	--- / 0-1	■

	Division 2	Pd	Wn	Dw	Ls	GF	GA	Pts	
1.	Berwick Rangers FC (Berwick-upon-Tweed)	39	22	10	7	82	44	54	P
2.	Dunfermline Athletic FC (Dunfermline)	39	19	14	6	66	40	52	P
3.	Falkirk FC (Falkirk)	39	19	12	8	66	37	50	
4.	East Fife FC (Methil)	39	17	9	13	64	53	43	
5.	Cowdenbeath FC (Cowdenbeath)	39	16	10	13	63	58	42	
6.	Alloa Athletic FC (Alloa)	39	16	9	14	57	62	41	
7.	Albion Rovers FC (Coatbridge)	39	15	10	14	57	56	40	
8.	Forfar Athletic FC (Forfar)	39	13	12	14	55	52	38	
9.	Stranraer FC (Stranraer)	39	18	2	19	52	66	38	
10.	Stenhousemuir FC (Stenhousemuir)	39	12	8	19	54	58	32	
11.	Brechin City FC (Brechin)	39	9	14	16	49	65	32	
12.	East Stirlingshire FC (Falkirk)	39	12	8	19	61	87	32	
13.	Queen's Park FC (Glasgow)	39	8	12	19	46	57	28	
14.	Meadowbank Thistle FC (Edinburgh)	39	8	8	23	37	74	24	
		546	204	138	204	809	809	546	

SCOTTISH CUP FINAL   (Hampden Park, Glasgow – 12/05/1979 – 50,610)
RANGERS FC (GLASGOW)   0-0   Hibernian FC (Edinburgh)
Ran: McCloy, Jardine, Dawson, Johnstone, Jackson, MacDonald (Miller), McLean, Russell, Parlane, Smith, Cooper.
Hibernian: McArthur, Brazil, Duncan, Bremner, Stewart, McNamara, Hutchinson (Rae), MacLeod, Campbell, Callachan, Higgins.

SCOTTISH CUP FINAL REPLAY   (Hampden Park, Glasgow – 16/05/1979 – 33,504)
RANGERS FC (GLASGOW)   0-0 (aet)   Hibernian FC (Edinburgh)
Ran: McCloy, Jardine, Dawson, Johnstone, Jackson, MacDonald, McLean (Miller), Russell, Parlane, Smith, Cooper.
Hibernian: McArthur, Brazil, Duncan, Bremner, Stewart, McNamara, Rae, MacLeod, Campbell, Callachan, Higgins (Brown).

SCOTTISH CUP FINAL 2ND REPLAY   (Hampden Park, Glasgow – 28/05/1979 – 30,602)
RANGERS FC (GLASGOW)   3-2 (aet)   Hibernian FC (Edinburgh)
Johnstone 2, Duncan o.g.   *(H.T. 1-1, 90 mins. 2-2)*   *Higgins, McLeod pen.*
Rangers: McCloy, Jardine, Dawson, Johnstone, Jackson, MacDonald, McLean (Smith), Russell, Parlane, Watson (Miller), Cooper.
Hibernian: McArthur, Brazil, Duncan, Bremner, Stewart, McNamara, Rae, MacLeod, Campbell, Callachan (Brown), Higgins (Hutchinson).

Semi-finals   (04/04/1979 – 16/04/1979)
Aberdeen FC (Aberdeen)   1-2   Hibernian FC (Edinburgh)
Partick Thistle FC (Glasgow)   0-0, 0-1   Rangers FC (Glasgow)

1979-80 SEASON

1979-1980 Scottish Football League Premier Division	Aberdeen	Celtic	Dundee	Dundee U.	Hibernian	Kilmarnock	Morton	Partick	Rangers	St. Mirren
Aberdeen FC (Aberdeen)		1-2	3-0	0-3	3-0	3-1	1-2	1-1	3-1	2-0
		0-0	2-1	2-1	1-1	1-2	1-0	1-1	3-2	2-0
Celtic FC (Glasgow)	1-2		3-0	2-2	3-0	5-0	3-2	5-1	1-0	3-1
	1-3		2-2	1-0	4-0	2-0	3-1	2-1	1-0	2-2
Dundee FC (Dundee)	0-4	5-1		1-0	2-1	3-1	4-3	2-2	3-1	4-1
	1-3	0-2		1-1	3-0	0-2	1-0	1-1	1-4	1-3
Dundee United FC (Dundee)	1-3	0-1	3-0		2-0	4-0	2-0	2-1	0-0	0-0
	1-1	3-0	2-0		1-0	0-0	2-0	0-0	0-0	0-0
Hibernian FC (Edinburgh)	1-1	1-3	5-2	0-2		1-1	1-1	2-1	1-3	0-2
	0-5	1-1	2-0	0-2		1-2	3-2	0-1	2-1	2-1
Kilmarnock FC (Kilmarnock)	0-4	2-0	3-1	1-0	1-0		1-1	0-1	2-1	1-1
	1-3	1-1	1-1	0-0	3-1		0-2	0-1	1-0	1-1
Morton FC (Greenock)	3-2	1-0	2-0	4-1	2-0	3-1		2-1	0-1	0-0
	1-0	0-1	1-1	0-0	1-1	1-2		1-3	0-1	2-1
Partick Thistle FC (Glasgow)	1-0	0-0	2-3	1-1	2-1	0-0	1-4		2-1	1-1
	1-1	1-1	3-0	2-2	1-0	1-1	0-1		4-3	1-2
Rangers FC (Glasgow)	0-1	2-2	2-0	2-1	2-0	2-1	2-2	2-1		3-1
	2-2	1-1	1-0	2-1	1-0	1-0	3-1	0-0		1-2
St. Mirren FC (Paisley)	2-2	2-1	4-2	3-2	2-1	2-2	0-3	1-2	2-1	
	1-1	0-0	2-1	2-1	2-0	3-1	2-2	3-0	4-1	

	Premier Division	**Pd**	**Wn**	**Dw**	**Ls**	**GF**	**GA**	**Pts**	
1.	ABERDEEN FC (ABERDEEN)	36	19	10	7	68	36	48	
2.	Celtic FC (Glasgow)	36	18	11	7	61	38	47	
3.	St. Mirren FC (Paisley)	36	15	12	9	56	49	42	
4.	Dundee United FC (Dundee)	36	12	13	11	43	30	37	
5.	Rangers FC (Glasgow)	36	15	7	14	50	46	37	
6.	Morton FC (Greenock)	36	14	8	14	51	46	36	
7.	Partick Thistle FC (Glasgow)	36	11	14	11	43	47	36	
8.	Kilmarnock FC (Kilmarnock)	36	11	11	14	36	52	33	
9.	Dundee FC (Dundee)	36	10	6	20	47	73	26	R
10.	Hibernian FC (Edinburgh)	36	6	6	24	29	67	18	R
		360	131	98	131	484	484	360	

Top goalscorers 1979-80

1) Douglas SOMNER   (St. Mirren FC)   25
2) Alan RITCHIE   (Morton FC)   19
3) Colin McADAM   (Partick Thistle FC)   17

1979-1980 Scottish Football League Division 1	Airdrie	Arbroath	Ayr United	Berwick Ran.	Clyde	Clydebank	Dumbarton	Dunfermline	Hamilton	Hearts	Motherwell	Raith Rovers	St. Johnstone	Stirling Alb.
Airdrieonians FC (Airdrie)		5-2	2-1	2-1	---	3-1	0-0	---	---	---	3-1	0-3	---	---
		4-1	6-2	3-1	1-2	1-0	1-0	5-1	1-0	0-1	4-0	0-0	4-2	1-2
Arbroath FC (Arbroath)	---		---	1-0	0-0	---	1-3	2-5	---	---	---	1-2	1-2
	1-0		1-1	1-1	3-2	3-2	4-1	1-1	1-2	1-2	3-2	3-1	2-2	1-3
Ayr United FC (Ayr)	---	5-0		1-0	2-1	---	1-0	---	4-1	---	0-5	---	2-2	---
	1-2	2-1		3-2	0-0	2-2	1-2	3-0	0-3	2-0	0-0	3-0	5-1	0-0
Berwick Rangers FC (Berwick-upon-Tweed)	---	---	---		0-2	2-1	3-0	0-0	---	---	3-3	5-0	1-1
	2-2	7-2	2-4		1-1	2-3	0-2	0-1	1-1	1-3	2-2	0-0	1-2	3-1
Clyde FC (Glasgow)	1-3	---	---	---		0-2	1-2	---	2-2	2-1	0-2	---	---	---
	2-3	0-2	3-3	1-2		1-0	0-2	1-1	4-0	2-2	0-1	0-4	1-1	1-1
Clydebank FC (Clydebank)	---	3-1	1-0	---	---		2-2	0-1	2-0	---	1-2	0-3	---	---
	2-2	5-1	1-0	0-0	2-2		2-1	3-1	4-0	1-1	1-1	1-0	1-2	0-1
Dumbarton FC (Dumbarton)	---	2-3	---	---	---	---		---	4-0	1-1	1-0	---	5-2	0-1
	0-0	1-0	0-3	4-1	3-1	1-0		2-1	3-2	1-1	1-1	4-2	0-1	1-2
Dunfermline Athletic FC (Dunfermline)	3-3	---	0-0	2-1	3-1	---	0-2		---	---	---	1-0	---
	1-0	1-1	2-2	1-2	1-1	1-3	1-3		0-0	0-3	2-0	1-0	3-2	0-0
Hamilton Academical FC (Hamilton)	1-3	---	---	4-0	---	---	---	4-0		---	---	1-1	1-1	3-0
	4-3	1-0	0-0	1-2	3-1	3-0	1-0	2-0		3-1	3-2	1-3	2-2	1-1
Heart of Midlothian FC (Edinburgh)	1-0	1-0	0-1	---	3-3	---	0-0	1-0	---		---	---	---	1-0
	2-2	2-1	4-2	1-1	4-1	2-1	1-0	2-1	0-0		2-1	-2	2-1	2-1
Motherwell FC (Motherwell)	---	0-0	---	1-1	---	---	---	1-1	4-0	0-0		---	1-2	---
	2-1	1-1	0-2	1-1	3-0	3-2	3-0	1-1	2-1	4-2		1-2	3-0	1-0
Raith Rovers FC (Kirkcaldy)	---	2-1	2-0	---	1-1	---	4-0	1-0	---	0-0	0-1		---	---
	1-2	1-1	2-2	2-1	0-0	2-4	0-1	0-0	2-1	3-2	5-2		1-2	1-1
St. Johnstone FC (Perth)	1-2	---	---	---	---	1-2	3-1	---	---	0-3	---	2-2		0-0
	1-1	3-0	2-1	3-3	3-2	0-1	2-4	1-3	0-1	0-1	1-3	2-2		3-0
Stirling Albion FC (Stirling)	0-3	---	0-2	---	2-1	2-0	---	1-0	---	---	0-1	0-0	---	
	0-0	1-1	1-1	1-1	2-0	2-0	2-3	4-0	2-2	0-1	2-0	0-1	1-2	

	Division 1	Pd	Wn	Dw	Ls	GF	GA	Pts	
1.	Heart of Midlothian FC (Edinburgh)	39	20	13	6	58	39	53	P
2.	Airdrieonians FC (Airdrie)	39	21	9	9	78	47	51	P
3.	Ayr United FC (Ayr)	39	16	12	11	64	51	44	
4.	Dumbarton FC (Dumbarton)	39	19	6	14	59	51	44	
5.	Raith Rovers FC (Kirkcaldy)	39	14	15	10	59	46	43	
6.	Motherwell FC (Motherwell)	39	16	11	12	59	48	43	
7.	Hamilton Academical FC (Hamilton)	39	15	10	14	60	59	40	
8.	Stirling Albion FC (Stirling)	39	13	13	13	40	40	39	
9.	Clydebank FC (Clydebank)	39	14	8	17	58	57	36	
10.	Dunfermline Athletic FC (Dunfermline)	39	11	13	15	39	57	35	
11.	St. Johnstone FC (Perth)	39	12	10	17	57	74	34	
12.	Berwick Rangers FC (Berwick-upon-Tweed)	39	8	15	16	57	64	31	
13.	Arbroath FC (Arbroath)	39	9	10	20	50	79	28	R
14.	Clyde FC (Glasgow)	39	6	13	20	43	69	25	R
		546	194	158	194	781	781	546	

1979-1980 Scottish Football League Division 2	Albion Rov.	Alloa Athletic	Brechin City	Cowdenbeath	East Fife	East Stirling	Falkirk	Forfar Ath.	Meadowbank	Montrose	Queen/South	Queen's Park	Stenhousem.	Stranraer
Albion Rovers FC (Coatbridge)	■	1-0	1-1	1-0	4-0	---	---	---	---	---	2-2	---	2-2
		2-0	4-0	2-1	5-1	1-4	2-2	5-0	3-1	1-1	5-1	3-0	1-2	1-3
Alloa Athletic FC (Alloa)	---	■	1-4	3-2	---	1-2	1-1	2-1	2-1	---	---	---	---
	1-1		8-3	1-0	1-0	2-3	3-2	0-3	4-0	0-1	0-1	0-1	1-1	1-1
Brechin City FC (Brechin)	---	---	■	---	1-1	---	0-1	1-1	2-3	4-1	---	---	2-3
	2-0	1-1		1-3	1-0	2-0	1-1	2-0	3-1	1-2	3-0	4-1	2-3	2-1
Cowdenbeath FC (Cowdenbeath)	---	---	2-3	■	---	0-1	---	0-1	2-2	---	2-2	---	1-1	2-1
	2-2	2-1	1-0		2-2	2-2	0-0	1-0	1-2	4-2	3-1	1-0	3-1	2-0
East Fife FC (Methil)	---	1-0	2-1	2-1	■	---	0-1	---	---	2-0	---	---	1-3	1-1
	1-0	2-1	0-1	4-0		0-3	1-0	2-2	2-2	1-1	1-2	1-1	1-1	1-0
East Stirlingshire FC (Falkirk)	1-1	1-2	---	---	1-0	■	2-1	---	---	0-1	1-3	---	---
	2-0	1-0	2-1	0-1	2-1		2-3	2-1	4-1	3-1	0-1	0-0	1-1	3-1
Falkirk FC (Falkirk)	1-0	---	0-0	0-0	---	---	■	---	2-1	---	2-1	0-0	0-0
	4-0	2-0	3-2	3-0	0-0	1-2		1-2	2-2	0-0	3-1	3-0	4-1	3-0
Forfar Athletic FC (Forfar)	2-2	---	---	---	0-4	1-1	2-0	■	0-0	1-2	0-0	---	---	---
	6-2	0-2	1-1	2-1	1-0	1-2	2-1		5-3	1-1	3-1	2-1	2-3	3-0
Meadowbank Thistle FC (Edinburgh)	1-1	---	---	3-1	0-1	0-5	---	■	---	---	1-2	0-1	0-3
	1-2	2-1	0-1	0-2	3-0	---	0-3	1-0		2-1	2-1	0-0	0-0	2-1
Montrose FC (Montrose)	1-4	---	---	1-1	---	2-1	---	---	3-3	■	3-2	0-2	5-0	---
	0-2	2-0	2-2	1-1	1-1	2-0	1-3	1-4	3-0		1-3	2-1	0-2	6-3
Queen of the South FC (Dumfries)	3-3	0-0	---	---	1-0	---	0-2	---	5-0	---	■	0-0	1-1	---
	2-1	0-1	1-1	2-2	2-4	1-2	2-0	2-3	0-2	1-2		3-2	2-1	1-2
Queen's Park FC (Glasgow)	---	2-2	4-0	0-2	3-1	---	---	0-1	---	---	---	■	---	2-0
	2-2	7-0	1-3	1-1	1-2	2-0	2-2	1-0	0-1	1-0	2-1		1-1	0-2
Stenhousemuir FC (Stenhousemuir)	0-1	2-0	0-1	---	---	1-0	---	1-5	---	---	---	1-3	■	---
	1-3	3-1	2-0	4-1	2-0	0-1	1-1	4-0	0-1	2-1	2-1	0-1		6-1
Stranraer FC (Stranraer)	---	4-0	---	---	0-0	---	0-3	---	1-1	1-1	---	1-1	---	■
	2-0	1-0	1-1	0-2	4-2	1-2	1-2	0-1	1-2	5-1	0-4	1-0		

	Division 2	Pd	Wn	Dw	Ls	GF	GA	Pts	
1.	Falkirk FC (Falkirk)	39	19	12	8	65	35	50	P
2.	East Stirlingshire FC (Falkirk)	39	21	7	11	55	40	49	P
3.	Forfar Athletic FC (Forfar)	39	19	8	12	63	51	46	
4.	Albion Rovers FC (Coatbridge)	39	16	12	11	73	56	44	
5.	Queen's Park FC (Glasgow)	39	16	9	14	59	47	41	
6.	Stenhousemuir FC (Stenhousemuir)	39	16	9	14	56	51	41	
7.	Brechin City FC (Brechin)	39	15	10	14	61	59	40	
8.	Cowdenbeath FC (Cowdenbeath)	39	14	12	13	54	52	40	
9.	Montrose FC (Montrose)	39	14	10	15	60	63	38	
10.	East Fife FC (Methil)	39	12	9	18	45	57	33	
11.	Stranraer FC (Stranraer)	39	12	8	19	51	65	32	
12.	Meadowbank Thistle FC (Edinburgh)	39	12	8	19	42	70	32	
13.	Queen of the South FC (Dumfries)	39	11	9	19	51	69	31	
14.	Alloa Athletic FC (Alloa)	39	11	7	21	44	64	29	
		546	208	130	208	779	779	546	

SCOTTISH CUP FINAL   (Hampden Park, Glasgow – 10/05/1980 – 70,303)

CELTIC FC (GLASGOW)	1-0 (aet)	Rangers FC (Glasgow)
McCluskey	*(H.T. 0-0)*	

Celtic: Latchford, Sneddon, McGrain, Aitken, Conroy, MacLeod, Provan, Doyle (Lennox), McCluskey, Burns, McGarvey.

Rangers: McCloy, Jardine, Dawson, Forsyth (Miller), Jackson, Stevens, Cooper, Russell, Johnstone, Smith, MacDonald (McLean).

Semi-finals   (12/04/1980)

Aberdeen FC (Aberdeen)	0-1	Rangers FC (Glasgow)
Celtic FC (Glasgow)	5-0	Hibernian FC (Edinburgh)

1980-81 SEASON

1980-1981 Scottish Football League Premier Division	Aberdeen	Airdrieonians	Celtic	Dundee United	Hearts	Kilmarnock	Morton	Partick Thistle	Rangers	St. Mirren
Aberdeen FC (Aberdeen)		3-0	4-1	1-1	1-0	0-2	0-1	3-1	0-0	1-2
		4-1	2-2	1-1	4-1	2-0	6-0	2-1	2-0	3-2
Airdrieonians FC (Airdrie)	0-0		1-2	0-5	1-2	3-0	3-2	2-0	1-1	0-2
	0-4		1-4	0-0	3-0	1-0	1-0	0-0	1-1	1-2
Celtic FC (Glasgow)	1-1	2-1		2-1	6-0	1-1	3-0	4-1	3-1	7-0
	0-2	1-1		2-0	3-2	4-1	2-1	4-1	1-2	1-2
Dundee United FC (Dundee)	0-0	4-1	2-3		4-1	7-0	1-0	3-2	2-1	1-2
	1-3	1-0	0-3		1-1	2-2	1-1	0-0	2-4	2-0
Heart of Midlothian FC (Edinburgh)	0-2	2-3	0-3	0-4		1-0	0-0	1-1	2-1	1-2
	0-1	0-2	0-2	0-3		2-0	0-1	0-0	0-0	1-1
Kilmarnock FC (Kilmarnock)	1-0	0-1	1-2	0-1	2-0		0-0	0-1	1-1	2-0
	1-1	1-1	0-3	0-1	0-1		3-3	0-1	1-8	1-6
Morton FC (Greenock)	1-3	0-1	0-3	2-0	3-0	1-0		2-0	0-2	1-3
	1-0	3-1	2-3	0-2	2-2	2-0		1-2	2-2	1-4
Partick Thistle FC (Glasgow)	1-1	1-0	0-1	0-2	1-0	1-1	3-1		1-1	0-0
	0-1	2-1	0-1	2-3	3-2	0-1	0-0		1-1	1-0
Rangers FC (Glasgow)	1-0	2-0	0-1	2-1	4-0	2-0	4-0	1-1		1-0
	1-1	0-0	3-0	1-4	3-1	2-0	0-1	4-0		2-0
St. Mirren FC (Paisley)	1-1	2-1	3-1	3-3	2-1	1-1	2-0	3-2	2-1	
	0-1	2-2	0-2	2-0	1-3	2-0	1-1	1-0	0-0	

	Premier Division	Pd	Wn	Dw	Ls	GF	GA	Pts	
1.	CELTIC FC (GLASGOW)	36	26	4	6	84	37	56	
2.	Aberdeen FC (Aberdeen)	36	19	11	6	61	26	49	
3.	Rangers FC (Glasgow)	36	16	12	8	60	32	44	
4.	St. Mirren FC (Paisley)	36	18	8	10	56	47	44	
5.	Dundee United FC (Dundee)	36	17	9	10	66	42	43	
6.	Partick Thistle FC (Glasgow)	36	10	10	16	32	48	30	
7.	Airdrieonians FC (Airdrie)	36	10	9	17	36	55	29	
8.	Morton FC (Greenock)	36	10	8	18	36	58	28	
9.	Kilmarnock FC (Kilmarnock)	36	5	9	22	23	65	19	R
10.	Heart of Midlothian FC (Edinburgh)	36	6	6	24	27	71	18	R
		360	137	86	137	481	481	360	

Top goalscorers 1980-81

1) Frank MCGARVEY   (Celtic FC)   23
2) Charles NICHOLAS   (Celtic FC)   16
3) David DODDS   (Dundee United FC)   14

1980-1981 Scottish Football League Division 1	Ayr United	Berwick Ran.	Clydebank	Dumbarton	Dundee	Dunfermline	East Stirling	Falkirk	Hamilton	Hibernian	Motherwell	Raith Rov.	St. Johnst.	Stirling Alb.
Ayr United FC (Ayr)	---	---	4-1	1-2	---	2-1	---	---	---	0-1	---	3-3	1-0	
		4-1	1-0	0-0	1-0	2-0	3-3	3-1	2-1	1-3	5-0	1-0	0-0	0-0
Berwick Rangers FC (Berwick-upon-Tweed)	1-1	---	---	---	1-0	---	1-2	---	0-0	2-2	---	---	1-0	
	1-2		0-1	2-2	0-1	1-1	1-2	0-4	1-0	0-2	3-2	1-4	0-1	1-0
Clydebank FC (Clydebank)	---	2-0	---	0-0	---	---	2-0	---	1-2	---	0-0	---	1-3	
	2-2	2-1		1-4	3-0	2-3	3-2	2-1	3-1	1-1	2-2	3-0	0-2	1-1
Dumbarton FC (Dumbarton)	---	1-1	---	---	---	2-1	1-0	---	2-1	1-4	0-0	---	---	
	0-1	2-0	1-1		1-2	1-0	2-2	0-1	2-1	2-0	1-2	2-2	0-3	2-0
Dundee FC (Dundee)	2-4	0-0	1-0	2-1	---	---	---	---	1-0	---	2-1	4-1	---	
	0-0	2-2	2-1	3-1		2-0	2-0	4-0	2-0	1-2	2-1	3-1	2-2	5-1
Dunfermline Athletic FC (Dunfermline)	---	---	2-1	---	1-1	---	---	0-1	---	0-5	2-1	---	---	0-1
	2-3	1-1	3-1	1-1	1-0		1-0	0-1	0-1	0-2	1-3	0-2	0-2	2-0
East Stirlingshire FC (Falkirk)	1-3	0-0	---	---	0-1	0-0	---	1-1	---	---	---	---	2-2	1-0
	0-2	5-1	2-2	2-1	0-2	0-4		0-0	1-1	1-1	1-1	0-1	1-1	2-0
Falkirk FC (Falkirk)	2-1	---	0-0	1-3	1-2	---	---	---	2-1	---	---	---	---	0-0
	3-1	6-0	3-2	0-5	0-3	2-1	1-1		2-3	0-2	0-1	1-0	0-3	0-0
Hamilton Academical FC (Hamilton)	0-0	4-1	---	---	1-3	1-4	2-2	---	---	---	1-2	0-2	---	
	1-0	9-1	3-0	1-1	4-2	1-1	1-0	0-1		1-1	4-2	3-1	0-3	2-0
Hibernian FC (Edinburgh)	---	---	3-0	---	---	2-0	2-0	4-0	---	---	2-0	1-2	---	
	1-0	3-0	4-1	1-0	0-0	1-0	2-2	1-0	3-3		1-0	0-1	4-0	3-0
Motherwell FC (Motherwell)	1-0	---	---	4-1	---	2-1	1-0	---	1-1	---	---	0-0	3-2	
	3-2	2-1	3-0	4-2	3-2	2-0	1-1	3-0	1-3	2-0		1-1	2-2	2-1
Raith Rovers FC (Kirkcaldy)	1-1	1-1	1-1	1-0	---	---	0-0	0-0	---	---	---	---		
	2-1	3-0	0-4	4-1	0-0	1-0	2-0	2-1	1-0	2-0	2-0		0-0	3-0
St. Johnstone FC (Perth)	---	6-2	---	2-1	---	4-1	---	2-1	2-1	---	---	2-0	---	1-0
	1-0	1-0	1-1	2-0	1-0	2-4	0-2	0-0	1-0	1-2	2-2	0-3		0-1
Stirling Albion FC (Stirling)	---	---	0-0	0-0	0-1	---	---	---	0-1	---	0-3	0-1	---	
	1-1	1-0	0-0	0-1	1-1	3-3	4-2	1-0	0-2	0-2	2-0	0-2	0-1	

	Division 1	Pd	Wn	Dw	Ls	GF	GA	Pts	
1.	Hibernian FC (Edinburgh)	39	24	9	6	67	24	57	P
2.	Dundee FC (Dundee)	39	22	8	9	64	40	52	P
3.	St. Johnstone FC (Perth)	39	20	11	8	64	44	51	
4.	Raith Rovers FC (Kirkcaldy)	39	20	10	9	49	32	50	
5.	Motherwell FC (Motherwell)	39	19	11	9	65	51	49	
6.	Ayr United FC (Ayr)	39	17	11	11	59	42	45	
7.	Hamilton Academical FC (Hamilton)	39	15	7	17	61	57	37	
8.	Dumbarton FC (Dumbarton)	39	13	11	15	49	50	37	
9.	Falkirk FC (Falkirk)	39	13	8	18	39	52	34	
10.	Clydebank FC (Clydebank)	39	10	13	16	48	59	33	
11.	East Stirlingshire FC (Falkirk)	39	6	17	16	41	56	29	
12.	Dunfermline Athletic FC (Dunfermline)	39	10	7	22	41	58	27	
13.	Stirling Albion FC (Stirling)	39	6	11	22	18	48	23	R
14.	Berwick Rangers FC (Berwick-upon-Tweed)	39	5	12	22	30	82	22	R
		546	200	146	200	695	695	546	

1980-1981 Scottish Football League Division 2	Albion Rovers	Alloa Athletic	Arbroath	Brechin City	Clyde	Cowdenbeath	East Fife	Forfar Athletic	Meadowbank	Montrose	Queen/South	Queen's Park	Stenhousemuir	Stranraer
Albion Rovers FC (Coatbridge)		---	2-4	---	---	0-2	3-2	3-2	2-1	---	1-0	---	---	5-0
		3-1	1-6	2-3	3-3	2-0	0-0	2-4	3-1	2-1	0-4	2-2	0-2	1-3
Alloa Athletic FC (Alloa)	0-1		---	0-2	---	---	0-0	0-1	---	1-0	1-5	---	0-0	---
	1-0		1-1	5-0	2-0	1-1	2-1	1-0	2-1	0-4	1-3	5-2	3-2	3-1
Arbroath FC (Arbroath)	---	0-3		0-0	---	---	---	0-0	---	---	1-1	0-0	2-0	1-0
	2-2	1-1		2-2	2-2	0-1	1-1	2-3	0-1	1-4	1-2	1-4	0-1	3-1
Brechin City FC (Brechin)	2-1	---	---		2-1	1-2	---	0-0	2-1	3-1	1-0	---	---	---
	2-2	1-1	5-1		3-1	0-2	0-1	0-1	0-0	1-1	2-1	0-0	2-1	1-0
Clyde FC (Glasgow)	4-0	0-0	1-0	---		---	6-2	3-1	1-4	6-0	---	---	---	---
	1-1	0-3	0-2	3-0		2-2	3-1	2-1	2-1	4-3	1-4	1-1	2-2	3-3
Cowdenbeath FC (Cowdenbeath)	---	4-2	1-0	---	2-0		---	1-0	---	---	---	---	1-2	3-0
	2-1	5-2	2-1	2-1	4-2		1-1	1-2	1-0	2-1	1-1	1-2	0-1	1-1
East Fife FC (Methil)	---	---	0-2	2-2	---	1-0		---	---	0-0	---	1-1	---	2-1
	1-1	1-1	2-1	0-2	0-1	3-2		0-0	2-1	1-1	1-1	0-2	1-1	3-1
Forfar Athletic FC (Forfar)	---	---	---	---	---	1-0	1-2		3-1	---	3-4	1-2	1-4	---
	1-1	4-1	2-1	0-0	3-2	1-2	3-2		3-2	0-4	1-2	1-1	2-1	3-0
Meadowbank Thistle FC (Edinburgh)	---	0-4	1-2	---	---	---	1-0	---		2-1	0-0	---	1-0	---
	2-1	0-3	1-4	2-0	0-2	1-4	1-3	4-2		0-2	0-2	1-1	0-3	0-1
Montrose FC (Montrose)	1-1	---	0-3	---	3-1	---	0-0	---			---	---	2-1	6-1
	0-1	2-1	1-2	3-2	1-0	3-2	1-0	4-0	1-2		1-1	1-3	1-3	0-0
Queen of the South FC (Dumfries)	---	---	---	---	0-0	2-2	2-1	---	4-1	---		1-0	0-2	---
	3-0	1-1	2-2	3-2	1-3	1-0	1-1	1-1	1-1	1-5		0-3	4-4	3-0
Queen's Park FC (Glasgow)	3-1	2-1	---	1-0	1-1	1-1	---	---	1-1	1-0	---		---	---
	2-0	1-1	2-2	1-1	0-1	1-1	2-1	1-3	1-1	1-1	5-1		2-1	1-0
Stenhousemuir FC (Stenhousemuir)	0-3	---	---	1-1	3-3	---	1-3	---	---	---	---	3-4		2-1
	3-1	1-1	1-2	0-3	3-0	1-1	2-0	0-1	1-1	1-2	1-1	2-2		1-2
Stranraer FC (Stranraer)	---	2-2	---	1-1	1-1	---	---	0-3	1-2	---	1-2	1-1	---	
	1-4	1-3	0-2	0-1	1-0	3-2	1-1	0-4	1-3	0-3	1-0	2-1	2-5	

	Division 2	**Pd**	**Wn**	**Dw**	**Ls**	**GF**	**GA**	**Pts**	
1.	Queen's Park FC (Glasgow)	39	16	18	5	62	43	50	P
2.	Queen of the South FC (Dumfries)	39	16	14	9	66	53	46	P
3.	Cowdenbeath FC (Cowdenbeath)	39	18	9	12	63	48	45	
4.	Brechin City FC (Brechin)	39	15	14	10	52	46	44	
5.	Forfar Athletic FC (Forfar)	39	17	9	13	63	57	43	
6.	Alloa Athletic FC (Alloa)	39	15	12	12	61	54	42	
7.	Montrose FC (Montrose)	39	16	8	15	66	55	40	
8.	Clyde FC (Glasgow)	39	14	12	13	68	63	40	
9.	Arbroath FC (Arbroath)	39	13	12	14	58	54	38	
10.	Stenhousemuir FC (Stenhousemuir)	39	13	11	15	63	58	37	
11.	East Fife FC (Methil)	39	10	15	14	44	53	35	
12.	Albion Rovers FC (Coatbridge)	39	13	9	17	59	72	35	
13.	Meadowbank Thistle FC (Edinburgh)	39	11	7	21	42	64	29	
14.	Stranraer FC (Stranraer)	39	7	8	24	36	83	22	
		546	194	158	194	803	803	546	

SCOTTISH CUP FINAL   (Hampden Park, Glasgow – 09/05/1981 – 53,000)

RANGERS FC (GLASGOW)   0-0   Dundee United FC (Dundee)

Rangers: Stewart, Jardine, Dawson, Stevens, Forsyth, Bett, McLean, Russell, MacAdam (Cooper), Redford, Johnston (MacDonald).

Dundee United: McAlpine, Holt, Kopel, Phillip (Stark), Hegarty, Narey, Bannon, Milne (Pettigrew), Kirkwood, Sturrock, Dodds.

SCOTTISH CUP FINAL REPLAY   (Hampden Park, Glasgow – 12/05/1981 – 43,099)

RANGERS FC (GLASGOW)   4-1   Dundee United FC (Dundee)
Cooper, Russell, MacDonald 2   *(H.T. 3-1)*   *Dodds*

Rangers: Stewart, Jardine, Dawson, Stevens, Forsyth, Bett, Cooper, Russell, MacDonald, Johnstone, Johnston.

Dundee United: McAlpine, Holt, Kopel, Stark (Phillip), Hegarty, Narey, Bannon, Milne, Kirkwood, Sturrock, Dodds.

Semi-finals   (11/04/1981 – 15/04/1981)

Celtic FC (Glasgow)	0-0, 2-3	Dundee United FC (Dundee)
Morton FC (Greenock)	1-2	Rangers FC (Glasgow)

1981-82 SEASON

1981-1982 Scottish Football League Premier Division	Aberdeen	Airdrieonians	Celtic	Dundee	Dundee United	Hibernian	Morton	Partick Thistle	Rangers	St. Mirren
Aberdeen FC (Aberdeen)		2-0	1-3	0-0	2-1	3-1	0-0	3-1	4-0	5-1
		0-0	1-3	2-1	1-1	1-0	2-0	2-1	3-1	4-1
Airdrieonians FC (Airdrie)	0-3		1-5	0-2	2-0	0-2	1-1	3-1	0-1	0-2
	0-4		1-3	4-2	2-1	3-1	1-1	1-1	2-2	3-4
Celtic FC (Glasgow)	0-1	2-0		4-2	3-1	6-0	1-0	2-2	2-1	3-0
	2-1	5-2		3-1	1-1	0-0	2-1	2-0	3-3	0-0
Dundee FC (Dundee)	0-5	1-0	1-3		0-2	2-2	2-1	1-2	3-1	0-2
	0-3	3-1	1-3		1-3	0-0	4-1	4-2	2-3	3-0
Dundee United FC (Dundee)	1-2	4-0	3-0	1-1		0-1	5-0	5-1	1-1	1-1
	4-1	4-0	0-2	5-2		1-0	3-0	0-0	2-0	0-2
Hibernian FC (Edinburgh)	0-3	1-0	1-0	2-1	0-1		2-2	1-1	0-0	2-1
	1-1	1-1	1-0	2-0	1-1		4-0	3-0	1-2	0-0
Morton FC (Greenock)	2-1	1-0	1-1	2-0	1-1	0-0		0-0	1-3	0-1
	2-1	3-0	1-1	2-0	1-0	2-1		1-0	0-0	0-2
Partick Thistle FC (Glasgow)	0-0	0-0	0-3	0-2	1-2	1-2	4-0		2-0	0-0
	0-2	4-1	0-2	1-2	2-3	1-0	2-2		0-1	1-1
Rangers FC (Glasgow)	1-3	1-0	1-0	4-0	1-1	1-1	3-0	4-1		3-0
	0-0	4-1	0-2	2-1	2-0	2-2	1-1	0-2		4-1
St. Mirren FC (Paisley)	0-2	3-0	2-5	0-1	2-2	2-2	3-1	2-0	2-3	
	1-2	1-1	1-2	4-0	1-0	1-0	2-0	2-1	1-1	

	Premier Division	Pd	Wn	Dw	Ls	GF	GA	Pts	
1.	CELTIC FC (GLASGOW)	36	24	7	5	79	33	55	
2.	Aberdeen FC (Aberdeen)	36	23	7	6	71	29	53	
3.	Rangers FC (Glasgow)	36	16	11	9	57	45	43	
4.	Dundee United FC (Dundee)	36	15	10	11	61	38	40	
5.	St. Mirren FC (Paisley)	36	14	9	13	49	52	37	
6.	Hibernian FC (Edinburgh)	36	11	14	11	38	40	36	
7.	Morton FC (Greenock)	36	9	12	15	31	54	30	
8.	Dundee FC (Dundee)	36	11	4	21	46	72	26	
9.	Partick Thistle FC (Glasgow)	36	6	10	20	35	59	22	R
10.	Airdrieonians FC (Airdrie)	36	5	8	23	31	76	18	R
		360	134	92	134	498	498	360	

Top goalscorers 1981-82

1) George McCLUSKEY   (Celtic FC)   21
2) A. CLARK   (Airdrieonians FC)   15
   Paul STURROCK   (Dundee United FC)   15

1981-1982 Scottish Football League Division 1	Ayr United	Clydebank	Dumbarton	Dunfermline	East Stirling	Falkirk	Hamilton	Hearts	Kilmarnock	Motherwell	Queen's/South	Queen's Park	Raith Rovers	St. Johnstone
Ayr United FC (Ayr)		---	---	---	1-1	1-0	3-2	0-3	---	4-3	5-2	---	---	---
		2-1	3-2	1-1	5-1	4-1	2-0	0-0	1-1	1-1	1-0	2-0	2-0	1-1
Clydebank FC (Clydebank)	2-0		---	1-0	---	0-2	---	1-5	---	---	5-1	1-0	---	---
	2-1		3-0	4-1	2-1	1-1	2-1	2-1	0-0	1-7	2-1	2-1	0-1	2-3
Dumbarton FC (Dumbarton)	3-1	0-2		---	---	1-0	---	---	0-2	---	3-1	---	0-2	2-0
	3-1	1-3		0-1	0-3	3-1	1-2	3-1	0-2	0-6	1-0	1-0	1-1	2-1
Dunfermline Athletic FC (Dunfermline)	2-2	---	0-0		---	1-1	---	1-1	1-2	---	---	---	---	1-0
	0-0	3-6	2-2		2-1	1-1	1-3	1-1	1-2	1-2	1-1	2-1	2-3	1-2
East Stirlingshire FC (Falkirk)	---	0-1	2-2	---		---	2-1	---	1-5	1-2	---	---	1-1	---
	2-1	0-0	1-1	1-2		2-2	1-5	0-1	2-1	0-6	3-1	0-1	0-1	1-1
Falkirk FC (Falkirk)	---	---	---	1-0	0-3		---	3-1	---	1-3	---	1-1	3-2	2-1
	1-2	3-0	1-1	0-0	2-0		3-0	0-0	2-2	1-1	0-0	0-0	1-2	1-0
Hamilton Academical FC (Hamilton)	---	3-1	0-0	---	---	1-0		0-2	---	---	---	2-0	---	---
	1-0	0-2	1-0	0-2	1-1	2-0		0-2	1-2	1-0	2-3	2-1	1-0	0-0
Heart of Midlothian FC (Edinburgh)	---	---	2-5	---	2-0	---	---		---	0-1	---	1-0	4-0	3-0
	2-1	1-0	2-1	1-1	0-1	3-0	2-1		0-1	0-3	4-1	1-1	2-1	3-1
Kilmarnock FC (Kilmarnock)	1-1	2-0	---	2-0	---	4-1	0-0	0-0		---	6-0	---	---	---
	1-1	0-0	0-0	0-1	2-0	2-2	2-2	0-0		2-0	0-0	0-0	1-1	0-2
Motherwell FC (Motherwell)	---	0-0	1-0	2-2	---	3-2	---	1-0	---		3-0	---	---	---
	1-1	3-1	1-1	6-1	3-0	3-2	2-2	2-2	2-0		2-1	1-0	3-0	2-2
Queen of the South FC (Dumfries)	---	---	---	0-3	4-0	1-1	0-3	1-5	2-5	---		1-2	---	---
	1-2	2-1	0-4	2-3	1-1	0-4	2-4	1-2	1-1	0-2		1-1	2-3	3-3
Queen's Park FC (Glasgow)	0-0	---	3-0	2-1	3-0	---	---	2-3	---	---	---		2-0	2-1
	2-0	2-2	3-0	0-1	2-1	2-2	2-0	1-0	0-2	0-1	1-0		0-0	3-2
Raith Rovers FC (Kirkcaldy)	1-0	---	---	0-1	---	---	1-2	---	3-3	0-1	1-2	---		0-1
	0-1	0-2	1-3	0-0	1-0	0-3	2-0	0-3	0-3	0-2	2-1	1-0		0-4
St. Johnstone FC (Perth)	3-2	3-3	---	---	3-2	---	---	1-3	2-3	3-3	---	---	---	
	2-0	1-3	5-2	2-1	7-1	2-0	1-1	2-1	0-2	1-3	1-0	2-0	2-0	

	Division 1	Pd	Wn	Dw	Ls	GF	GA	Pts	
1.	Motherwell FC (Motherwell)	39	26	9	4	92	36	61	P
2.	Kilmarnock FC (Kilmarnock)	39	17	17	5	60	29	51	P
3.	Heart of Midlothian FC (Edinburgh)	39	21	8	10	65	37	50	
4.	Clydebank FC (Clydebank)	39	19	8	12	61	53	46	
5.	St. Johnstone FC (Perth)	39	17	8	14	69	60	42	
6.	Ayr United FC (Ayr)	39	15	12	12	56	50	42	
7.	Hamilton Academical FC (Hamilton)	39	16	8	15	52	49	40	
8.	Queen's Park FC (Glasgow)	39	13	10	16	41	41	36	
9.	Falkirk FC (Falkirk)	39	11	14	14	49	52	36	
10.	Dunfermline Athletic FC (Dunfermline)	39	11	14	14	46	56	36	
11.	Dumbarton FC (Dumbarton)	39	13	9	17	49	61	35	
12.	Raith Rovers FC (Kirkcaldy)	39	11	7	21	31	59	29	
13.	East Stirlingshire FC (Falkirk)	39	7	10	22	38	77	24	R
14.	Queen of the South FC (Dumfries)	39	4	10	25	44	93	18	R
		546	201	144	201	753	753	546	

1981-1982 Scottish Football League Division 2	Albion Rov.	Alloa Athletic	Arbroath	Berwick Ran.	Brechin City	Clyde	Cowdenbeath	East Fife	Forfar Ath.	Meadowbank	Montrose	Stenhousem.	Stirling Alb.	Stranraer
Albion Rovers FC (Coatbridge)		1-1	---	---	1-2	2-3	---	---	---	---	2-2	2-0	1-0	---
		1-5	2-0	1-3	1-2	0-1	2-0	1-0	3-3	2-0	0-2	1-4	1-0	4-0
Alloa Athletic FC (Alloa)	---		2-2	1-1	---	0-3	2-2	---	---	2-0	---	---	---	1-1
	1-0		2-1	1-0	1-3	2-2	3-1	1-2	1-2	4-3	5-0	1-0	0-0	3-2
Arbroath FC (Arbroath)	2-0	---		---	---	0-5	3-0	1-1	---	0-0	2-0	---	---	---
	4-0	2-1		2-1	1-1	0-1	1-1	3-1	1-1	3-2	1-0	3-0	1-0	4-1
Berwick Rangers FC (Berwick-upon-Tweed)	4-1	---	2-2		---	---	---	3-0	2-1	2-2	---	0-2	---	2-0
	6-1	2-0	3-0		---	3-1	4-0	1-2	2-1	1-1	3-1	4-0	1-0	0-0
Brechin City FC (Brechin)	---	0-1	0-2	1-0		---	---	1-1	---	---	---	0-1	---	3-0
	3-2	0-4	2-2	2-0		2-2	0-1	2-1	0-0	3-0	3-0	1-1	2-1	3-0
Clyde FC (Glasgow)	---	---	---	1-2	1-0		2-0	---	---	---	---	1-0	3-3	1-1
	1-2	1-1	1-1	3-1	3-1		1-1	3-2	1-1	1-0	3-0	3-0	2-0	3-0
Cowdenbeath FC (Cowdenbeath)	2-3	---	---	2-0	0-2	---		1-2	3-1	---	3-2	---	2-0	---
	2-0	1-2	1-2	2-1	0-0	0-4		2-2	1-1	2-2	6-0	3-1	0-0	1-1
East Fife FC (Methil)	1-1	0-2	---	---	---	1-1	---		1-0	---	1-0	1-2	---	---
	3-0	1-2	0-1	0-1	2-2	2-2	1-1		0-4	2-0	0-1	3-2	3-0	0-2
Forfar Athletic FC (Forfar)	3-0	0-1	1-1	---	0-0	1-3	---	---		---	0-0	---	---	3-0
	3-1	0-0	6-0	2-1	0-1	0-0	4-0	1-0		1-1	2-1	2-0	3-1	3-1
Meadowbank Thistle FC (Edinburgh)	0-2	---	---	---	2-0	1-3	1-0	---	2-5		---	---	0-1	1-1
	3-2	1-1	1-2	2-1	1-0	2-3	1-1	1-1	1-1		2-2	6-1	2-1	4-1
Montrose FC (Montrose)	---	0-3	---	0-0	1-4	4-1	---	1-2	---	1-0		---	1-2	---
	4-2	2-0	2-1	0-2	2-2	0-3	2-2	1-2	2-1	1-0		2-1	1-1	1-2
Stenhousemuir FC (Stenhousemuir)	---	0-1	0-2	---	---	---	2-1	---	0-1	3-1	2-1		---	---
	2-2	2-2	1-3	1-1	0-4	0-3	3-0	2-0	0-0	1-2	2-4		0-0	1-0
Stirling Albion FC (Stirling)	---	3-2	3-2	0-0	0-2	---	---	---	2-0	---	---	3-1		2-1
	1-0	0-0	0-1	0-1	5-0	1-2	0-0	0-2	0-0	1-1	2-3		1-0	
Stranraer FC (Stranraer)	1-4	---	1-3	---	---	1-0	1-2	---	---	2-0	0-1	---		
	0-1	0-4	4-0	2-4	0-6	0-2	1-4	0-3	2-1	0-1	3-5	2-1	2-2	

	Division 2	**Pd**	**Wn**	**Dw**	**Ls**	**GF**	**GA**	**Pts**	
1.	Clyde FC (Glasgow)	39	24	11	4	79	38	59	P
2.	Alloa Athletic FC (Alloa)	39	19	12	8	66	42	50	P
3.	Arbroath FC (Arbroath)	39	20	10	9	62	50	50	
4.	Berwick Rangers FC (Berwick-upon-Tweed)	39	20	8	11	66	38	48	
5.	Brechin City FC (Brechin)	39	18	10	11	61	43	46	
6.	Forfar Athletic FC (Forfar)	39	15	15	9	59	35	45	
7.	East Fife FC (Methil)	39	14	9	16	48	51	37	
8.	Stirling Albion FC (Stirling)	39	12	11	16	39	44	35	
9.	Cowdenbeath FC (Cowdenbeath)	39	11	13	15	51	57	35	
10.	Montrose FC (Montrose)	39	12	8	19	49	74	32	
11.	Albion Rovers FC (Coatbridge)	39	13	5	21	52	74	31	
12.	Meadowbank Thistle FC (Edinburgh)	39	10	10	19	49	62	30	
13.	Stenhousemuir FC (Stenhousemuir)	39	11	6	22	41	65	28	
14.	Stranraer FC (Stranraer)	39	7	6	26	36	85	20	
		546	206	134	206	758	758	546	

SCOTTISH CUP FINAL   (Hampden Park, Glasgow – 22/05/1982 – 53,788)

ABERDEEN FC (ABERDEEN)   4-1 (aet)   Rangers FC (Glasgow)
McLeish, McGhee, Strachan, Cooper   *(H.T. 1-1)*   *MacDonald*

Aberdeen: Leighton, Kennedy, Rougvie, McMaster (Bell), McLeish, Miller, Strachan, Cooper, McGhee, Simpson, Hewitt (Black).

Rangers: Stewart, Jardine (McAdam), Dawson, McClelland, Jackson, Bett, Cooper, Russell, Dalziel (McLean), Miller, MacDonald.

Semi-finals   (03/04/1982 – 07/04/1982)

Aberdeen FC (Aberdeen)	1-1, 3-2		St. Mirren FC (Paisley)
Forfar Athletic FC (Forfar)	0-0, 1-3		Rangers FC (Glasgow)

1982-83 SEASON

1982-1983 Scottish Football League Premier Division	Aberdeen	Celtic	Dundee	Dundee United	Hibernian	Kilmarnock	Morton	Motherwell	Rangers	St. Mirren
Aberdeen FC (Aberdeen)		1-0 / 1-2	3-1 / 1-0	1-2 / 5-1	5-0 / 2-0	5-0 / 2-0	2-0 / 4-1	5-1 / 2-1	2-0 / 1-2	0-1 / 4-0
Celtic FC (Glasgow)	1-3 / 1-3		2-2 / 2-0	2-3 / 2-0	4-1 / 2-0	4-0 / 2-1	2-0 / 5-1	3-0 / 3-1	0-0 / 3-2	1-1 / 5-0
Dundee FC (Dundee)	0-2 / 0-2	2-1 / 2-3		1-2 / 0-2	0-1 / 2-1	0-0 / 5-2	3-3 / 2-0	3-1 / 3-1	2-1 / 1-0	2-5 / 1-1
Dundee United FC (Dundee)	0-3 / 2-0	1-1 / 2-2	5-3 / 1-0		3-3 / 3-0	4-0 / 7-0	1-1 / 6-0	4-0 / 5-0	3-1 / 4-2	3-2 / 3-0
Hibernian FC (Edinburgh)	0-0 / 1-1	0-3 / 2-3	0-0 / 1-1	0-0 / 0-0		8-1 / 2-2	2-0 / 1-2	1-1 / 1-0	1-2 / 0-0	1-1 / 0-0
Kilmarnock FC (Kilmarnock)	1-2 / 0-2	0-5 / 0-4	2-0 / 0-0	0-5 / 1-1	0-2 / 1-1		4-0 / 3-1	1-1 / 0-2	0-1 / 0-0	2-2 / 2-2
Morton FC (Greenock)	1-2 / 1-1	0-3 / 1-2	1-0 / 1-2	0-4 / 1-2	0-1 / 0-0	3-0 / 0-0		0-1 / 3-1	0-5 / 0-0	0-2 / 2-0
Motherwell FC (Motherwell)	0-3 / 0-2	2-1 / 0-7	1-1 / 1-0	1-4 / 0-2	2-0 / 0-1	3-1 / 4-1	4-1 / 3-1		3-0 / 2-2	0-0 / 2-0
Rangers FC (Edinburgh)	2-1 / 0-1	2-4 / 1-2	1-1 / 1-1	2-1 / 0-0	1-1 / 3-2	1-1 / 5-0	2-0 / 1-1	1-0 / 4-0		4-0 / 1-0
St. Mirren FC (Paisley)	1-1 / 1-1	0-1 / 1-2	2-1 / 0-0	1-2 / 0-2	3-0 / 3-0	2-0 / 3-2	2-3 / 1-1	4-0 / 3-0	1-0 / 2-2	

	Premier Division	Pd	Wn	Dw	Ls	GF	GA	Pts	
1.	DUNDEE UNITED FC (DUNDEE)	36	24	8	4	90	35	56	
2.	Celtic FC (Glasgow)	36	25	5	6	90	36	55	
3.	Aberdeen FC (Aberdeen)	36	25	5	6	76	24	55	
4.	Rangers FC (Glasgow)	36	13	12	11	52	41	38	
5.	St. Mirren FC (Paisley)	36	11	12	13	47	51	34	
6.	Dundee FC (Dundee)	36	9	11	16	42	53	29	
7.	Hibernian FC (Edinburgh)	36	7	15	14	35	51	29	
8.	Motherwell FC (Motherwell)	36	11	5	20	39	73	27	
9.	Morton FC (Greenock)	36	6	8	22	30	74	20	R
10.	Kilmarnock FC (Kilmarnock)	36	3	11	22	28	91	17	R
		360	134	92	134	529	529	360	

Top goalscorers 1982-83

1) Charles NICHOLAS (Celtic FC) 29
2) David DODDS (Dundee United FC) 22
3) Frank McGARVEY (Celtic FC) 17

1982-1983 Scottish Football League Division 1	Airdrie	Alloa Ath.	Ayr United	Clyde	Clydebank	Dumbarton	Dunfermline	Falkirk	Hamilton	Hearts	Partick Th.	Queen's Park	Raith Rov.	St. Johnst.
Airdrieonians FC (Airdrie)	■	0-1	---	1-0	---	---	---	0-2	---	0-2	---	---	4-2	1-1
	■	2-1	3-1	3-4	2-2	1-2	1-1	3-1	2-0	0-1	1-3	0-1	1-2	2-0
Alloa Athletic FC (Alloa)	---	■	3-0	---	1-2	0-0	1-1	---	---	1-1	---	3-1	---	1-1
	1-2	■	0-0	1-3	2-0	2-0	2-2	0-2	4-2	0-0	2-1	4-1	3-0	0-2
Ayr United FC (Ayr)	1-1	---	■	---	1-0	1-2	2-3	---	---	---	---	4-0	3-2	0-1
	1-0	2-1	■	2-0	1-3	0-1	1-0	4-0	1-1	0-3	2-1	2-2	0-4	1-1
Clyde FC (Glasgow)	---	3-3	3-2	■	---	1-0	---	---	---	---	0-2	2-1	3-3	0-1
	2-1	2-0	3-1	■	3-5	0-4	1-0	0-1	5-2	2-3	1-3	0-1	0-2	1-3
Clydebank FC (Clydebank)	2-0	---	---	2-0	■	3-1	---	1-1	---	1-2	---	---	6-1	---
	0-4	2-2	0-1	2-2	■	5-1	1-1	0-2	2-1	0-3	1-3	2-0	1-1	1-0
Dumbarton FC (Dumbarton)	1-1	---	---	---	---	■	1-3	---	1-1	0-4	2-1	2-1	---	---
	0-0	1-2	1-0	1-3	0-4	■	1-1	5-1	1-5	1-1	1-1	1-1	2-1	4-1
Dunfermline Athletic FC (Dunfermline)	0-4	---	---	0-0	1-1	0-0	■	2-2	---	---	0-3	1-0	2-2	---
	1-0	2-0	1-0	1-1	1-1	0-3	■	0-0	1-1	2-1	0-4	1-1	1-1	2-4
Falkirk FC (Falkirk)	---	2-1	2-0	1-2	0-2	1-2	---	■	1-1	---	---	---	---	---
	1-3	0-1	1-3	0-1	0-2	2-1	1-0	■	1-0	1-1	2-1	2-0	2-0	0-1
Hamilton Academical FC (Hamilton)	0-3	2-0	1-0	4-1	---	---	4-0	---	■	---	0-0	---	0-5	---
	0-4	1-1	1-1	1-0	0-2	0-3	4-1	2-1	■	1-3	1-2	2-2	2-2	1-1
Heart of Midlothian FC (Edinburgh)	---	---	5-1	3-1	2-2	---	3-3	1-2	2-0	■	4-0	---	---	---
	2-4	3-0	1-1	1-0	4-1	1-1	4-1	3-1	2-1	■	0-1	2-0	2-0	1-0
Partick Thistle FC (Glasgow)	0-1	1-2	3-1	---	---	---	---	4-2	---	---	■	---	1-0	2-1
	1-0	1-1	2-2	2-1	0-1	3-2	1-1	1-1	1-1	1-1	■	2-3	2-1	3-1
Queen's Park FC (Glasgow)	4-3	---	---	---	1-3	---	---	1-1	1-4	0-3	0-1	■	---	---
	1-1	1-2	3-1	0-0	2-2	2-1	2-2	0-2	1-3	1-2	1-4	■	2-2	1-2
Raith Rovers FC (Kirkcaldy)	---	3-1	---	---	1-3	0-0	---	0-3	---	4-2	---	2-2	■	---
	0-3	0-1	0-1	1-2	0-3	3-0	6-0	2-1	4-1	1-0	2-2	3-1	■	0-3
St. Johnstone FC	---	---	---	---	---	1-0	1-0	1-0	0-2	2-1	---	2-1	1-0	■
	1-0	3-1	2-0	2-1	0-1	1-0	2-0	4-0	3-0	1-1	1-0	4-1	2-1	■

	Division 1	Pd	Wn	Dw	Ls	GF	GA	Pts	
1.	St. Johnstone FC (Perth)	39	25	5	9	59	37	55	P
2.	Heart of Midlothian FC (Edinburgh)	39	22	10	7	79	38	54	P
3.	Clydebank FC (Clydebank)	39	20	10	9	72	49	50	
4.	Partick Thistle FC (Glasgow)	39	20	9	10	66	45	49	
5.	Airdrieonians FC (Airdrie)	39	16	7	16	62	46	39	
6.	Alloa Athletic FC (Alloa)	39	14	11	14	52	52	39	
7.	Falkirk FC (Falkirk)	39	15	6	18	45	55	36	
8.	Dumbarton FC (Dumbarton)	39	13	10	16	50	59	36	
9.	Raith Rovers FC (Kirkcaldy)	39	13	8	18	64	63	34	
10.	Clyde FC (Glasgow)	39	14	6	19	55	66	34	
11.	Hamilton Academical FC (Hamilton)	39	11	12	16	54	66	34	
12.	Ayr United FC (Ayr)	39	12	8	19	45	61	32	
13.	Dunfermline Athletic FC (Dunfermline)	39	7	17	15	39	69	31	R
14.	Queen's Park FC (Glasgow)	39	6	11	22	44	80	23	R
		546	208	130	208	786	786	546	

1982-1983 Scottish Football League Division 2	Albion Rovers	Arbroath	Berwick Rangers	Brechin City	Cowdenbeath	East Fife	East Stirling	Forfar Athletic	Meadowbank	Montrose	Queen/South	Stenhousemuir	Stirling Albion	Stranraer
Albion Rovers FC (Coatbridge)	■	0-2 / 1-3	2-1 / 0-1	--- / 0-0	2-0 / 0-2	1-1 / 1-0	--- / 3-1	1-0 / 0-1	1-3 / 4-0	--- / 2-1	--- / 3-1	--- / 2-1	--- / 3-0	1-2 / 2-3
Arbroath FC (Arbroath)	--- / 3-1	■	3-1 / 0-2	1-1 / 0-3	--- / 1-0	--- / 3-1	4-0 / 4-1	3-3 / 2-1	--- / 2-2	--- / 3-1	--- / 3-2	5-2 / 0-0	1-0 / 1-0	3-2 / 3-0
Berwick Rangers FC (Berwick-upon-Tweed)	--- / 4-0	--- / 2-1	■	1-1 / 1-1	1-1 / 2-1	--- / 1-0	1-3 / 0-3	--- / 1-2	--- / 0-0	3-1 / 1-1	1-0 / 0-4	--- / 2-4	0-3 / 2-2	--- / 2-2
Brechin City FC (Brechin)	3-0 / 3-0	--- / 3-1	--- / 2-0	■	4-1 / 1-1	--- / 0-0	1-0 / 3-0	1-1 / 1-1	3-1 / 1-1	1-0 / 4-0	--- / 2-3	3-1 / 5-2	--- / 1-2	--- / 4-2
Cowdenbeath FC (Cowdenbeath)	--- / 1-1	3-2 / 2-1	--- / 2-0	--- / 1-3	■	--- / 2-4	3-1 / 1-1	--- / 2-1	0-1 / 3-1	--- / 2-3	2-3 / 2-1	1-1 / 2-0	--- / 0-0	4-0 / 2-1
East Fife FC (Methil)	--- / 4-3	4-0 / 2-2	3-0 / 0-1	1-2 / 1-2	0-2 / 1-1	■	--- / 3-1	--- / 0-2	4-0 / 5-0	--- / 0-1	--- / 0-0	--- / 1-1	--- / 1-0	3-0 / 2-2
East Stirlingshire FC (Falkirk)	1-3 / 1-1	--- / 1-3	--- / 0-4	2-2 / 0-3	--- / 2-0	1-1 / 0-3	■	0-1 / 1-4	1-2 / 1-3	3-1 / 0-0	--- / 1-2	--- / 2-1	--- / 2-1	--- / 1-2
Forfar Athletic FC (Forfar)	--- / 2-0	--- / 1-1	1-1 / 2-2	--- / 2-1	2-0 / 0-0	0-0 / 4-1	--- / 5-1	■	0-3 / 0-1	--- / 2-2	2-2 / 1-0	2-0 / 0-0	--- / 0-0	--- / 5-1
Meadowbank Thistle FC (Edinburgh)	--- / 4-3	0-3 / 2-1	5-0 / 4-2	--- / 2-1	--- / 2-0	0-3 / 0-2	--- / 0-0	--- / 1-0	■	2-0 / 5-0	1-2 / 1-0	1-1 / 3-1	--- / 3-1	--- / 1-0
Montrose FC (Montrose)	1-2 / 3-3	0-3 / 2-1	--- / 1-0	1-1 / 1-2	--- / 0-4	--- / 0-2	1-2 / 1-2	--- / 1-2	--- / 0-1	■	--- / 1-5	0-1 / 1-0	--- / 0-1	1-0 / 3-1
Queen of the South FC (Dumfries)	2-0 / 5-0	1-1 / 2-1	--- / 1-2	--- / 3-1	--- / 0-0	1-2 / 1-5	--- / 2-2	1-2 / 1-1	--- / 1-1	6-0 / 4-0	■	2-2 / 1-2	3-5 / 1-0	--- / 6-3
Stenhousemuir FC (Stenhousemuir)	1-0 / 1-0	--- / 1-6	0-1 / 0-0	0-0 / 2-2	--- / 2-2	0-2 / 3-2	1-1 / 2-2	--- / 0-1	--- / 1-2	--- / 3-1	--- / 2-3	■	0-4 / 0-0	1-1 / 2-3
Stirling Albion FC (Stirling)	1-2 / 2-2	--- / 1-0	--- / 3-1	--- / 1-1	3-1 / 2-2	2-2 / 1-0	3-1 / 2-0	2-0 / 1-1	1-0 / 2-3	--- / 4-1	--- / 1-0	--- / ■	■	--- / 1-0
Stranraer FC (Stranraer)	--- / 1-5	--- / 0-1	0-3 / 1-0	1-3 / 1-2	--- / 2-0	--- / 2-2	1-0 / 2-1	1-2 / 2-1	0-2 / 1-2	--- / 3-3	0-0 / 0-3	--- / 2-0	0-1 / 1-1	■

	Division 2	Pd	Wn	Dw	Ls	GF	GA	Pts	
1.	Brechin City FC (Brechin)	39	21	13	5	77	38	55	P
2.	Meadowbank Thistle FC (Edinburgh)	39	23	8	8	64	45	54	P
3.	Arbroath FC (Arbroath)	39	21	7	11	78	51	49	
4.	Forfar Athletic FC (Forfar)	39	18	12	9	58	38	48	
5.	Stirling Albion FC (Stirling)	39	18	10	11	57	41	46	
6.	East Fife FC (Methil)	39	16	11	12	68	43	43	
7.	Queen of the South FC (Dumfries)	39	17	8	14	75	55	42	
8.	Cowdenbeath FC (Cowdenbeath)	39	13	12	14	54	53	38	
9.	Berwick Rangers FC (Berwick-upon-Tweed)	39	13	10	16	47	60	36	
10.	Albion Rovers FC (Coatbridge)	39	14	6	19	55	66	34	
11.	Stenhousemuir FC (Stenhousemuir)	39	7	15	17	43	66	29	
12.	Stranraer FC (Stranraer)	39	10	7	22	46	79	27	
13.	East Stirlingshire FC (Falkirk)	39	7	9	23	41	79	23	
14.	Montrose FC (Montrose)	39	8	6	25	37	86	22	
		546	206	134	206	800	800	546	

SCOTTISH CUP FINAL   (Hampden Park, Glasgow – 21/05/1983 – 62,979)

ABERDEEN FC (ABERDEEN)　　　　　　1-0 (aet)　　　　　　Rangers FC (Glasgow)
Black　　　　　　　　　　　　　　　*(H.T. 0-0)*

Aberdeen: Leighton, Rougvie (Watson), McMaster, Cooper, McLeish, Miller, Strachan, Simpson, McGhee, Black, Weir (Hewitt).

Rangers: McCloy, Dawson, McClelland, McPherson, Paterson, Bett, Cooper (Davies), McKinnon, Clark, Russell, MacDonald (Dalziel).

Semi-finals   (16/04/1983 – 19/04/1983)

Aberdeen FC (Aberdeen)	1-0	Celtic FC (Glasgow)
Rangers FC (Glasgow)	1-1, 1-0 (aet)	St. Mirren FC (Paisley)

1983-84 SEASON

1983-1984 Scottish Football League Premier Division	Aberdeen	Celtic	Dundee	Dundee United	Hearts	Hibernian	Motherwell	Rangers	St. Johnstone	St. Mirren
Aberdeen FC (Aberdeen)		1-0	5-2	5-1	1-1	2-2	2-1	0-0	1-0	2-0
		3-1	3-0	1-2	2-0	2-1	3-1	3-0	5-0	5-0
Celtic FC (Glasgow)	1-0		3-0	1-1	4-1	3-2	4-2	3-0	5-2	2-0
	0-0		1-0	1-1	1-1	5-1	4-0	2-1	5-2	1-1
Dundee FC (Dundee)	0-1	3-2		2-5	4-1	1-2	1-0	1-3	2-0	2-5
	1-3	2-6		1-4	1-2	0-3	2-0	3-2	0-1	2-2
Dundee United FC (Dundee)	0-0	3-1	1-1		3-1	2-0	2-1	1-2	3-0	2-2
	0-2	2-1	0-1		1-0	5-0	4-0	0-2	7-0	2-0
Heart of Midlothian FC (Edinburgh)	0-1	1-1	1-1	0-0		1-1	2-1	2-2	2-2	2-1
	0-2	1-3	1-3	0-0		3-2	0-0	3-1	2-0	2-2
Hibernian FC (Edinburgh)	0-2	0-1	3-1	1-0	0-0		1-2	0-0	1-2	1-1
	2-1	0-2	2-1	0-2	1-1		2-1	0-2	4-1	3-1
Motherwell FC (Motherwell)	0-4	2-2	2-4	1-3	0-1	2-3		0-3	1-0	1-0
	1-1	0-3	1-3	2-2	1-1	1-2		0-3	0-1	0-0
Rangers FC (Glasgow)	1-1	1-0	2-2	2-2	0-0	0-0	2-1		2-0	1-1
	0-2	1-2	2-1	0-0	3-0	1-0	1-2		6-3	1-1
St. Johnstone FC (Perth)	0-2	0-0	1-0	1-2	1-2	1-0	3-1	1-4		4-2
	0-5	0-3	0-2	1-2	0-1	0-3	3-1	0-1		3-2
St. Mirren FC (Paisley)	3-2	2-4	4-0	2-2	1-1	3-1	2-1	1-1	1-1	
	0-3	4-2	0-0	4-0	0-1	2-1	1-1	3-0	1-2	

	Premier Division	**Pd**	**Wn**	**Dw**	**Ls**	**GF**	**GA**	**Pts**	
1.	ABERDEEN FC (ABERDEEN)	36	25	7	4	78	21	57	
2.	Celtic FC (Glasgow)	36	21	8	7	80	41	50	
3.	Dundee United FC (Dundee)	36	18	11	7	67	39	47	
4.	Rangers FC (Glasgow)	36	15	12	9	53	41	42	
5.	Heart of Midlothian FC (Edinburgh)	36	10	16	10	38	47	36	
6.	St. Mirren FC (Paisley)	36	9	14	13	55	59	32	
7.	Hibernian FC (Edinburgh)	36	12	7	17	45	55	31	
8.	Dundee FC (Dundee)	36	11	5	20	50	74	27	
9.	St. Johnstone FC (Perth)	36	10	3	23	36	81	23	R
10.	Motherwell FC (Motherwell)	36	4	7	25	31	75	15	R
		360	135	90	135	533	533	360	

Top goalscorers 1983-84

1) Brian McCLAIR   (Celtic FC)   23
2) William IRVINE   (Hibernian FC)   18

1983-1984 Scottish Football League Division 1	Airdrieonians	Alloa Athletic	Ayr United	Brechin City	Clyde	Clydebank	Dumbarton	Falkirk	Hamilton	Kilmarnock	Meadowbank	Morton	Partick Thistle	Raith Rovers
Airdrieonians FC (Airdrie)		---	1-0	1-2	---	3-3	1-4	---	0-1	3-0	---	---	1-0	---
		1-0	2-0	1-0	0-4	1-0	1-1	0-1	1-0	1-0	1-2	0-3	0-0	1-0
Alloa Athletic FC (Alloa)	0-0		---	---	0-0	---	3-1	3-1	---	---	---	2-2	2-0	
	1-0		0-0	4-1	1-1	0-2	1-0	0-1	2-1	0-4	0-1	1-3	3-4	1-2
Ayr United FC (Ayr)	---	3-1		---	2-1	---	---	1-2	1-1	---	---	1-2	1-5	
	2-2	4-2		1-1	1-0	2-2	1-2	0-1	1-1	0-2	2-2	2-2	2-1	2-2
Brechin City FC (Brechin)	---	1-1	4-1		---	3-2	2-2	0-3	---	---	1-2	---	---	
	3-1	1-0	2-1		3-0	0-2	2-3	1-0	1-0	3-2	0-0	3-1	2-0	1-1
Clyde FC (Glasgow)	1-1	---	---	---		1-1	---	1-0	0-1	2-1	---	3-2	---	---
	1-1	2-2	1-1	2-2		2-2	0-0	1-2	1-0	0-1	2-1	2-3	1-2	5-0
Clydebank FC (Clydebank)	---	1-0	1-2	---	---		---	1-2	---	3-0	1-1	1-1	---	4-3
	2-4	2-7	4-1	1-0	1-0		0-2	3-1	1-1	4-0	3-0	3-3	1-0	1-1
Dumbarton FC (Dumbarton)	---	2-0	0-3	---	2-2	2-1		2-0	---	---	3-0	---	---	3-1
	4-2	1-1	2-1	1-2	1-0	2-0		3-0	2-0	4-3	0-0	1-1	0-1	2-1
Falkirk FC (Falkirk)	1-1	---	---	0-0	---	---	---		---	2-0	1-4	0-1	1-2	1-0
	2-0	1-1	2-1	0-1	0-2	1-1	4-1		4-1	1-3	2-1	0-2	2-2	2-1
Hamilton Academical FC (Hamilton)	---	---	---	3-2	---	0-1	3-3	2-0		1-1	1-2	---	---	---
	1-1	1-0	0-0	3-3	1-2	1-0	4-1	1-2		0-1	1-1	1-1	3-1	0-0
Kilmarnock FC (Kilmarnock)	---	2-0	3-0	1-1	---	---	0-0	---	---		1-1	---	---	1-2
	4-1	2-0	1-0	4-1	0-1	0-1	2-2	2-1	2-1		3-1	0-1	1-2	2-1
Meadowbank Thistle FC (Edinburgh)	0-4	2-1	2-2	2-2	3-1	---	---	---	---	---		1-1	---	1-2
	1-0	4-0	1-5	2-1	1-1	1-3	0-2	0-1	2-0	2-1		1-4	2-1	1-3
Morton FC (Greenock)	2-1	3-0	---	---	---	---	2-0	---	0-0	3-2	---		4-2	---
	3-2	1-0	2-3	0-0	2-1	1-2	2-2	3-1	1-1	2-2	4-0		1-2	0-0
Partick Thistle FC (Glasgow)	---	---	---	1-1	1-2	1-1	0-0	---	1-2	1-2	2-1	---		---
	2-1	5-0	4-3	2-2	1-2	1-0	1-0	3-1	0-0	2-0	4-1	3-1		2-0
Raith Rovers FC (Kirkcaldy)	2-3	---	5-0	6-0	2-2	---	---	0-2	---	---	0-1	2-1	---	
	0-0	1-1	1-3	1-1	2-1	0-0	1-3	2-2	1-2	2-1	3-1	1-3	1-2	

Division 1		**Pd**	**Wn**	**Dw**	**Ls**	**GF**	**GA**	**Pts**	
1.	Morton FC (Greenock)	39	21	12	6	75	46	54	P
2.	Dumbarton FC (Dumbarton)	39	20	11	8	66	44	51	P
3.	Partick Thistle FC (Glasgow)	39	19	8	12	67	50	46	
4.	Clydebank FC (Clydebank)	39	16	13	10	62	50	45	
5.	Brechin City FC (Brechin)	39	14	14	11	56	58	42	
6.	Kilmarnock FC (Kilmarnock)	39	16	6	17	57	53	38	
7.	Falkirk FC (Falkirk)	39	16	6	17	46	54	38	
8.	Clyde FC (Glasgow)	39	12	13	14	53	50	37	
9.	Hamilton Academical FC (Hamilton)	39	11	14	14	43	46	36	
10.	Airdrieonians FC (Airdrie)	39	13	10	16	45	53	36	
11.	Meadowbank Thistle FC (Edinburgh)	39	12	10	17	49	69	34	
12.	Ayr United FC (Ayr)	39	10	12	17	56	70	32	
13.	Raith Rovers FC (Kirkcaldy)	39	10	11	18	53	62	31	R
14.	Alloa Athletic FC (Alloa)	39	8	10	21	41	64	26	R
		546	198	150	198	769	769	546	

1983-1984 Scottish Football League Division 2	Albion Rovers	Arbroath	Berwick Ran.	Cowdenbeath	Dunfermline	East Fife	East Stirling	Forfar Athletic	Montrose	Queen/South	Queen's Park	Stenhousemuir	Stirling Albion	Stranraer
Albion Rovers FC (Coatbridge)	■	---	---	---	---	0-1	---	0-4	1-4	0-0	1-1	1-4	---
		3-0	4-4	2-0	1-1	1-2	2-3	2-2	0-2	1-1	1-4	1-2	1-1	2-1
Arbroath FC (Arbroath)	0-1	■	1-0	0-1	---	---	1-1	6-3	0-5	---	---	---	---	---
	3-0		1-1	3-2	3-0	0-2	3-2	0-1	2-1	1-2	2-0	1-1	2-1	3-1
Berwick Rangers FC (Berwick-upon-Tweed)	0-0	2-0	■	2-0	2-1	---	0-1	---	---	---	6-1	---	2-0	
	4-3	0-0		0-0	1-1	1-0	1-2	1-2	4-0	2-0	3-0	3-0	1-1	0-1
Cowdenbeath FC (Cowdenbeath)	2-3	---	0-1	■	1-2	1-5	---	1-2	1-0	---	---	0-0	---	
	0-1	0-1	2-1		0-1	0-0	2-1	0-1	5-2	0-0	3-1	1-1	0-4	2-2
Dunfermline Athletic FC (Dunfermline)	5-0	2-0	---	---	■	0-1	1-2	3-1	---	---	---	---	---	1-0
	1-2	0-1	1-0	0-0		1-1	1-1	1-2	1-1	1-0	2-2	2-0	1-1	1-1
East Fife FC (Methil)	1-4	---	---	---	---	■	2-0	0-0	---	0-0	3-0	3-1	4-2	---
	1-0	0-1	1-2	2-1	3-1		2-1	2-3	1-0	1-2	3-1	0-1	1-1	1-0
East Stirlingshire FC (Falkirk)	---	0-1	1-1	3-4	---	---	■	---	---	---	2-1	1-3	2-2	
	2-2	0-3	0-2	3-1	0-2	1-4		3-1	1-3	1-0	1-2	1-3	0-1	1-1
Forfar Athletic FC (Forfar)	1-0	1-1	---	---	---	---	4-3	■	2-0	3-0	0-0	---	---	5-3
	2-1	4-1	4-1	1-0	1-0	3-1	0-0		4-0	2-0	4-1	1-0	1-1	2-0
Montrose FC (Montrose)	---	---	2-1	---	2-0	1-1	0-1	---	■	2-1	2-1	---	0-0	---
	3-1	0-4	0-4	1-2	0-1	0-1	0-2	0-1		1-0	1-2	0-0	1-0	1-5
Queen of the South FC (Dumfries)	---	---	2-1	0-2	1-0	---	1-1	---	---	■	2-0	---	---	0-0
	4-0	2-1	1-1	1-0	2-1	0-0	2-1	1-1	1-2		2-1	2-0	2-2	3-1
Queen's Park FC (Glasgow)	---	---	1-1	0-4	1-2	---	1-1	---	---	---	■	3-1	3-1	1-0
	1-1	2-1	1-0	4-3	3-1	5-2	5-4	0-1	3-0	0-2		1-1	0-1	0-1
Stenhousemuir FC (Stenhousemuir)	---	1-0	---	0-1	2-1	---	---	0-4	0-2	2-2	---	■	---	---
	1-1	0-0	3-2	2-0	2-1	3-1	1-1	2-1	1-2	0-3	4-2		4-3	2-0
Stirling Albion FC (Stirling)	---	0-1	0-0	---	1-2	---	---	1-1	3-1	---	0-3	---	■	0-2
	3-1	2-1	0-2	4-1	2-1	0-1	0-0	0-0	2-0	2-0	1-0	0-0		2-1
Stranraer FC (Stranraer)	2-0	2-1	---	1-1	---	1-2	---	2-1	---	---	2-0	---	■	
	3-1	0-1	1-0	1-1	1-1	1-0	1-1	1-3	0-0	2-1	1-1	2-0	1-1	

	Division 2	Pd	Wn	Dw	Ls	GF	GA	Pts	
1.	Forfar Athletic FC (Forfar)	39	27	9	3	73	31	63	P
2.	East Fife FC (Methil)	39	20	7	12	57	42	47	P
3.	Berwick Rangers FC (Berwick-upon-Tweed)	39	16	11	12	60	38	43	
4.	Stirling Albion FC (Stirling)	39	14	14	11	51	42	42	
5.	Arbroath FC (Arbroath)	39	18	6	15	51	46	42	
6.	Queen of the South FC (Dumfries)	39	16	10	13	51	46	42	
7.	Stenhousemuir FC (Stenhousemuir)	39	14	11	14	47	57	39	
8.	Stranraer FC (Stranraer)	39	13	12	14	47	47	38	
9.	Dunfermline Athletic FC (Dunfermline)	39	13	10	16	44	45	36	
10.	Queen's Park FC (Glasgow)	39	14	8	17	59	63	36	
11.	East Stirlingshire FC (Falkirk)	39	10	11	18	51	66	31	
12.	Montrose FC (Montrose)	39	12	7	20	36	59	31	
13.	Cowdenbeath FC (Cowdenbeath)	39	10	9	20	44	58	29	
14.	Albion Rovers FC (Coatbridge)	39	8	11	20	46	76	27	
		546	205	136	205	716	716	546	

SCOTTISH CUP FINAL (Hampden Park, Glasgow – 19/05/1984 – 58,900)

ABERDEEN FC (ABERDEEN)   2-1 (aet)   Celtic FC (Glasgow)

Black, McGhee   *(H.T. 1-0)*

Aberdeen: Leighton, McKimmie, Rougvie (Stark), Cooper, McLeish, Miller, Strachan, Simpson, McGhee, Black, Weir (Bell).

Celtic: Bonner, McGrain, Reid (Melrose), Aitken, W. McStay, MacLeod, Provan, P. McStay, McGarvey, Burns, McClair (Sinclair).

Semi-finals (14/04/1984)

Aberdeen FC (Aberdeen)	2-0	Dundee FC (Dundee)
Celtic FC (Glasgow)	2-1	St. Mirren FC (Paisley)

1984-85 SEASON

1984-1985 Scottish Football League Premier Division	Aberdeen	Celtic	Dumbarton	Dundee	Dundee United	Hearts	Hibernian	Morton	Rangers	St. Mirren
Aberdeen FC (Aberdeen)	■	1-1	4-0	0-0	4-2	2-2	2-0	5-0	5-1	3-0
		4-2	1-0	3-2	0-1	4-0	4-1	3-1	0-0	4-0
Celtic FC (Glasgow)	2-0	■	2-0	0-1	1-2	3-2	0-1	4-0	1-1	3-0
	2-1		2-0	5-1	1-1	1-0	3-0	5-0	1-1	7-1
Dumbarton FC (Dumbarton)	0-2	0-2	■	1-0	0-2	1-3	0-2	1-0	2-4	1-1
	0-2	1-1		2-1	2-2	0-1	2-2	3-1	1-2	0-1
Dundee FC (Dundee)	0-4	2-0	1-0	■	1-0	3-0	2-0	0-0	2-2	1-0
	1-2	2-3	1-1		0-2	2-1	0-1	5-1	0-2	2-0
Dundee United FC (Dundee)	2-1	0-0	4-0	4-0	■	5-2	2-0	5-0	2-1	3-1
	0-2	1-3	1-0	3-4		2-0	2-1	7-0	1-1	3-2
Heart of Midlothian FC (Edinburgh)	0-3	0-2	5-1	3-3	0-1	■	2-2	1-0	2-0	0-1
	1-2	1-5	1-0	0-2	2-0		0-0	1-2	1-0	1-2
Hibernian FC (Edinburgh)	0-5	0-1	3-1	0-1	1-1	1-2	■	5-1	1-0	0-4
	0-3	0-0	2-3	2-0	0-0	1-2		3-1	2-2	2-3
Morton FC (Greenock)	1-2	2-7	2-4	0-1	0-3	0-1	1-2	■	0-3	0-2
	0-3	2-1	2-1	1-1	0-3	2-3	4-0		1-3	0-4
Rangers FC (Glasgow)	1-2	1-2	3-1	1-3	0-0	3-1	1-2	2-0	■	2-0
	1-2	0-0	0-0	0-0	1-0	1-1	2-0	2-0		0-0
St. Mirren FC (Paisley)	2-2	0-2	1-0	4-2	1-0	5-2	2-1	2-3	2-1	■
	0-2	1-2	0-0	2-1	1-0	2-3	2-0	2-1	0-2	

	Premier Division	**Pd**	**Wn**	**Dw**	**Ls**	**GF**	**GA**	**Pts**	
1.	ABERDEEN FC (ABERDEEN)	36	27	5	4	89	26	59	
2.	Celtic FC (Glasgow)	36	22	8	6	77	30	52	
3.	Dundee United FC (Dundee)	36	20	7	9	67	33	47	
4.	Rangers FC (Glasgow)	36	13	12	11	47	38	38	
5.	St. Mirren FC (Paisley)	36	17	4	15	51	56	38	
6.	Dundee FC (Dundee)	36	15	7	14	48	50	37	
7.	Heart of Midlothian FC (Edinburgh)	36	13	5	18	47	64	31	
8.	Hibernian FC (Edinburgh)	36	10	7	19	38	61	27	
9.	Dumbarton FC (Dumbarton)	36	6	7	23	29	64	19	R
10.	Morton FC (Greenock)	36	5	2	29	29	100	12	R
		360	148	64	148	522	522	360	

Top goalscorers 1984-85

1)	Frank McDOUGALL	(Aberdeen FC)	22
2)	Brian McCLAIR	(Celtic FC)	19
3)	Eric BLACK	(Aberdeen FC)	17

1984-1985 Scottish Football League Division 1	Airdrieonians	Ayr United	Brechin City	Clyde	Clydebank	East Fife	Falkirk	Forfar Athletic	Hamilton	Kilmarnock	Meadowbank	Motherwell	Partick Thistle	St. Johnstone
Airdrieonians FC (Airdrie)	■	---	---	1-2	---	2-4	2-1	2-4	---	---	3-5	---	---	2-0
		1-2	2-2	4-3	1-0	2-3	1-0	4-2	1-2	2-1	5-0	2-0	4-1	2-1
Ayr United FC (Ayr)	5-1	■	0-1	---	3-2	1-1	---	---	---	0-0	1-3	1-2	---	---
	0-2		2-1	0-0	4-4	2-1	2-0	2-0	1-1	1-0	1-1	1-3	3-2	1-0
Brechin City FC (Brechin)	0-0	---	■	---	---	1-1	0-0	---	2-0	2-1	1-2	---	1-3	---
	3-1	0-2		1-0	2-2	2-2	2-3	0-2	0-1	3-2	4-1	0-2	0-4	1-0
Clyde FC (Glasgow)	---	1-0	2-2	■	---	---	2-1	---	---	0-1	1-0	1-0	---	2-3
	0-0	2-1	1-3		2-0	1-1	1-2	4-2	1-3	4-1	0-0	3-3	1-0	2-3
Clydebank FC (Clydebank)	1-1	---	5-1	2-0	■	---	---	---	1-1	---	---	1-2	2-1	---
	1-0	2-1	0-2	1-2		1-0	1-3	1-1	0-0	5-0	1-0	2-1	1-0	3-0
East Fife FC (Methil)	---	---	---	0-1	0-0	■	3-2	---	---	0-2	1-0	1-2	0-1	---
	3-1	1-1	2-0	1-1	4-4		2-4	0-0	0-1	0-1	1-1	1-2	3-1	3-0
Falkirk FC (Falkirk)	---	0-1	---	1-0	0-0	---	■	0-0	---	---	0-2	---	2-0	
	4-2	1-0	3-0	2-0	0-2	1-2		4-6	6-4	3-2	3-3	0-3	5-1	1-3
Forfar Athletic FC (Forfar)	---	0-5	1-0	---	1-1	1-0	0-2	■	---	---	0-0	---	0-1	
	0-0	4-2	2-1	1-1	0-0	1-0	0-0		1-1	4-1	2-1	1-2	4-0	4-0
Hamilton Academical FC (Hamilton)	1-3	1-4	---	1-0	---	2-1	---	0-1	■	---	1-1	1-1	---	
	1-1	3-1	0-1	0-2	0-1	2-4	0-0	3-1		1-0	0-0	2-0	1-0	3-2
Kilmarnock FC (Kilmarnock)	1-4	---	---	2-0	0-0	---	0-3	1-0	1-1	■	---	---	2-0	
	0-5	0-0	1-1	2-0	1-1	1-1	3-1	2-1	1-2		2-1	0-0	0-0	3-2
Meadowbank Thistle FC (Edinburgh)	---	---	---	---	0-3	---	0-1	0-0	2-4	2-1	■	---	0-2	
	0-3	3-0	2-4	1-1	1-3	0-3	1-1	1-3	2-0	4-0		4-2	1-1	1-1
Motherwell FC (Motherwell)	2-0	---	2-1	---	1-0	---	---	---	---	2-2	0-1	■	---	4-0
	1-1	1-1	2-0	0-0	0-1	5-0	2-3	2-0	3-0	2-0	3-1		2-1	0-2
Partick Thistle FC (Glasgow)	1-1	3-2	---	---	---	0-1	1-1	---	---	---	0-1	---	■	6-2
	0-1	2-0	1-2	1-1	0-1	0-0	3-0	1-1	1-0	1-0	2-0	2-1		3-7
St. Johnstone FC (Perth)	---	0-2	1-1	---	---	3-1	---	---	---	1-2	2-4	0-2	---	■
	2-1	2-1	0-1	1-2	1-1	3-4	0-2	1-1	1-2	0-1	3-2	0-1	2-2	

	Division 1	Pd	Wn	Dw	Ls	GF	GA	Pts	
1.	Motherwell FC (Motherwell)	39	21	8	10	62	6	50	P
2.	Clydebank FC (Clydebank)	39	17	14	8	57	37	48	P
3.	Falkirk FC (Falkirk)	39	19	7	13	65	54	45	
4.	Hamilton Academical FC (Hamilton)	39	16	11	12	48	49	43	
5.	Airdrieonians FC (Airdrie)	39	17	8	14	70	59	42	
6.	Forfar Athletic FC (Forfar)	39	14	13	12	54	49	41	
7.	Ayr United FC (Ayr)	39	15	9	15	57	52	39	
8.	Clyde FC (Glasgow)	39	14	11	14	47	48	39	
9.	Brechin City FC (Brechin)	39	14	9	16	49	57	37	
10.	East Fife FC (Methil)	39	12	12	15	55	56	36	
11.	Partick Thistle FC (Glasgow)	39	13	9	17	50	55	35	
12.	Kilmarnock FC (Kilmarnock)	39	12	10	17	42	61	34	
13.	Meadowbank Thistle FC (Edinburgh)	39	11	10	18	50	66	32	R
14.	St. Johnstone FC (Perth)	39	10	5	24	51	78	25	R
		546	205	136	205	757	757	546	

1984-1985 Scottish Football League Division 2	Albion Rovers	Alloa Athletic	Arbroath	Berwick Ran.	Cowdenbeath	Dunfermline	East Stirling	Montrose	Queen/South	Queen's Park	Raith Rovers	Stenhousemuir	Stirling Albion	Stranraer
Albion Rovers FC (Coatbridge)		4-1	3-0	3-2	1-2	1-1	---	---	---	---	2-4	---	---	1-2
		0-1	1-0	1-0	1-0	0-2	1-0	1-4	3-4	3-3	0-6	0-1	0-4	1-2
Alloa Athletic FC (Alloa)	---		---	0-0	1-1	0-0	1-3	---	---	2-1	---	---	---	1-2
	4-0		3-0	1-0	3-0	1-3	2-1	3-1	1-1	2-0	1-1	0-0	2-1	1-2
Arbroath FC (Arbroath)	---	0-1		2-0	---	1-3	3-0	---	---	---	---	1-1	0-1	3-1
	1-2	0-0		0-5	1-1	0-2	2-2	0-3	3-0	1-2	2-1	0-0	0-3	2-0
Berwick Rangers FC (Berwick-upon-Tweed)	---	---	---		0-4	---	0-0	0-1	4-0	1-0	---	---	0-2	---
	0-1	0-0	2-1		0-2	0-1	0-0	0-1	0-0	4-1	2-1	2-2	1-1	2-2
Cowdenbeath FC (Cowdenbeath)	---	---	2-0	---		---	---	1-1	0-0	0-0	0-1	---	4-0	---
	0-0	2-1	3-2	1-0		0-1	5-1	0-0	4-1	2-3	5-1	2-0	3-3	2-1
Dunfermline Athletic FC (Dunfermline)	---	---	---	2-1	1-2		0-0	4-0	---	2-3	0-0	2-2	---	---
	1-1	2-2	1-2	1-1	2-1		2-0	1-1	1-1	4-0	1-2	1-1	1-0	5-0
East Stirlingshire FC (Falkirk)	0-0	---	---	---	1-2	0-0		0-0	0-0	0-1	2-1	---	---	---
	2-3	1-2	2-0	1-2	0-0	2-0		0-1	3-2	1-3	1-1	2-2	3-2	
Montrose FC (Montrose)	0-0	2-0	3-0	---	2-1	---	---		---	---	---	0-0	---	2-1
	1-0	2-1	2-1	1-1	1-4	2-4	4-2		2-2	1-4	2-0	1-0	1-0	0-0
Queen of the South FC (Dumfries)	1-2	0-2	1-0	---	---	---	1-1	---		3-0	1-1	2-1	---	---
	3-2	1-2	1-1	3-0	1-1	0-0	0-1	3-1		2-2	3-5	1-2	0-0	
Queen's Park FC (Glasgow)	1-1	---	1-0	---	1-1	---	2-1	0-2	---		1-2	---	---	---
	5-1	0-0	0-1	1-0	1-1	4-1	4-1	0-1	0-1		1-1	1-0	1-2	0-2
Raith Rovers FC (Kirkcaldy)	---	2-0	2-1	3-0	---	---	---	1-3	---	---		1-2	2-4	---
	3-0	1-2	2-0	2-1	0-3	1-3	2-0	0-1	3-0	0-2		3-0	1-1	1-2
Stenhousemuir FC (Stenhousemuir)	2-1	2-4	---	1-1	---	0-0	---	---	2-0	---		3-0	2-1	
	1-1	0-3	1-2	2-1	0-4	1-0	1-1	1-2	1-0	3-2	1-1		1-1	2-0
Stirling Albion FC (Stirling)	4-1	2-3	---	---	1-0	---	1-0	3-1	---	1-0	---	---		---
	2-3	0-1	1-1	1-1	1-1	2-2	2-2	3-1	2-0	3-0	1-1	1-2		2-2
Stranraer FC (Stranraer)	---	---	---	1-2	---	0-2	0-2	---	1-2	0-0	1-4	---	1-0	
	2-3	2-3	7-1	2-0	4-2	0-1	1-1	0-3	1-0	2-1	1-2	2-4	2-0	

	Division 2	Pd	Wn	Dw	Ls	GF	GA	Pts	
1.	Montrose FC (Montrose)	39	22	9	8	57	40	53	P
2.	Alloa Athletic FC (Alloa)	39	20	10	9	58	40	50	P
3.	Dunfermline Athletic FC (Dunfermline)	39	17	15	7	61	36	49	
4.	Cowdenbeath FC (Cowdenbeath)	39	18	11	10	68	39	47	
5.	Stenhousemuir FC (Stenhousemuir)	39	15	15	9	45	43	45	
6.	Stirling Albion FC (Stirling)	39	15	13	11	62	47	43	
7.	Raith Rovers FC (Kirkcaldy)	39	18	6	15	69	57	42	
8.	Queen of the South FC (Dumfries)	39	10	14	15	42	56	34	
9.	Albion Rovers FC (Coatbridge)	39	13	8	18	49	72	34	
10.	Queen's Park FC (Glasgow)	39	12	9	18	48	55	33	
11.	Stranraer FC (Stranraer)	39	13	6	20	52	67	32	
12.	East Stirlingshire FC (Falkirk)	39	8	15	16	38	53	31	
13.	Berwick Rangers FC (Berwick-upon-Tweed)	39	8	12	19	36	49	28	
14.	Arbroath FC (Arbroath)	39	9	7	23	35	66	25	
		546	198	150	198	720	720	546	

SCOTTISH CUP FINAL   (Hampden Park, Glasgow – 18/05/1985 – 60,346)

CELTIC FC (GLASGOW) 2-1 Dundee United FC (Dundee)
Provan, McGarvey *(H.T. 0-0)* *Beedie*

Celtic: Bonner, W. McStay, McGrain, Aitken, McAdam, MacLeod, Provan, P. McStay (O'Leary), Johnston, Burns (McClair), McGarvey.

Dundee United: McAlpine, Malpas, Beedie (Holt), Gough, Hegarty, Narey, Bannon, Milne, Kirkwood, Sturrock, Dodds.

Semi-finals   (13/04/1985 – 17/04/1985)

Aberdeen FC (Aberdeen)	0-0, 1-2	Dundee United FC (Dundee)
Celtic FC (Glasgow)	1-1, 3-0	Motherwell FC (Motherwell)

1985-86 SEASON

1985-1986 Scottish Football League Premier Division	Aberdeen	Celtic	Clydebank	Dundee	Dundee United	Hearts	Hibernian	Motherwell	Rangers	St. Mirren
Aberdeen FC (Aberdeen)	■	0-1	4-1	0-0	0-1	0-1	4-0	3-2	1-1	3-1
	■	4-1	3-1	4-1	3-2	3-0	3-0	1-1	1-0	1-1
Celtic FC (Glasgow)	1-1	■	2-0	2-0	1-1	1-1	2-0	3-2	2-0	1-1
	2-1	■	2-0	2-1	0-3	0-1	1-1	2-1	1-1	2-0
Clydebank FC (Clydebank)	0-6	0-5	■	0-0	1-1	1-1	1-3	1-1	2-1	0-2
	2-1	0-2	■	4-0	1-2	1-0	2-4	1-1	0-1	1-1
Dundee FC (Dundee)	0-0	1-3	4-0	■	0-1	2-0	3-1	4-0	2-1	3-1
	1-3	0-2	2-0	■	0-3	1-1	1-0	3-1	3-2	2-1
Dundee United FC (Dundee)	2-1	4-2	4-0	0-0	■	0-3	4-0	4-0	1-1	1-2
	1-1	1-0	2-1	2-0	■	1-1	2-2	3-0	1-1	5-0
Heart of Midlothian FC (Edinburgh)	1-1	1-1	1-0	3-1	1-1	■	3-1	2-0	3-1	3-0
	1-0	1-1	4-1	1-1	2-0	■	2-1	3-0	3-0	3-0
Hibernian FC (Edinburgh)	0-1	2-2	2-3	1-0	1-2	1-2	■	4-0	1-1	3-0
	1-1	0-5	5-0	2-1	0-1	0-0	■	1-0	1-3	2-3
Motherwell FC (Motherwell)	0-1	0-2	3-0	2-2	2-0	1-3	3-1	■	1-0	1-2
	1-1	1-2	0-0	1-3	0-1	2-1	2-0	■	0-3	3-0
Rangers FC (Glasgow)	1-1	4-4	4-2	5-0	1-1	0-2	3-1	2-0	■	2-0
	0-3	3-0	0-0	0-1	1-0	3-1	1-2	1-0	■	3-0
St. Mirren FC (Paisley)	1-1	0-5	3-1	1-2	1-1	0-1	0-2	2-0	2-1	■
	1-0	1-2	0-2	1-0	1-0	6-2	1-3	4-1	2-1	■

	Premier Division	Pd	Wn	Dw	Ls	GF	GA	Pts
1.	CELTIC FC (GLASGOW)	36	20	10	6	67	38	50
2.	Heart of Midlothian FC (Edinburgh)	36	20	10	6	59	33	50
3.	Dundee United FC (Dundee)	36	18	11	7	59	31	47
4.	Aberdeen FC (Aberdeen)	36	16	12	8	62	31	44
5.	Rangers FC (Glasgow)	36	13	9	14	53	45	35
6.	Dundee FC (Dundee)	36	14	7	15	45	51	35
7.	St. Mirren FC (Paisley)	36	13	5	18	42	63	31
8.	Hibernian FC (Edinburgh)	36	11	6	19	49	63	28
9.	Motherwell FC (Motherwell)	36	7	6	23	33	66	20
10.	Clydebank FC (Clydebank)	36	6	8	22	29	77	20
		360	138	84	138	498	498	360

Top goalscorers 1985-86

1) Alistair McCOIST   (Rangers FC)   24
2) Brian McCLAIR   (Celtic FC)   22
3) John ROBERTSON   (Heart of Midlothian FC) 20

1985-1986 Scottish Football League Division 1	Airdrieonians	Alloa Athletic	Ayr United	Brechin City	Clyde	Dumbarton	East Fife	Falkirk	Forfar Athletic	Hamilton	Kilmarnock	Montrose	Morton	Partick Thistle
Airdrieonians FC (Airdrie)	■	2-2	2-1	4-2	---	2-1	---	---	---	1-2	1-0	---	---	0-0
		3-0	4-1	1-2	3-0	0-2	1-2	1-1	0-0	0-4	1-2	1-1	1-2	2-2
Alloa Athletic FC (Alloa)	---	■	---	---	---	2-4	1-2	0-2	2-2	---	---	1-3	2-0	2-2
	0-0		1-1	2-3	1-1	1-3	1-1	0-2	1-2	4-5	1-4	1-1	3-0	1-1
Ayr United FC (Ayr)	---	1-1	■	---	2-0	---	---	1-2	2-0	0-1	---	---	---	2-3
	0-4	1-3		1-3	1-0	0-1	1-0	0-3	0-0	1-1	3-0	2-1	0-3	1-3
Brechin City FC (Brechin)	---	3-1	1-1	■	---	2-2	1-1	---	---	0-3	---	---	4-2	---
	0-2	1-1	4-1		---	1-2	3-1	4-0	1-1	1-0	1-3	2-4	3-1	1-1	2-0
Clyde FC (Glasgow)	1-1	4-2	---	---	■	---	0-0	0-2	---	4-2	1-3	---	---	---
	3-2	1-1	0-0	2-0		0-0	3-4	0-4	1-1	1-0	1-3	2-0	2-1	2-2
Dumbarton FC (Dumbarton)	---	---	2-0	---	0-0	■	2-3	2-1	0-2	1-4	---	---	---	---
	3-0	4-0	1-1	4-1	1-1		2-1	2-0	1-1	2-2	1-0	2-2	1-2	1-2
East Fife FC (Methil)	2-0	---	0-0	1-0	---	---	■	3-0	4-0	---	2-0	---	---	---
	1-1	1-0	1-3	4-2	2-2	1-0		0-1	1-1	1-1	2-2	0-0	4-4	1-1
Falkirk FC (Falkirk)	1-1	---	---	2-1	---	2-2	---	■	1-0	---	1-1	---	2-3	2-2
	0-1	3-1	1-2	0-1	0-0	0-0	1-0		5-3	0-0	0-1	2-1	1-1	2-3
Forfar Athletic FC (Forfar)	1-1	---	---	2-1	---	---	---	---	■	2-0	1-0	1-2	---	2-1
	2-0	0-4	1-0	2-0	2-1	4-0	0-2	2-1		2-2	0-0	1-2	2-0	1-1
Hamilton Academical FC (Hamilton)	---	1-1	---	1-0	---	---	---	0-3	---	■	3-2	1-0	2-1	---
	3-1	1-2	3-0	0-0	3-0	6-1	2-1	2-0	1-0		4-1	4-2	5-0	2-2
Kilmarnock FC (Kilmarnock)	---	2-0	3-2	1-2	---	3-0	2-0	---	---	---	■	3-0	1-1	---
	0-2	3-0	1-2	3-1	1-1	1-4	2-2	1-0	1-0	1-0		0-0	3-0	5-0
Montrose FC (Montrose)	2-1	---	1-0	---	1-1	0-0	---	1-1	---	---	---	■	1-1	0-1
	1-0	1-1	2-2	1-1	0-0	0-3	1-0	1-2	1-2	1-2	4-1		1-1	3-1
Morton FC (Greenock)	1-0	---	0-1	3-2	3-2	1-0	2-2	---	2-0	---	---	---	■	---
	1-4	2-0	2-2	2-0	3-2	1-2	0-0	0-3	2-3	0-1	3-0	1-2		3-1
Partick Thistle FC (Glasgow)	---	---	---	1-1	2-2	2-2	0-1	---	---	0-2	2-0	---	3-3	■
	1-0	1-2	2-2	2-1	1-3	1-2	1-0	1-2	0-3	1-2	1-1	2-0	1-1	

Division 1		**Pd**	**Wn**	**Dw**	**Ls**	**GF**	**GA**	**Pts**	
1.	Hamilton Academical FC (Hamilton)	39	24	8	7	77	44	56	P
2.	Falkirk FC (Falkirk)	39	17	11	11	57	39	45	P
3.	Kilmarnock FC (Kilmarnock)	39	18	8	13	62	49	44	
4.	Forfar Athletic FC (Forfar)	39	17	10	12	51	43	44	
5.	East Fife FC (Methil)	39	14	15	10	54	46	43	
6.	Dumbarton FC (Dumbarton)	39	16	11	12	59	52	43	
7.	Morton FC (Greenock)	39	14	11	14	57	63	39	
8.	Partick Thistle FC (Glasgow)	39	10	16	13	53	64	36	
9.	Airdrieonians FC (Airdrie)	39	12	11	16	51	50	35	
10.	Brechin City FC (Brechin)	39	13	9	17	58	64	35	
11.	Clyde FC (Glasgow)	39	9	17	13	49	59	35	
12.	Montrose FC (Montrose)	39	10	14	15	43	54	34	
13.	Ayr United FC (Ayr)	39	10	11	18	41	60	31	R
14.	Alloa Athletic FC (Alloa)	39	6	14	19	49	74	26	R
		546	190	166	190	761	761	546	

1985-1986 Scottish Football League Division 2	Albion Rovers	Arbroath	Berwick Ran.	Cowdenbeath	Dunfermline	East Stirling	Meadowbank	Queen/South	Queen's Park	Raith Rovers	St. Johnstone	Stenhousemuir	Stirling Albion	Stranraer
Albion Rovers FC (Coatbridge)	■	---	---	---	2-1	0-2	2-2	1-1	---	---	0-1	0-2	---
		0-0	0-0	2-1	0-3	1-2	3-2	1-5	0-2	2-0	2-4	0-0	1-3	2-3
Arbroath FC (Arbroath)	2-0	■	---	0-1	---	---	2-2	0-1	0-2	2-1	---	---	---	---
	1-1		5-1	0-5	3-3	2-1	3-0	2-2	1-0	2-2	1-0	1-4	1-0	1-0
Berwick Rangers FC (Berwick-upon-Tweed)	1-2	0-4	■	---	0-4	---	---	---	1-0	1-1	1-1	---	4-0
	0-0	0-2		1-1	4-4	1-1	0-0	0-1	0-5	4-3	3-1	1-1	1-0	2-2
Cowdenbeath FC (Cowdenbeath)	0-2	---	1-0	■	---	0-2	1-1	1-0	---	---	2-1	---	0-1	---
	3-0	1-0	4-2		0-1	1-1	3-1	3-3	2-2	1-4	1-3	2-0	1-2	5-0
Dunfermline Athletic FC (Dunfermline)	4-0	2-0	---	---	■	4-0	---	---	0-0	---	4-0	---	---	4-1
	6-0	0-0	4-2	3-2		2-1	1-1	2-1	3-2	3-3	4-0	3-2	2-3	1-0
East Stirlingshire FC (Falkirk)	---	1-1	4-2	---	---	■	2-3	---	---	---	2-0	1-0	1-2
	5-1	1-2	0-2	2-1	0-4		1-3	0-0	2-1	0-2	1-3	0-2	0-2	3-1
Meadowbank Thistle FC (Edinburgh)	---	---	3-1	---	4-0	---	■	1-0	1-1	0-3	---	1-0	4-1	---
	1-1	2-1	0-3	1-1	2-2	2-1		0-0	2-1	6-0	4-1	3-1	1-1	1-1
Queen of the South FC (Dumfries)	---	---	2-1	3-0	3-1	3-1	---	■	0-3	---	---	---	---	1-2
	5-2	2-0	2-0	6-1	0-0	2-1	1-0		0-1	2-0	2-1	2-0	3-1	1-1
Queen's Park FC (Glasgow)	---	---	5-0	0-1	4-2	---	---	---	■	---	2-0	1-1	2-0	2-1
	2-0	1-2	2-0	2-0	3-1	1-0	2-1	1-2		0-0	1-1	3-2	1-0	2-1
Raith Rovers FC (Kirkcaldy)	5-2	---	---	2-1	1-4	2-0	---	0-2	2-1	■	---	---	---	4-1
	1-0	2-1	3-1	0-1	1-2	3-3	1-1	0-1	3-1		0-2	9-2	1-1	1-0
St. Johnstone FC (Perth)	1-0	4-1	---	---	---	1-1	1-3	1-1	---	1-3	■	---	0-2	---
	7-1	1-0	3-2	0-0	1-2	3-0	1-0	0-3	1-0	4-1		1-3	2-0	4-0
Stenhousemuir FC (Stenhousemuir)	---	2-1	---	2-1	0-0	---	1-0	---	1-0	0-0	---	■	---	---
	4-2	1-1	3-1	1-0	1-1	4-3	1-5	1-2	4-0	2-0	3-2		2-5	1-2
Stirling Albion FC (Stirling)	---	1-0	2-2	---	3-2	---	---	3-1	---	3-1	---	4-0	■	2-2
	2-0	1-0	2-0	0-0	0-1	0-1	1-2	2-2	0-0	1-1	0-2	1-0		3-0
Stranraer FC (Stranraer)	2-3	1-4	---	1-1	---	---	1-2	---	---	---	1-2	0-1	---	■
	0-2	1-6	2-0	1-2	1-3	0-1	0-1	0-2	2-1	3-2	0-2	2-0	3-2	

	Division 2	Pd	Wn	Dw	Ls	GF	GA	Pts	
1.	Dunfermline Athletic FC (Dunfermline)	39	23	11	5	91	47	57	P
2.	Queen of the South FC (Dumfries)	39	23	9	7	71	36	55	P
3.	Meadowbank Thistle FC (Edinburgh)	39	19	11	9	68	45	49	
4.	Queen's Park FC (Glasgow)	39	19	8	12	61	39	46	
5.	Stirling Albion FC (Stirling)	39	18	8	13	57	43	44	
6.	St. Johnstone FC (Perth)	39	18	6	15	63	55	42	
7.	Stenhousemuir FC (Stenhousemuir)	39	16	8	15	55	63	40	
8.	Arbroath FC (Arbroath)	39	15	9	15	55	50	39	
9.	Raith Rovers FC (Kirkcaldy)	39	15	7	17	67	65	37	
10.	Cowdenbeath FC (Cowdenbeath)	39	14	9	16	52	53	37	
11.	East Stirlingshire FC (Falkirk)	39	11	6	22	49	69	28	
12.	Berwick Rangers FC (Berwick-upon-Tweed)	39	7	11	21	45	80	25	
13.	Albion Rovers FC (Coatbridge)	39	8	8	23	38	86	24	
14.	Stranraer FC (Stranraer)	39	9	5	25	41	82	23	
		546	215	116	215	813	813	546	

The League was re-structured for the next season and consisted of a Premier Division of 12 clubs, Division 1 of 12 clubs and Division 2 of 14 clubs.

SCOTTISH CUP FINAL   (Hampden Park, Glasgow – 10/05/1986 – 62,841)

ABERDEEN FC (ABERDEEN) 3-0 Heart of Midlothian FC (Edinburgh)
Hewitt 2, Stark *(H.T. 1-0)*

Aberdeen: Leighton, McKimmie, McQueen, McMaster (Stark), McLeish, W. Miller, Hewitt (J. Miller), Cooper, McDougall, Bett, Weir.

Heart of Midlothian: Smith, Kidd, Whittaker, Jardine, Berry, Levein, Colquhoun, Black, Clark, Mackay, Robertson.

Semi-finals   (05/04/1986)

Aberdeen FC (Aberdeen) 3-0 Hibernian FC (Edinburgh)
Heart of Midlothian FC (Edinburgh) 1-0 Dundee United FC (Dundee)

1986-87 SEASON

1986-1987 Scottish Football League Premier Division	Aberdeen	Celtic	Clydebank	Dundee	Dundee United	Falkirk	Hamilton	Hearts	Hibernian	Motherwell	Rangers	St. Mirren
Aberdeen FC (Aberdeen)		1-0	1-1	2-1	0-1	3-1	0-0	2-1	1-0	1-0	1-1	0-1
		1-1	5-0	2-0	2-0	1-0	2-0	0-1	4-0	2-2	1-0	0-0
Celtic FC (Glasgow)	1-1		3-0	2-0	1-1	1-2	8-3	1-1	1-0	3-1	3-1	3-0
	1-1		6-0	1-0	1-0	4-2	4-1	2-0	5-1	3-1	1-1	2-0
Clydebank FC (Clydebank)	0-5	1-1		1-1	1-2	2-1	2-3	1-1	1-2	0-0	0-3	2-1
	1-3	0-1		0-2	0-0	1-2	2-1	0-3	0-0	2-3	1-4	1-1
Dundee FC (Dundee)	1-1	4-1	4-1		1-1	4-0	7-3	0-1	2-0	4-1	0-4	6-3
	0-2	0-3	3-3		0-2	3-0	3-3	0-0	3-0	1-1	1-0	2-1
Dundee United FC (Dundee)	0-0	3-2	1-1	1-1		2-1	2-1	3-1	2-0	2-0	0-1	2-0
	2-1	2-2	2-0	0-3		2-0	3-0	1-0	1-0	4-0	0-0	3-0
Falkirk FC (Falkirk)	0-3	1-2	0-0	0-0	1-2		0-2	0-0	1-3	1-0	1-2	0-0
	3-3	0-1	1-0	0-1	2-1		0-0	2-0	1-1	1-1	1-5	1-1
Hamilton Academical FC (Hamilton)	0-2	2-3	0-0	1-1	0-0	0-1		0-1	0-1	4-2	0-2	1-0
	0-1	1-2	0-1	0-3	1-5	1-2		1-3	1-4	0-3	1-2	1-1
Heart of Midlothian FC (Edinburgh)	1-1	1-0	3-0	1-3	1-1	4-0	7-0		2-1	1-1	2-5	1-0
	2-1	1-0	2-1	3-1	2-2	1-0	1-0		1-1	4-0	1-1	0-0
Hibernian FC (Edinburgh)	1-1	1-4	4-1	2-2	0-2	2-0	1-1	2-2		0-1	0-0	1-0
	1-1	0-1	3-2	0-3	1-1	1-0	1-3	1-3		0-0	2-1	0-1
Motherwell FC (Motherwell)	0-2	1-1	3-2	2-0	1-0	1-0	3-0	0-1	2-1		0-1	1-2
	0-1	0-4	0-1	0-0	0-2	2-2	1-1	2-3	4-1		0-2	1-1
Rangers FC (Glasgow)	0-0	2-0	5-0	2-0	2-0	4-0	2-0	3-0	1-1	1-0		1-0
	2-0	1-0	4-0	2-1	2-3	1-0	2-0	3-0	3-0	0-1		2-0
St. Mirren FC (Paisley)	1-0	1-3	3-1	0-1	2-1	1-0	0-1	0-0	1-1	1-1	1-3	
	1-1	0-1	0-1	4-1	0-1	1-0	2-1	0-0	3-1	1-0	0-1	

	Premier Division	Pd	Wn	Dw	Ls	GF	GA	Pts	
1.	RANGERS FC (GLASGOW)	44	31	7	6	85	23	69	
2.	Celtic FC (Glasgow)	44	27	9	8	90	41	63	
3.	Dundee United FC (Dundee)	44	24	12	8	66	36	60	
4.	Aberdeen FC (Aberdeen)	44	21	16	7	63	29	58	
5.	Heart of Midlothian FC (Edinburgh)	44	21	14	9	64	43	56	
6.	Dundee FC (Dundee)	44	18	12	14	74	57	48	
7.	St. Mirren FC (Paisley)	44	12	12	20	36	51	36	
8.	Motherwell FC (Motherwell)	44	11	12	21	43	64	34	
9.	Hibernian FC (Edinburgh)	44	10	13	21	44	70	33	
10.	Falkirk FC (Falkirk)	44	8	10	26	31	70	26	
11.	Clydebank FC (Clydebank)	44	6	12	26	35	93	24	R
12.	Hamilton Academical FC (Hamilton)	44	6	9	29	39	93	21	R
		528	195	138	195	670	670	528	

Top goalscorers 1986-87

1)	Brian MCCLAIR	(Celtic FC)	35
2)	Alistair McCOIST	(Rangers FC)	33
3)	Maurice JOHNSTON	(Celtic FC)	23

1986-1987 Scottish Football League Division 1	Airdrieonians	Brechin City	Clyde	Dumbarton	Dunfermline	East Fife	Forfar Athletic	Kilmarnock	Montrose	Morton	Partick Thistle	Queen/South
Airdrieonians FC (Airdrie)		3-1	3-2	1-0	2-1	0-0	0-0	4-3	4-1	1-0	1-0	0-1
		4-0	0-2	1-0	3-0	0-3	3-1	3-2	3-0	1-2	1-0	1-3
Brechin City FC (Brechin)	0-2		0-1	1-2	0-2	3-2	1-1	1-0	2-3	1-3	1-1	1-2
	1-2		2-1	3-1	1-4	2-2	0-1	2-2	0-0	2-5	0-1	2-1
Clyde FC (Glasgow)	1-0	2-1		1-2	0-1	0-1	1-2	0-1	0-0	0-0	1-1	2-1
	1-1	4-1		2-1	1-0	3-3	2-3	0-0	1-1	1-2	3-3	0-0
Dumbarton FC (Dumbarton)	2-2	1-1	2-1		1-2	1-1	0-1	3-2	2-1	2-3	1-0	3-0
	2-1	3-1	1-1		0-1	2-1	3-2	2-0	1-0	2-1	2-2	1-1
Dunfermline Athletic FC (Dunfermline)	1-1	0-2	2-0	1-0		1-1	2-0	0-1	2-0	1-2	2-1	1-0
	0-0	4-1	2-0	0-1		2-4	1-0	1-0	1-0	1-1	2-0	2-2
East Fife FC (Methil)	0-0	2-2	1-1	2-1	1-1		0-0	2-1	3-1	2-1	1-1	5-0
	1-1	1-0	1-1	0-0	2-1		1-2	1-4	2-2	1-0	2-2	3-2
Forfar Athletic FC (Forfar)	1-0	0-0	1-2	0-2	3-1	1-4		1-1	4-1	3-3	1-2	1-1
	3-1	0-1	2-1	3-5	3-3	1-1		3-1	3-0	2-2	1-1	1-1
Kilmarnock FC (Kilmarnock)	0-0	0-1	1-1	1-2	2-2	3-1	2-0		1-0	2-0	1-0	2-2
	2-0	0-1	0-0	2-1	1-2	1-1	3-0		3-0	2-2	3-2	3-2
Montrose FC (Montrose)	0-1	1-1	2-1	2-0	1-0	2-1	0-1	1-1		1-4	0-0	3-0
	1-2	0-2	0-1	1-0	0-2	2-2	1-1	0-2		0-3	3-1	3-4
Morton FC (Greenock)	2-1	1-0	3-2	4-1	2-2	1-1	3-1	2-1	6-1		1-2	2-0
	2-1	2-3	3-0	0-3	0-1	1-1	0-0	2-0	0-2		5-2	5-2
Partick Thistle FC (Glasgow)	2-2	0-0	0-2	0-2	0-2	2-0	2-1	1-2	0-0	0-1		3-0
	2-0	1-0	0-0	1-2	0-1	3-3	1-1	1-0	5-0	2-5		1-1
Queen of the South FC (Dumfries)	0-1	2-0	4-1	0-1	1-2	0-1	1-4	1-2	0-0	2-3	0-1	
	0-0	2-0	1-1	1-3	1-1	2-0	2-1	2-1	1-0	0-2	1-1	

	Division 1	Pd	Wn	Dw	Ls	GF	GA	Pts	
1.	Morton FC (Greenock)	44	24	9	11	88	56	57	P
2.	Dunfermline Athletic FC (Dunfermline)	44	23	10	11	61	41	56	P
3.	Dumbarton FC (Dumbarton)	44	23	7	14	67	52	53	
4.	East Fife FC (Methil)	44	15	21	8	68	55	51	
5.	Airdrieonians FC (Airdrie)	44	20	11	13	58	46	51	
6.	Kilmarnock FC (Kilmarnock)	44	17	11	16	62	53	45	
7.	Forfar Athletic FC (Forfar)	44	14	15	15	61	63	43	
8.	Partick Thistle FC (Glasgow)	44	12	15	17	49	54	39	
9.	Clyde FC (Glasgow)	44	11	16	17	48	56	38	
10.	Queen of the South FC (Dumfries)	44	11	12	21	50	71	34	
11.	Brechin City FC (Brechin)	44	11	10	23	44	72	32	R
12.	Montrose FC (Montrose)	44	9	11	24	37	74	29	R
		528	190	148	190	693	693	528	

1986-1987 Scottish Football League Division 2	Albion Rovers	Alloa Athletic	Arbroath	Ayr United	Berwick Ran.	Cowdenbeath	East Stirling	Meadowbank	Queen's Park	Raith Rovers	St. Johnstone	Stenhousemuir	Stirling Albion	Stranraer
Albion Rovers FC (Coatbridge)	■■■	---	0-1	0-1	2-1	0-1	---	---	---	1-2	3-4	---	---	2-0
	■■■	1-2	3-0	3-2	2-0	4-1	1-1	1-1	0-0	2-4	0-2	1-4	1-1	1-1
Alloa Athletic FC (Alloa)	0-1	■■■	0-3	---	---	1-0	---	0-1	---	2-4	---	0-1	2-1	---
	1-3	■■■	2-3	1-0	1-2	2-1	1-0	0-0	2-1	2-2	3-3	2-0	2-1	2-0
Arbroath FC (Arbroath)	---	---	■■■	2-0	1-1	---	0-3	---	---	---	1-4	1-1	0-1	0-1
	1-1	2-4	■■■	2-5	3-0	0-1	0-0	1-2	4-1	2-1	1-1	3-1	0-1	1-4
Ayr United FC (Ayr)	---	2-0	---	■■■	2-0	---	1-3	---	0-0	0-2	3-1	2-3	---	---
	3-1	1-0	2-0	■■■	4-2	1-3	2-1	2-0	1-0	3-3	1-1	1-0	3-1	4-2
Berwick Rangers FC (Berwick-upon-Tweed)	---	1-1	---	---	■■■	1-6	0-1	0-1	2-1	---	---	2-3	---	---
	0-1	1-2	2-0	0-2	■■■	1-3	2-2	1-1	1-0	1-2	2-3	0-2	3-0	
Cowdenbeath FC (Cowdenbeath)	---	---	1-3	1-3	---	■■■	---	1-1	2-2	---	3-1	---	3-3	
	0-2	1-0	1-0	3-1	3-1	■■■	1-1	0-2	2-2	1-2	4-3	4-1	0-2	2-1
East Stirlingshire FC (Falkirk)	1-0	0-1	---	1-3	---	0-2	■■■	---	2-2	1-1	0-2	---	---	---
	1-2	1-0	1-2	1-2	0-1	0-1	■■■	4-4	2-0	0-5	1-1	0-1	1-1	0-0
Meadowbank Thistle FC (Edinburgh)	3-0	---	2-1	---	---	1-0	2-1	■■■	---	---	2-1	---	---	4-2
	5-0	4-0	2-1	2-2	1-0	1-0	1-0	■■■	0-0	0-1	1-1	5-0	0-1	1-0
Queen's Park FC (Glasgow)	0-0	1-1	2-0	0-0	---	---	1-3	---	■■■	1-1	---	---	---	---
	1-2	1-1	5-1	1-1	3-1	2-2	2-1	2-2	■■■	2-2	0-0	0-0	0-0	3-2
Raith Rovers FC (Kirkcaldy)	---	---	2-2	---	3-2	---	1-1	---	---	■■■	1-1	1-0	2-2	---
	2-0	0-0	3-0	5-0	1-1	2-2	2-0	2-3	2-2	■■■	2-2	1-0	0-0	2-1
St. Johnstone FC (Perth)	---	1-3	---	---	2-0	1-0	---	---	0-2	---	■■■	0-1	---	0-1
	1-2	2-1	2-0	2-2	3-2	1-0	3-0	1-5	3-0	1-1	■■■	1-0	2-1	0-3
Stenhousemuir FC (Stenhousemuir)	2-3	---	---	---	3-1	---	1-0	3-1	0-2	---	---	■■■	1-2	0-0
	0-0	2-1	0-1	0-4	0-0	0-1	3-2	0-1	2-2	1-2	1-1	■■■	1-1	1-3
Stirling Albion FC (Stirling)	0-0	---	---	---	---	---	1-0	1-0	3-1	1-0	---	1-1	■■■	---
	0-2	1-2	2-2	0-1	2-2	4-1	3-0	2-0	1-0	1-1	1-0	1-0	■■■	2-0
Stranraer FC (Stranraer)	---	1-2	---	1-3	0-1	---	0-0	---	1-2	1-4	---	---	0-3	■■■
	1-0	0-1	1-0	0-0	2-1	1-1	0-3	2-0	2-3	1-1	1-1	1-1	1-1	■■■

	Division 2	Pd	Wn	Dw	Ls	GF	GA	Pts	
1.	Meadowbank Thistle FC (Edinburgh)	39	23	9	7	69	38	55	P
2.	Raith Rovers FC (Kirkcaldy)	39	16	20	3	73	44	52	P
3.	Stirling Albion FC (Stirling)	39	20	12	7	55	33	52	
4.	Ayr United FC (Ayr)	39	22	8	9	70	49	52	
5.	St. Johnstone FC (Perth)	39	16	13	10	59	49	45	
6.	Alloa Athletic FC (Alloa)	39	17	7	15	48	50	41	
7.	Cowdenbeath FC (Cowdenbeath)	39	16	8	15	59	55	40	
8.	Albion Rovers FC (Coatbridge)	39	15	9	15	48	51	39	
9.	Queen's Park FC (Glasgow)	39	9	19	11	48	49	37	
10.	Stranraer FC (Stranraer)	39	9	11	19	41	59	29	
11.	Arbroath FC (Arbroath)	39	11	7	21	46	66	29	
12.	Stenhousemuir FC (Stenhousemuir)	39	10	9	20	37	58	29	
13.	East Stirlingshire FC (Falkirk)	39	6	11	22	33	56	23	
14.	Berwick Rangers FC (Berwick-upon-Tweed)	39	8	7	24	40	69	23	
		546	198	150	198	726	726	546	

SCOTTISH CUP FINAL   (Hampden Park, Glasgow – 16/05/1987 – 51,782)

ST. MIRREN FC (PAISLEY)   1-0 (aet)   Dundee United FC (Dundee)
Ferguson   *(H.T. 0-0)*

St. Mirren: Money, Wilson, D. Hamilton, Abercrombie, Winnie, Cooper, McGarvey, Ferguson, McDowall (Cameron), B. Hamilton, Lambert (Fitzpatrick).

Dundee United: Thomson, Holt, Malpas, McInally, Clark, Narey, Ferguson, Bowman, Bannon, Sturrock (Gallacher), Redford (Hegarty).

Semi-finals   (11/04/1987)

Dundee FC (Dundee)	2-3	Dundee United FC (Dundee)
Heart of Midlothian FC (Edinburgh)	1-2	St. Mirren FC (Paisley)

1987-88 SEASON

1987-1988 Scottish Football League Premier Division	Aberdeen	Celtic	Dundee	Dundee United	Dunfermline	Falkirk	Hearts	Hibernian	Morton	Motherwell	Rangers	St. Mirren
Aberdeen FC (Aberdeen)	■	0-1	1-0	0-0	1-0	2-0	0-0	0-2	4-0	0-0	1-2	2-1
	■	0-1	0-0	1-1	3-0	3-1	0-0	1-1	3-1	1-0	2-0	2-0
Celtic FC (Glasgow)	0-0	■	3-0	0-0	1-0	2-0	2-2	2-0	1-0	1-0	2-0	2-0
	2-2	■	5-0	1-2	4-0	3-2	1-0	1-1	3-1	4-1	1-0	1-0
Dundee FC (Dundee)	1-2	1-2	■	0-2	2-0	4-2	0-0	0-0	1-0	1-2	2-3	2-1
	1-1	1-1	■	1-1	5-0	3-1	1-3	2-1	1-0	2-0	0-1	0-2
Dundee United FC (Dundee)	0-2	1-2	1-0	■	2-2	0-0	0-0	1-2	2-0	3-1	1-1	5-1
	0-0	0-0	1-3	■	1-0	3-0	0-3	1-2	3-1	1-1	1-1	2-3
Dunfermline Athletic FC (Dunfermline)	1-1	0-4	6-1	0-3	■	0-1	0-4	1-0	1-1	1-1	0-3	2-1
	0-3	2-1	0-1	0-0	■	0-0	0-1	3-3	4-1	0-1	0-4	2-0
Falkirk FC (Falkirk)	0-2	0-2	0-6	1-2	1-0	■	2-0	1-0	4-1	0-0	0-5	3-0
	2-2	0-1	0-3	4-1	0-0	■	1-5	1-1	2-0	3-0	0-1	1-3
Heart of Midlothian FC (Edinburgh)	2-2	2-1	2-0	1-1	2-1	1-0	■	0-0	2-0	1-1	1-1	0-1
	2-1	1-1	4-2	4-1	3-2	4-2	■	1-0	3-0	1-0	0-0	0-0
Hibernian FC (Edinburgh)	0-0	0-2	2-1	0-2	0-0	0-0	3-1	■	1-1	1-0	2-0	0-0
	0-2	0-1	0-4	0-1	4-0	1-0	2-1	■	0-0	1-0	1-0	1-1
Morton FC (Greenock)	0-2	0-4	1-7	0-4	0-3	0-0	0-0	1-1	■	0-2	3-2	0-2
	0-0	0-4	4-3	0-1	1-2	4-1	1-2	3-3	■	1-1	0-3	0-0
Motherwell FC (Motherwell)	2-1	0-1	3-3	4-2	3-2	0-0	0-2	1-0	0-2	■	0-2	2-1
	0-1	0-2	0-2	2-1	3-2	1-2	0-3	1-0	1-0	■	0-1	2-1
Rangers FC (Glasgow)	0-1	1-2	2-0	1-0	2-2	3-1	1-2	1-1	5-0	1-0	■	4-0
	0-1	2-2	2-1	1-1	4-0	4-0	3-2	1-0	7-0	1-0	■	3-1
St. Mirren FC (Paisley)	0-0	1-1	1-0	0-1	4-1	0-0	0-6	1-1	0-0	0-0	0-3	■
	1-3	0-1	1-2	2-0	1-1	2-2	1-1	2-2	2-1	1-0	2-2	■

	Premier Division	Pd	Wn	Dw	Ls	GF	GA	Pts	
1.	CELTIC FC (GLASGOW)	44	31	10	3	79	23	72	
2.	Heart of Midlothian FC (Edinburgh)	44	23	16	5	74	32	62	
3.	Rangers FC (Glasgow)	44	26	8	10	85	34	60	
4.	Aberdeen FC (Aberdeen)	44	21	17	6	56	25	59	
5.	Dundee United FC (Dundee)	44	16	15	13	54	47	47	
6.	Hibernian FC (Edinburgh)	44	12	19	13	41	42	43	
7.	Dundee FC (Dundee)	44	17	7	20	70	64	41	
8.	Motherwell FC (Motherwell)	44	13	10	21	37	56	36	
9.	St. Mirren FC (Paisley)	44	10	15	19	41	64	35	
10.	Falkirk FC (Falkirk)	44	10	11	23	41	75	31	R
11.	Dunfermline Athletic FC (Dunfermline)	44	8	10	26	41	84	26	R
12.	Morton FC (Greenock)	44	3	10	31	27	100	16	R
		528	190	148	190	646	646	528	

Top goalscorers 1987-88

1) Thomas COYNE   (Dundee FC)   33
2) Alistair McCOIST   (Rangers FC)   31
3) John ROBERTSON   (Heart of Midlothian FC) 26
   Andrew WALKER   (Celtic FC)   26

1987-1988 Scottish Football League Division 1	Airdrieonians	Clyde	Clydebank	Dumbarton	East Fife	Forfar Athletic	Hamilton	Kilmarnock	Meadowbank	Partick Thistle	Queen/South	Raith Rovers
Airdrieonians FC (Airdrie)		0-2	1-0	1-1	2-1	3-0	1-4	3-3	0-1	1-0	1-1	1-2
		4-3	0-2	0-1	1-0	1-0	0-3	3-2	0-0	3-1	5-1	3-0
Clyde FC (Glasgow)	4-2		0-1	3-4	0-4	0-1	0-4	0-0	2-2	1-2	2-1	1-2
	1-0		5-1	5-0	3-3	2-2	0-3	2-0	0-0	4-1	2-3	3-2
Clydebank FC (Clydebank)	1-1	1-2		1-0	2-0	3-2	3-1	1-0	0-2	0-3	1-0	3-1
	2-3	2-0		3-1	2-1	1-0	0-2	2-0	2-1	0-2	1-1	1-2
Dumbarton FC (Dumbarton)	0-1	0-1	1-3		0-0	0-1	1-1	1-0	0-1	1-2	0-2	3-0
	0-0	1-1	1-1		1-1	1-1	2-1	1-3	2-3	4-2	2-2	1-3
East Fife FC (Methil)	3-1	2-0	1-1	3-4		4-0	1-1	2-1	0-0	1-0	2-2	1-2
	1-3	0-2	1-2	1-2		2-3	0-1	2-1	3-3	2-1	0-3	2-1
Forfar Athletic FC (Forfar)	3-0	4-2	2-2	4-0	1-1		0-0	1-1	1-2	1-0	1-1	2-2
	4-4	3-5	3-0	0-2	4-0		1-1	2-0	0-0	1-4	3-1	3-0
Hamilton Academical FC (Hamilton)	1-1	2-0	4-0	2-0	1-0	0-1		1-0	1-1	1-0	1-2	2-1
	2-2	3-2	3-2	2-1	0-1	1-0		1-1	1-5	5-0	2-2	0-2
Kilmarnock FC (Kilmarnock)	4-1	3-1	2-2	3-1	1-3	0-2	1-0		0-0	0-1	0-0	1-1
	1-0	2-0	1-3	1-0	2-0	2-2	0-2		2-4	1-1	0-2	3-4
Meadowbank Thistle FC (Edinburgh)	0-0	0-1	3-2	2-4	2-1	3-0	2-0	1-3		3-1	5-0	3-0
	1-2	0-2	0-0	0-0	2-3	3-0	1-1	2-1		3-2	1-0	4-3
Partick Thistle FC (Glasgow)	2-0	1-0	3-0	1-3	4-2	0-1	0-0	0-1	2-1		0-3	5-0
	2-2	1-4	0-1	1-2	3-3	1-1	1-0	1-0	1-0		3-3	0-0
Queen of the South FC (Dumfries)	1-2	2-1	0-1	0-0	2-0	1-1	0-0	1-0	2-1	0-0		1-5
	2-2	3-1	2-0	2-0	2-1	1-1	0-3	1-4	0-2	0-0		0-3
Raith Rovers FC (Kirkcaldy)	2-2	2-0	2-3	1-1	0-1	0-0	0-1	2-2	4-0	1-2	4-2	
	3-2	1-3	1-0	4-1	7-1	1-4	1-2	0-2	2-0	4-3	3-1	

	Division 1	**Pd**	**Wn**	**Dw**	**Ls**	**GF**	**GA**	**Pts**	
1.	Hamilton Academical FC (Hamilton)	44	22	12	10	67	39	56	P
2.	Meadowbank Thistle FC (Edinburgh)	44	20	12	12	70	51	52	
3.	Clydebank FC (Clydebank)	44	21	7	16	59	61	49	
4.	Forfar Athletic FC (Forfar)	44	16	16	12	67	58	48	
5.	Raith Rovers FC (Kirkcaldy)	44	19	7	18	81	76	45	
6.	Airdrieonians FC (Airdrie)	44	16	13	15	65	68	45	
7.	Queen of the South FC (Dumfries)	44	14	15	15	56	67	43	
8.	Partick Thistle FC (Glasgow)	44	16	9	19	60	64	41	
9.	Clyde FC (Glasgow)	44	17	6	21	73	75	40	
10.	Kilmarnock FC (Kilmarnock)	44	13	11	20	55	60	37	
11.	East Fife FC (Methil)	44	13	10	21	61	76	36	R
12.	Dumbarton FC (Dumbarton)	44	12	12	20	51	70	36	R
		528	199	130	199	765	765	528	

1987-1988 Scottish Football League Division 2	Albion Rovers	Alloa Athletic	Arbroath	Ayr United	Berwick Rangers	Brechin City	Cowdenbeath	East Stirling	Montrose	Queen's Park	St. Johnstone	Stenhousemuir	Stirling Albion	Stranraer
Albion Rovers FC (Coatbridge)		1-2	---	---	---	1-5	---	1-4	---	1-2	---	0-4	3-1	---
		1-0	1-1	1-1	0-2	2-0	0-0	1-1	0-1	0-4	1-1	3-2	2-1	2-1
Alloa Athletic FC (Alloa)	---		---	1-3	2-0	3-0	---	0-1	---	1-0	1-1	---	---	1-1
	2-0		3-1	0-2	1-0	0-1	5-2	1-2	1-0	0-3	1-1	1-1	4-0	2-0
Arbroath FC (Arbroath)	4-0	1-1		---	---	0-3	0-0	---	1-1	1-2	---	---	---	---
	3-0	1-1		2-4	3-1	1-2	2-1	1-1	0-0	3-1	0-2	3-0	3-2	3-2
Ayr United FC (Ayr)	6-2	---	3-0		---	5-0	0-0	---	1-1	---	---	---	---	3-1
	3-0	2-1	2-0		2-0	1-2	3-1	2-0	3-1	4-1	0-3	3-0	4-0	5-1
Berwick Rangers FC (Berwick-upon-Tweed)	1-3	---	4-0	0-1		0-0	---	---	---	0-2	1-3	---	2-0
	0-3	1-2	3-3	0-2		0-2	2-2	1-1	2-1	0-1	0-4	1-3	0-4	0-1
Brechin City FC (Brechin)	---	---	---	2-1	---		0-3	1-0	0-1	2-0	---	---	1-1	4-1
	2-1	3-1	1-1	0-3	4-0		1-0	2-3	2-0	1-1	2-1	2-0	1-2	2-0
Cowdenbeath FC (Cowdenbeath)	1-0	0-1	---	---	3-0	---		0-0	2-1	---	1-0	---	0-1	---
	3-3	2-2	3-5	1-6	5-3	1-1		0-0	1-1	2-4	0-3	1-1	2-4	2-0
East Stirlingshire FC (Falkirk)	---	---	2-1	---	2-1	---	---		3-2	---	1-2	1-3	2-0
	2-2	3-1	1-1	0-2	1-0	0-0	0-1		-2	0-1	0-2	2-0	2-1	1-1
Montrose FC (Montrose)	0-0	0-2	---	1-1	1-0	---	---	---		1-2	---	1-1	---	---
	1-2	2-0	1-1	2-4	4-0	0-1	2-1	0-3		0-2	0-1	1-0	1-3	3-1
Queen's Park FC (Glasgow)	---	---	---	---	2-0	---	1-1	1-2	---		2-1	2-1	1-1	2-0
	1-1	2-0	1-1	0-2	3-2	2-0	3-2	2-1	1-1		0-1	0-2	1-1	3-0
St. Johnstone FC (Perth)	2-0	---	4-0	2-0	---	2-0	---	0-0	5-1	---		---	1-0	---
	4-1	2-1	3-1	0-0	2-1	1-1	0-1	3-1	1-1	2-0		4-1	1-1	1-0
Stenhousemuir FC (Stenhousemuir)	---	0-0	1-1	1-0	---	2-1	2-0	---	---	---	3-0		---	---
	3-1	0-1	1-1	0-6	1-2	1-2	0-0	2-3	0-2	2-3	0-0		0-0	0-2
Stirling Albion FC (Stirling)	---	4-1	2-0	2-2	2-0	---	---	0-2	---	---	3-2		2-0
	1-1	2-0	3-0	1-1	1-0	2-1	2-0	3-0	0-2	2-2	0-6	0-3		2-0
Stranraer FC (Stranraer)	2-2	---	0-3	---	---	0-4	---	1-1	---	1-2	2-1	---	
	1-2	0-3	3-1	0-2	0-2	1-1	2-2	3-3	1-3	1-4	1-2	2-3	0-0	

	Division 2	Pd	Wn	Dw	Ls	GF	GA	Pts	
1.	Ayr United FC (Ayr)	39	27	7	5	95	31	61	P
2.	St. Johnstone FC (Perth)	39	25	9	5	73	24	59	P
3.	Queen's Park FC (Glasgow)	39	21	9	9	64	44	51	
4.	Brechin City FC (Brechin)	39	20	8	11	56	40	48	
5.	Stirling Albion FC (Stirling)	39	18	10	11	60	51	46	
6.	East Stirlingshire FC (Falkirk)	39	15	13	11	51	47	43	
7.	Alloa Athletic FC (Alloa)	39	16	8	15	50	46	40	
8.	Montrose FC (Montrose)	39	12	11	16	45	51	35	
9.	Arbroath FC (Arbroath)	39	10	14	15	54	66	34	
10.	Cowdenbeath FC (Cowdenbeath)	39	10	13	16	51	66	33	
11.	Stenhousemuir FC (Stenhousemuir)	39	12	9	18	49	58	33	
12.	Albion Rovers FC (Coatbridge)	39	10	11	18	45	75	31	
13.	Berwick Rangers FC (Berwick-upon-Tweed)	39	6	4	29	32	77	16	
14.	Stranraer FC (Stranraer)	39	4	8	27	34	83	16	
		546	206	134	206	759	759	546	

Albion Rovers FC 1-1 Ayr United FC was played at Airdrieonians FC ground.

The League was re-structured for the next season and consisted of a Premier Division of 10 clubs, Division 1 of 14 clubs and Division 2 of 14 clubs.

SCOTTISH CUP FINAL   (Hampden Park, Glasgow – 14/05/1988 – 74,000)

CELTIC FC (GLASGOW)	2-1	Dundee United FC (Dundee)
McAvennie 75', 89'	*(H.T. 0-0)*	*Gallacher 48'*

Celtic: McKnight, Morris, Rogan, Aitken, McCarthy, Whyte (Stark), Miller, McStay, McAvennie, Walker (McGhee), Burns.

Dundee United: Thomson, Bowman, Malpas, McInally, Hegarty, Narey, Bannon, Gallacher, Paatelainen (Clark), Ferguson, McKinlay.

Semi-finals   (09/04/1988 – 20/04/1988)

Aberdeen FC (Aberdeen)	0-0, 1-1 (aet), 0-1	Dundee United FC (Dundee)
	(All matches were played at Dens Park)	
Celtic FC (Glasgow)	2-1	Heart of Midlothian FC (Edinburgh)

1988-89 SEASON

1988-1989 Scottish Football League Premier Division	Aberdeen	Celtic	Dundee	Dundee United	Hamilton	Hearts	Hibernian	Motherwell	Rangers	St. Mirren
Aberdeen FC (Aberdeen)		0-0	2-0	1-0	3-0	3-0	2-0	0-0	1-2	3-1
		2-2	1-0	1-1	1-1	1-0	0-0	2-1	2-1	1-1
Celtic FC (Glasgow)	0-0		2-1	1-0	2-0	4-2	1-0	1-2	1-2	2-1
	1-3		2-3	1-0	2-1	1-0	1-0	3-1	3-1	7-1
Dundee FC (Dundee)	2-0	0-3		0-1	1-0	2-1	1-2	2-1	1-2	2-1
	1-1	1-0		0-3	5-2	1-1	2-1	1-1	0-0	0-1
Dundee United FC (Dundee)	1-1	2-0	2-1		0-1	0-0	4-1	1-1	1-1	1-4
	2-2	1-0	2-0		1-0	0-0	1-1	1-1	0-1	0-1
Hamilton Academical FC (Hamilton)	0-2	2-0	1-0	0-5		0-2	0-3	0-2	0-1	2-1
	0-1	0-8	1-0	0-4		0-4	0-3	1-0	0-2	2-4
Heart of Midlothian FC (Edinburgh)	1-0	0-1	3-1	0-0	2-0		2-1	0-0	2-0	2-0
	1-1	0-2	1-1	0-0	3-2		1-2	2-2	1-2	1-2
Hibernian FC (Edinburgh)	1-2	1-3	1-1	1-2	2-1	1-0		2-0	0-1	1-0
	1-2	3-1	1-1	1-1	1-0	0-0		1-0	0-1	2-0
Motherwell FC (Motherwell)	0-2	2-2	1-0	1-2	1-0	1-1	0-0		2-1	4-0
	1-1	1-3	1-1	1-2	1-1	2-0	1-1		0-2	1-2
Rangers FC (Glasgow)	0-3	4-1	3-1	2-0	3-0	4-0	1-0	1-0		3-1
	1-0	5-1	2-0	0-1	3-1	3-0	0-0	2-1		2-1
St. Mirren FC (Paisley)	1-3	0-1	1-1	0-1	1-0	1-1	3-1	2-1	0-2	
	1-1	2-3	0-0	0-1	2-0	1-1	0-1	1-0	1-1	

	Premier Division	Pd	Wn	Dw	Ls	GF	GA	Pts	
1.	RANGERS FC (GLASGOW)	36	26	4	6	62	26	56	
2.	Aberdeen FC (Aberdeen)	36	18	14	4	51	25	50	
3.	Celtic FC (Glasgow)	36	21	4	11	66	44	46	
4.	Dundee United FC (Dundee)	36	16	12	8	44	26	44	
5.	Hibernian FC (Edinburgh)	36	13	9	14	37	36	35	
6.	Heart of Midlothian FC (Edinburgh)	36	9	13	14	35	42	31	
7.	St. Mirren FC (Paisley)	36	11	7	18	39	55	29	
8.	Dundee FC (Dundee)	36	9	10	17	34	48	28	
9.	Motherwell FC (Motherwell)	36	7	13	16	35	44	27	
10.	Hamilton Academical FC (Hamilton)	36	6	2	28	19	76	14	R
		360	136	88	136	422	422	360	

Top goalscorers 1988-89

1)	Mark McGHEE	(Celtic FC)	16
	Charles NICHOLAS	(Aberdeen FC)	16
3)	Stephen KIRK	(Motherwell FC)	14

1988-1989 Scottish Football League Division 1	Airdrieonians	Ayr United	Clyde	Clydebank	Dunfermline	Falkirk	Forfar Athletic	Kilmarnock	Meadowbank	Morton	Partick Thistle	Queen/South	Raith Rovers	St. Johnstone
Airdrieonians FC (Airdrie)		--- 2-1	1-1 1-1	--- 1-1	--- 0-2	3-0 2-0	2-1 0-3	--- 5-1	--- 0-0	2-1 1-1	--- 5-1	3-0 3-0	--- 3-1	1-1 1-0
Ayr United FC (Ayr)	3-1 1-4		--- 1-1	2-4 3-2	1-2 2-2	--- 3-4	--- 2-1	2-1 4-1	3-2 2-2	0-1 3-1	--- 1-3	--- 1-1	2-2 1-1	--- 2-1
Clyde FC (Glasgow)	--- 0-0	1-0 4-2		1-1 0-5	--- 1-1	--- 1-2	1-1 1-1	--- 0-2	--- 1-2	2-1 0-1	0-0 1-0	2-1 3-1	--- 0-1	2-0 2-4
Clydebank FC (Clydebank)	4-1 3-3	--- 5-1	--- 3-2		0-1 2-1	0-1 2-2	--- 2-2	3-2 2-2	--- 2-1	--- 1-1	4-2 3-2	3-0 4-2	--- 3-1	2-2 2-0
Dunfermline Athletic FC (Dunfermline)	1-1 1-0	--- 5-1	1-1 3-0	--- 2-2		--- 3-0	--- 2-1	0-0 3-0	1-1 1-3	1-0 2-1	--- 3-2	--- 4-2	0-1 2-1	1-0 1-0
Falkirk FC (Falkirk)	--- 0-0	2-0 1-0	3-1 0-0	--- 3-1	4-0 2-1		--- 1-2	--- 2-0	0-0 3-0	--- 0-1	--- 0-1	7-1 2-0	3-0 3-1	--- 2-1
Forfar Athletic FC (Forfar)	--- 1-1	0-0 1-2	--- 2-1	1-2 2-4	0-1 2-1	2-2 0-0		--- 2-2	2-1 1-0	0-0 0-1	--- 3-2	--- 2-2	--- 1-0	1-1 1-1
Kilmarnock FC (Kilmarnock)	1-1 0-3	--- 2-0	0-0 1-2	--- 1-0	--- 2-2	0-0 0-2	2-2 2-1		--- 1-0	--- 3-4	0-0 0-1	--- 2-1	1-2 1-1	--- 0-3
Meadowbank Thistle FC (Edinburgh)	3-1 3-2	--- 1-2	2-0 3-2	1-1 0-0	--- 0-1	--- 2-1	--- 1-1	1-2 0-2		--- 2-1	--- 0-2	--- 1-2	1-3 2-1	2-1 1-1
Morton FC (Greenock)	--- 0-2	--- 2-0	--- 0-2	1-0 1-0	--- 1-0	2-2 1-5	--- 1-1	3-0 2-2	0-2 2-0		1-1 1-0	--- 1-0	0-1 0-1	--- 1-1
Partick Thistle FC (Glasgow)	1-0 0-2	4-1 2-2	--- 0-0	--- 1-1	0-0 1-2	2-1 1-3	4-1 1-2	--- 0-1	2-1 1-1	--- 1-4		--- 2-1	--- 1-1	--- 2-0
Queen of the South FC (Dumfries)	--- 2-4	1-2 0-2	--- 3-3	--- 0-3	0-2 0-0	--- 0-3	2-2 2-1	0-6 2-2	1-2 0-1	1-1 2-3	2-4 1-4		--- 0-1	--- 1-1
Raith Rovers FC (Kirkcaldy)	1-1 1-2	--- 0-0	2-0 0-0	3-0 1-3	--- 1-3	--- 1-3	2-3 2-1	--- 0-0	--- 1-0	--- 1-0	1-1 5-3	4-1 2-1		0-2 1-1
St. Johnstone FC (Perth)	--- 2-1	0-1 2-0	--- 0-0	--- 2-0	0-1 0-1	--- 2-1	0-1 2-1	2-2 2-0	--- 0-0	0-1 4-2	1-1 2-1	3-1 3-1	--- 3-1	

	Division 1	Pd	Wn	Dw	Ls	GF	GA	Pts	
1.	Dunfermline Athletic FC (Dunfermline)	39	22	10	7	60	36	54	P
2.	Falkirk FC (Falkirk)	39	22	8	9	71	37	52	
3.	Clydebank FC (Clydebank)	39	18	12	9	80	55	48	
4.	Airdrieonians FC (Airdrie)	39	17	13	9	66	44	47	
5.	Morton FC (Greenock)	39	16	9	14	46	46	41	
6.	St. Johnstone FC (Perth)	39	14	12	13	51	42	40	
7.	Raith Rovers FC (Kirkcaldy)	39	15	10	14	50	52	40	
8.	Partick Thistle FC (Glasgow)	39	13	11	15	57	58	37	
9.	Forfar Athletic FC (Forfar)	39	10	16	13	52	56	36	
10.	Meadowbank Thistle FC (Edinburgh)	39	13	10	16	45	50	36	
11.	Ayr United FC (Ayr)	39	13	9	17	56	72	35	
12.	Clyde FC (Glasgow)	39	9	16	14	40	52	34	
13.	Kilmarnock FC (Kilmarnock)	39	10	14	15	47	60	34	R
14.	Queen of the South FC (Dumfries)	39	2	8	29	38	99	10	R -2
		546	194	158	194	759	759	544	

1988-1989 Scottish Football League Division 2	Albion Rovers	Alloa Athletic	Arbroath	Berwick Rangers	Brechin City	Cowdenbeath	Dumbarton	East Fife	East Stirling	Montrose	Queen's Park	Stenhousemuir	Stirling Albion	Stranraer
Albion Rovers FC (Coatbridge)	■	---	2-2	2-1	---	2-1	2-0	1-2	---	2-2	---	---	---	2-2
		3-2	3-1	3-1	1-1	3-1	2-1	2-0	1-0	2-1	1-1	1-0	1-0	3-0
Alloa Athletic FC (Alloa)	2-0	■	3-0	---	---	2-1	---	---	---	3-3	---	4-0	4-0	---
	3-1		3-3	2-1	2-2	2-1	2-0	2-1	2-2	1-0	0-0	1-2	3-2	1-1
Arbroath FC (Arbroath)	---	---	■	0-3	---	---	1-3	1-3	2-2	---	---	2-1	0-4	4-3
	0-3	2-2		1-2	1-2	0-1	1-1	1-3	3-3	0-0	2-2	5-1	2-0	1-0
Berwick Rangers FC (Berwick-upon-Tweed)	---	1-0	---	■	---	0-0	---	---	2-0	1-1	1-1	---	2-2	---
	2-1	1-1	0-3		4-4	0-1	1-0	1-2	0-5	1-2	0-2	1-0	0-0	0-1
Brechin City FC (Brechin)	2-1	1-2	3-4	0-2	■	---	---	1-0	---	---	---	1-1	---	---
	0-2	2-1	1-0	2-0		0-1	1-1	1-0	2-2	1-1	2-0	3-1	2-3	2-2
Cowdenbeath FC (Cowdenbeath)	---	---	1-1	---	0-2	■	1-1	---	---	3-1	2-1	---	---	1-1
	1-1	1-1	1-1	3-3	3-3		2-0	1-1	2-1	2-6	2-2	2-0	1-1	1-0
Dumbarton FC (Dumbarton)	---	0-2	---	0-4	1-0	---	■	4-0	---	2-0	1-0	2-0	---	---
	0-1	1-1	1-4	2-2	0-2	3-0		3-1	3-0	3-2	0-3	0-2	1-2	0-2
East Fife FC (Methil)	---	1-0	---	1-1	---	1-0	---	■	---	1-4	---	1-1	3-0	2-1
	1-2	-0	0-0	2-2	1-0	4-1	1-1		2-2	1-1	2-2	2-1	2-0	1-2
East Stirlingshire FC (Falkirk)	0-1	2-0	---	---	1-1	0-2	1-0	4-2	■	---	2-1	---	---	---
	3-4	2-1	0-3	3-2	4-3	1-0	0-1	2-2		1-0	0-3	2-2	1-2	
Montrose FC (Montrose)	---	---	1-0	---	1-0	2-1	---	---	2-1	■	---	---	0-6	1-0
	1-0	1-0	0-1	2-1	0-0	0-2	1-1	2-2	0-1		1-1	3-1	3-2	4-2
Queen's Park FC (Glasgow)	3-2	0-2	1-1	---	1-2	---	---	1-2	---	2-2	■	---	---	---
	0-0	0-2	2-0	2-0	1-1	1-1	2-1	1-0	0-0	2-0		1-1	2-0	4-3
Stenhousemuir FC (Stenhousemuir)	1-2	---	---	0-0	---	---	---	---	1-0	2-3	1-1	■	4-2	2-0
	2-3	2-0	0-0	3-2	0-2	0-0	3-1	1-1	1-1	0-1	0-0		1-1	3-4
Stirling Albion FC (Stirling)	0-0	---	---	---	0-0	0-1	3-1	---	2-1	---	0-0	---	■	---
	4-2	3-1	1-1	2-1	2-2	2-3	1-1	3-1	1-0	2-0	3-2	2-0		0-3
Stranraer FC (Stranraer)	---	1-4	---	1-2	2-1	---	1-1	---	0-0	---	3-3	---	1-4	■
	3-1	2-2	0-1	2-2	0-1	2-0	2-2	2-2	1-2	1-0	3-1	2-1	1-1	

Division 2

		Pd	Wn	Dw	Ls	GF	GA	Pts	
1.	Albion Rovers FC (Coatbridge)	39	21	8	10	65	48	50	P
2.	Alloa Athletic FC (Alloa)	39	17	11	11	66	48	45	P
3.	Brechin City FC (Brechin)	39	15	13	11	58	49	43	
4.	Stirling Albion FC (Stirling)	39	15	12	12	64	55	42	
5.	East Fife FC (Methil)	39	14	13	12	56	55	41	
6.	Montrose FC (Montrose)	39	15	11	13	54	55	41	
7.	Queen's Park FC (Glasgow)	39	10	18	11	50	49	38	
8.	Cowdenbeath FC (Cowdenbeath)	39	13	14	12	48	52	38	-2
9.	East Stirlingshire FC (Falkirk)	39	13	11	15	54	58	37	
10.	Arbroath FC (Arbroath)	39	11	15	13	56	63	37	
11.	Stranraer FC (Stranraer)	39	12	12	15	59	64	36	
12.	Dumbarton FC (Dumbarton)	39	12	10	17	45	55	34	
13.	Berwick Rangers FC (Berwick-upon-Tweed)	39	10	13	16	50	59	33	
14.	Stenhousemuir FC (Stenhousemuir)	39	9	11	19	44	59	29	
		546	187	172	187	769	769	544	

Cowdenbeath FC and Queen of the South FC each had 2 points deducted for fielding ineligible players.

SCOTTISH CUP FINAL (Hampden Park, Glasgow – 20/05/1989 – 72,069)

CELTIC FC (GLASGOW)	1-0	Rangers FC (Glasgow)
Miller	*(H.T. 1-0)*	

Celtic: Bonner, Morris, Rogan, Aitken, McCarthy, Whyte, Grant, McStay, Miller, McGhee, Burns.

Rangers: Woods, Stevens, Munro (Souness), Gough, Sterland (Cooper), Butcher, Drinkell, Ferguson, McCoist, Brown, Walters.

Semi-finals (15/04/1989 – 18/04/1989)

Celtic FC (Glasgow)	3-1	Hibernian FC (Edinburgh)
Rangers FC (Glasgow)	0-0, 4-0	St. Johnstone FC (Perth)

1989-90 SEASON

1989-1990 Scottish Football League Premier Division	Aberdeen	Celtic	Dundee	Dundee United	Dunfermline	Hearts	Hibernian	Motherwell	Rangers	St. Mirren
Aberdeen FC (Aberdeen)	■	1-1	5-2	1-0	4-1	2-2	1-2	2-0	0-0	2-0
	■	1-1	1-0	2-0	2-1	1-3	1-0	1-0	1-0	5-0
Celtic FC (Glasgow)	1-3	■	1-1	3-0	0-2	1-1	1-1	0-1	0-1	0-3
	1-0	■	4-1	0-1	1-0	2-1	3-1	1-1	1-1	1-1
Dundee FC (Dundee)	1-1	0-0	■	1-1	1-0	0-1	2-0	1-2	2-2	1-2
	1-1	1-3	■	4-3	1-2	2-2	0-0	2-1	0-2	3-3
Dundee United FC (Dundee)	1-1	2-0	1-2	■	1-0	1-1	1-0	1-1	0-1	2-0
	2-0	2-2	0-0	■	2-1	2-1	1-0	1-1	1-1	0-0
Dunfermline Athletic FC (Dunfermline)	2-4	0-0	1-0	0-1	■	0-1	1-1	0-5	0-1	1-0
	0-3	2-0	2-1	1-1	■	0-2	0-0	1-1	1-1	5-1
Heart of Midlothian FC (Edinburgh)	1-0	0-0	0-0	3-2	0-2	■	2-0	2-0	1-1	0-0
	1-1	1-3	6-3	1-1	1-2	■	1-0	3-0	1-2	4-0
Hibernian FC (Edinburgh)	3-2	1-0	1-1	0-0	2-1	1-2	■	1-2	0-0	0-1
	0-3	0-3	3-2	2-0	2-2	1-1	■	3-2	2-0	3-1
Motherwell FC (Motherwell)	2-2	1-1	3-1	0-1	1-3	0-3	1-0	■	1-1	2-0
	0-0	0-0	3-0	3-2	1-1	1-3	0-2	■	1-0	3-1
Rangers FC (Glasgow)	2-0	3-0	3-0	3-1	2-0	0-0	0-1	2-1	■	1-0
	1-0	1-0	2-2	2-1	3-0	1-0	3-0	3-0	■	0-1
St. Mirren FC (Paisley)	1-0	0-2	0-0	0-0	1-2	2-0	0-1	0-0	0-0	■
	0-2	1-0	3-2	1-0	2-0	1-2	0-0	2-2	0-2	■

	Premier Division	**Pd**	**Wn**	**Dw**	**Ls**	**GF**	**GA**	**Pts**	
1.	RANGERS FC (GLASGOW)	36	20	11	5	48	19	51	
2.	Aberdeen FC (Aberdeen)	36	17	10	9	56	33	44	
3.	Heart of Midlothian FC (Edinburgh)	36	16	12	8	54	35	44	
4.	Dundee United FC (Dundee)	36	11	13	12	36	39	35	
5.	Celtic FC (Glasgow)	36	10	14	12	37	37	34	
6.	Motherwell FC (Motherwell)	36	11	12	13	43	47	34	
7.	Hibernian FC (Edinburgh)	36	12	10	14	34	41	34	
8.	Dunfermline Athletic FC (Dunfermline)	36	11	8	17	37	50	30	
9.	St. Mirren FC (Paisley)	36	10	10	16	28	48	30	
10.	Dundee FC (Dundee)	36	5	14	17	41	65	24	R
		360	123	114	123	414	414	360	

Top goalscorers 1989-90

1) John ROBERTSON (Heart of Midlothian FC) 17
2) Ross JACK (Dunfermline Athletic FC) 16
3) Maurice JOHNSTON (Rangers FC) 15
4) Alistair McCOIST (Rangers FC) 14
5) William DODDS (Dundee FC) 13

1989-1990 Scottish Football League Division 1	Airdrieonians	Albion Rovers	Alloa Athletic	Ayr United	Clyde	Clydebank	Falkirk	Forfar Athletic	Hamilton	Meadowbank	Morton	Partick Thistle	Raith Rovers	St. Johnstone
Airdrieonians FC (Airdrie)	■	---	3-1	6-0	---	3-4	---	---	3-1	1-1	---	3-2	0-1	---
	■	1-0	2-1	1-1	1-0	2-2	1-1	4-1	1-0	3-1	4-1	1-1	3-2	2-2
Albion Rovers FC (Coatbridge)	1-2	■	---	---	1-2	2-2	2-2	---	1-2	---	2-2	---	2-5
	0-2	■	1-1	3-1	2-0	3-4	2-1	0-2	0-0	0-0	1-1	5-4	2-2	1-3
Alloa Athletic FC (Alloa)	---	3-4	■	0-0	1-0	1-1	0-0	---	1-1	---	---	---	0-4	---
	0-2	4-1	■	1-1	1-1	1-4	1-1	0-2	0-2	0-1	1-1	1-0	2-0	0-1
Ayr United FC (Ayr)	---	0-2	---	■	1-1	---	1-1	1-1	---	---	2-1	---	0-2
	1-3	2-0	3-0	■	1-0	3-2	3-3	1-1	0-1	0-0	2-3	0-0	1-0	2-2
Clyde FC (Glasgow)	0-1	2-1	---	---	■	---	0-0	---	0-1	1-1	---	---	0-0	---
	1-0	0-0	2-4	2-2	■	2-0	2-0	0-0	1-1	0-3	1-1	3-3	1-0	0-2
Clydebank FC (Clydebank)	---	---	---	0-1	2-1	■	---	3-2	---	2-1	0-1	---	2-2	---
	0-3	1-3	3-1	4-1	2-1	■	3-3	3-2	2-2	1-1	3-1	1-2	3-1	4-0
Falkirk FC (Falkirk)	3-1	---	---	---	---	0-1	■	2-2	---	2-0	2-0	---	1-0
	3-1	6-0	1-0	0-1	3-0	2-1	■	4-0	3-3	1-1	1-0	1-1	0-2	3-3
Forfar Athletic FC (Forfar)	2-3	---	3-2	---	2-2	---	---	■	2-0	---	2-0	2-2	---
	1-1	3-0	3-3	1-0	1-1	2-2	1-2	■	0-1	1-3	0-1	0-3	2-2	1-5
Hamilton Academical FC (Hamilton)	---	1-2	---	2-1	---	1-3	2-2	---	■	---	2-0	---	---	2-3
	3-2	0-0	1-0	4-0	0-1	2-1	1-0	1-1	■	2-0	2-2	1-4	3-2	3-3
Meadowbank Thistle FC (Edinburgh)	---	---	1-1	1-0	---	---	1-0	0-3	1-1	■	1-0	1-1	---	---
	0-1	3-2	1-3	1-2	2-1	1-1	1-2	3-1	1-0	■	0-0	1-1	1-2	1-3
Morton FC (Greenock)	1-1	3-0	2-0	0-1	2-3	---	2-0	---	---	---	■	---	---	1-2
	0-1	0-0	3-2	1-1	0-1	2-2	0-2	1-1	0-0	0-0	■	2-2	1-1	0-0
Partick Thistle FC (Glasgow)	---	---	1-0	---	0-3	4-0	---	4-1	---	0-1	---	■	1-1	0-2
	2-1	4-0	3-3	1-2	2-2	1-1	1-0	0-0	3-1	2-0	1-2	■	3-1	0-1
Raith Rovers FC (Kirkcaldy)	---	3-2	---	5-2	---	---	1-1	---	0-0	3-0	2-1	---	■	---
	0-4	2-1	1-1	2-0	0-2	1-0	4-0	1-0	1-3	1-2	2-0	1-1	■	0-2
St. Johnstone FC (Perth)	3-1	---	6-0	---	1-1	1-3	---	1-0	---	1-2	---	---	0-0	■
	1-2	2-1	3-0	4-0	2-0	2-1	2-0	3-1	3-0	1-0	1-1	2-1	1-2	■

	Division 1	Pd	Wn	Dw	Ls	GF	GA	Pts	
1.	St. Johnstone FC (Perth)	39	25	8	6	81	39	58	P
2.	Airdrieonians FC (Airdrie)	39	23	8	8	77	45	54	
3.	Clydebank FC (Clydebank)	39	17	10	12	74	64	44	
4.	Falkirk FC (Falkirk)	39	14	15	10	59	46	43	
5.	Raith Rovers FC (Kirkcaldy)	39	15	12	12	57	50	42	
6.	Hamilton Academical FC (Hamilton)	39	14	13	12	52	53	41	
7.	Meadowbank Thistle FC (Edinburgh)	39	13	13	13	41	46	39	
8.	Partick Thistle FC (Glasgow)	39	12	14	13	62	53	38	
9.	Clyde FC (Glasgow)	39	10	15	14	39	46	35	
10.	Ayr United FC (Ayr)	39	11	13	15	41	62	35	
11.	Morton FC (Greenock)	39	9	16	14	38	46	34	
12.	Forfar Athletic FC (Forfar)	39	8	15	16	51	65	29	-2
13.	Albion Rovers FC (Coatbridge)	39	8	11	20	50	78	27	R
14.	Alloa Athletic FC (Alloa)	39	6	13	20	41	70	25	R
		546	185	176	185	763	763	544	

1989-1990 Scottish Football League Division 2	Arbroath	Berwick Rangers	Brechin City	Cowdenbeath	Dumbarton	East Fife	East Stirling	Kilmarnock	Montrose	Queen/South	Queen's Park	Stenhousemuir	Stirling Albion	Stranraer
Arbroath FC (Arbroath)	■	---	0-2	0-1	---	---	---	2-4	3-0	1-0	1-1	---	---	---
	■	1-0	0-1	0-0	2-1	3-0	2-0	1-1	2-2	1-0	2-2	2-1	1-2	2-0
Berwick Rangers FC (Berwick-upon-Tweed)	5-0	■	1-0	---	3-2	2-0	---	1-4	---	---	---	1-0	---	2-1
	3-1	■	1-1	2-0	1-2	1-1	1-0	3-2	2-0	1-1	2-0	0-2	1-1	3-1
Brechin City FC (Brechin)	---	---	■	1-3	3-0	---	0-0	---	2-2	---	1-0	---	1-5	0-0
	2-2	1-0	■	1-0	4-0	2-1	2-1	3-1	1-1	3-1	1-0	1-2	3-1	1-0
Cowdenbeath FC (Cowdenbeath)	---	3-1	---	■	---	2-2	3-3	---	2-4	2-1	---	---	1-1	---
	1-1	2-1	1-1	■	1-5	0-1	4-0	2-1	0-1	4-2	0-0	0-1	4-0	3-4
Dumbarton FC (Dumbarton)	2-0	---	---	1-3	■	---	3-0	1-3	---	---	---	---	1-2	1-1
	0-0	1-5	1-1	2-2	■	3-1	2-1	0-2	3-2	2-1	2-1	1-0	2-2	5-2
East Fife FC (Methil)	2-3	---	1-3	---	3-1	■	1-1	---	---	1-2	3-2	---	---	---
	3-0	2-2	3-1	0-0	2-2	■	1-1	4-2	4-1	2-2	1-1	2-3	1-0	1-2
East Stirlingshire FC (Falkirk)	1-0	2-1	---	---	---	---	■	1-1	---	---	4-2	0-2	0-1	---
	1-1	3-1	2-0	1-1	1-2	0-2	■	2-1	0-2	1-0	1-0	0-3	0-2	0-3
Kilmarnock FC (Kilmarnock)	---	---	2-2	2-1	---	2-1	2-0	■	---	4-1	3-0	---	1-0	---
	3-0	2-0	0-2	0-0	3-0	1-0	2-0	■	1-1	2-0	2-0	2-0	1-2	0-1
Montrose FC (Montrose)	---	0-2	---	---	1-2	0-2	---	1-3	■	1-1	0-1	1-1	---	---
	4-2	2-1	0-1	2-0	2-2	2-2	3-0	0-1	■	0-0	4-1	0-2	3-3	2-2
Queen of the South FC (Dumfries)	---	3-2	2-2	---	1-1	---	1-1	---	---	■	0-0	0-4	---	---
	2-2	4-2	3-1	2-4	1-4	5-1	2-2	2-1	3-2	■	3-1	1-1	3-1	2-2
Queen's Park FC (Glasgow)	---	0-3	---	0-2	1-0	---	2-1	---	---	---	■	1-1	3-1	3-0
	1-2	3-1	0-3	0-0	2-2	2-1	3-2	1-0	2-1	0-0	■	0-0	---	0-2
Stenhousemuir FC (Stenhousemuir)	1-0	---	1-1	2-1	1-3	1-2	---	2-1	---	---	---	■	---	---
	3-0	1-3	2-0	3-1	4-3	2-2	2-0	0-3	1-0	1-3	1-3	■	2-1	0-2
Stirling Albion FC (Stirling)	3-2	4-0	---	---	---	2-0	---	2-3	1-1	---	1-3	---	■	2-1
	2-3	3-2	2-0	1-1	4-1	3-1	4-0	0-1	3-2	5-0	1-0	1-1	■	1-0
Stranraer FC (Stranraer)	2-1	---	---	1-2	---	0-2	---	2-1	2-0	3-0	---	4-1	---	■
	2-1	1-3	2-4	3-1	4-4	1-1	1-1	1-0	1-2	0-2	0-1	2-2	0-2	■

Division 2

		Pd	Wn	Dw	Ls	GF	GA	Pts	
1.	Brechin City FC (Brechin)	39	19	11	9	59	44	49	P
2.	Kilmarnock FC (Kilmarnock)	39	22	4	13	67	39	48	P
3.	Stirling Albion FC (Stirling)	39	20	7	12	73	50	47	
4.	Stenhousemuir FC (Stenhousemuir)	39	18	8	13	60	53	44	
5.	Berwick Rangers FC (Berwick-upon-Tweed)	39	18	5	16	66	57	41	
6.	Dumbarton FC (Dumbarton)	39	15	10	14	70	73	40	
7.	Cowdenbeath FC (Cowdenbeath)	39	13	13	13	58	54	39	
8.	Stranraer FC (Stranraer)	39	15	8	16	57	59	38	
9.	East Fife FC (Methil)	39	12	12	15	60	63	36	
10.	Queen of the South FC (Dumfries)	39	11	14	14	58	69	36	
11.	Queen's Park FC (Glasgow)	39	13	10	16	40	51	36	
12.	Arbroath FC (Arbroath)	39	12	10	17	47	61	34	
13.	Montrose FC (Montrose)	39	10	12	17	53	63	32	
14.	East Stirlingshire FC (Falkirk)	39	8	10	21	34	66	26	
		546	206	134	206	802	802	546	

Forfar Athletic FC had 2 points deducted for fielding an ineligible player.

SCOTTISH CUP FINAL   (Hampden Park, Glasgow – 12/05/1990 – 60,493)

ABERDEEN FC (ABERDEEN)　　　　　0-0 (aet)　　　　　　　Celtic FC (Glasgow)

(Aberdeen FC won 9-8 on penalties)

Aberdeen: Snelders, McKimmie, Robertson, Grant, McLeish, Irvine, Nicholas, Bett, Mason (Watson), Connor, Gilhaus.

Celtic: Bonner, Wdowczyk, Rogan, Grant, Elliott, Whyte, Stark (Galloway), McStay, Dziekanowski, Walker (Coyne), Miller.

Semi-finals   (14/04/1990)

Aberdeen FC (Aberdeen)	4-0	Dundee United FC (Dundee)
Celtic FC (Glasgow)	2-0	Clydebank FC (Clydebank)

1990-91 SEASON

1990-1991 Scottish Football League Premier Division	Aberdeen	Celtic	Dundee United	Dunfermline	Hearts	Hibernian	Motherwell	Rangers	St. Johnstone	St. Mirren
Aberdeen FC (Aberdeen)		1-0 3-0	0-1 1-1	0-0 3-2	5-0 3-0	2-0 2-0	3-0 1-1	1-0 0-0	2-1 0-0	1-0 2-1
Celtic FC (Glasgow)	1-0 0-3		1-0 0-0	5-1 1-2	1-1 3-0	1-1 2-0	1-2 2-1	3-0 1-2	3-0 0-0	1-0 4-1
Dundee United FC (Dundee)	1-2 2-3	2-1 3-1		1-0 3-0	2-1 1-1	0-0 1-0	3-0 1-0	1-2 2-1	0-0 1-2	3-2 1-0
Dunfermline Athletic FC (Dunfermline)	1-4 1-1	0-1 1-1	1-0 1-0		3-1 2-0	1-1 1-1	2-5 3-3	0-1 0-1	3-2 1-2	2-2 0-0
Heart of Midlothian FC (Edinburgh)	1-4 1-0	0-1 1-0	2-1 1-0	4-1 1-1		3-1 1-1	2-1 3-2	0-1 1-3	2-1 2-3	2-0 1-1
Hibernian FC (Edinburgh)	2-4 1-1	0-2 0-3	3-0 0-0	1-0 1-1	1-4 0-3		1-1 1-0	0-2 0-0	0-1 1-0	4-3 1-0
Motherwell FC (Motherwell)	0-2 0-0	1-1 2-0	1-0 0-2	1-0 2-0	1-3 1-1	1-0 4-1		3-0 2-4	2-2 3-0	3-1 1-1
Rangers FC (Glasgow)	2-0 2-2	2-0 1-1	1-0 1-2	2-0 3-1	2-1 4-0	0-0 4-0	2-0 1-0		3-0 4-1	1-0 5-0
St. Johnstone FC (Perth)	0-1 5-0	2-3 3-2	0-1 1-3	0-1 3-2	0-2 2-1	0-0 1-1	1-4 2-1	1-1 0-0		2-1 0-1
St. Mirren FC (Paisley)	0-1 0-4	0-2 2-3	0-1 1-1	2-2 0-1	0-0 2-1	1-0 1-0	2-2 1-0	0-1 0-3	0-1 2-2	

	Premier Division	**Pd**	**Wn**	**Dw**	**Ls**	**GF**	**GA**	**Pts**
1.	RANGERS FC (GLASGOW)	36	24	7	5	62	23	55
2.	Aberdeen FC (Aberdeen)	36	22	9	5	62	27	53
3.	Celtic FC (Glasgow)	36	17	7	12	52	38	41
4.	Dundee United FC (Dundee)	36	17	7	12	41	29	41
5.	Heart of Midlothian FC (Edinburgh)	36	14	7	15	48	55	35
6.	Motherwell FC (Motherwell)	36	12	9	15	51	50	33
7.	St. Johnstone FC (Perth)	36	11	9	16	41	54	31
8.	Dunfermline Athletic FC (Dunfermline)	36	8	11	17	38	61	27
9.	Hibernian FC (Edinburgh)	36	6	13	17	24	51	25
10.	St. Mirren FC (Paisley)	36	5	9	22	28	59	19
		360	136	88	136	447	447	360

Top goalscorers 1990-91

1)	Thomas COYNE	(Celtic FC)	18
2)	Douglas ARNOTT	(Motherwell FC)	14
	Hans GILLHAUS	(Aberdeen FC)	14
4)	Eoin JESS	(Aberdeen FC)	13
5)	Darren JACKSON	(Dundee United FC)	12
	John ROBERTSON	(Heart of Midlothian FC)	12
	Mark WALTERS	(Rangers FC)	12

1990-1991 Scottish Football League Division 1	Airdrie	Ayr United	Brechin C.	Clyde	Clydebank	Dundee	Falkirk	Forfar Ath.	Hamilton	Kilmarnock	Meadowbk.	Morton	Partick Th.	Raith Rov.
Airdrieonians FC (Airdrie)	■	---	---	1-1	---	0-1	0-3	2-1	---	2-0	---	3-0	---	---
	■	4-0	3-0	2-2	2-2	0-1	1-3	1-1	2-1	2-0	2-0	4-0	0-0	1-5
Ayr United FC (Ayr)	0-1	■	---	---	0-1	---	---	---	1-2	1-0	2-0	1-1	---	5-3
	2-2	■	4-0	4-1	1-1	2-4	1-1	1-1	2-2	1-2	1-1	1-0	0-1	2-0
Brechin City FC (Brechin)	1-1	2-2	■	2-0	---	---	---	---	2-2	---	---	1-3	1-2	---
	1-2	1-2	■	0-2	3-2	1-3	0-2	2-1	0-1	0-2	1-3	0-1	2-2	0-4
Clyde FC (Glasgow)	---	2-2	---	■	3-1	0-1	---	0-1	---	2-1	---	0-1	2-1	---
	1-4	1-0	1-1	■	0-1	4-2	1-3	1-1	0-2	1-1	1-0	1-3	2-4	1-2
Clydebank FC (Clydebank)	1-3	---	1-0	---	■	1-1	2-2	---	1-3	0-0	---	---	7-1	---
	5-2	0-2	3-4	2-1	■	1-3	3-1	2-2	3-1	1-3	2-2	2-4	2-3	1-1
Dundee FC (Dundee)	---	4-0	0-1	---	---	■	---	1-0	---	---	4-0	1-0	---	2-0
	0-1	1-0	1-2	3-1	1-0	■	2-2	4-1	3-2	1-1	1-2	1-0	1-1	2-1
Falkirk FC (Falkirk)	---	4-1	2-1	1-0	---	0-0	■	---	3-0	---	4-2	---	---	0-2
	1-1	1-2	3-0	2-0	5-1	1-0	■	1-0	0-1	1-1	2-2	2-1	0-2	7-1
Forfar Athletic FC (Forfar)	---	1-1	4-1	---	2-2	---	0-0	■	---	1-1	2-0	2-2	---	---
	1-4	3-1	0-0	1-3	0-3	1-1	1-2	■	0-0	2-2	3-2	5-1	0-1	3-1
Hamilton Academical FC (Hamilton)	1-1	---	---	3-1	---	1-2	---	0-1	■	---	2-1	---	0-1	1-2
	0-1	0-0	2-1	1-0	2-0	1-0	0-2	2-0	■	3-1	1-1	1-1	2-2	2-2
Kilmarnock FC (Kilmarnock)	---	---	2-2	---	---	0-0	1-1	---	1-0	■	---	1-1	1-0	---
	3-4	3-1	2-1	2-1	3-0	2-1	1-1	1-0	1-0	■	2-3	3-1	2-3	1-1
Meadowbank Thistle FC (Edinburgh)	0-1	---	1-1	1-1	2-3	---	---	---	1-8	---	■	---	---	4-1
	2-4	1-0	6-1	0-2	0-3	0-1	0-1	2-2	1-1	1-0	■	1-1	1-1	1-1
Morton FC (Greenock)	---	---	---	---	2-2	---	0-1	---	0-4	---	1-1	■	1-1	4-0
	1-0	2-1	3-3	0-0	2-0	0-0	1-1	0-2	3-0	0-3	4-0	■	4-0	1-2
Partick Thistle FC (Glasgow)	0-2	0-0	---	---	---	---	1-0	1-1	2-0	---	---	2-4	■	---
	1-1	2-0	3-3	2-0	0-1	1-3	2-0	3-2	0-1	2-0	1-1	2-2	■	0-3
Raith Rovers FC (Kirkcaldy)	0-1	---	1-0	1-0	1-2	---	1-2	---	1-2	---	---	1-5	---	■
	1-1	3-0	1-2	1-1	2-0	1-1	1-4	2-1	1-0	1-1	1-3	1-0	0-0	■

Albion Rovers FC 0-3 Stirling Albion FC on 13th February 1991 was played at Stirling.

	Division 1	Pd	Wn	Dw	Ls	GF	GA	Pts	
1.	Falkirk FC (Falkirk)	39	21	12	6	70	35	54	P
2.	Airdrieonians FC (Airdrie)	39	21	11	7	69	43	53	P
3.	Dundee FC (Dundee)	39	22	8	9	59	33	52	
4.	Partick Thistle FC (Glasgow)	39	16	13	10	56	53	45	
5.	Kilmarnock FC (Kilmarnock)	39	15	13	11	58	48	43	
6.	Hamilton Academical FC (Hamilton)	39	16	10	13	50	41	42	
7.	Raith Rovers FC (Kirkcaldy)	39	14	9	16	54	64	37	
8.	Clydebank FC (Clydebank)	39	13	10	16	65	70	36	
9.	Morton FC (Greenock)	39	11	13	15	48	55	35	
10.	Forfar Athletic FC (Forfar)	39	9	15	15	50	57	33	
11.	Meadowbank Thistle FC (Edinburgh)	39	10	13	16	56	68	33	
12.	Ayr United FC (Ayr)	39	10	12	17	47	59	32	
13.	Clyde FC (Glasgow)	39	9	9	21	41	61	27	R
14.	Brechin City FC (Brechin)	39	7	10	22	44	80	24	R
		546	194	158	194	767	767	546	

1990-1991 Scottish Football League Division 2	Albion Rovers	Alloa Athletic	Arbroath	Berwick Rangers	Cowdenbeath	Dumbarton	East Fife	East Stirling	Montrose	Queen/South	Queen's Park	Stenhousemuir	Stirling Albion	Stranraer
Albion Rovers FC (Coatbridge)	■	1-3	4-2	---	---	3-1	---	---	2-2	---	0-0	---	1-4
		3-1	1-1	1-1	3-1	3-2	0-2	4-0	0-3	1-0	1-0	1-4	0-3	0-1
Alloa Athletic FC (Alloa)	1-2	■	20-2	1-1	---	2-1	---	---	1-0	---	---	1-1	---	---
	1-0		2-1	5-0	1-2	0-1	3-6	0-1	1-0	4-1	1-1	1-0	0-1	0-1
Arbroath FC (Arbroath)	---	---	■	0-1	---	0-1	0-1	0-1	---	---	0-2	0-1	1-5
	0-0	1-1		4-2	1-2	2-1	1-1	3-0	0-1	1-1	3-0	0-0	2-3	3-0
Berwick Rangers FC (Berwick-upon-Tweed)	---	---	---	■	1-1	---	---	2-0	0-1	3-3	2-1	---	0-0	---
	3-0	1-0	1-1		0-1	2-1	1-0	2-2	2-1	2-0	1-2	0-1	1-1	3-2
Cowdenbeath FC (Cowdenbeath)	2-2	1-0	4-2	---	■	1-3	---	---	---	2-1	1-1	---	2-0
	2-0	1-1	0-1	0-1		4-2	2-0	2-1	0-1	2-1	0-1	3-3	0-2	2-3
Dumbarton FC (Dumbarton)	0-2	---	---	2-0	---	■	2-1	---	2-2	2-0	1-0	2-1	---	---
	2-2	0-0	1-1	1-1	1-3		3-2	2-1	1-1	0-2	1-0	0-0	0-0	0-1
East Fife FC (Methil)	---	1-3	---	0-1	0-5	---	■	2-2	---	---	1-0	2-2	1-2
	2-2	2-2	2-0	4-1	1-1	2-1		1-1	1-3	2-0	2-1	2-1	1-1	1-2
East Stirlingshire FC (Falkirk)	1-1	1-6	---	---	0-0	2-0	5-1	■	---	1-1	1-1	---	---	---
	0-3	0-0	1-1	0-4	1-3	2-1	3-1		0-1	1-0	1-3	2-2	0-1	0-2
Montrose FC (Montrose)	3-0	---	1-0	---	1-0	---	---	2-0	■	---	---	---	0-1	2-1
	5-0	2-4	3-0	1-2	2-0	1-2	0-2	2-2		0-0	1-0	2-3	0-1	1-0
Queen of the South FC (Dumfries)	---	0-0	6-1	---	2-2	---	1-3	---	0-3	■	---	---	0-0	1-2
	1-1	1-3	1-0	2-0	2-4	1-2	3-0	1-2	2-1		3-2	3-2	0-0	1-1
Queen's Park FC (Glasgow)	0-0	3-1	0-0	---	---	---	2-0	---	0-3	3-0	■	---	---	---
	1-1	1-0	2-1	2-1	1-0	1-1	0-2	4-0	0-0	3-1		1-0	0-0	3-1
Stenhousemuir FC (Stenhousemuir)	---	---	1-1	---	---	1-1	---	0-0	---	0-1	4-1	■	2-1	2-0
	2-0	1-0	2-0	2-1	1-4	1-1	2-0	4-1	0-1	2-1	1-2		2-2	3-2
Stirling Albion FC (Stirling)	2-2	1-2	0-1	---	0-0	---	4-0	---	---	2-0	---	---	■	---
	2-0	2-0	3-1	4-1	5-1	2-0	1-2	3-0	3-0	0-1	1-1		3-1
Stranraer FC (Stranraer)	---	0-0	---	4-1	---	1-4	---	2-0	---	1-3	---	0-0	■
	2-1	2-0	2-3	1-2	1-3	2-1	2-2	1-2	1-0	4-1	2-1	1-2	1-4	

Division 2

		Pd	Wn	Dw	Ls	GF	GA	Pts	
1.	Stirling Albion FC (Stirling)	39	20	14	5	62	24	54	P
2.	Montrose FC (Montrose)	39	20	6	13	54	34	46	P
3.	Cowdenbeath FC (Cowdenbeath)	39	18	9	12	64	50	45	
4.	Stenhousemuir FC (Stenhousemuir)	39	16	12	11	56	42	44	
5.	Queen's Park FC (Glasgow)	39	17	8	14	48	42	42	
6.	Stranraer FC (Stranraer)	39	18	4	17	61	60	40	
7.	Dumbarton FC (Dumbarton)	39	15	10	14	49	49	40	
8.	Berwick Rangers FC (Berwick-upon-Tweed)	39	15	10	14	51	57	40	
9.	Alloa Athletic FC (Alloa)	39	13	11	15	51	46	37	
10.	East Fife FC (Methil)	39	14	9	16	57	65	37	
11.	Albion Rovers FC (Coatbridge)	39	11	13	15	48	63	35	
12.	Queen of the South FC (Dumfries)	39	9	12	18	46	62	30	
13.	East Stirlingshire FC (Falkirk)	39	9	11	19	36	71	29	
14.	Arbroath FC (Arbroath)	39	8	11	20	41	59	27	
		546	203	140	203	724	724	546	

The League was re-structured for the next season and consisted of a Premier Division of 12 clubs, Division 1 of 12 clubs and Division 2 of 14 clubs.

SCOTTISH CUP FINAL (Hampden Park, Glasgow – 18/05/1991 – 57,319)

MOTHERWELL FC (MOTHERWELL)　　　4-3　　　Dundee United FC (Dundee)

Ferguson 32', O'Donnell 58', Angus 65', Kirk 94'　(H.T. 1-0)　Bowman 55', O'Neill 67', Jackson 90'

Motherwell: Maxwell, Nijholt, Boyd, Griffin, Paterson, McCart, Arnott, Angus, Ferguson (Kirk 62'), O'Donnell, Cooper (O'Neill 118').

Dundee United: Main, Clark, Malpas, McInally, Krivokapic, Bowman, Van der Hoorn, McKinnon (McKinlay 67'), French, Ferguson (O'Neil 46').

Semi-finals (03/04/1991 – 09/04/1991)

Celtic FC (Glasgow)	0-0, 2-4	Motherwell FC (Motherwell)
Dundee United FC (Dundee)	2-1	St. Johnstone FC (Perth)

1991-92 SEASON

1991-1992 Scottish Football League Premier Division	Aberdeen	Airdrieonians	Celtic	Dundee United	Dunfermline	Falkirk	Hearts	Hibernian	Motherwell	Rangers	St. Johnstone	St. Mirren
Aberdeen FC (Aberdeen)	■	1-0	2-2	0-2	1-1	1-1	2-0	0-1	2-0	0-2	4-1	0-0
	■	3-1	1-0	0-1	3-0	1-1	0-2	1-1	3-1	2-3	1-2	4-1
Airdrieonians FC (Airdrie)	2-0	■	0-0	1-0	3-2	2-2	2-1	0-3	2-0	0-0	0-3	1-1
	1-2	■	0-3	1-3	3-1	0-0	2-3	0-1	0-1	0-4	1-2	4-1
Celtic FC (Glasgow)	1-0	2-0	■	3-1	2-0	2-0	1-2	1-2	4-1	1-3	3-2	4-0
	2-1	3-1	■	4-1	1-0	4-1	3-1	0-0	2-2	0-2	4-0	0-0
Dundee United FC (Dundee)	4-0	2-1	1-1	■	0-0	2-1	2-0	1-0	2-2	1-2	2-1	1-3
	0-0	0-0	3-4	■	3-0	2-1	0-1	1-1	2-2	3-2	1-2	4-1
Dunfermline Athletic FC (Dunfermline)	0-0	0-0	0-1	0-1	■	1-0	0-2	0-0	3-1	1-3	0-3	0-0
	0-0	1-2	1-3	1-2	■	0-4	1-2	1-2	0-0	0-5	0-0	1-4
Falkirk FC (Falkirk)	2-2	0-3	0-3	1-3	2-0	■	1-2	2-3	0-1	1-3	2-0	1-0
	0-1	3-2	4-3	0-4	0-1	■	1-2	3-2	1-1	0-2	2-3	3-0
Heart of Midlothian FC (Edinburgh)	0-4	2-2	1-2	1-0	1-0	2-0	■	1-1	3-1	0-1	2-0	0-0
	1-0	1-0	3-1	1-1	1-0	1-1	■	0-0	2-0	1-0	2-1	0-0
Hibernian FC (Edinburgh)	1-1	0-2	0-2	3-2	5-0	0-1	1-2	■	0-0	1-3	0-1	0-0
	1-0	2-2	1-1	2-0	3-0	2-2	1-1	■	0-0	0-3	2-1	4-1
Motherwell FC (Motherwell)	3-3	0-3	0-0	1-2	1-2	0-1	0-1	1-1	■	1-2	3-1	3-0
	0-1	1-2	0-2	1-1	3-0	4-2	0-1	1-1	■	0-2	1-1	1-0
Rangers FC (Glasgow)	0-0	5-0	0-2	2-0	2-1	4-1	1-1	2-0	2-0	■	3-1	4-0
	0-2	4-0	1-1	1-1	4-0	1-1	2-0	4-2	2-0	■	6-0	0-1
St. Johnstone FC (Perth)	0-0	1-1	2-4	1-1	1-0	1-1	0-5	1-1	0-0	1-2	■	1-2
	1-3	1-0	1-0	1-1	3-2	2-3	0-1	0-1	0-1	2-3	■	1-0
St. Mirren FC (Paisley)	0-2	4-1	1-1	0-1	3-1	0-1	0-1	1-2	1-2	1-5	■	
	0-1	1-2	0-5	1-1	0-0	0-0	2-3	0-1	1-2	1-2	1-1	■

	Premier Division	Pd	Wn	Dw	Ls	GF	GA	Pts	
1.	RANGERS FC (GLASGOW)	44	33	6	5	101	31	72	
2.	Heart of Midlothian FC (Edinburgh)	44	27	9	8	60	37	63	
3.	Celtic FC (Glasgow)	44	26	10	8	88	42	62	
4.	Dundee United FC (Dundee)	44	19	13	12	66	50	51	
5.	Hibernian FC (Edinburgh)	44	16	17	11	53	45	49	
6.	Aberdeen FC (Aberdeen)	44	17	14	13	55	42	48	
7.	Airdrieonians FC (Airdrie)	44	13	10	21	50	70	36	
8.	St. Johnstone FC (Perth)	44	13	10	21	52	73	36	
9.	Falkirk FC (Falkirk)	44	12	11	21	54	73	35	
10.	Motherwell FC (Motherwell)	44	10	14	20	43	61	34	
11.	St. Mirren FC (Paisley)	44	6	12	26	33	73	24	R
12.	Dunfermline Athletic FC (Dunfermline)	44	4	10	30	22	80	18	R
		528	196	136	196	677	677	528	

Top goalscorers 1991-92

1)	Alistair McCOIST	(Rangers FC)	34
2)	Charles NICHOLAS	(Celtic FC)	21
	Mark HATELEY	(Rangers FC)	21

1991-1992 Scottish Football League Division 1	Ayr United	Clyde	Dundee	Forfar Athletic	Hamilton	Kilmarnock	Meadowbank	Montrose	Morton	Partick Thistle	Raith Rovers	Stirling Albion
Ayr United FC (Ayr)	■	3-1	0-0	1-0	2-0	0-2	0-0	0-0	1-0	0-2	1-1	1-2
	■	3-0	4-1	4-0	0-2	0-3	7-0	2-0	3-2	1-3	1-0	1-2
Clydebank FC (Clydebank)	1-0	■	2-2	2-0	1-3	0-3	1-1	4-2	2-3	0-2	1-1	2-1
	3-2	■	1-2	3-3	1-1	1-1	1-1	4-1	3-1	0-0	0-2	0-1
Dundee FC (Dundee)	1-1	3-0	■	3-1	1-2	1-1	2-1	1-2	2-2	1-0	3-2	5-0
	3-1	4-0	■	4-0	4-1	2-1	3-1	1-0	0-1	1-2	1-1	0-0
Forfar Athletic FC (Forfar)	0-1	1-3	0-3	■	1-3	0-0	1-0	2-0	1-5	0-0	1-2	1-1
	2-3	2-1	2-4	■	0-0	0-1	0-0	2-2	1-4	0-3	0-1	1-1
Hamilton Academical FC (Hamilton)	2-1	2-3	1-1	2-1	■	0-1	2-0	4-1	0-0	0-2	1-0	1-0
	3-1	0-0	1-3	4-0	■	2-2	3-1	2-0	1-1	1-1	4-1	3-1
Kilmarnock FC (Kilmarnock)	1-1	1-0	2-0	2-0	0-2	■	2-1	5-1	0-1	1-3	1-0	2-0
	1-1	2-1	1-2	4-2	1-2	■	1-0	0-0	1-0	2-3	1-0	0-0
Meadowbank Thistle FC (Edinburgh)	0-1	2-0	0-0	2-0	1-2	1-0	■	0-1	1-2	0-0	0-1	0-0
	1-1	1-1	1-2	0-0	3-3	2-3	■	0-0	0-1	0-1	2-0	0-1
Montrose FC (Montrose)	0-0	2-2	2-3	2-1	1-3	0-1	2-2	■	1-1	0-1	2-2	0-0
	1-3	1-3	1-2	2-1	2-2	2-2	2-2	■	1-1	0-2	0-3	4-1
Morton FC (Greenock)	2-0	5-0	0-0	1-1	1-1	0-0	3-1	2-2	■	0-1	0-1	2-0
	3-4	1-7	3-0	1-3	1-0	0-1	2-1	1-1	■	2-1	0-2	2-1
Partick Thistle FC (Glasgow)	4-1	2-1	2-0	0-0	0-0	2-1	1-2	3-0	1-0	■	0-1	0-1
	3-0	0-3	2-6	1-1	1-1	1-0	0-2	1-0	3-4	■	5-0	1-0
Raith Rovers FC (Kirkcaldy)	2-4	0-0	1-0	2-0	2-1	1-1	3-0	5-0	2-0	0-0	■	1-2
	0-0	4-0	0-1	2-0	1-3	1-1	1-1	2-1	1-1	1-0	■	1-0
Stirling Albion FC (Stirling)	1-2	2-0	1-1	4-1	3-0	1-0	0-0	4-1	4-3	1-1	1-2	■
	0-0	3-0	1-1	1-3	0-1	0-3	2-3	2-2	2-1	1-1	1-3	■

	Division 1	Pd	Wn	Dw	Ls	GF	GA	Pts	
1.	Dundee FC (Dundee)	44	23	12	9	80	48	58	P
2.	Partick Thistle FC (Glasgow)	44	23	11	10	62	36	57	P
3.	Hamilton Academical FC (Hamilton)	44	22	13	9	72	48	57	
4.	Kilmarnock FC (Kilmarnock)	44	21	12	11	59	37	54	
5.	Raith Rovers FC (Kirkcaldy)	44	21	11	12	59	42	53	
6.	Ayr United FC (Ayr)	44	18	11	15	63	55	47	
7.	Morton FC (Greenock)	44	17	12	15	66	59	46	
8.	Stirling Albion FC (Stirling)	44	14	13	17	50	57	41	
9.	Clydebank FC (Clydebank)	44	12	12	20	59	77	36	
10.	Meadowbank Thistle FC (Edinburgh)	44	7	16	21	37	59	30	
11.	Montrose FC (Montrose)	44	5	17	22	45	85	27	R
12.	Forfar Athletic FC (Forfar)	44	5	12	27	36	85	22	R
		528	188	152	188	688	688	528	

1991-1992 Scottish Football League Division 2	Albion Rovers	Alloa Athletic	Arbroath	Berwick Rangers	Brechin City	Clyde	Cowdenbeath	Dumbarton	East Fife	East Stirling	Queen/South	Queen's Park	Stenhousemuir	Stranraer
Albion Rovers FC (Coatbridge)		1-3	---	---	1-2	0-2	1-2	1-1	---	1-3	---	3-4	---	---
		2-1	0-1	1-2	0-3	2-2	0-4	0-3	0-1	1-1	1-1	1-1	1-1	2-1
Alloa Athletic FC (Alloa)	---		---	---	6-1	---	0-0	---	1-2	1-0	3-1	2-1	---	0-0
	1-0		0-0	2-1	1-0	4-2	4-2	1-2	0-0	0-1	3-1	1-0	1-0	3-1
Arbroath FC (Arbroath)	1-1	1-3		---	---	3-0	1-0	---	---	---	0-3	2-1	---	---
	2-1	2-2		1-1	3-2	0-0	2-1	1-0	0-0	3-3	2-3	2-2	2-0	1-0
Berwick Rangers FC (Berwick-upon-Tweed)	1-1	0-1	3-2		---	---	---	1-5	1-4	---	---	---	0-1	1-2
	3-1	0-1	0-0		1-1	2-1	1-3	2-2	1-2	1-0	1-1	1-3	0-1	0-0
Brechin City FC (Brechin)	---	---	1-0	2-2		1-2	---	---	0-1	---	1-1	1-0	0-0	---
	1-2	0-2	1-1	2-2		1-0	0-1	0-4	4-4	0-0	7-1	2-0	1-0	2-1
Clyde FC (Hamilton)	---	0-1	---	0-1	---		---	4-0	---	2-3	---	4-0	1-1	
	6-2	2-0	1-1	2-0	0-0		4-0	0-1	1-0	2-1	2-1	3-1	0-0	4-2
Cowdenbeath FC (Cowdenbeath)	---	---	---	4-1	2-1	3-1		---	3-1	4-0	3-1	---	---	---
	1-0	1-1	3-1	2-0	2-1	0-3		2-1	3-3	3-2	0-1	0-2	2-0	2-0
Dumbarton FC (Dumbarton)	---	1-1	1-1	---	1-3	2-1	2-1		---	0-1	---	---	---	0-0
	4-3	2-2	2-1	1-1	3-0	0-0	0-0		1-2	1-1	3-1	3-1	1-0	1-0
East Fife FC (Methil)	3-1	---	3-1	---	---	---	0-2	---		1-1	5-1	2-2	---	---
	3-2	0-0	2-2	3-1	2-1	1-2	1-0	2-2		2-2	4-1	2-0	4-4	2-1
East Stirlingshire FC (Falkirk)	---	---	0-5	0-4	0-0	2-1	---	---	---		---	---	0-3	1-0
	2-1	2-1	1-1	4-1	3-3	2-1	2-3	1-2	4-2		2-1	2-1	2-1	2-2
Queen of the South FC (Dumfries)	3-0	---	---	0-3	---	---	1-2	---	2-3			5-3	1-3	---
	2-4	1-3	0-2	0-3	4-2	1-2	3-3	2-4	3-1	5-1		2-2	2-1	0-2
Queen's Park FC (Glasgow)	---	---	---	4-1	[[[	1-0	1[2	0-2	---	1-1	---		2-0	5-2
	1-1	2-1	1-0	3-2	0-1	0-1	2-3	0-3	1-0	4-2	1-4		2-1	0-1
Stenhousemuir FC (Stenhousemuir)	4-0	1-1	1-0	---	---	---	2-4	0-1	1-2	---	---	---		---
	1-0	4-0	2-1	0-2	0-2	1-2	3-3	1-0	2-1	2-1	1-3	1-3		0-1
Stranraer FC (Stranraer)	2-0	---	1-0	---	1-1	---	1-0	---	1-2	---	1-3	---	1-1	
	1-2	1-0	2-0	2-2	1-3	2-0	2-2	2-1	0-2	3-5	0-2	2-1	3-2	

	Division 2	**Pd**	**Wn**	**Dw**	**Ls**	**GF**	**GA**	**Pts**	
1.	Dumbarton FC (Dumbarton)	39	20	12	7	65	37	52	P
2.	Cowdenbeath FC (Cowdenbeath)	39	22	7	10	74	52	51	P
3.	Alloa Athletic FC (Alloa)	39	20	10	9	58	38	50	
4.	East Fife FC (Methil)	39	19	11	9	72	57	49	
5.	Clyde FC (Hamilton)	39	18	7	14	61	43	43	
6.	East Stirlingshire FC (Falkirk)	39	15	11	13	61	70	41	
7.	Arbroath FC (Arbroath)	39	12	14	13	49	48	38	
8.	Brechin City FC (Brechin)	39	13	12	14	54	55	38	
9.	Queen's Park FC (Glasgow)	39	14	7	18	59	63	35	
10.	Stranraer FC (Stranraer)	39	13	9	17	46	56	35	
11.	Queen of the South FC (Dumfries)	39	14	5	20	71	86	33	
12.	Berwick Rangers FC (Berwick-upon-Tweed)	39	10	11	18	50	65	31	
13.	Stenhousemuir FC (Stenhousemuir)	39	11	8	20	46	57	30	
14.	Albion Rovers FC (Coatbridge)	39	5	10	24	42	81	20	
		546	206	134	206	808	808	546	

Meadowbank Thistle FC 0-1 Ayr United FC on 18th April 1992 was played at Tynecastle Park.
Berwick Rangers FC 1-5 Dumbarton FC on 27th March 1992 was played at Coatbridge.
Berwick Rangers FC 0-1 Stenhousemuir FC on 4th April 1992 was played at Alloa.
Berwick Rangers FC 3-2 Arbroath FC on 25th April 1992 was played at Methil.

SCOTTISH CUP FINAL   (Hampden Park, Glasgow – 09/05/1992 – 44,045)

RANGERS FC (GLASGOW)   2-1   Airdrieonians FC (Airdrie)
Hateley 30', McCoist 45'   *(H.T. 2-0)*   *Smith 80'*

Rangers: Goram, Stevens, Robertson, Gough, Spackman, Brown, Durrant (Gordon 86'), McCall, McCoist, Hateley, Mikhailichenko.

Airdrieonians: Martin, Kidd, Stewart, Honor, Caesar, Jack, Boyle, Balfour, Lawrence (Smith 63'), Coyle, Kirkwood (Reid 82').

Semi-finals   (31/03/1992 – 14/04/1992)

Airdrieonians FC (Airdrie)   0-0, 1-1 (aet)   Heart of Midlothian FC (Edinburgh)
(Airdrieonians won 4-2 on penalties)

Celtic FC (Glasgow)   0-1   Rangers FC (Glasgow)

1992-93 SEASON

1992-1993 Scottish Football League Premier Division	Aberdeen	Airdrie	Celtic	Dundee	Dundee Utd.	Falkirk	Hearts	Hibernian	Motherwell	Partick Th.	Rangers	St. Johnst.
Aberdeen FC (Aberdeen)	■	7-0	1-1	0-0	0-0	2-2	3-2	2-0	1-0	1-0	1-0	1-1
	■	0-0	1-1	2-1	0-1	3-1	6-2	3-0	2-0	2-0	0-1	3-0
Airdrieonians FC (Airdrie)	1-1	■	0-1	2-2	1-3	0-1	0-0	3-1	1-2	2-2	0-1	1-1
	1-2	■	1-1	0-0	1-2	2-0	1-0	2-0	0-2	2-2	1-1	0-2
Celtic FC (Glasgow)	1-0	4-0	■	2-0	0-1	1-0	1-0	2-1	1-1	0-0	2-1	5-1
	2-2	2-0	■	1-0	2-0	3-2	1-1	1-2	1-1	1-2	0-1	3-1
Dundee FC (Dundee)	1-2	1-1	0-1	■	0-4	2-1	1-0	3-1	1-1	0-1	1-3	1-0
	1-2	2-0	0-1	■	1-3	1-2	1-3	1-1	2-1	0-2	4-3	1-1
Dundee United FC (Dundee)	1-4	3-0	2-3	1-0	■	2-1	0-1	0-3	0-0	3-1	0-0	1-2
	2-2	0-0	1-1	0-1	■	2-0	1-1	1-0	1-1	2-1	0-4	2-1
Falkirk FC (Falkirk)	1-4	0-1	0-3	1-0	1-2	■	6-0	3-3	1-3	4-2	1-2	2-2
	0-1	5-1	4-5	2-2	1-1	■	2-1	2-1	1-0	1-1	1-2	2-2
Heart of Midlothian FC (Edinburgh)	1-2	1-1	1-0	0-0	1-0	3-1	■	1-0	0-0	1-1	2-3	2-0
	1-0	1-3	0-1	1-0	1-0	3-0	■	1-0	1-0	2-1	1-1	1-1
Hibernian FC (Edinburgh)	1-2	3-1	3-1	1-3	2-1	1-1	0-0	■	1-0	0-1	3-4	2-2
	1-3	2-2	1-2	0-0	1-3	3-0	■	■	2-2	1-0	0-0	3-1
Motherwell FC (Motherwell)	0-2	0-0	2-0	1-2	2-0	2-1	2-1	0-0	■	2-3	0-4	1-1
	2-1	2-0	1-3	1-3	0-1	3-1	1-3	1-2	■	0-2	1-4	3-3
Partick Thistle FC (Glasgow)	1-3	1-1	0-1	2-0	0-4	0-1	1-1	0-3	0-1	■	3-0	1-1
	0-7	1-0	2-3	6-3	0-1	1-2	1-1	2-2	2-2	■	1-4	1-0
Rangers FC (Glasgow)	2-0	2-2	1-0	3-0	1-0	5-0	2-1	3-0	1-0	3-1	■	2-0
	3-1	2-0	1-1	3-1	3-2	4-0	2-0	1-0	4-2	3-0	■	1-0
St. Johnstone FC (Perth)	0-2	1-0	1-1	1-4	1-0	3-1	2-0	0-0	0-0	1-1	■	■
	0-3	3-0	0-0	4-4	2-0	3-2	1-1	1-1	2-0	1-1	1-5	■

	Premier Division	Pd	Wn	Dw	Ls	GF	GA	Pts	
1.	RANGERS FC (GLASGOW)	44	33	7	4	97	35	73	
2.	Aberdeen FC (Aberdeen)	44	27	10	7	87	36	64	
3.	Celtic FC (Glasgow)	44	24	12	8	68	41	60	
4.	Dundee United FC (Dundee)	44	19	9	16	56	49	47	
5.	Heart of Midlothian FC (Edinburgh)	44	15	14	15	46	51	44	
6.	St. Johnstone FC (Perth)	44	10	20	14	52	66	40	
7.	Hibernian FC (Edinburgh)	44	12	13	19	54	64	37	
8.	Partick Thistle FC (Glasgow)	44	12	12	20	50	71	36	
9.	Motherwell FC (Motherwell)	44	11	13	20	46	62	35	
10.	Dundee FC (Dundee)	44	11	12	21	48	68	34	
11.	Falkirk FC (Falkirk)	44	11	7	26	60	86	29	R
12.	Airdrieonians FC (Airdrie)	44	6	17	21	35	70	29	R
		528	191	146	191	699	699	528	

Top goalscorers 1992-93

1)	Alistair McCOIST	(Rangers FC)	34
2)	Duncan SHEARER	(Aberdeen FC)	22
3)	Mark HATELEY	(Rangers FC)	19

1992-1993 Scottish Football League Division 1	Ayr United	Clydebank	Cowdenbeath	Dumbarton	Dunfermline	Hamilton	Kilmarnock	Meadowbank	Morton	Raith Rovers	St. Mirren	Stirling Albion
Ayr United FC (Ayr)		0-0 / 2-1	3-1 / 0-1	0-0 / 5-3	1-0 / 1-1	1-0 / 0-0	0-1 / 2-0	1-0 / 1-2	0-0 / 0-2	0-0 / 1-1	3-3 / 2-0	2-2 / 2-1
Clydebank FC (Clydebank)	1-1 / 1-1		5-0 / 4-1	3-1 / 0-1	1-1 / 1-0	0-1 / 3-1	2-0 / 1-1	3-1 / 0-0	2-2 / 2-2	4-1 / 3-0	0-3 / 1-2	1-1 / 4-1
Cowdenbeath FC (Cowdenbeath)	0-1 / 2-2	1-3 / 3-3		0-2 / 0-1	1-2 / 2-5	0-4 / 0-3	0-3 / 2-3	2-2 / 1-5	0-1 / 1-3	0-2 / 0-3	0-3 / 1-2	1-1 / 1-1
Dumbarton FC (Dumbarton)	2-0 / 0-3	0-2 / 3-1	0-0 / 1-0		0-0 / 0-1	2-0 / 2-2	1-0 / 1-3	0-1 / 3-2	3-1 / 0-1	1-2 / 1-2	2-1 / 4-2	0-3 / 4-3
Dunfermline Athletic FC (Dunfermline)	1-1 / 1-3	2-0 / 1-3	0-2 / 4-1	2-2 / 3-2		2-1 / 2-1	2-2 / 2-0	3-2 / 3-1	1-2 / 0-0	0-0 / 0-1	1-2 / 2-0	0-1 / 1-0
Hamilton Academical FC (Hamilton)	1-3 / 1-1	2-1 / 2-0	4-0 / 3-0	1-1 / 3-2	0-2 / 2-1		1-2 / 1-1	2-0 / 1-3	2-1 / 3-1	2-2 / 2-2	0-0 / 0-0	2-0 / 1-0
Kilmarnock FC (Kilmarnock)	1-1 / 3-0	6-0 / 3-3	1-1 / 3-0	1-0 / 1-0	2-3 / 0-1	0-0 / 1-0		5-0 / 1-0	2-2 / 3-0	3-0 / 1-1	1-0 / 1-2	3-0 / 1-0
Meadowbank Thistle FC (Edinburgh)	1-2 / 1-0	0-1 / 1-0	3-1 / 2-0	2-1 / 3-3	0-1 / 3-2	1-2 / 0-4	1-1 / 1-1		1-1 / 0-3	1-1 / 0-2	1-2 / 0-2	1-1 / 0-1
Morton FC (Greenock)	1-0 / 2-1	2-0 / 5-1	3-2 / 1-0	2-1 / 1-2	0-1 / 0-1	1-2 / 2-1	2-0 / 0-2	2-0 / 4-1		1-1 / 3-4	1-1 / 0-1	1-3 / 2-2
Raith Rovers FC (Kirkcaldy)	1-1 / 1-0	4-2 / 2-2	4-1 / 3-0	2-0 / 4-1	2-0 / 1-0	1-1 / 2-1	2-0 / 1-1	3-2 / 5-0	2-0 / 2-1		3-1 / 7-0	2-0 / 0-0
St. Mirren FC (Paisley)	1-0 / 2-0	3-2 / 0-0	1-2 / 5-0	2-1 / 4-0	0-1 / 2-1	2-1 / 0-2	2-1 / 0-1	1-2 / 1-1	2-0 / 2-3	1-1 / 1-1		1-0 / 0-0
Stirling Albion FC (Aberdeen)	1-1 / 0-0	2-3 / 0-1	2-1 / 2-1	1-0 / 1-2	1-2 / 0-5	0-0 / 0-2	2-0 / 0-1	2-2 / 4-1	0-2 / 1-1	2-1 / 0-3	2-1 / 0-1	

	Division 1	Pd	Wn	Dw	Ls	GF	GA	Pts	
1.	Raith Rovers FC (Kirkcaldy)	44	25	15	4	85	41	65	P
2.	Kilmarnock FC (Kilmarnock)	44	21	12	11	67	40	54	P
3.	Dunfermline Athletic FC (Dunfermline)	44	22	8	14	64	47	52	
4.	St. Mirren FC (Paisley)	44	21	9	14	62	52	51	
5.	Hamilton Academical FC (Hamilton)	44	19	12	13	65	45	50	
6.	Morton FC (Greenock)	44	19	10	15	65	56	48	*
7.	Ayr United FC (Ayr)	44	14	18	12	49	44	46	
8.	Clydebank FC (Clydebank)	44	16	13	15	71	66	45	
9.	Dumbarton FC (Dumbarton)	44	15	7	22	56	71	37	
10.	Stirling Albion FC (Stirling)	44	11	13	20	44	61	35	
11.	Meadowbank Thistle FC (Edinburgh)	44	11	10	23	51	80	32	R
12.	Cowdenbeath FC (Cowdenbeath)	44	3	7	34	33	109	13	R
		528	197	134	197	712	712	528	

1992-1993 Scottish Football League Division 2

	Albion Rovers	Alloa Athletic	Arbroath	Berwick Rangers	Brechin City	Clyde	Cowdenbeath	Dumbarton	East Fife	East Stirling	Queen/South	Queen's Park	Stenhousemuir	Stranraer
Albion Rovers FC (Coatbridge)	■	1-2	0-2	---	---	4-2	---	---	---	1-3	---	0-2	1-2	
		0-1	0-1	1-1	1-4	1-2	0-5	2-2	2-1	2-2	2-1	3-2	0-0	1-1
Alloa Athletic FC (Alloa)	1-0	■	0-3	0-2	---	1-1	---	---	---	3-1	---	---	0-2	---
	4-0		0-2	2-0	3-2	1-5	0-2	1-0	1-1	3-0	2-2	0-0	2-1	1-4
Arbroath FC (Arbroath)	---	---	■	6-0	2-0	---	3-0	0-0	0-0	---	---	---	2-1	1-4
	2-0	0-0		0-1	0-0	1-1	1-3	4-5	2-3	3-4	0-0	2-1	3-2	2-1
Berwick Rangers FC (Berwick-upon-Tweed)	---	---	---	■	2-1	0-1	---	0-0	---	2-0	3-0	1-1	---	---
	1-1	2-2	5-1		0-2	0-3	3-0	2-5	2-1	3-0	1-4	1-0	1-1	1-2
Brechin City FC (Brechin)	2-0	1-0	---	---	■	---	---	5-0	0-1	0-0	---	---	---	0-1
	2-0	4-2	2-0	5-1		2-1	1-0	2-1	1-2	3-1	3-0	1-0	2-2	1-1
Clyde FC (Hamilton)	4-0	---	2-0	---	1-2	■	---	2-1	3-2	2-1	---	2-3	---	---
	2-0	1-1	2-0	2-0	0-1		2-2	5-1	0-0	1-2	2-1	4-1	0-0	0-0
East Fife FC (Methil)	---	2-2	---	1-2	1-2	2-3	■	---	---	0-0	---	---	2-1	1-1
	5-0	2-0	1-3	4-2	1-0	1-1		2-2	0-3	2-3	2-5	2-1	1-1	0-1
East Stirlingshire FC (Falkirk)	0-1	0-2	---	---	---	1-3	---	■	0-2	0-0	1-2	4-1	---	---
	1-1	4-2	1-2	2-0	0-0	1-2	1-6		1-0	0-2	1-2	2-2	3-7	1-2
Forfar Athletic FC (Forfar)	5-2	1-1	---	0-2	---	---	1-2	---	■	---	---	2-2	1-0	---
	3-2	1-1	1-1	5-3	0-1	2-4	2-2	5-1		4-3	5-1	2-0	3-1	4-1
Montrose FC (Montrose)	1-1	---	2-0	---	---	---	---	1-3	---	■	1-0	3-1	1-4	0-2
	2-1	1-4	1-1	1-3	0-2	1-2	1-3	4-1	0-0		5-1	0-2	0-1	0-2
Queen of the South FC (Dumfries)	---	0-7	2-3	---	1-2	2-3	2-0	---	2-4	---	■	---	---	3-3
	0-3	1-2	0-1	1-0	0-0	3-1	1-1	1-2	1-1	0-1		5-2	0-1	2-0
Queen's Park FC (Glasgow)	1-1	2-2	2-1	---	1-0	---	2-2	---	---	---	1-1	■	---	---
	1-0	0-3	0-1	4-0	1-2	1-6	1-3	4-2	1-2	3-1	1-2		2-2	1-1
Stenhousemuir FC (Stenhousemuir)	---	---	---	0-0	3-0	3-0	---	2-0	---	---	2-1	0-0	■	2-5
	2-0	0-1	1-3	1-3	2-4	0-2	3-1	1-2	2-0	2-0	1-1	2-0		1-2
Stranraer FC (Stranraer)	---	3-3	---	3-1	---	1-1	---	0-0	3-1	---	---	4-2	---	■
	1-1	1-2	1-0	1-3	0-0	1-1	2-1	4-1	2-0	3-1	2-2	1-1	0-0	

	Division 2	Pd	Wn	Dw	Ls	GF	GA	Pts	
1.	Clyde FC (Hamilton)	39	22	10	7	77	42	54	P
2.	Brechin City FC (Brechin)	39	23	7	9	62	32	53	P
3.	Stranraer FC (Stranraer)	39	19	15	5	69	44	53	
4.	Forfar Athletic FC (Forfar)	39	18	10	11	74	54	46	
5.	Alloa Athletic FC (Alloa)	39	16	12	11	63	54	44	
6.	Arbroath FC (Arbroath)	39	18	8	13	59	50	44	
7.	Stenhousemuir FC (Stenhousemuir)	39	15	10	14	59	48	40	
8.	Berwick Rangers FC (Berwick-upon-Tweed)	39	16	7	16	56	64	39	
9.	East Fife FC (Methil)	39	14	10	15	70	64	38	
10.	Queen of the South FC (Dumfries)	39	12	9	18	57	72	33	
11.	Queen's Park FC (Glasgow)	39	8	12	19	51	73	28	
12.	Montrose FC (Montrose)	39	10	7	22	46	71	27	
13.	East Stirlingshire FC (Falkirk)	39	8	9	22	50	85	25	
14.	Albion Rovers FC (Coatbridge)	39	6	10	23	36	76	22	
		546	205	136	205	829	829	546	

* Morton FC (Greenock) changed their name to Greenock Morton FC (Greenock) from the next season.

SCOTTISH CUP FINAL   (Celtic Park, Glasgow – 29/05/1993 – 50,715)

RANGERS FC (GLASGOW)	2-1	Aberdeen FC (Aberdeen)
Murray 23', Hateley 43'	*(H.T. 2-0)*	*Richardson 78'*

Rangers: Goram, McCall, Robertson, Gough, McPherson, Brown, Murray, Ferguson, Durrant, Hateley, Huistra (Pressley 89').

Aberdeen: Snelders, McKimmie, Wright (Smith 63'), Grant, Irvine, McLeish, Richardson, Mason, Booth, Shearer (Jess 74'), Paatelainen.

Semi-finals   (03/04/1993)

Hibernian FC (Edinburgh)	0-1	Aberdeen FC (Aberdeen)
Rangers FC (Glasgow)	2-1	Heart of Midlothian FC (Edinburgh)

1993-94 SEASON

1993-1994 Scottish Football League Premier Division	Aberdeen	Celtic	Dundee	Dundee United	Hearts	Hibernian	Kilmarnock	Motherwell	Partick Thistle	Raith Rovers	Rangers	St. Johnstone
Aberdeen FC (Aberdeen)	■	1-1	1-1	1-0	0-1	2-3	3-1	0-0	2-0	4-0	0-0	1-1
	■	1-1	1-0	2-0	0-0	4-0	1-0	1-1	2-1	4-1	2-0	0-0
Celtic FC (Glasgow)	2-2	■	1-1	0-0	2-2	1-0	1-0	0-1	1-1	2-1	2-4	1-1
	0-1	■	2-1	1-1	0-0	1-1	0-0	2-0	3-0	2-0	0-0	1-0
Dundee FC (Dundee)	0-1	0-2	■	1-1	0-2	4-0	3-0	1-3	1-0	2-2	1-1	0-1
	1-1	1-1	■	1-2	2-0	3-2	1-0	1-2	2-2	0-1	1-1	0-1
Dundee United FC (Dundee)	0-1	1-3	1-1	■	3-0	3-0	1-3	1-2	2-2	2-3	0-0	0-0
	1-1	1-0	1-0	■	0-0	2-2	0-0	0-0	2-2	2-2	1-3	2-0
Heart of Midlothian FC (Edinburgh)	1-1	0-2	0-2	2-0	■	1-1	1-1	0-0	1-0	0-1	1-2	2-2
	1-1	1-0	1-2	1-1	■	1-0	0-1	2-3	2-1	1-0	2-2	1-1
Hibernian FC (Edinburgh)	3-1	0-0	2-0	0-1	0-0	■	0-0	0-2	5-1	3-0	1-0	0-0
	2-1	1-1	2-0	2-0	0-2	■	2-1	3-2	0-0	3-2	0-1	0-0
Kilmarnock FC (Kilmarnock)	2-3	2-0	1-0	1-1	0-1	0-3	■	0-0	1-2	0-0	1-0	0-0
	1-1	2-2	1-0	1-1	0-0	1-1	■	0-1	3-1	1-0	0-2	0-0
Motherwell FC (Motherwell)	1-1	2-1	3-1	1-2	1-1	0-0	1-0	■	2-2	3-1	2-1	0-1
	0-0	2-2	1-0	2-0	2-0	0-2	2-2	■	1-0	4-1	0-2	1-0
Partick Thistle FC (Glasgow)	1-1	1-0	1-0	1-0	0-1	1-0	1-0	0-0	■	2-2	1-2	0-0
	3-2	0-1	3-2	1-2	0-0	0-0	0-1	1-0	■	1-1	1-1	4-1
Raith Rovers FC (Kirkcaldy)	0-2	0-0	1-1	0-2	2-2	1-1	3-2	3-3	0-1	■	1-2	1-1
	1-1	1-4	2-1	1-1	1-0	1-2	2-2	0-3	2-2	■	1-1	1-1
Rangers FC (Glasgow)	1-1	1-1	0-0	2-1	2-2	2-0	3-0	2-1	5-1	4-0	■	4-0
	2-0	1-2	3-1	0-3	2-1	2-1	1-2	1-2	1-1	2-2	■	2-0
St. Johnstone FC (Perth)	0-1	0-1	1-1	1-1	0-0	2-2	0-1	2-1	1-0	2-0	0-4	■
	1-1	2-1	2-1	1-1	2-0	1-3	0-1	3-0	1-3	1-1	1-2	■

	Premier Division	Pd	Wn	Dw	Ls	GF	GA	Pts	
1.	RANGERS FC (GLASGOW)	44	22	14	8	74	41	58	
2.	Aberdeen FC (Aberdeen)	44	17	21	6	58	36	55	
3.	Motherwell FC (Motherwell)	44	20	14	10	58	43	54	
4.	Celtic FC (Glasgow)	44	15	20	9	51	38	50	
5.	Hibernian FC (Edinburgh)	44	16	15	13	53	48	47	
6.	Dundee United FC (Dundee)	44	11	20	13	47	48	42	
7.	Heart of Midlothian FC (Edinburgh)	44	11	20	13	37	43	42	
8.	Kilmarnock FC (Kilmarnock)	44	12	16	16	36	45	40	
9.	Partick Thistle FC (Glasgow)	44	12	16	16	46	57	40	
10.	St. Johnstone FC (Perth)	44	10	20	14	35	47	40	R
11.	Raith Rovers FC (Kirkcaldy)	44	6	19	19	46	80	31	R
12.	Dundee FC (Dundee)	44	8	13	23	42	57	29	R
		528	160	208	160	583	583	528	

Top goalscorers 1993-94

1) Mark HATELEY   (Rangers FC)   22
2) Duncan SHEARER   (Aberdeen FC)   17

1993-1994 Scottish Football League Division 1	Airdrieonians	Ayr United	Brechin City	Clyde	Clydebank	Dumbarton	Dunfermline	Falkirk	Greenock Morton	Hamilton	St. Mirren	Stirling Albion
Airdrieonians FC (Airdrie)	■	0-0	0-1	3-2	0-0	1-1	1-0	0-0	2-2	0-1	0-2	3-0
		1-1	1-0	2-1	2-1	0-1	1-1	1-1	2-0	4-0	1-1	3-2
Ayr United FC (Ayr)	2-3	■	0-0	1-1	0-0	1-1	0-4	0-3	2-1	1-0	0-1	3-1
	1-2		1-0	1-0	1-1	0-1	1-1	0-3	2-2	1-1	0-1	2-1
Brechin City FC (Brechin)	0-2	1-4	■	0-1	0-1	0-0	0-1	0-2	1-2	0-0	0-1	2-0
	0-2	0-2		4-2	1-0	0-3	1-0	0-0	0-3	1-2	1-4	1-2
Clyde FC (Hamilton/Cumbernauld)	0-1	0-0	1-0	■	1-1	1-2	0-1	1-1	0-0	1-0	2-0	0-0
	0-2	0-1	1-1		1-1	2-1	0-2	0-2	2-1	2-0	0-1	3-0
Clydebank FC (Clydebank)	2-1	0-2	2-1	0-2	■	2-0	0-1	1-1	0-0	3-2	0-3	2-1
	1-2	1-0	3-2	2-1		2-1	0-3	1-1	3-0	2-2	1-1	2-1
Dumbarton FC (Dumbarton)	0-0	1-1	3-1	1-1	2-2	■	0-2	0-1	2-0	0-1	2-3	0-0
	0-1	1-1	1-0	3-0	2-4		1-5	0-1	2-0	0-0	3-3	1-2
Dunfermline Athletic FC (Dunfermline)	0-0	1-0	2-1	5-0	2-0	3-2	■	1-1	3-0	2-1	4-2	2-1
	3-2	6-1	4-0	4-0	0-2	4-1		1-0	4-0	4-0	3-4	3-0
Falkirk FC (Falkirk)	0-0	2-0	4-2	2-0	0-0	4-0	2-0	■	1-0	3-0	4-0	3-1
	2-1	2-0	2-0	0-1	0-4	1-1	3-2		5-1	3-3	2-0	2-0
Greenock Morton FC (Greenock)	1-3	0-1	1-1	2-0	1-1	0-0	2-2	1-1	■	2-2	1-2	0-1
	0-0	0-1	2-1	1-1	0-0	3-1	0-0	1-5		1-2	1-2	2-2
Hamilton Academical FC (Hamilton)	1-0	2-1	9-1	2-1	1-0	2-1	1-1	1-1	3-2	■	0-0	0-1
	3-2	2-1	5-0	2-0	2-3	2-0	0-2	1-1	4-1		0-0	0-1
St. Mirren FC (Paisley)	3-0	3-1	1-1	0-0	2-0	0-3	0-2	0-3	5-1	0-2	■	4-0
	0-1	0-1	2-0	2-1	1-0	0-3	1-2	3-1	2-2	1-0		0-1
Stirling Albion FC (Stirling)	1-1	1-3	0-3	0-1	1-2	0-0	1-0	0-1	0-3	1-1	3-0	■
	0-4	0-0	2-1	1-1	0-3	2-0	2-0	3-4	1-1	3-1	1-0	

	Division 1	**Pd**	**Wn**	**Dw**	**Ls**	**GF**	**GA**	**Pts**	
1.	Falkirk FC (Falkirk)	44	26	14	4	81	32	66	P
2.	Dunfermline Athletic FC (Dunfermline)	44	29	7	8	93	35	65	
3.	Airdrieonians FC (Airdrie)	44	20	14	10	58	38	54	
4.	Hamilton Academical FC (Hamilton)	44	19	12	13	66	54	50	
5.	Clydebank FC (Clydebank)	44	18	14	12	56	48	50	
6.	St. Mirren FC (Paisley)	44	21	8	15	61	55	50	
7.	Ayr United FC (Ayr)	44	14	14	16	42	52	42	
8.	Dumbarton FC (Dumbarton)	44	11	14	19	48	59	36	R
9.	Stirling Albion FC (Stirling)	44	13	9	22	41	68	35	R
10.	Clyde FC (Hamilton/Cumbernauld)	44	10	12	22	35	58	32	R
11.	Greenock Morton FC (Greenock)	44	6	17	21	44	75	29	R
12.	Brechin City FC (Brechin)	44	6	7	31	30	812	19	R
		528	193	142	193	655	655	528	

1993-1994 Scottish Football League Division 2	Albion Rovers	Alloa Athletic	Arbroath	Berwick Rangers	Cowdenbeath	East Fife	East Stirling	Forfar Athletic	Meadowbank	Montrose	Queen/South	Queen's Park	Stenhousemuir	Stranraer
Albion Rovers FC		1-1	---	---	1-0	---	3-1	1-3	0-2	0-1	---	1-1	---	---
(Coatbridge)		0-2	0-1	0-2	0-1	1-1	1-5	1-3	0-0	3-4	1-1	2-0	1-2	1-2
Alloa Athletic FC	---		---	---	1-0	1-1	0-1	1-3	---	---	1-0	0-0	---	1-1
(Alloa)	1-1		1-2	1-0	0-1	2-2	0-0	1-0	1-0	0-1	1-0	1-1	1-2	1-0
Arbroath FC	1-0	0-0		---	---	---	---	---	1-1	0-0	0-3	2-1	---	---
(Arbroath)	1-1	2-3		0-4	2-2	3-2	1-1	1-1	3-2	2-0	2-5	2-0	1-2	0-0
Berwick Rangers FC	3-0	1-1	5-0		---	1-3	---	2-2	---	---	---	---	3-0	1-0
(Berwick-upon-Tweed)	1-1	1-1	2-0		3-2	0-1	2-2	0-2	2-2	3-3	1-2	6-0	2-1	1-0
Cowdenbeath FC	---	---	1-0	1-5		1-2	---	---	0-1	---	0-2	1-1	1-1	---
(Cowdenbeath)	0-1	1-1	0-1	1-2		1-2	1-3	1-2	1-2	0-1	3-3	3-4	1-3	1-2
East Fife FC	3-1	---	1-2	---	---		1-0	1-1	---	0-1	1-0	---	---	---
(Methil)	1-1	4-1	1-0	1-1	2-0		0-1	3-2	0-2	5-2	0-2	5-5	3-0	1-1
East Stirlingshire FC	---	---	2-0	1-3	4-0	---		1-0	---	---	---	2-2	2-3	---
(Falkirk)	1-4	0-1	2-4	2-1	3-2	2-1		1-2	0-1	2-3	0-0	2-0	0-2	2-2
Forfar Athletic FC	---	---	3-2	---	2-1	---	0-2		0-0	0-2	4-4	---	---	1-3
(Forfar)	3-0	0-3	1-4	1-1	3-2	1-0	1-1		0-2	1-1	1-2	4-0	1-1	0-1
Meadowbank Thistle FC	---	3-2	---	1-2	---	2-2	---	---		---	2-1	---	1-0	1-1
(Edinburgh)	4-2	1-1	3-0	1-1	1-1	1-0	1-1	4-2		5-3	0-0	1-1	3-1	1-3
Montrose FC	---	2-2	---	3-1	1-1	3-0	0-2	---	2-0		---	---	---	---
(Montrose)	1-0	1-2	0-0	2-3	1-2	0-1	2-2	1-1	0-3		2-1	1-2	2-0	0-2
Queen of the South FC	1-2	---	---	0-0	---	---	1-1	---	---	1-0		3-0	2-1	---
(Dumfries)	1-2	0-1	6-0	2-5	1-2	0-0	5-0	1-0	5-1	1-0		5-2	1-2	0-1
Queen's Park FC	---	---	---	1-3	---	2-0	3-2	1-3	3-2	---			2-4	1-1
(Glasgow)	2-0	2-1	2-1	0-0	1-3	4-2	1-1	0-3	3-2	2-1	3-1		1-2	0-0
Stenhousemuir FC	0-0	1-0	2-0	---	---	1-1	---	0-1	---	2-0	---	---		---
(Stenhousemuir)	5-1	1-1	4-0	2-1	1-1	0-1	3-1	2-0	1-1	3-4	3-0	2-0		2-2
Stranraer FC	2-1	---	1-0	---	2-0	2-1	---	---	1-0	3-3	---	0-1		
(Stranraer)	2-1	1-1	2-1	3-0	4-0	3-2	1-0	2-0	3-1	2-4	1-2	2-0	1-0	

	Division 2	Pd	Wn	Dw	Ls	GF	GA	Pts	
1.	Stranraer FC (Stranraer)	39	23	10	6	63	35	56	P
2.	Berwick Rangers FC (Berwick-upon-Tweed)	39	18	12	9	75	46	48	
3.	Stenhousemuir FC (Stenhousemuir)	39	19	9	11	62	44	47	
4.	Meadowbank Thistle FC (Edinburgh)	39	17	13	9	62	48	47	
5.	Queen of the South FC (Dumfries)	39	17	9	13	69	48	43	
6.	East Fife FC (Methil)	39	15	11	13	58	52	41	
7.	Alloa Athletic FC (Alloa)	39	12	17	10	41	39	41	R
8.	Forfar Athletic FC (Forfar)	39	14	11	14	58	58	39	R
9.	East Stirlingshire FC (Falkirk)	39	13	11	15	54	57	37	R
10.	Montrose FC (Montrose)	39	14	8	17	56	61	36	R
11.	Queen's Park FC (Glasgow)	39	12	10	17	52	76	34	R
12.	Arbroath FC (Arbroath)	39	12	9	18	42	67	33	R
13.	Albion Rovers FC (Coatbridge)	39	7	10	22	37	66	20	R
14.	Cowdenbeath FC (Cowdenbeath)	39	6	8	25	40	72	20	R
		546	199	148	199	769	769	546	

The League was re-structured to consist of 4 divisions of 10 clubs from the next season.

Elected: Caledonian Thistle FC (Inverness) and Ross County FC (Dingwall).

Clyde FC moved ground on 5th February 1994 from Hamilton to Broadwood Stadium, Cumbernauld. The last game at the old ground, played on 15th January 1994, was abandoned at half-time.

SCOTTISH CUP FINAL   (Hampden Park, Glasgow – 21/05/1994 – 37,709)

DUNDEE UNITED FC (DUNDEE)	1-0	Rangers FC (Glasgow)
Brewster 47'	*(H.T. 0-0)*	

Dundee United: Van der Kamp, Clelland, Malpas, McInally, Petric, Welsh, Bowman, Hannah, McLaren (Nixon 83'), Brewster, Dailly.

Rangers: Maxwell, Stevens (Mikhailichenko 26'), Robertson, Gough, McPherson, McCall, Murray, I. Ferguson, McCoist (D. Ferguson 73'), Hateley, Durie.

Semi-finals   (09/04/1994 – 13/04/1994)

Dundee United FC (Dundee)	1-1, 1-0	Aberdeen FC (Aberdeen)
Kilmarnock FC (Kilmarnock)	0-0, 1-2	Rangers FC (Glasgow)

1994-95 SEASON

1994-1995 Scottish Football League Premier Division	Aberdeen	Celtic	Dundee United	Falkirk	Hearts	Hibernian	Kilmarnock	Motherwell	Partick Thistle	Rangers
Aberdeen FC (Aberdeen)	■	2-0	2-1	0-0	3-1	0-0	0-1	0-2	3-1	2-0
	■	0-0	3-0	2-2	3-1	0-0	0-1	1-3	1-1	2-2
Celtic FC (Glasgow)	2-0	■	1-1	2-0	0-1	2-2	2-1	1-1	1-3	3-0
	0-0	■	2-1	0-2	1-1	2-0	1-1	2-2	0-0	1-3
Dundee United FC (Dundee)	0-0	0-1	■	1-0	1-1	0-1	1-2	6-1	2-0	0-2
	2-1	2-2	■	1-0	5-2	0-0	2-2	1-1	0-1	0-3
Falkirk FC (Falkirk)	0-2	1-2	3-1	■	2-0	1-0	2-0	3-0	1-3	2-3
	2-1	1-1	1-3	■	2-1	0-0	3-3	0-1	2-1	0-2
Heart of Midlothian FC (Edinburgh)	1-2	1-1	2-0	0-1	■	2-0	2-2	2-0	0-1	2-1
	2-0	1-0	2-1	1-1	■	0-1	3-0	1-2	3-0	1-1
Hibernian FC (Edinburgh)	4-2	1-1	4-0	0-2	3-1	■	2-1	2-0	1-2	1-1
	2-2	1-1	5-0	2-2	2-1	■	0-0	2-2	3-0	2-1
Kilmarnock FC (Kilmarnock)	3-1	0-1	2-0	2-1	3-2	1-2	■	2-0	0-0	0-1
	2-1	0-0	0-2	1-1	3-1	0-0	■	0-1	2-0	1-2
Motherwell FC (Motherwell)	2-0	1-0	2-1	2-2	1-2	0-0	2-0	■	1-2	1-3
	0-1	1-1	1-1	5-3	1-1	1-1	3-2	■	3-1	2-1
Partick Thistle FC (Glasgow)	2-2	0-0	1-3	0-0	3-1	2-2	2-2	0-0	■	1-1
	2-1	1-2	2-0	1-2	0-1	2-2	2-0	2-2	■	0-2
Rangers FC (Glasgow)	3-2	1-1	1-1	2-2	1-0	3-1	3-0	0-2	1-1	■
	1-0	0-2	2-0	1-1	3-0	2-0	2-0	2-1	3-0	■

	Premier Division	**Pd**	**Wn**	**Dw**	**Ls**	**GF**	**GA**	**Pts**	
1.	RANGERS FC (GLASGOW)	36	20	9	7	60	35	69	
2.	Motherwell FC (Motherwell)	36	14	12	10	50	50	54	
3.	Hibernian FC (Edinburgh)	36	12	17	7	49	37	53	
4.	Celtic FC (Glasgow)	36	11	18	7	39	33	51	
5.	Falkirk FC (Falkirk)	36	12	12	12	48	47	48	
6.	Heart of Midlothian FC (Edinburgh)	36	12	7	17	44	51	43	
7.	Kilmarnock FC (Kilmarnock)	36	11	10	15	40	48	43	
8.	Partick Thistle FC (Glasgow)	36	10	13	13	40	50	43	
9.	Aberdeen FC (Aberdeen)	36	10	11	15	43	46	41	PO
10.	Dundee United FC (Dundee)	36	9	9	18	40	56	36	R
		360	121	118	121	453	453	481	

Top goalscorers 1994-95

1)	Thomas COYNE	(Motherwell FC)	16
2)	William DODDS	(Aberdeen FC)	15
3)	Mark HATELEY	(Rangers FC)	13

1994-1995 Scottish Football League Division 1	Airdrieonians	Ayr United	Clydebank	Dundee	Dunfermline	Hamilton	Raith Rovers	St. Johnstone	St. Mirren	Stranraer
Airdrieonians FC (Cumbernauld)		2-2	1-2	0-3	0-0	0-1	1-2	0-2	1-0	2-0
		0-0	2-0	2-1	0-0	1-0	0-0	0-0	2-0	8-1
Ayr United FC (Ayr)	0-2		1-0	1-0	1-2	1-2	0-1	1-3	2-0	3-0
	0-3		1-1	3-2	0-0	1-1	1-1	3-4	1-1	2-1
Clydebank FC (Clydebank)	1-1	1-1		0-3	1-2	1-4	1-2	0-0	2-1	2-3
	0-1	3-0		5-2	0-1	0-0	0-3	0-0	1-1	2-0
Dundee FC (Dundee)	0-1	1-1	3-2		2-3	2-0	0-2	2-1	4-0	2-0
	1-1	1-1	2-0		4-4	2-0	2-1	1-0	2-0	3-1
Dunfermline Athletic FC (Dunfermline)	0-0	3-0	2-1	1-1		2-1	0-1	1-1	1-1	3-1
	2-2	6-0	4-1	0-1		4-0	1-0	3-0	1-0	1-0
Hamilton Academical FC (Glasgow)	3-0	1-0	0-1	1-4	1-3		0-0	1-0	2-0	1-0
	2-6	2-0	0-0	0-1	3-1		0-3	3-1	2-2	1-0
Raith Rovers FC (Kirkcaldy)	0-1	2-1	1-0	0-0	0-0	2-0		2-0	2-1	1-1
	3-2	3-0	1-1	1-1	2-5	1-1		1-1	1-1	4-2
St. Johnstone FC (Perth)	2-1	1-1	1-0	2-2	1-1	3-0	1-2		5-1	3-0
	4-0	1-0	1-1	0-1	3-2	1-1	3-1		1-1	3-0
St. Mirren FC (Paisley)	0-1	2-1	0-0	1-0	2-2	3-2	1-2	0-0		2-0
	0-1	1-0	2-1	1-2	1-1	0-1	1-2	2-2		1-0
Stranraer FC (Stranraer)	1-4	2-0	0-1	0-5	0-1	0-5	2-4	2-6	1-3	
	0-1	2-1	0-1	0-2	0-0	2-0	0-0	2-2	1-1	

Promotion/Relegation Play-off

Aberdeen FC (Aberdeen) 3-1, 3-1 Dunfermline Athletic FC (Dunfermline)

	Division 1	Pd	Wn	Dw	Ls	GF	GA	Pts	
1.	Raith Rovers FC (Kirkcaldy)	36	19	12	5	54	32	69	P
2.	Dunfermline Athletic FC (Dunfermline)	36	18	14	4	63	32	68	PO
3.	Dundee FC (Dundee)	36	20	8	8	65	36	68	
4.	Airdrieonians FC (Airdrie/Cumbernauld)	36	17	10	9	50	33	61	
5.	St. Johnstone FC (Perth)	36	14	14	8	59	39	56	
6.	Hamilton Academical FC (Hamilton/Glasgow)	36	14	7	15	42	48	49	
7.	St. Mirren FC (Paisley)	36	8	12	16	34	50	36	
8.	Clydebank FC (Clydebank)	36	8	11	17	33	47	35	
9.	Ayr United FC (Ayr)	36	6	11	19	31	58	29	R
10.	Stranraer FC (Stranraer)	36	4	5	27	25	81	17	R
		360	128	104	128	456	456	488	

1994-1995 Scottish Football League Division 2	Berwick Rangers	Brechin City	Clyde	Dumbarton	East Fife	Greenock Morton	Meadowbank	Queen/South	Stenhousemuir	Stirling Albion
Berwick Rangers FC (Berwick-upon-Tweed)		2-0	1-1	1-2	0-0	3-4	1-0	3-1	0-0	0-0
		2-1	2-1	1-0	1-1	2-1	2-1	1-0	0-0	1-0
Brechin City FC (Brechin)	1-0		0-0	0-0	1-1	1-1	3-1	0-2	0-2	2-1
	1-2		0-2	1-2	2-0	1-3	1-5	0-1	1-1	1-2
Clyde FC (Cumbernauld)	1-3	1-0		1-0	1-1	1-3	4-1	3-4	3-2	2-0
	3-4	4-0		3-1	1-1	0-0	2-1	2-2	0-0	1-2
Dumbarton FC (Dumbarton)	1-0	4-1	2-2		2-0	2-1	4-0	2-2	5-1	2-2
	3-2	6-0	2-1		4-0	2-1	0-1	0-0	1-2	1-0
East Fife FC (Methil)	0-1	4-0	1-3	0-2		1-1	1-1	3-1	0-2	1-2
	3-0	1-1	2-0	2-3		1-2	2-1	3-1	2-3	4-3
Greenock Morton FC (Greenock)	2-1	1-0	4-01	2-0	4-1		1-0	0-0	1-0	2-2
	1-1	2-0	0-1	1-0	3-0		4-0	1-1	3-2	1-1
Meadowbank Thistle FC (Edinburgh)	0-3	2-1	0-1	1-0	1-3	1-0		1-2	0-3	0-3
	2-1	1-0	2-2	0-0	0-1	0-1		0-1	3-0	1-2
Queen of the South FC (Dumfries)	2-0	0-1	1-0	0-0	3-3	1-0	2-3		1-2	1-3
	5-4	0-2	1-2	4-1	0-2	3-0	0-0		1-2	0-1
Stenhousemuir FC (Stenhousemuir)	2-2	3-0	2-2	0-0	2-1	1-1	2-1	2-2		0-2
	1-1	2-0	1-0	1-0	1-1	0-0	1-1	0-0		3-0
Stirling Albion FC (Stirling)	2-2	2-0	2-0	0-2	3-0	0-3	2-1	1-1	3-1	
	3-2	2-0	0-1	1-1	0-1	2-0	2-3	3-0	0-2	

	Division 2	Pd	Wn	Dw	Ls	GF	GA	Pts	
1.	Greenock Morton FC (Greenock)	36	18	10	8	55	33	64	P
2.	Dumbarton FC (Dumbarton)	36	17	9	10	57	35	60	P
3.	Stirling Albion FC (Stirling)	36	17	7	12	54	43	58	
4.	Stenhousemuir FC (Stenhousemuir)	36	14	14	8	46	39	56	
5.	Berwick Rangers FC (Berwick-upon-Tweed)	36	15	10	11	52	46	55	
6.	Clyde FC (Cumbernauld)	36	14	10	12	53	48	52	
7.	Queen of the South FC (Dumfries)	36	11	11	14	46	51	44	
8.	East Fife FC (Methil)	36	11	10	15	48	56	43	
9.	Meadowbank Thistle FC (Edinburgh)	36	11	5	20	32	54	35	R*
10.	Brechin City FC (Brechin)	36	6	6	24	22	60	24	R
		360	134	92	134	526	526	509	

* Meadowbank Thistle FC (Edinburgh) had 3 points deducted for fielding an ineligible player the away match against Brechin City on 13th August 1994. The club moved during the close season to the town of Livingston and changed their name to Livingston FC (Livingston).

1994-1995 Scottish Football League Division 3	Albion Rovers	Alloa Athletic	Arbroath	Caledonian Thistle	Cowdenbeath	East Stirling	Forfar Athletic	Montrose	Queen's Park	Ross County
Albion Rovers FC (Coatbridge)		0-1	0-3	1-2	2-0	3-1	0-3	1-4	0-2	1-2
		0-4	1-2	0-1	2-4	0-2	0-1	2-4	3-2	0-1
Alloa Athletic FC (Alloa)	5-0		3-2	1-0	2-1	0-1	0-2	0-1	0-1	1-1
	1-0		3-1	1-1	1-0	1-3	0-1	1-1	2-3	1-1
Arbroath FC (Arbroath)	2-0	2-1		2-0	0-3	5-2	1-1	4-1	3-1	0-1
	0-1	0-0		1-2	0-3	0-1	0-1	0-3	1-1	0-1
Caledonian Thistle FC (Inverness)	0-2	0-1	1-1		3-1	3-3	1-1	0-3	1-1	3-0
	2-1	2-2	5-2		0-3	3-3	3-1	0-4	0-4	0-0
Cowdenbeath FC (Cowdenbeath)	1-0	1-3	1-1	1-3		1-4	1-3	0-4	1-3	0-3
	2-2	1-3	6-2	1-1		1-1	1-0	1-1	2-0	0-2
East Stirlingshire FC (Falkirk)	3-0	1-1	0-2	1-0	1-0		1-2	1-0	3-2	0-2
	4-0	1-2	1-0	2-0	0-2		3-1	1-2	3-2	2-2
Forfar Athletic FC (Forfar)	4-0	23-0	4-1	4-1	2-2	1-0		1-3	3-0	4-2
	1-1	3-2	3-0	2-1	1-1	3-2		1-0	2-0	1-0
Montrose FC (Montrose)	4-1	0-0	5-0	0-1	1-2	1-0	1-2		2-2	1-1
	4-1	1-2	3-1	3-1	2-0	2-0	2-0		1-1	0-2
Queen's Park FC (Glasgow)	0-0	2-1	2-3	4-1	1-0	1-0	0-2	1-0		1-2
	2-1	0-1	0-4	0-2	0-3	2-3	1-2	1-1		3-1
Ross County FC (Dingwall)	4-1	6-0	0-1	3-1	2-0	2-3	0-1	0-3	1-0	
	3-0	3-3	1-4	1-3	4-0	1-4	2-1	0-1	2-0	

	Division 3	Pd	Wn	Dw	Ls	GF	GA	Pts	
1.	Forfar Athletic FC (Forfar)	36	25	5	6	67	33	80	P
2.	Montrose FC (Montrose)	36	20	7	9	69	32	67	P
3.	Ross County FC (Dingwall)	36	18	6	12	59	44	60	
4.	East Stirlingshire FC (Falkirk)	36	18	5	13	61	50	59	
5.	Alloa Athletic FC (Alloa)	36	15	9	12	50	45	54	
6.	Caledonian Thistle FC (Inverness)	36	12	9	15	48	61	45	
7.	Arbroath FC (Arbroath)	36	13	5	18	51	62	44	
8.	Queen's Park FC (Glasgow)	36	12	6	18	46	57	42	
9.	Cowdenbeath FC (Cowdenbeath)	36	11	7	18	48	60	40	
10.	Albion Rovers FC (Coatbridge)	36	5	3	28	27	82	18	
		360	149	62	149	465	465	491	

SCOTTISH CUP FINAL (Hampden Park, Glasgow – 27/05/1995 – 36,915)

CELTIC FC (GLASGOW)　　　　　　1-0　　　　Airdrieonians FC (Airdrie/Cumbernauld)

Van Hooijdonk 09'　　　　　　　　(H.T. 1-0)

Celtic: Bonner, Boyd, McKinlay, Vata, McNally, Grant, McLaughlin, McStay, Van Hooijdonk (Falconer 39'), Donnelly (O'Donnell 70'), Collins.

Airdrieonians: Martin, Stewart, Jack, Sandison, Hay (McIntyre 81'), Black, Boyle, A. Smith, Cooper, Harvey (T. Smith 51'), Lawrence.

Semi-finals (07/04/1995 – 11/04/1995)

| Airdrieonians FC (Airdrie/Cumbernauld) | 1-0 | Heart of Midlothian FC (Edinburgh) |
| Celtic FC (Glasgow) | 0-0, 3-1 | Hibernian FC (Edinburgh) |

1995-96 SEASON

1995-1996 Scottish Football League Premier Division	Aberdeen	Celtic	Falkirk	Hearts	Hibernian	Kilmarnock	Motherwell	Partick Thistle	Raith Rovers	Rangers
Aberdeen FC (Aberdeen)		1-2	2-1	1-1	2-1	3-0	2-1	1-0	1-0	0-1
		2-3	3-1	1-2	1-2	4-1	1-0	3-0	3-0	0-1
Celtic FC (Glasgow)	5-0		4-0	4-0	2-1	1-1	1-0	4-0	4-1	0-0
	2-0		1-0	3-1	2-2	4-2	1-1	2-1	0-0	0-2
Falkirk FC (Falkirk)	1-1	0-0		0-2	1-1	4-2	0-1	1-2	2-3	0-4
	2-3	0-1		2-0	2-0	0-2	0-0	0-1	2-1	0-2
Heart of Midlothian FC (Edinburgh)	1-3	1-2	2-1		1-1	1-0	4-0	2-5	2-0	1-0
	1-2	0-4	4-1		2-1	2-1	1-1	3-0	4-2	0-2
Hibernian FC (Edinburgh)	1-2	1-2	2-1	2-1		1-1	0-0	1-0	1-1	0-2
	1-1	0-4	2-1	2-2		2-0	4-2	3-0	1-2	1-4
Kilmarnock FC (Kilmarnock)	1-1	0-0	1-0	0-2	3-2		0-1	2-1	2-0	0-3
	1-2	0-0	4-0	3-1	0-3		1-1	2-1	5-1	0-2
Motherwell FC (Motherwell)	1-0	0-0	1-0	1-1	3-0	0-1		0-2	1-0	1-3
	2-1	0-2	1-1	0-0	3-0		1-1	0-2	0-0
Partick Thistle FC (Glasgow)	1-1	2-4	0-3	0-1	0-0	0-1	0-2		0-3	1-2
	1-0	1-2	1-1	2-0	1-1	1-1	1-0		0-2	0-4
Raith Rovers FC (Kirkcaldy)	2-2	1-3	1-0	1-3	1-0	1-1	2-0	0-2		2-4
	1-0	0-1	0-1	1-1	3-0	2-0	0-0	3-1		2-2
Rangers FC (Glasgow)	3-1	1-1	3-2	0-3	7-0	3-0	3-2	5-0	4-0	
	1-1	3-3	2-0	4-1	0-1	1-0	2-1	1-0	4-0	

	Premier Division	**Pd**	**Wn**	**Dw**	**Ls**	**GF**	**GA**	**Pts**	
1.	RANGERS FC (GLASGOW)	36	27	6	3	85	25	87	
2.	Celtic FC (Glasgow)	36	24	11	1	74	25	83	
3.	Aberdeen FC (Aberdeen)	36	16	7	13	52	45	55	
4.	Heart of Midlothian FC (Edinburgh)	36	16	7	13	55	53	55	
5.	Hibernian FC (Edinburgh)	36	11	10	13	43	57	43	
6.	Raith Rovers FC (Kirkcaldy)	36	12	7	17	41	57	43	
7.	Kilmarnock FC (Kilmarnock)	36	11	8	17	39	54	41	
8.	Motherwell FC (Motherwell)	36	9	12	15	28	39	39	
9.	Partick Thistle FC (Glasgow)	36	8	6	22	29	62	30	PO
10.	Falkirk FC (Falkirk)	36	6	6	24	31	60	24	R
		360	140	80	140	477	477	500	

Top goalscorers 1995-96

1) Pierre VAN HOOIJDONK   (Celtic FC)   26
2) Gordon DURIE   (Rangers FC)   17
3) Alistair McCOIST   (Rangers FC)   16

1995-1996 Scottish Football League Division 1	Airdrieonians	Clydebank	Dumbarton	Dundee	Dundee United	Dunfermline	Greenock Morton	Hamilton	St. Johnstone	St. Mirren
Airdrieonians FC (Cumbernauld)	■	1-1	5-1	0-0	1-1	1-2	0-2	3-0	1-3	1-3
	■	1-1	2-1	2-3	1-1	0-1	3-2	0-0	1-1	1-2
Clydebank FC (Dumbarton)	2-1	■	1-0	0-1	1-1	2-3	0-1	1-3	1-2	1-2
	1-1	■	2-1	1-1	1-2	0-4	1-0	2-0	2-0	1-1
Dumbarton FC (Dumbarton)	1-2	0-1	■	1-2	1-3	0-3	0-1	1-2	0-3	0-1
	1-2	1-2	■	1-5	1-0	0-4	0-2	1-0	1-3	0-0
Dundee FC (Dundee)	2-0	3-0	3-0	■	0-2	1-1	1-1	2-1	0-0	1-2
	1-1	1-1	1-1	■	2-3	2-4	0-0	1-1	0-1	3-1
Dundee United FC (Dundee)	2-2	6-0	6-1	2-0	■	0-1	4-0	1-1	1-3	2-1
	1-2	3-0	8-0	2-3	■	3-1	1-1	2-1	2-1	1-0
Dunfermline Athletic FC (Dunfermline)	2-1	4-3	4-1	1-1	2-2	■	4-1	1-3	3-2	2-2
	2-0	2-1	3-1	0-1	3-0	■	0-2	4-0	2-1	1-1
Greenock Morton FC (Greenock)	3-0	0-0	2-0	1-0	2-2	1-1	■	4-1	1-0	1-2
	2-1	3-0	1-2	2-2	1-2	2-0	■	2-0	4-0	0-3
Hamilton Academical FC (Coatbridge)	4-1	1-1	2-1	0-1	0-2	0-0	0-1	■	2-1	3-0
	1-2	0-2	3-0	1-2	0-1	1-3	2-3	■	0-3	2-2
St. Johnstone FC (Perth)	0-0	3-1	3-0	3-2	1-0	2-2	6-1	4-1	■	1-0
	1-0	2-2	4-1	0-2	0-0	1-0	0-2	2-0	■	0-0
St. Mirren FC (Paisley)	2-1	1-2	5-0	2-1	1-3	2-1	0-1	0-1	1-3	■
	1-2	2-1	3-2	1-2	1-1	0-2	1-4	0-3	0-0	■

Promotion/Relegation Play-off

Partick Thistle FC (Glasgow)   1-1, 1-2 (aet)   Dundee United FC (Dundee)
(The 2nd game was 1-1 after 90 minutes)

	Division 1	Pd	Wn	Dw	Ls	GF	GA	Pts	
1.	Dunfermline Athletic FC (Dunfermline)	36	21	8	7	73	41	71	P
2.	Dundee United FC (Dundee)	36	19	10	7	73	37	67	PO
3.	Greenock Morton FC (Greenock)	36	20	7	9	57	39	67	
4.	St. Johnstone FC (Perth)	36	19	8	19	60	36	65	
5.	Dundee FC (Dundee)	36	15	12	9	53	40	57	
6.	St. Mirren FC (Paisley)	36	13	8	15	46	51	47	
7.	Clydebank FC (Milngavie/Dumbarton)	36	10	10	16	39	58	40	
8.	Airdrieonians FC (Airdrie/Cumbernauld)	36	9	11	16	43	54	38	
9.	Hamilton Academical FC (Hamilton/Coatbridge)	36	10	6	20	40	57	36	R
10.	Dumbarton FC (Dumbarton)	36	3	2	31	23	94	11	R
		360	139	82	139	507	507	499	

1995-1996 Scottish Football League Division 2	Ayr United	Berwick Rangers	Clyde	East Fife	Forfar Athletic	Montrose	Queen/South	Stenhousemuir	Stirling Albion	Stranraer
Ayr United FC (Ayr)		5-0	2-1	1-0	1-1	2-0	3-0	1-1	2-2	0-0
		1-4	1-1	0-1	1-3	2-0	2-0	1-2	1-2	0-0
Berwick Rangers FC (Berwick-upon-Tweed)	2-1		2-3	1-2	1-0	4-1	4-1	2-1	0-3	1-0
	2-2		0-0	0-1	1-0	2-2	0-0	3-1	3-0	4-0
Clyde FC (Cumbernauld)	2-0	2-1		2-2	3-1	1-3	0-0	3-0	1-3	2-2
	1-2	3-1		0-1	1-2	3-0	2-1	0-1	1-2	1-1
East Fife FC (Methil)	1-1	0-0	1-1		1-0	7-0	1-2	3-1	0-1	2-1
	1-0	1-0	0-0		1-1	3-0	2-1	0-2	0-3	3-3
Forfar Athletic FC (Forfar)	1-0	1-3	4-2	0-2		2-1	0-3	3-1	1-4	2-2
	2-1	1-4	1-0	0-2		0-0	2-1	1-0	0-6	0-0
Montrose FC (Montrose)	0-1	1-2	2-3	0-1	3-1		0-6	1-3	0-3	0-1
	0-1	1-3	0-0	1-2	1-0		1-4	1-4	2-2	4-2
Queen of the South FC (Dumfries)	2-2	3-0	2-1	1-0	4-1	1-1		3-3	0-7	2-1
	0-0	1-4	0-3	0-2	1-1	4-2		2-2	1-5	0-3
Stenhousemuir FC (Stenhousemuir)	0-1	0-3	1-0	2-2	0-2	3-1	1-3		0-1	2-0
	1-1	4-1	0-1	0-1	3-1	3-1	2-1		1-1	3-0
Stirling Albion FC (Stirling)	2-0	4-3	3-0	2-2	1-0	2-0	4-1	0-1		2-0
	2-0	1-0	1-1	0-2	4-1	3-0	2-2	2-1		1-1
Stranraer FC (Stranraer)	1-1	0-3	2-2	0-0	1-0	1-2	3-1	0-0	2-2	
	2-0	0-0	0-0	2-0	1-1	4-1	0-0	2-1	0-0	

Division 2

		Pd	Wn	Dw	Ls	GF	GA	Pts	
1.	Stirling Albion FC (Stirling)	36	24	9	3	83	30	81	P
2.	East Fife FC (Methil)	36	19	10	7	50	29	67	P
3.	Berwick Rangers FC (Berwick-upon-Tweed)	36	18	6	12	64	47	60	
4.	Stenhousemuir FC (Stenhousemuir)	36	14	7	15	51	49	49	
5.	Clyde FC (Cumbernauld)	36	11	12	13	47	45	45	
6.	Ayr United FC (Ayr)	36	11	12	13	40	40	45	
7.	Queen of the South FC (Dumfries)	36	11	10	15	54	67	43	
8.	Stranraer FC (Stranraer)	36	8	18	10	38	43	42	
9.	Forfar Athletic FC (Forfar)	36	11	7	18	37	61	40	R
10.	Montrose FC (Montrose)	36	5	5	26	33	86	20	R
		360	132	96	132	497	497	492	

1995-1996 Scottish Football League Division 3	Albion Rovers	Alloa Athletic	Arbroath	Brechin City	Caledonian Thistle	Cowdenbeath	East Stirling	Livingston	Queen's Park	Ross County
Albion Rovers FC (Coatbridge)		1-0	1-1	0-0	0-2	2-0	2-2	0-1	0-2	0-3
		2-1	0-2	1-0	2-2	2-3	1-2	0-2	3-1	3-4
Alloa Athletic FC (Alloa)	3-1		0-3	0-3	0-2	2-1	2-2	1-1	0-1	0-4
	3-2		0-2	3-2	0-5	2-3	1-3	0-2	0-0	1-0
Arbroath FC (Arbroath)	2-1	1-0		0-1	1-2	0-0	2-1	1-2	1-1	1-1
	2-0	1-1		1-1	2-1	2-1	2-2	1-3	1-1	1-2
Brechin City FC (Brechin)	1-0	3-0	0-1		0-1	2-0	4-1	0-1	4-0	0-0
	0-1	0-1	1-1		0-0	2-0	3-1	2-0	1-0	2-1
Caledonian Thistle FC (Inverness)	1-1	0-0	1-1	0-1		2-0	0-3	1-2	1-1	1-1
	6-1	1-1	5-1	1-2		3-2	1-1	0-3	3-1	1-1
Cowdenbeath FC (Cowdenbeath)	1-1	3-0	1-2	0-0	2-1		1-4	0-3	2-3	1-1
	4-1	1-0	1-1	0-1	0-0		4-2	0-1	3-2	2-0
East Stirlingshire FC (Falkirk)	1-1	1-0	1-0	2-0	1-5	1-1		0-3	1-2	2-4
	5-1	2-2	0-1	3-0	0-5	3-1		1-2	1-2	1-2
Livingston FC (Livingston)	0-1	1-0	3-0	0-1	2-2	2-1	1-1		3-1	2-1
	2-1	2-0	0-1	0-0	0-2	0-1	1-1		2-0	0-0
Queen's Park FC (Glasgow)	5-1	0-0	0-0	0-0	1-2	2-1	2-2	0-0		0-0
	4-1	0-0	2-0	0-0	0-3	3-1	1-0	0-1		1-1
Ross County FC (Dingwall)	1-1	0-0	0-0	1-2	2-1	4-1	1-3	2-2	0-1	
	5-1	2-2	4-2	0-0	2-0	2-2	1-1	1-1	2-0	

	Division 3	Pd	Wn	Dw	Ls	GF	GA	Pts	
1.	Livingston FC (Livingston)	36	21	9	6	51	24	72	P
2.	Brechin City FC (Brechin)	36	18	9	9	41	21	63	P
3.	Caledonian Thistle FC (Inverness)	36	15	12	9	64	38	57	*
4.	Ross County FC (Dingwall)	36	12	17	7	56	39	53	
5.	Arbroath FC (Arbroath)	36	13	13	10	41	41	52	
6.	Queen's Park FC (Glasgow)	36	12	12	12	40	43	48	
7.	East Stirlingshire FC (Falkirk)	36	11	11	14	58	62	44	
8.	Cowdenbeath FC (Cowdenbeath)	36	10	8	18	45	59	38	
9.	Alloa Athletic FC (Alloa)	36	6	11	19	26	58	29	
10.	Albion Rovers FC (Coatbridge)	36	7	8	21	37	74	29	
		360	125	110	125	459	459	485	

* Caledonian Thistle FC (Inverness) changed their name to Inverness Caledonian Thistle FC (Inverness) for the next season.

Note: Livingston FC 1-1 East Stirlingshire FC on 11th November 1995 was the first match to be played at Almondvale Stadium, Livingston

SCOTTISH CUP FINAL (Hampden Park, Glasgow – 18/05/1996 – 37,760)

RANGERS FC (GLASGOW)　　　　　　5-1　　　　　　Heart of Midlothian FC (Edinburgh)

Laudrup 37', 49', Durie 66', 81', 84'　　　(H.T. 1-0)　　　　　　　　　　　Colquhoun 76'

Rangers: Goram, Cleland, Robertson, Gough, McLaren, Brown, Durie, Gascoigne, Ferguson (Durrant 89'), McCall, Laudrup.

Hearts: Rousset, Locke (Lawrence 08'), Ritchie, McManus, McPherson, Bruno (Robertson 58'), Johnston, Mackay, Colquhoun, Fulton, Pointon.

Semi-finals (06/04/1996 – 07/04/1996)

Aberdeen FC (Aberdeen)	1-2	Heart of Midlothian FC (Edinburgh)
Celtic FC (Glasgow)	1-2	Rangers FC (Glasgow)

1996-97 SEASON

1996-1997 Scottish Football League Premier Division	Aberdeen	Celtic	Dundee United	Dunfermline	Hearts	Hibernian	Kilmarnock	Motherwell	Raith Rovers	Rangers
Aberdeen FC (Aberdeen)		1-2	1-1	0-2	0-0	1-1	2-1	0-0	2-0	2-2
		2-2	3-3	3-0	4-0	0-2	3-0	0-0	1-0	0-3
Celtic FC (Glasgow)	3-0		3-0	4-2	2-0	4-1	0-0	5-0	2-0	0-1
	1-0		1-0	5-1	2-2	5-0	6-0	1-0	4-1	0-1
Dundee United FC (Dundee)	4-0	1-0		2-1	1-0	0-0	2-0	2-0	2-1	0-1
	1-0	1-2		1-1	1-0	0-1	0-0	1-1	1-2	1-0
Dunfermline Athletic FC (Dunfermline)	3-0	2-2	1-3		2-3	1-1	3-1	3-1	2-0	0-3
	2-3	0-2	1-1		2-1	2-1	2-1	1-1	3-1	2-5
Heart of Midlothian FC (Edinburgh)	0-0	1-2	1-2	1-1		1-0	2-0	4-1	3-2	3-1
	1-2	2-2	1-0	2-0		0-0	3-2	1-1	0-0	1-4
Hibernian FC (Edinburgh)	3-1	1-3	2-0	1-0	0-4		0-1	1-1	1-1	1-2
	0-1	0-4	1-1	0-0	1-3		1-2	2-0	1-0	2-1
Kilmarnock FC (Kilmarnock)	1-1	2-0	2-3	2-1	1-0	1-1		1-0	0-1	1-1
	3-0	1-3	0-2	2-2	2-0	4-2		2-4	2-1	1-4
Motherwell FC (Motherwell)	2-2	0-1	1-1	2-2	0-1	2-1	2-0		5-0	1-3
	2-2	2-1	1-3	2-3	0-2	1-1	1-0		0-1	0-1
Raith Rovers FC (Kirkcaldy)	2-2	1-1	0-1	0-1	1-2	1-1	2-1	1-5		0-6
	1-4	1-2	3-2	1-2	1-1	0-3	1-0	0-3		2-2
Rangers FC (Glasgow)	4-0	3-1	0-2	4-0	0-0	3-1	1-2	0-2	4-0	
	2-2	2-0	1-0	3-1	3-0	4-3	4-2	5-0	1-0	

	Premier Division	**Pd**	**Wn**	**Dw**	**Ls**	**GF**	**GA**	**Pts**	
1.	RANGERS FC (GLASGOW)	36	25	5	6	85	33	80	
2.	Celtic FC (Glasgow)	36	23	6	7	78	32	75	
3.	Dundee United FC (Dundee)	36	17	9	10	46	33	60	
4.	Heart of Midlothian FC (Edinburgh)	36	14	10	12	46	43	52	
5.	Dunfermline Athletic FC (Dunfermline)	36	12	9	15	52	65	45	
6.	Aberdeen FC (Aberdeen)	36	10	14	12	45	54	44	
7.	Kilmarnock FC (Kilmarnock)	36	11	6	19	41	61	39	
8.	Motherwell FC (Motherwell)	36	9	11	16	44	55	38	
9.	Hibernian FC (Edinburgh)	36	9	11	16	38	55	38	PO
10.	Raith Rovers FC (Kirkcaldy)	36	6	7	23	29	73	25	R
		360	136	88	136	504	504	496	

Top goalscorers 1996-97

1)	Jorge CADETE	(Celtic FC)	25
2)	Brian LAUDRUP	(Rangers FC)	16
3)	William DODDS	(Aberdeen FC)	15
	Paul WRIGHT	(Kilmarnock FC)	15
5)	John ROBERTSON	(Heart of Midlothian FC)	14
	Pierre VAN HOOIJDONK	(Celtic FC)	14

1996-1997 Scottish Football League Division 1	Airdrieonians	Clydebank	Dundee	East Fife	Falkirk	Greenock Morton	Partick Thistle	St. Johnstone	St. Mirren	Stirling Albion
Airdrieonians FC (Cumbernauld)	■	4-1	2-0	1-1	2-0	1-0	1-1	0-1	1-1	1-2
		3-1	0-0	0-0	0-1	1-2	4-4	0-1	2-2	3-1
Clydebank FC (Dumbarton)	1-1	■	0-0	0-4	1-2	0-1	4-1	1-1	0-1	1-2
	1-4		0-0	2-0	0-1	2-1	1-3	2-1	2-1	1-0
Dundee FC (Dundee)	2-1	1-0	■	6-0	0-2	1-0	1-1	0-0	2-0	4-2
	0-1	2-1		2-0	2-0	2-1	0-2	0-1	0-1	1-1
East Fife FC (Methil)	0-0	1-2	1-1	■	0-2	1-4	0-2	2-2	0-3	1-3
	0-4	1-1	1-7		3-1	0-3	1-3	1-4	0-4	2-2
Falkirk FC (Falkirk)	0-3	1-1	1-1	3-1	■	3-0	2-1	1-4	1-1	2-2
	1-1	2-0	0-1	2-1		0-0	1-0	2-0	1-0	5-2
Greenock Morton FC (Greenock)	1-1	2-2	1-1	2-0	0-2	■	1-3	0-1	2-0	1-1
	1-1	3-0	0-0	0-0	1-0		1-0	0-2	1-3	3-2
Partick Thistle FC (Glasgow)	1-2	3-1	2-2	3-1	2-1	0-3	■	0-4	0-0	1-1
	0-0	1-0	0-0	6-0	3-0	0-0		0-4	1-1	1-1
St. Johnstone FC (Perth)	2-2	1-0	7-2	3-2	3-1	1-0	0-0	■	1-0	1-1
	1-1	2-0	0-1	3-0	0-0	1-0	2-0		4-0	5-0
St. Mirren FC (Paisley)	1-2	1-0	3-2	1-0	1-0	3-1	2-0	2-1	■	1-3
	2-3	1-0	0-1	4-1	0-1	1-0	3-2	0-3		2-1
Stirling Albion FC (Stirling)	1-2	4-2	0-1	4-1	0-0	4-3	2-0	1-4	1-0	■
	0-1	2-0	1-1	2-1	1-0	1-3	1-2	1-3	1-1	

Promotion/Relegation Play-off

Hibernian FC (Edinburgh)　　　　1-0, 4-2　　　　Airdrieonians FC (Airdrie/Cumbernauld)

Division 1

		Pd	Wn	Dw	Ls	GF	GA	Pts	
1.	St. Johnstone FC (Perth)	36	24	8	4	74	23	80	P
2.	Airdrieonians FC (Airdrie/Cumbernauld)	36	15	15	6	56	34	60	PO
3.	Dundee FC (Dundee)	36	15	13	8	47	33	58	
4.	St. Mirren FC (Paisley)	36	17	7	12	48	41	58	
5.	Falkirk FC (Falkirk)	36	15	9	12	42	39	54	
6.	Partick Thistle FC (Glasgow)	36	12	12	12	49	48	48	
7.	Stirling Albion FC (Stirling)	36	12	10	14	54	61	46	
8.	Greenock Morton FC (Greenock)	36	12	9	15	42	41	45	
9.	Clydebank FC (Milngavie/Dumbarton)	36	7	7	22	31	59	28	R
10.	East Fife FC (Methil)	36	2	8	26	28	92	14	
		360	131	98	131	471	471	491	

1996-1997 Scottish Football League Division 2	Ayr United	Berwick Rangers	Brechin City	Clyde	Dumbarton	Hamilton	Livingston	Queen/South	Stenhousemuir	Stranraer
Ayr United FC (Ayr)		2-0	2-0	3-1	1-1	1-0	1-0	2-2	2-1	2-0
		6-0	1-0	2-4	1-4	1-1	1-0	1-0	1-2	2-0
Berwick Rangers FC (Berwick-upon-Tweed)	0-2		1-0	0-2	0-3	0-5	1-1	1-1	1-0	2-0
	1-2		0-0	1-5	3-1	0-2	1-2	2-2	0-6	1-2
Brechin City FC (Brechin)	1-1	3-1		2-1	0-3	0-1	1-0	0-1	1-1	0-0
	1-1	3-2		1-2	2-1	0-2	0-0	3-3	0-0	0-2
Clyde FC (Cumbernauld)	1-1	0-0	1-1		2-1	0-1	0-1	2-1	3-0	3-0
	2-3	2-1	1-0		0-1	1-1	2-0	0-2	0-4	1-0
Dumbarton FC (Dumbarton)	1-1	2-2	1-2	2-0		0-3	2-3	0-3	0-2	2-2
	1-3	1-0	1-1	2-2		1-3	2-4	1-2	1-1	1-1
Hamilton Academical FC (Coatbridge)	1-1	4-1	4-0	4-0	4-0		0-0	4-1	1-1	2-1
	1-2	4-2	5-1	2-0	2-0		3-3	2-2	0-2	4-0
Livingston FC (Livingston)	2-1	2-2	2-3	0-0	1-2	1-2		2-1	1-3	3-0
	1-0	2-1	2-1	0-0	5-0	1-0		3-1	2-1	2-0
Queen of the South FC (Dumfries)	1-3	2-0	2-1	0-1	4-0	1-0	1-2		2-3	1-1
	1-2	2-1	1-5	0-2	2-1	1-1	2-2		1-0	3-2
Stenhousemuir FC (Stenhousemuir)	1-2	1-1	3-1	1-1	1-4	3-1	1-3	0-3		4-0
	1-2	1-1	0-0	0-0	0-1	0-1	0-0	2-1		0-1
Stranraer FC (Stranraer)	0-1	1-1	0-1	1-0	1-0	0-1	1-1	3-1	2-1	
	0-1	1-1	0-1	0-0	2-0	0-3	1-2	2-1	2-2	

	Division 2	**Pd**	**Wn**	**Dw**	**Ls**	**GF**	**GA**	**Pts**	
1.	Ayr United FC (Ayr)	36	23	8	5	61	33	77	P
2.	Hamilton Academical FC (Hamilton/Coatbridge)	36	22	8	6	75	28	74	P
3.	Livingston FC (Livingston)	36	18	19	8	56	38	64	
4.	Clyde FC (Cumbernauld)	36	14	10	12	42	39	52	
5.	Queen of the South FC (Dumfries)	36	13	8	15	55	57	47	
6.	Stenhousemuir FC (Stenhousemuir)	36	11	11	14	49	43	44	
7.	Brechin City FC (Brechin)	36	10	11	15	36	49	41	
8.	Stranraer FC (Stranraer)	36	9	9	18	29	51	36	
9.	Dumbarton FC (Dumbarton)	36	9	8	19	44	66	35	R
10.	Berwick Rangers FC (Berwick-upon-Tweed)	36	4	11	21	32	75	23	R
		360	133	94	133	479	479	493	

1996-1997 Scottish Football League Division 3	Albion Rovers	Alloa Athletic	Arbroath	Cowdenbeath	East Stirling	Forfar Athletic	Inverness CT	Montrose	Queen's Park	Ross County
Albion Rovers FC (Coatbridge)	■	3-0	1-2	4-0	1-1	1-3	0-3	2-1	2-1	1-2
		1-1	1-0	2-0	1-1	2-0	0-0	1-2	1-1	0-2
Alloa Athletic FC (Alloa)	2-0	■	0-2	1-0	1-1	0-3	1-0	1-0	3-1	1-1
	2-0		1-1	1-1	1-0	3-4	0-2	3-1	2-1	1-3
Arbroath FC (Arbroath)	1-2	1-2	■	1-0	1-2	3-3	0-0	1-1	0-0	2-1
	1-3	0-2		0-1	0-0	1-1	1-4	1-2	1-0	3-1
Cowdenbeath FC (Cowdenbeath)	0-0	2-1	1-1	■	2-0	1-2	2-1	0-1	1-4	1-1
	1-1	2-0	2-2		1-0	1-3	3-4	1-0	1-1	0-1
East Stirlingshire FC (Falkirk)	1-4	0-3	3-0	2-2	■	0-3	0-3	4-2	1-0	2-3
	0-1	2-2	0-0	1-0		2-1	0-0	1-3	2-1	0-1
Forfar Athletic FC (Forfar)	3-1	1-0	1-1	3-0	1-0	■	2-0	5-3	4-0	0-1
	0-0	1-1	1-1	2-5	3-0		3-1	3-1	2-2	0-2
Inverness Caledonian Thistle FC (Inverness)	4-1	3-1	4-2	2-1	3-2	0-4	■	3-2	1-0	3-0
	1-1	1-0	2-0	1-3	2-0	1-1		2-0	2-2	2-0
Montrose FC (Montrose)	0-4	2-3	1-0	0-0	0-2	0-4	0-2	■	1-1	0-0
	2-1	1-2	0-0	0-2	1-0	4-1	2-2		3-2	2-1
Queen's Park FC (Glasgow)	0-0	0-4	3-1	2-1	3-0	4-0	1-2	0-1	■	1-2
	1-1	2-1	3-1	1-0	3-3	1-4	2-3	0-2		0-3
Ross County FC (Dingwall)	3-1	3-1	1-0	4-0	1-1	1-1	0-3	3-1	2-0	■
	3-2	1-2	2-0	1-0	1-1	1-1	1-3	4-4	1-2	

	Division 3	Pd	Wn	Dw	Ls	GF	GA	Pts	
1.	Inverness Caledonian Thistle FC (Inverness)	36	23	7	6	70	37	76	P
2.	Forfar Athletic FC (Forfar)	36	19	10	7	74	45	67	P
3.	Ross County FC (Dingwall)	36	20	7	9	58	41	67	
4.	Alloa Athletic FC (Alloa)	36	16	7	13	50	47	55	
5.	Albion Rovers FC (Coatbridge)	36	13	10	13	50	47	49	
6.	Montrose FC (Montrose)	36	12	7	17	46	62	43	
7.	Cowdenbeath FC (Cowdenbeath)	36	10	9	17	38	51	39	
8.	Queen's Park FC (Glasgow)	36	9	9	18	46	59	36	
9.	East Stirlingshire FC (Falkirk)	36	8	9	19	36	58	33	
10.	Arbroath FC (Arbroath)	36	6	13	17	31	52	31	
		360	136	88	136	499	499	496	

Note: Inverness Caledonian Thistle FC 2-0 Arbroath FC on 5th October 1996 was the last match played at Telford Street Park. Inverness Caledonian Thistle FC 1-1 Albion Rovers FC on 9th November 1996 was the first match played at Caledonian Stadium (East Longman Park) by the club after an inaugural match versus a Highland League XI on 6th November 1996.

SCOTTISH CUP FINAL   (Ibrox Park, Glasgow – 24/05/1997 – 48,593)

KILMARNOCK FC (KIMARNOCK)   1-0   Falkirk FC (Falkirk)
Wright 21'   *(H.T. 1-0)*

Kilmarnock: Lekovic, MacPherson, Kerr, Montgomerie, McGowne, Reilly, Bagan (Mitchell 88'), Holt, Wright (Henry 77'), McIntyre (Brown 83'), Burke.

Falkirk: Nelson, McGowan, Seaton, Oliver, James, Gray, McAllister, McKenzie, Crabbe (Craig 77'), Hagen, McGrillen (Fellner 63').

Semi-finals   (12/04/1997 – 23/04/1997)

Celtic FC (Glasgow)   1-1, 0-1   Falkirk FC (Falkirk)
Kilmarnock FC (Kilmarnock)   0-0, 1-0   Dundee United FC (Dundee)

1997-98 SEASON

1997-1998 Scottish Football League Premier Division	Aberdeen	Celtic	Dundee United	Dunfermline	Hearts	Hibernian	Kilmarnock	Motherwell	Rangers	St. Johnstone
Aberdeen FC (Aberdeen)		0-1	1-0	2-0	2-2	3-0	0-0	3-0	1-0	0-1
		0-2	1-1	1-2	1-4	2-0	0-0	1-3	1-1	1-1
Celtic FC (Glasgow)	3-1		1-1	5-1	0-0	0-0	4-0	4-1	2-0	2-0
	2-0		4-0	1-2	1-0	5-0	4-0	0-2	1-1	2-0
Dundee United FC (Dundee)	0-0	1-2		2-2	0-1	1-1	1-1	1-0	1-2	0-2
	5-0	1-2		0-0	0-0	1-1	1-2	4-0	2-1	2-1
Dunfermline Athletic FC (Dunfermline)	3-3	1-1	2-2		1-3	1-1	3-2	2-1	2-3	0-1
	1-1	0-2	3-3		2-1	2-1	1-1	0-2	0-0	2-2
Heart of Midlothian FC (Edinburgh)	2-1	1-1	2-0	2-0		2-2	1-1	1-1	0-3	1-1
	4-1	1-2	2-1	3-1		2-0	5-3	2-0	2-5	2-1
Hibernian FC (Edinburgh)	1-1	0-1	1-2	1-0	2-1		0-1	1-0	1-2	0-1
	2-2	2-1	1-3	5-2	0-1		4-0	1-1	3-4	1-1
Kilmarnock FC (Kilmarnock)	2-1	1-2	1-0	3-0	2-2	1-1		4-1	1-1	1-0
	1-0	0-0	1-3	2-1	0-3	2-1		2-1	0-3	0-1
Motherwell FC (Motherwell)	1-2	1-1	1-0	1-3	2-4	6-2	1-1		2-1	2-1
	1-2	2-3	1-0	2-0	1-4	1-1	0-1		1-1	0-1
Rangers FC (Glasgow)	2-0	2-0	4-1	1-1	2-2	3-0	0-1	1-0		2-1
	3-3	1-0	5-1	7-0	3-1	1-0	4-1	2-2		3-2
St. Johnstone FC (Perth)	0-1	1-0	1-1	0-0	2-3	1-1	1-0	3-2	2-1	
	1-0	0-2	1-1	0-2	1-2	1-0	1-1	4-3	0-2	

	Premier Division	Pd	Wn	Dw	Ls	GF	GA	Pts	
1.	CELTIC FC (GLASGOW)	36	22	8	6	64	24	74	
2.	Rangers FC (Glasgow)	36	21	9	6	76	38	72	
3.	Heart of Midlothian FC (Edinburgh)	36	19	10	7	70	46	67	
4.	Kilmarnock FC (Kilmarnock)	36	13	11	12	40	52	50	
5.	St. Johnstone FC (Perth)	36	13	9	14	38	42	48	
6.	Aberdeen FC (Aberdeen)	36	9	12	15	39	53	39	
7.	Dundee United FC (Dundee)	36	8	13	15	43	51	37	
8.	Dunfermline Athletic FC (Dunfermline)	36	8	13	15	43	68	37	
9.	Motherwell FC (Motherwell)	36	9	7	20	46	64	34	
10.	Hibernian FC (Edinburgh)	36	6	12	18	38	59	30	R
		360	128	92	128	497	497	488	

Top goalscorers 1997-98

1)	Marco NEGRI	(Rangers FC)	32
2)	Kjell OLOFSSON	(Dundee United FC)	18
3)	Henrik LARSSON	(Celtic FC)	16

Note: The top 9 clubs in the Premier Division plus Division 1 champions, Dundee FC left the Scottish League to form a new independent "Scottish Premier League" for the next season. All other clubs remained as members of the "Scottish League".

1997-1998 Scottish Football League Division 1	Airdrieonians	Ayr United	Dundee	Falkirk	Greenock Morton	Hamilton	Partick Thistle	Raith Rovers	St. Mirren	Stirling Albion
Airdrieonians FC (Cumbernauld)	■	2-0	1-2	0-1	1-1	3-2	2-1	1-0	2-1	1-0
	■	1-0	0-0	2-2	3-3	0-0	1-1	1-0	1-3	2-0
Ayr United FC (Ayr)	0-2	■	2-5	1-3	2-1	2-1	2-2	0-0	2-2	1-0
	6-0	■	1-2	1-2	1-2	1-2	2-2	1-0	0-2	2-1
Dundee FC (Dundee)	1-0	1-1	■	0-1	2-0	1-1	0-3	1-1	1-0	2-0
	1-0	4-0	■	3-0	0-1	0-2	0-0	2-2	1-0	0-0
Falkirk FC (Falkirk)	0-1	4-0	1-0	■	1-1	3-1	1-1	0-1	2-2	1-0
	2-1	2-1	1-1	■	1-0	1-4	0-1	0-1	3-1	3-2
Greenock Morton FC (Greenock)	0-2	0-1	0-0	1-1	■	3-1	1-0	3-1	2-0	1-0
	1-1	1-1	0-2	0-2	■	0-2	3-2	1-3	3-0	1-3
Hamilton Academical FC (Coatbridge)	0-2	1-1	1-2	1-2	0-3	■	0-1	1-4	1-1	2-2
	0-0	0-2	0-4	1-1	1-0	■	1-1	2-0	2-0	3-2
Partick Thistle FC (Glasgow)	2-0	1-3	1-2	0-0	3-3	0-0	■	1-2	1-2	1-3
	1-2	3-0	0-3	3-4	2-1	3-3	■	1-3	2-2	1-2
Raith Rovers FC (Kirkcaldy)	1-1	0-0	1-1	2-0	1-2	2-1	2-0	■	4-1	0-1
	1-1	0-1	0-1	2-0	0-0	3-1	2-0	■	2-1	2-0
St. Mirren FC (Paisley)	0-1	3-0	1-0	1-2	3-2	2-2	0-1	0-2	■	0-2
	0-2	1-1	0-2	2-0	2-1	2-1	1-0	2-3	■	2-2
Stirling Albion FC (Stirling)	2-2	2-0	1-3	0-6	2-2	0-1	0-1	3-2	0-1	■
	0-0	1-1	1-2	2-3	1-3	2-1	2-2	1-1	0-0	■

	Division 1	Pd	Wn	Dw	Ls	GF	GA	Pts	
1.	Dundee FC (Dundee)	36	20	10	6	52	24	70	P
2.	Falkirk FC (Falkirk)	36	19	8	9	56	41	65	
3.	Raith Rovers FC (Kirkcaldy)	36	17	9	10	51	33	60	
4.	Airdrieonians FC (Airdrie/Cumbernauld)	36	16	12	8	42	35	60	
5.	Greenock Morton FC (Greenock)	36	12	10	14	47	48	46	
6.	St. Mirren FC (Paisley)	36	11	8	17	41	53	41	
7.	Ayr United FC (Ayr)	36	10	10	16	40	56	40	
8.	Hamilton Academical FC (Hamilton/Coatbridge)	36	9	11	16	43	56	38	
9.	Partick Thistle FC (Glasgow)	36	8	12	16	45	55	36	R
10.	Stirling Albion FC (Stirling)	36	8	10	18	40	56	34	R
		360	130	100	130	457	457	490	

1997-1998 Scottish Football League Division 2	Brechin City	Clyde	Clydebank	East Fife	Forfar Athletic	Inverness CT	Livingston	Queen/South	Stenhousemuir	Stranraer
Brechin City FC (Brechin)	■	0-2	1-6	2-1	1-1	3-1	0-2	1-1	4-3	1-3
	■	2-1	0-1	0-0	2-0	2-2	0-2	0-3	1-1	2-2
Clyde FC (Cumbernauld)	2-2	■	2-0	0-0	1-2	1-6	0-3	3-1	0-0	0-1
	1-1	■	0-1	3-0	1-2	4-3	1-0	0-0	2-0	0-1
Clydebank FC (Dumbarton)	2-1	2-1	■	0-3	0-1	1-0	0-2	1-1	1-0	0-1
	3-0	2-2	■	1-2	1-1	1-1	1-1	4-0	1-0	0-0
East Fife FC (Methil)	4-1	1-1	0-2	■	0-1	0-1	2-0	1-5	2-1	0-3
	3-1	3-0	2-3	■	1-0	1-5	2-3	3-2	0-3	2-2
Forfar Athletic FC (Forfar)	5-0	0-1	0-0	1-0	■	1-2	2-1	2-4	0-1	2-1
	2-5	2-2	0-2	1-2	■	2-1	2-2	2-4	1-1	3-1
Inverness Caledonian Thistle FC (Inverness)	2-1	5-1	3-2	4-0	0-0	■	2-2	0-2	2-1	1-2
	0-0	1-2	0-0	0-1	2-2	■	1-1	2-1	4-1	2-2
Livingston FC (Livingston)	1-0	4-0	0-3	2-2	4-0	1-2	■	1-1	1-1	0-1
	5-2	0-2	0-0	1-0	4-3	2-2	■	3-1	2-1	1-0
Queen of the South FC (Dumfries)	1-1	0-0	0-0	1-4	5-1	1-0	0-1	■	1-0	3-2
	0-0	4-3	2-2	2-1	0-1	2-1	1-0	■	0-1	2-1
Stenhousemuir FC (Stenhousemuir)	3-1	1-1	0-0	2-3	2-2	0-3	1-2	2-0	■	0-1
	3-2	0-0	2-3	0-0	1-4	3-2	1-1	2-1	■	3-0
Stranraer FC (Stranraer)	0-2	3-0	2-1	2-3	4-0	3-1	2-0	3-4	1-2	■
	4-0	0-0	0-1	3-2	2-2	2-1	1-1	2-1	2-1	■

	Division 2	Pd	Wn	Dw	Ls	GF	GA	Pts	
1.	Stranraer FC (Stranraer)	36	18	7	11	62	44	61	P
2.	Clydebank FC (Milngavie/Dumbarton)	36	16	12	8	48	31	60	P
3.	Livingston FC (Livingston)	36	16	11	9	56	40	59	
4.	Queen of the South FC (Dumfries)	36	15	9	12	57	51	54	
5.	Inverness Caledonian Thistle FC (Inverness)	36	13	10	13	65	51	49	
6.	East Fife FC (Methil)	36	14	6	16	51	59	48	
7.	Forfar Athletic FC (Forfar)	36	12	10	14	51	61	46	
8.	Clyde FC (Cumbernauld)	36	10	12	14	40	53	42	
9.	Stenhousemuir FC (Stenhousemuir)	36	10	10	16	44	53	40	
10.	Brechin City FC (Brechin)	36	7	11	18	42	73	32	
		360	131	98	131	516	516	491	

1997-1998 Scottish Football League Division 3	Albion Rovers	Alloa Athletic	Arbroath	Berwick Rangers	Cowdenbeath	Dumbarton	East Stirling	Montrose	Queen's Park	Ross County
Albion Rovers FC (Coatbridge)	■	3-3	0-2	5-0	0-1	2-2	3-2	4-2	1-2	1-3
	■	2-1	0-1	2-1	0-1	2-1	5-1	3-2	0-0	2-0
Alloa Athletic FC (Alloa)	3-1	■	3-1	1-0	2-0	3-0	5-2	3-2	2-0	1-1
	4-0	■	3-0	1-3	1-0	1-2	0-2	5-1	3-4	1-0
Arbroath FC (Arbroath)	3-1	3-0	■	1-0	2-0	2-2	3-0	4-2	1-1	1-1
	3-0	2-3	■	4-1	3-2	2-1	2-0	1-2	2-2	2-2
Berwick Rangers FC (Berwick-upon-Tweed)	5-2	1-1	0-0	■	0-2	1-1	3-1	1-1	2-2	1-1
	1-1	0-2	1-3	■	2-1	5-3	2-3	1-3	2-1	0-0
Cowdenbeath FC (Cowdenbeath)	2-0	1-3	3-1	1-0	■	2-0	0-1	0-0	1-2	0-2
	1-4	0-3	0-4	0-2	■	0-2	1-0	3-1	0-0	0-1
Dumbarton FC (Dumbarton)	2-0	0-3	1-2	0-2	2-3	■	1-0	2-3	0-0	0-1
	1-1	0-1	1-2	1-4	1-2	■	0-1	2-2	0-0	2-2
East Stirlingshire FC (Falkirk)	2-0	0-3	1-1	1-1	2-1	1-0	■	1-2	0-0	1-0
	1-0	2-1	1-2	4-0	4-0	3-1	■	4-1	1-0	1-3
Montrose FC (Montrose)	1-3	0-3	1-0	2-2	3-1	2-1	1-1	■	4-3	0-2
	1-2	0-2	0-3	1-2	2-0	2-2	1-1	■	1-3	3-4
Queen's Park FC (Glasgow)	2-4	1-1	0-2	2-1	0-4	0-2	0-2	0-2	■	0-4
	5-1	3-0	3-2	0-0	1-0	2-3	0-1	1-1	■	0-3
Ross County FC (Dingwall)	6-2	0-2	1-0	0-0	1-0	0-0	5-2	2-1	2-1	■
	5-3	2-4	0-0	2-0	5-0	2-3	0-0	8-1	0-1	■

	Division 3	Pd	Wn	Dw	Ls	GF	GA	Pts	
1.	Alloa Athletic FC (Alloa)	36	24	4	8	78	39	76	P
2.	Arbroath FC (Arbroath)	36	20	8	8	67	39	68	P
3.	Ross County FC (Dingwall)	36	19	10	7	71	36	67	
4.	East Stirlingshire FC (Falkirk)	36	17	6	13	50	48	57	
5.	Albion Rovers FC (Coatbridge)	36	13	5	18	60	73	44	
6.	Berwick Rangers FC (Berwick-upon-Tweed)	36	10	12	14	47	55	42	
7.	Queen's Park FC (Glasgow)	36	10	11	15	42	55	41	
8.	Cowdenbeath FC (Cowdenbeath)	36	12	2	22	33	57	38	
9.	Montrose FC (Montrose)	36	10	8	18	53	80	38	
10.	Dumbarton FC (Dumbarton)	36	7	10	19	42	61	31	
		360	142	76	142	543	543	502	

SCOTTISH CUP FINAL   (Celtic Park, Glasgow – 16/05/1998 – 48,946)

HEART OF MIDLOTHIAN FC (E'BURGH)   2-1   Rangers FC (Glasgow)

Cameron 2' pen., Adam 53   *(H.T. 1-0)*   *McCoist 81'*

Hearts: Rousset, McPherson, Naysmith, Weir, Salvatori, Ritchie, McCann, Fulton, Adam (Hamilton 78'), Cameron, Flogel.

Rangers: Goram, Porrini, Stensaas (McCoist 46'), Gough, Amoruso, Bjorklund, Gattuso, Ferguson, Durie, McCall (Durrant 68'), Laudrup.

Semi-finals   (04/04/1998 – 05/04/1998)

Falkirk FC (Falkirk)	1-3		Heart of Midlothian FC (Edinburgh)
Rangers FC (Glasgow)	2-1		Celtic FC (Glasgow)

1998-99 SEASON

1998-1999 Scottish Premier League	Aberdeen	Celtic	Dundee	Dundee United	Dunfermline	Hearts	Kilmarnock	Motherwell	Rangers	St. Johnstone
Aberdeen FC (Aberdeen)	—	1-5	1-2	0-4	3-1	2-5	2-1	1-1	2-4	1-0
	—	3-2	2-2	0-3	2-1	2-0	0-1	1-1	1-1	0-1
Celtic FC (Glasgow)	3-2	—	5-0	2-1	5-0	3-0	1-0	1-0	0-3	5-0
	2-0	—	6-1	2-1	5-0	1-1	1-1	2-0	5-1	0-1
Dundee FC (Dundee)	1-2	0-3	—	1-3	3-1	2-0	2-1	1-0	1-1	0-1
	0-2	1-1	—	2-2	1-0	1-0	1-1	1-0	0-4	0-1
Dundee United FC (Dundee)	3-0	1-2	0-2	—	1-1	1-3	0-0	0-3	1-2	0-1
	1-0	1-1	0-1	—	1-1	0-0	0-2	2-2	0-0	1-1
Dunfermline Athletic FC (Dunfermline)	1-2	1-2	2-0	2-2	—	0-0	0-6	1-2	0-3	1-0
	1-1	2-2	2-0	2-1	—	1-1	0-3	1-1	0-2	1-1
Heart of Midlothian FC (Edinburgh)	0-2	2-4	1-2	4-0	2-0	—	2-2	0-2	2-3	0-2
	2-0	2-1	0-2	0-1	2-1	—	2-1	3-0	2-1	1-1
Kilmarnock FC (Kilmarnock)	4-2	0-0	0-0	2-0	0-0	1-0	—	0-1	0-5	1-1
	4-0	2-0	2-1	2-0	3-0		—	0-0	1-3	2-2
Motherwell FC (Motherwell)	1-1	1-7	1-2	2-0	1-1	0-4	1-2	—	1-5	1-2
	2-2	1-2	2-1	1-0	0-0	3-2	0-0	—	1-0	1-0
Rangers FC (Glasgow)	3-1	2-2	6-1	0-1	1-0	0-0	1-1	2-1	—	1-0
	2-1	0-0	1-0	2-1	1-1	3-0	1-0	2-1	—	4-0
St. Johnstone FC (Perth)	4-1	1-0	1-0	1-0	1-1	0-0	0-1	0-0	3-1	—
	2-0	2-1	1-1	1-3	1-1	1-1	0-0	5-0	0-7	—

	Scottish Premier League	Pd	Wn	Dw	Ls	GF	GA	Pts	
1.	RANGERS FC (GLASGOW)	36	23	8	5	78	31	77	
2.	Celtic FC (Glasgow)	36	21	8	7	84	35	71	
3.	St. Johnstone FC (Perth)	36	15	12	9	39	38	57	
4.	Kilmarnock FC (Kilmarnock)	36	14	14	8	47	29	56	
5.	Dundee FC (Dundee)	36	13	7	16	36	56	46	
6.	Heart of Midlothian FC (Edinburgh)	36	11	9	16	44	50	42	
7.	Motherwell FC (Motherwell)	36	10	11	15	35	54	41	
8.	Aberdeen FC (Aberdeen)	36	10	7	19	43	71	37	
9.	Dundee United FC (Dundee)	36	8	10	18	37	48	34	
10.	Dunfermline Athletic FC (Dunfermline)	36	4	16	16	28	59	28	R
		360	129	102	129	471	471	489	

Top goalscorers 1998-99

1)	Henrik LARSSON	(Celtic FC)	29
2)	Rodney WALLACE	(Rangers FC)	18
3)	William DODDS	(Dundee United FC)	17

Note: Membership of the "Scottish Premier League" was restricted to clubs which had a stadium capacity of 10,000 seats or over and clubs which did not meet this regulation were not allowed promotion to the SPL.

1998-1999 Scottish Football League Division 1	Airdrieonians	Ayr United	Clydebank	Falkirk	Greenock Morton	Hamilton	Hibernian	Raith Rovers	St. Mirren	Stranraer
Airdrieonians FC (Airdrie)	■	0-2	2-0	1-2	0-2	1-0	1-4	2-2	0-3	2-0
	■	0-2	0-0	0-3	0-1	3-2	1-3	0-1	1-0	3-2
Ayr United FC (Ayr)	0-1	■	0-0	1-2	1-0	5-0	1-3	1-0	2-2	4-0
	1-2	■	4-1	4-2	1-0	2-3	3-3	0-2	1-1	7-1
Clydebank FC (Dumbarton)	0-1	2-1	■	1-2	1-2	0-0	2-0	0-0	2-2	1-2
	0-1	0-1	■	0-1	2-1	0-0	2-2	1-1	1-0	2-1
Falkirk FC (Falkirk)	1-1	3-0	0-2	■	1-2	6-1	1-2	1-0	1-0	3-2
	0-1	1-0	2-2	■	2-1	2-1	1-1	1-1	1-1	1-0
Greenock Morton FC (Greenock)	0-2	1-4	1-1	3-2	■	3-0	1-3	1-1	0-0	1-0
	0-0	1-2	2-2	0-3	■	1-2	0-1	2-0	0-1	3-0
Hamilton Academical FC (Glasgow)	0-2	0-2	0-1	0-2	0-2	■	0-2	1-2	0-0	1-0
	1-1	1-3	1-2	2-1	0-0	■	2-2	3-2	0-0	1-2
Hibernian FC (Edinburgh)	3-0	3-0	3-0	2-1	2-1	4-0	■	5-1	2-1	2-0
	1-0	4-2	2-1	2-1	2-1	0-0	■	3-1	4-1	1-2
Raith Rovers FC (Kirkcaldy)	0-1	2-4	2-1	2-1	1-3	1-1	1-3	■	1-1	3-2
	1-3	0-0	0-1	1-1	0-0	0-2	1-3	■	1-0	2-0
St. Mirren FC (Paisley)	3-0	1-0	1-1	0-3	1-5	1-0	1-2	3-1	■	5-1
	1-5	0-2	0-0	0-2	1-0	3-2	2-0	2-1	■	1-0
Stranraer FC (Stranraer)	1-2	0-2	0-2	0-1	0-1	2-2	0-4	2-0	1-2	■
	1-2	0-1	0-2	1-2	2-3	2-1	0-1	2-2	0-1	■

	SFL Division 1	Pd	Wn	Dw	Ls	GF	GA	Pts	
1.	Hibernian FC (Edinburgh)	36	28	5	3	84	33	89	P
2.	Falkirk FC (Falkirk)	36	20	6	10	60	38	66	
3.	Ayr United FC (Ayr)	36	19	5	12	66	42	62	
4.	Airdrieonians FC (Airdrie)	36	18	5	13	42	43	59	
5.	St. Mirren FC (Paisley)	36	14	10	12	42	43	52	
6.	Greenock Morton FC (Greenock)	36	14	7	15	45	41	49	*
7.	Clydebank FC (Glasgow/Dumbarton)	36	11	13	12	36	38	46	
8.	Raith Rovers FC (Kirkcaldy)	36	8	11	17	37	57	35	
9.	Hamilton Academical FC (Hamilton/Glasgow)	36	6	10	20	30	62	28	R
10.	Stranraer FC (Stranraer)	36	5	2	29	29	74	17	R
		360	143	74	143	471	471	503	

1998-1999 Scottish Football League Division 2	Alloa Athletic	Arbroath	Clyde	East Fife	Forfar Athletic	Inverness CT	Livingston	Partick Thistle	Queen/South	Stirling Albion
Alloa Athletic FC		1-2	1-0	3-1	3-1	1-4	1-3	0-1	3-5	2-2
(Alloa)		1-1	3-0	5-1	1-2	1-1	3-4	3-1	2-1	7-0
Arbroath FC	1-2		0-3	2-1	2-2	3-1	1-1	2-1	0-2	1-0
(Arbroath)	0-2		0-0	0-2	2-1	0-1	2-2	1-0	2-1	0-3
Clyde FC	0-1	1-1		1-0	1-0	1-1	0-3	0-1	2-1	4-1
(Cumbernauld)	2-1	3-0		0-0	3-1	4-1	1-1	1-2	2-0	2-1
East Fife FC	0-4	1-2	2-1		2-1	3-2	1-1	1-0	0-1	1-0
(Methil)	2-2	0-3	0-0		1-0	1-5	2-3	1-3	2-0	2-3
Forfar Athletic FC	3-1	5-2	3-1	2-4		0-3	1-2	2-1	2-1	3-3
(Forfar)	1-2	1-3	2-2	1-2		2-2	1-2	0-1	1-0	1-2
Inverness Caledonian Thistle FC	1-1	2-0	3-0	4-0	2-0		3-1	3-2	1-0	2-2
(Inverness)	3-2	2-1	1-1	4-2	2-2		2-1	3-2	3-2	3-1
Livingston FC	1-0	1-0	2-0	1-0	5-0	4-3		1-1	1-2	0-0
(Livingston)	2-1	2-1	2-0	3-1	1-1	2-1		1-0	2-0	1-1
Partick Thistle FC	2-1	0-0	0-1	2-2	1-0	2-1	1-1		1-3	0-1
(Glasgow)	1-0	2-0	0-2	0-1	2-0	0-1	1-3		2-2	1-0
Queen of the South FC	0-0	3-0	2-1	2-0	0-3	1-1	2-2	2-2		3-0
(Dumfries)	2-1	0-0	2-1	0-0	3-0	2-2	0-1	0-0		2-3
Stirling Albion FC	1-1	2-1	2-3	0-1	2-2	1-5	0-0	3-0	1-3	
(Stirling)	4-2	0-1	1-2	3-2	3-1	0-1	1-3	2-0	1-0	

	SFL Division 2	**Pd**	**Wn**	**Dw**	**Ls**	**GF**	**GA**	**Pts**	
1.	Livingston FC (Livingston)	36	22	11	3	66	35	77	P
2.	Inverness Caledonian Thistle FC (Inverness)	36	21	9	6	80	48	72	P
3.	Clyde FC (Cumbernauld)	36	15	8	13	46	42	53	
4.	Queen of the South FC (Dumfries)	36	13	9	14	50	45	48	
5.	Alloa Athletic FC (Alloa)	36	13	7	16	65	56	46	
6.	Stirling Albion FC (Stirling)	36	12	8	16	50	63	44	
7.	Arbroath FC (Arbroath)	36	12	8	16	37	52	44	
8.	Partick Thistle FC (Glasgow)	36	12	7	17	36	45	43	
9.	East Fife FC (Methil)	36	12	6	18	42	64	42	R
10.	Forfar Athletic FC (Forfar)	36	8	7	21	48	70	31	R
		360	140	80	140	520	520	500	

1998-1999 Scottish Football League Division 3	Albion Rovers	Berwick Rangers	Brechin City	Cowdenbeath	Dumbarton	East Stirling	Montrose	Queen's Park	Ross County	Stenhousemuir
Albion Rovers FC (Coatbridge)		0-3	4-1	1-1	0-2	3-1	0-0	1-0	3-3	1-2
		1-1	1-4	0-1	0-2	0-2	4-1	2-1	0-8	1-3
Berwick Rangers FC (Berwick-upon-Tweed)	1-1		2-3	2-1	0-1	1-2	4-1	0-2	2-2	2-1
	2-1		3-0	3-1	3-1	1-2	1-1	0-3	0-2	1-2
Brechin City FC (Brechin)	3-1	0-3		1-1	3-3	1-0	2-3	1-0	0-1	0-2
	1-0	1-1		2-1	0-0	0-0	3-0	2-2	0-1	1-0
Cowdenbeath FC (Cowdenbeath)	0-2	1-2	0-2		2-1	3-2	1-0	0-0	2-3	0-2
	2-3	1-1	0-1		0-2	2-1	4-1	0-3	1-2	0-2
Dumbarton FC (Dumbarton)	1-1	1-1	2-0	6-1		0-2	2-1	0-1	0-0	1-4
	2-0	0-0	1-2	5-0		2-2	0-2	1-0	1-2	0-2
East Stirlingshire FC (Falkirk)	4-1	3-3	4-1	0-0	1-2		2-1	1-1	1-2	1-1
	0-1	0-0	1-1	1-1	1-2		3-1	1-1	2-2	1-1
Montrose FC (Montrose)	2-3	0-3	1-3	1-2	4-2	1-0		3-0	2-3	1-2
	1-2	1-1	1-2	1-1	1-1	2-0		1-0	3-6	0-0
Queen's Park FC (Glasgow)	0-0	1-1	0-2	2-1	1-1	2-1	1-2		0-3	4-1
	0-0	1-1	1-1	2-0	0-1	0-4	3-0		4-2	0-0
Ross County FC (Dingwall)	2-0	6-0	2-1	1-0	1-2	4-2	3-0	1-2		2-2
	1-2	3-1	0-1	2-0	2-0	1-0	3-1	5-1		0-1
Stenhousemuir FC (Stenhousemuir)	1-2	1-1	1-0	4-1	0-2	2-2	3-1	4-1	3-2	
	4-1	1-2	0-1	1-2	0-3	1-0	4-0	2-1	2-4	

	Division 3	Pd	Wn	Dw	Ls	GF	GA	Pts	
1.	Ross County FC (Dingwall)	36	24	5	7	87	42	77	P
2.	Stenhousemuir FC (Stenhousemuir)	36	19	7	10	62	42	64	P
3.	Brechin City FC (Brechin)	36	17	8	11	47	43	59	
4.	Dumbarton FC (Dumbarton)	36	16	9	11	53	40	57	
5.	Berwick Rangers FC (Berwick-upon-Tweed)	36	12	14	10	53	49	50	
6.	Queen's Park FC (Glasgow)	36	11	11	14	41	46	44	
7.	Albion Rovers FC (Coatbridge)	36	12	8	16	43	63	44	
8.	East Stirlingshire FC (Falkirk)	36	9	13	14	50	48	40	
9.	Cowdenbeath FC (Cowdenbeath)	36	8	7	21	34	65	31	
10.	Montrose FC (Montrose)	36	8	6	22	42	74	30	
		360	136	88	136	512	512	496	

* Greenock Morton FC (Greenock) changed their name back to Morton FC (Greenock) from the next season.

SCOTTISH CUP FINAL (Hampden Park, Glasgow – 29/05/1999 – 51,746)

RANGERS FC (GLASGOW)　　　　　　　1-0　　　　　　　　　　Celtic FC (Glasgow)

Wallace 49'　　　　　　　　　*(H.T. 0-0)*

Rangers: Klos, Porrini (Kanchelskis 77'), Hendry, Amoruso, Vidmar, McCann (Ferguson 67'), McInnes, Van Bronckhorst, Wallace, Amato (Wilson 90'), Albertz.

Celtic: Gould, Boyd, Mahe (O'Donnell 79'), Stubbs, Larsson, Wieghorst, Lambert, Annoni (Johnson 61'), Blinker, Moravik, Mjallby.

Semi-finals (10/04/1999 – 11/04/1999)

Celtic FC (Glasgow)	2-0	Dundee United FC (Dundee)
St. Johnstone FC (Perth)	0-4	Rangers FC (Glasgow)

1999-2000 SEASON

1999-2000 Scottish Premier League	Aberdeen	Celtic	Dundee	Dundee United	Hearts	Hibernian	Kilmarnock	Motherwell	Rangers	St. Johnstone
Aberdeen FC (Aberdeen)		0-5 / 0-6	0-1 / 0-2	3-1 / 1-2	1-2 / 3-1	4-0 / 2-2	5-1 / 2-2	2-1 / 1-1	1-1 / 1-5	2-1 / 0-3
Celtic FC (Glasgow)	5-1 / 7-0		2-2 / 6-2	2-0 / 4-1	2-3 / 4-0	1-1 / 4-0	4-2 / 5-1	4-0 / 0-1	0-1 / 1-2	4-1 / 3-0
Dundee FC (Dundee)	0-2 / 1-3	0-3 / 1-2		3-0 / 0-2	0-0 / 1-0	0-1 / 3-4	1-2 / 0-0	4-1 / 0-1	1-7 / 2-3	1-1 / 1-2
Dundee United FC (Dundee)	1-1 / 3-1	0-1 / 2-1	2-1 / 1-0		0-1 / 0-2	0-0 / 3-1	2-2 / 0-0	1-2 / 0-2	0-2 / 0-4	0-1 / 1-0
Heart of Midlothian FC (Edinburgh)	3-0 / 3-0	1-0 / 1-2	2-0 / 4-0	1-2 / 3-0		2-1 / 0-3	0-0 / 2-2	0-0 / 1-1	1-2 / 0-4	0-0 / 1-1
Hibernian FC (Edinburgh)	1-0 / 2-0	2-1 / 0-2	1-2 / 5-2	1-0 / 3-2	3-1 / 1-1		2-2 / 0-3	2-2 / 2-2	2-2 / 0-1	3-3 / 0-1
Kilmarnock FC (Kilmarnock)	1-0 / 2-0	1-1 / 0-1	2-2 / 0-2	1-0 / 1-1	0-1 / 2-2	1-0 / 0-2		0-2 / 0-1	0-2 / 1-1	3-2 / 1-2
Motherwell FC (Motherwell)	1-0 / 5-6	1-1 / 3-2	0-3 / 0-2	1-3 / 2-2	0-2 / 2-1	2-0 / 2-2	2-0 / 0-4		2-0 / 1-5	2-1 / 1-0
Rangers FC (Glasgow)	5-0 / 3-0	4-0 / 4-2	3-0 / 1-2	3-0 / 4-1	1-0 / 1-0	5-2 / 2-0	2-1 / 1-0	6-2 / 4-0		0-0 / 3-1
St. Johnstone FC (Perth)	2-1 / 1-1	0-0 / 1-2	2-1 / 0-1	2-0 / 0-1	0-1 / 1-4	1-0 / 1-1	0-0 / 2-0	1-1 / 1-1	0-2 / 1-1	

Scottish Premier League

		Pd	Wn	Dw	Ls	GF	GA	Pts	
1.	RANGERS FC (GLASGOW)	36	28	6	2	96	26	90	
2.	Celtic FC (Glasgow)	36	21	6	9	90	38	69	
3.	Heart of Midlothian FC (Edinburgh)	36	15	9	12	47	40	54	
4.	Motherwell FC (Motherwell)	36	14	10	12	49	63	52	
5.	St. Johnstone FC (Perth)	36	10	12	14	36	44	42	
6.	Hibernian FC (Edinburgh)	36	10	11	15	49	61	41	
7.	Dundee FC (Dundee)	36	12	5	19	45	64	41	
8.	Dundee United FC (Dundee)	36	11	6	19	34	57	39	
9.	Kilmarnock FC (Kilmarnock)	36	8	13	13	38	52	37	
10.	Aberdeen FC (Aberdeen)	36	9	6	21	44	83	33	PO
		360	138	84	138	528	528	498	

Top goalscorers 1999-2000

1) Mark VIDUKA   (Celtic FC)   25
2) William DODDS   (Dundee United/Rangers)   19   (9/10)
3) Jorg ALBERTZ   (Rangers FC)   17

The Promotion/Relegation play-off was not played as Falkirk FC's ground (Brockville Stadium) did not meet SPL seating requirements.

The "Scottish Premier League" was extended to 12 clubs from the next season. As a result, Elgin City FC (Elgin) and Peterhead FC (Peterhead) were elected to Division 3 of the "Scottish League".

1999-2000 Scottish Football League Division 1	Airdrieonians	Ayr United	Clydebank	Dunfermline	Falkirk	Inverness CT	Livingston	Morton	Raith Rovers	St. Mirren
Airdrieonians FC (Airdrie)	■	0-0	0-0	1-2	0-2	1-4	0-2	3-0	0-2	0-1
	■	2-1	1-0	2-2	0-0	1-1	2-3	1-0	1-4	0-2
Ayr United FC (Ayr)	5-0	■	4-0	0-2	3-3	1-3	0-1	3-2	0-1	1-2
	2-0	■	0-0	0-3	1-1	1-0	1-2	3-0	0-1	0-3
Clydebank FC (Greenock)	1-1	0-2	■	1-3	0-1	0-1	1-2	0-3	2-1	0-0
	0-2	0-2	■	1-4	0-3	0-3	1-5	1-3	1-1	2-3
Dunfermline Athletic FC (Dunfermline)	1-0	2-0	6-0	■	2-2	1-0	4-1	1-1	0-2	1-1
	0-0	2-1	2-1	■	1-1	4-0	3-0	2-1	1-1	1-1
Falkirk FC (Falkirk)	8-0	1-0	4-0	1-1	■	2-2	2-3	2-1	1-0	2-0
	2-0	2-1	3-2	1-3	■	0-2	0-2	2-4	2-1	3-1
Inverness Caledonian Thistle FC (Inverness)	1-5	1-1	4-1	1-2	0-3	■	4-1	6-2	1-1	5-0
	2-0	1-1	1-0	1-1	2-3	■	2-1	1-1	0-2	1-1
Livingston FC (Livingston)	3-2	3-1	3-0	1-0	0-1	1-1	■	1-0	0-0	1-2
	3-0	4-1	2-1	0-1	1-1	2-2	■	2-1	1-1	1-2
Morton FC (Greenock)	4-0	1-2	1-0	2-0	0-2	0-2	1-0	■	1-0	0-2
	0-2	0-0	0-0	0-3	2-3	5-1	2-2	■	2-0	1-4
Raith Rovers FC (Kirkcaldy)	2-0	2-0	0-0	3-0	0-1	2-0	1-2	3-0	■	1-2
	1-1	5-1	1-0	2-2	2-1	4-2	3-1	3-1	■	0-6
St. Mirren FC (Paisley)	3-1	1-2	8-0	0-2	1-0	2-0	0-2	1-1	3-0	■
	5-0	1-1	2-1	3-1	2-1	3-2	1-1	3-2	3-2	■

	SFL Division 1	Pd	Wn	Dw	Ls	GF	GA	Pts	
1.	St. Mirren FC (Paisley)	36	23	7	6	75	39	76	P
2.	Dunfermline Athletic FC (Dunfermline)	36	20	11	5	66	33	71	P
3.	Falkirk FC (Falkirk)	36	20	8	8	67	40	68	PO
4.	Livingston FC (Livingston)	36	19	7	10	60	45	64	
5.	Raith Rovers FC (Kirkcaldy)	36	17	8	11	55	40	59	
6.	Inverness Caledonian Thistle FC (Inverness)	36	13	10	13	60	55	49	
7.	Ayr United FC (Ayr)	36	10	8	18	42	52	38	
8.	Morton FC (Greenock)	36	10	6	20	45	61	36	
9.	Airdrieonians FC (Airdrie)	36	7	8	21	29	69	29	
10.	Clydebank FC (Milngavie/Greenock)	36	1	7	28	17	82	10	R
		360	140	80	140	516	516	500	

1999-2000 Scottish Football League Division 2	Alloa Athletic	Arbroath	Clyde	Hamilton	Partick Thistle	Queen/South	Ross County	Stenhousemuir	Stirling Albion	Stranraer
Alloa Athletic FC (Alloa)		2-1	2-1	2-0	1-1	3-1	1-2	3-1	1-0	4-0
		0-0	1-0	1-1	1-0	6-1	2-0	1-4	4-4	1-1
Arbroath FC (Arbroath)	2-0		1-1	1-1	3-2	1-2	1-2	2-2	3-2	1-1
	2-2		2-1	1-1	0-0	5-2	0-1	0-3	2-1	1-2
Clyde FC (Cumbernauld)	0-0	4-1		1-0	1-0	3-1	0-0	7-0	4-1	1-1
	0-1	0-0		2-1	2-0	3-0	3-1	1-0	3-0	0-0
Hamilton Academical FC (Glasgow)	0-0	2-2	1-1		0-1	1-1	0-3	2-1	1-0	2-0
	1-2	2-2	2-3		0-0	0-3	1-0	1-1	0-2	2-1
Partick Thistle FC (Glasgow)	0-1	2-0	1-2	2-2		5-4	4-2	1-0	1-1	1-1
	2-2	1-3	0-0	0-1		2-0	0-2	0-1	1-0	2-0
Queen of the South FC (Dumfries)	2-1	1-0	3-0	1-1	1-1		0-3	3-1	2-3	0-0
	1-1	2-3	1-1	3-2	1-2		0-2	0-3	3-3	0-5
Ross County FC (Dingwall)	3-4	1-1	2-2	0-1	1-3	2-0		2-0	5-1	3-1
	1-0	2-0	2-0	2-1	2-1	1-1		0-0	1-3	1-1
Stenhousemuir FC (Stenhousemuir)	2-1	3-0	3-4	0-1	2-0	2-0	2-2		1-2	1-1
	1-3	1-3	1-3	0-0	0-1	2-1	0-2		2-1	1-1
Stirling Albion FC (Stirling)	1-1	1-1	3-6	1-4	0-2	2-2	3-1	1-0		2-5
	0-1	3-4	1-2	2-0	3-1	3-0	2-1	5-1		1-1
Stranraer FC (Stranraer)	2-2	0-1	2-1	2-2	3-1	1-2	0-2	2-2	3-1	
	0-0	2-2	2-2	0-2	1-1	1-0	0-0	2-0	2-1	

	SFL Division 2	**Pd**	**Wn**	**Dw**	**Ls**	**GF**	**GA**	**Pts**	
1.	Clyde FC (Cumbernauld)	36	18	11	7	65	37	65	P
2.	Alloa Athletic FC (Alloa)	36	17	13	6	58	38	64	P
3.	Ross County FC (Dingwall)	36	18	8	10	57	39	62	P
4.	Arbroath FC (Arbroath)	36	11	14	11	52	55	47	
5.	Partick Thistle FC (Glasgow)	36	12	10	14	42	44	46	
6.	Stranraer FC (Stranraer)	36	9	18	9	47	46	45	
7.	Stirling Albion FC (Stirling)	36	11	7	18	60	72	40	
8.	Stenhousemuir FC (Stenhousemuir)	36	10	8	18	44	59	38	
9.	Queen of the South FC (Dumfries)	36	8	9	19	45	75	33	
10.	Hamilton Academical FC (Hamilton/Glasgow)	36	10	14	12	39	44	29	R#
		360	124	112	124	509	509	469	

Hamilton Academical FC had 15 points deducted after failing to show for the away match versus Stenhousemuir FC on 1st April 2000 due to their players going on strike over unpaid wages. The match was finally played on 6th May 2000.

1999-2000 Scottish Football League Division 3	Albion Rovers	Berwick Ran.	Brechin City	Cowdenbeath	Dumbarton	East Fife	East Stirling	Forfar Athletic	Montrose	Queen's Park
Albion Rovers FC (Coatbridge)	■	0-0	0-2	0-3	3-0	3-1	0-1	0-1	0-2	0-3
	■	0-3	0-0	1-4	1-3	1-3	1-1	0-1	1-3	2-4
Berwick Rangers FC (Berwick-upon-Tweed)	2-1	■	3-1	0-0	0-0	0-1	3-0	2-0	2-1	1-1
	1-1	■	2-0	0-2	0-1	0-1	1-0	2-2	0-0	1-2
Brechin City FC (Brechin)	3-2	1-2	■	1-2	1-2	3-1	1-1	1-0	0-0	0-0
	8-1	0-3	■	2-0	0-2	1-3	1-2	0-2	1-0	1-2
Cowdenbeath FC (Cowdenbeath)	5-0	1-3	1-1	■	1-2	1-0	0-0	4-1	2-1	2-3
	0-0	1-1	6-1	■	0-2	4-0	1-2	0-3	1-1	0-2
Dumbarton FC (Dumbarton)	0-0	0-2	2-1	2-0	■	2-1	3-0	0-0	3-2	1-1
	1-1	2-1	1-3	1-1	■	1-1	1-0	3-3	3-4	1-1
East Fife FC (Methil)	2-1	3-1	1-1	1-1	2-1	■	3-1	1-1	2-0	0-0
	1-4	1-2	1-0	2-3	1-0	■	1-0	2-0	0-0	0-0
East Stirlingshire FC (Falkirk)	3-1	0-1	0-3	0-4	2-1	1-0	■	0-1	1-0	0-1
	4-3	0-3	0-0	0-1	1-3	0-2	■	0-2	2-0	1-1
Forfar Athletic FC (Forfar)	3-1	2-0	2-0	2-2	4-3	0-1	3-0	■	1-2	4-0
	2-0	1-1	0-0	3-1	5-0	3-2	1-1	■	1-2	2-2
Montrose FC (Montrose)	1-2	2-3	1-0	1-3	2-1	1-1	0-0	1-5	■	0-2
	2-1	1-2	0-1	0-1	1-4	1-2	1-2	2-0	■	2-1
Queen's Park FC (Glasgow)	0-1	0-1	1-0	3-1	2-0	1-0	0-1	3-2	1-1	■
	2-0	1-4	5-3	1-0	3-2	0-1	2-1	1-1	2-1	■

	SFL Division 3	Pd	Wn	Dw	Ls	GF	GA	Pts	
1.	Queen's Park FC (Glasgow)	36	20	9	7	54	37	69	P
2.	Berwick Rangers FC (Berwick-upon-Tweed)	36	19	9	8	53	30	66	P
3.	Forfar Athletic FC (Forfar)	36	17	10	9	64	40	61	P
4.	East Fife FC (Methil)	36	17	8	11	45	39	59	
5.	Cowdenbeath FC (Cowdenbeath)	36	15	9	12	59	43	54	
6.	Dumbarton FC (Dumbarton)	36	15	8	13	53	51	53	
7.	East Stirlingshire FC (Falkirk)	36	11	7	18	28	50	40	
8.	Brechin City FC (Brechin)	36	10	8	18	42	51	38	
9.	Montrose FC (Montrose)	36	10	7	19	39	54	37	
10.	Albion Rovers FC (Coatbridge)	36	5	7	24	33	75	22	
		360	139	82	139	470	470	499	

SCOTTISH CUP FINAL   (Hampden Park, Glasgow – 27/05/2000 – 50,685)

RANGERS FC (GLASGOW)   4-0 *(H.T. 1-0)*   Aberdeen FC (Aberdeen)

Van Bronckhorst 36', Vidmar 47', Dodds 49', Albertz 51'

Rangers: Klos, Reyna, Moore (Porrini 71'), Vidmar, Numan, Kanchelskis, Ferguson, Van Bronckhorst (Tugay 73'), Albertz, Dodds, Wallace (McCann 66').

Aberdeen: Leighton (Winters 02'), Anderson (Belabed 41'), Solberg, Whyte, McAllister, Guntveit, Rowson, Bernard, Dow, Stavrum (Zerouali 68'), Jess.

Semi-finals   (08/04/2000 – 09/04/2000)

Ayr United FC (Ayr)	0-7	Rangers FC (Glasgow)
Hibernian FC (Edinburgh)	1-2	Aberdeen FC (Glasgow)

2000-01 SEASON

2000-2001 Scottish Premier League	Aberdeen	Celtic	Dundee	Dundee United	Dunfermline	Hearts	Hibernian	Kilmarnock	Motherwell	Rangers	St. Johnstone	St. Mirren
Aberdeen FC (Aberdeen)		0-1	0-2	1-2	1-0	1-0	1-0	---	2-0	---	3-3	3-0
		1-1	0-2	4-1	0-0	1-1	0-2	1-2	3-3	1-2	1-1	2-1
Celtic FC (Glasgow)	---		2-1	0-2	---	1-0	1-1	6-0	1-0	1-0	---	1-0
	6-0		1-0	2-1	3-1	6-1	3-0	2-1	1-0	6-2	4-1	2-0
Dundee FC (Dundee)	---	---		2-3	0-1	0-0	0-2	2-2	---	0-1	---	---
	2-2	1-2		3-0	3-0	1-1	1-2	0-0	1-2	1-1	1-1	5-0
Dundee United FC (Dundee)	1-1	0-4	---		1-0	1-1	---	---	2-0	---	1-1	4-0
	3-5	1-2	0-2		3-2	0-4	0-1	0-1	1-1	1-1	1-2	0-0
Dunfermline Athletic FC (Dunfermline)	3-2	0-3	---	3-1		---	2-1	---	1-2	---	0-0	1-2
	0-0	1-2	1-0	1-0		1-0	1-1	1-0	1-2	0-0	1-1	2-0
Heart of Midlothian FC (Edinburgh)	---	0-3	2-0	---	7-1		1-1	3-0	3-0	1-4	---	1-0
	3-0	2-4	3-1	3-1	2-0		0-0	0-2	3-0	0-1	0-3	2-0
Hibernian FC (Edinburgh)	---	2-5	3-0	1-0	---	0-0		1-1	1-1	0-0	---	4-2
	0-2	0-0	5-1	3-0	3-0	6-2		1-1	2-0	1-0	2-0	2-0
Kilmarnock FC (Kilmarnock)	0-0	1-0	1-2	0-0	2-1	1-1	1-1		1-2	1-2	---	---
	1-0	0-1	2-3	1-0	2-1	0-3	0-1		3-2	2-4	0-2	2-1
Motherwell FC (Motherwell)	0-1	---	0-3	0-1	1-1	---	---	---		1-2	1-0	3-3
	1-1	3-3	0-2	2-1	0-1	2-0	1-3	1-2		0-1	4-0	2-0
Rangers FC (Glasgow)	1-0	0-3	3-0	0-2	2-0	2-0	4-1	5-1	---		3-0	---
	3-1	5-1	0-2	3-0	4-1	1-0	1-0	0-3	2-0		2-1	7-1
St. Johnstone FC (Perth)	0-3	1-2	2-3	2-3	0-0	2-2	2-0	1-2	1-0	---		2-2
	0-0	0-2	0-0	1-0	0-2	2-2	0-3	1-1	2-3	2-1		2-0
St. Mirren FC (Paisley)	2-1	---	2-1	2-1	1-1	---	---	1-3	0-1	1-3	1-0	
	2-0	0-2	2-1	1-1	2-1	1-2	1-1	0-1	0-1	1-3	0-1	

	Scottish Premier League	**Pd**	**Wn**	**Dw**	**Ls**	**GF**	**GA**	**Pts**	
1.	CELTIC FC (GLASGOW)	38	31	4	3	90	29	97	
2.	Rangers FC (Glasgow)	38	26	4	8	76	36	82	
3.	Hibernian FC (Edinburgh)	38	18	12	8	57	35	66	
4.	Kilmarnock FC (Kilmarnock)	38	15	9	14	44	53	54	
5.	Heart of Midlothian FC (Edinburgh)	38	14	10	14	56	50	52	
6.	Dundee FC (Dundee)	38	13	8	17	51	49	47	
7.	Aberdeen FC (Aberdeen)	38	11	12	15	45	52	45	
8.	Motherwell FC (Motherwell)	38	12	7	19	42	56	43	
9.	Dunfermline Athletic FC (Dunfermline)	38	11	9	18	34	54	42	
10.	St. Johnstone FC (Perth)	38	9	13	16	40	56	40	
11.	Dundee United FC (Dundee)	38	9	8	21	38	63	35	
12.	St. Mirren FC (Paisley)	38	8	6	24	32	72	30	R
		456	177	102	177	605	605	633	

Top goalscorers 2000-01

1) Henrik LARSSON   (Celtic FC)   35
2) Arild STAVRUM   (Aberdeen FC)   17
3) Juan SARA   (Dundee FC)   14

Note: After 33 matches the Premier League was split, with the top 6 playing-off for the championship and the bottom 6 playing against relegation. Each team played a further 5 games (results underlined were played on the away team's ground).

2000-2001 Scottish Football League Division 1	Airdrieonians	Alloa Athletic	Ayr United	Clyde	Falkirk	Inverness CT	Livingston	Morton	Raith Rovers	Ross County
Airdrieonians FC (Airdrie)	■	2-1	1-1	1-0	1-2	1-1	1-1	0-2	3-0	2-2
	■	2-2	0-0	1-3	1-2	1-2	1-2	1-1	1-1	5-1
Alloa Athletic FC (Alloa)	6-0	■	0-2	0-0	0-1	1-1	0-2	0-3	1-2	1-1
	2-0	■	1-1	3-1	3-2	1-4	0-6	2-1	0-1	0-0
Ayr United FC (Ayr)	2-2	4-1	■	2-0	6-0	1-1	1-1	3-0	2-0	0-2
	3-1	3-1	■	2-1	5-2	3-3	1-1	1-1	4-2	1-0
Clyde FC (Cumbernauld)	1-1	1-1	2-2	■	0-3	2-2	0-3	1-1	3-1	2-0
	4-1	0-0	0-1	■	3-1	1-1	1-1	0-3	0-0	2-2
Falkirk FC (Falkirk)	1-1	2-2	1-2	1-1	■	2-1	1-0	1-3	2-0	1-1
	0-2	1-1	3-0	3-2	■	2-2	3-2	1-0	2-1	2-3
Inverness Caledonian Thistle FC (Inverness)	4-0	2-0	1-0	2-2	1-1	■	2-3	4-2	2-0	3-3
	2-0	2-1	7-3	1-2	2-3	■	2-2	4-0	1-2	0-1
Livingston FC (Livingston)	5-0	1-0	0-1	0-2	3-0	4-1	■	2-0	2-0	1-1
	2-2	4-0	2-0	2-0	4-1	3-1	■	1-0	0-4	3-1
Morton FC (Greenock)	0-3	1-1	0-6	0-1	2-1	0-3	1-2	■	1-1	0-3
	1-5	2-0	1-1	1-1	0-4	2-0	0-2	■	1-2	0-1
Raith Rovers FC (Kirkcaldy)	5-0	2-1	1-4	0-1	0-0	1-1	2-0	0-0	■	0-4
	1-1	1-2	1-3	1-2	0-2	4-1	1-2	0-1	■	4-1
Ross County FC (Dingwall)	3-4	2-3	0-1	2-0	4-1	0-1	0-1	0-2	4-0	■
	1-1	1-0	1-1	0-2	0-2	0-3	0-2	3-1	0-0	■

	SFL Division 1	Pd	Wn	Dw	Ls	GF	GA	Pts	
1.	Livingston FC (Livingston)	36	23	7	6	72	31	76	P
2.	Ayr United FC (Ayr)	36	19	12	5	73	41	69	
3.	Falkirk FC (Falkirk)	36	16	8	12	57	59	56	
4.	Inverness Caledonian Thistle FC (Inverness)	36	14	12	10	71	54	54	
5.	Clyde FC (Cumbernauld)	36	11	14	11	44	46	47	
6.	Ross County FC (Dingwall)	36	11	10	15	48	52	43	
7.	Raith Rovers FC (Kirkcaldy)	36	10	8	18	41	55	38	
8.	Airdrieonians FC (Airdrie)	36	8	14	14	49	67	38	
9.	Morton FC (Greenock)	36	9	8	19	34	61	35	R
10.	Alloa Athletic FC (Alloa)	36	7	11	18	38	61	32	R
		360	128	104	128	527	527	488	

2000-2001 Scottish Football League Division 2	Arbroath	Berwick Rangers	Clydebank	Forfar Athletic	Partick Thistle	Queen/South	Queen's Park	Stenhousemuir	Stirling Albion	Stranraer
Arbroath FC (Arbroath)	■	2-0	4-2	1-1	1-1	5-2	2-0	5-0	1-1	2-1
	■	0-2	1-0	3-4	1-1	2-0	2-2	3-0	3-2	1-1
Berwick Rangers FC (Berwick-upon-Tweed)	1-0	■	1-2	1-0	0-1	2-2	1-0	1-0	4-1	0-2
	2-1	■	3-1	1-1	1-2	0-4	1-1	4-1	2-2	1-1
Clydebank FC (Greenock)	3-1	2-2	■	2-1	0-4	1-2	2-1	1-0	1-1	0-0
	1-2	0-1	■	1-1	2-1	1-2	2-0	1-0	3-0	2-3
Forfar Athletic FC (Forfar)	1-1	0-1	1-3	■	2-2	3-1	3-0	7-0	3-1	2-3
	0-1	3-5	0-2	■	0-1	0-1	0-1	2-2	1-0	0-0
Partick Thistle FC (Glasgow)	0-1	1-1	2-0	4-0	■	0-2	2-1	4-0	1-1	3-0
	1-1	1-1	2-0	1-1	■	2-1	2-1	3-0	3-1	2-1
Queen of the South FC (Dumfries)	1-0	3-3	1-0	2-3	1-3	■	0-1	1-3	2-1	2-3
	1-1	2-1	1-1	0-1	1-2	■	1-1	4-2	0-0	1-4
Queen's Park FC (Glasgow)	1-1	0-2	0-0	0-2	0-2	1-2	■	1-2	1-1	1-0
	0-0	1-0	1-1	0-0	0-1	1-0	■	2-0	3-0	1-2
Stenhousemuir FC (Stenhousemuir)	0-1	0-2	0-0	0-1	2-0	1-2	2-0	■	1-1	2-2
	3-1	2-0	2-1	2-0	4-0	4-3	1-1	■	0-2	1-2
Stirling Albion FC (Stirling)	1-1	1-0	0-0	1-0	0-3	1-1	0-2	0-0	■	0-1
	0-0	1-1	2-2	3-3	1-1	0-1	0-1	2-3	■	2-0
Stranraer FC (Stranraer)	0-1	1-1	0-0	3-1	3-4	2-0	0-1	2-1	0-3	■
	2-1	2-2	0-2	2-0	0-3	3-2	3-0	1-4	1-1	■

	SFL Division 2	**Pd**	**Wn**	**Dw**	**Ls**	**GF**	**GA**	**Pts**	
1.	Partick Thistle FC (Glasgow)	36	22	9	5	66	32	75	P
2.	Arbroath FC (Arbroath)	36	15	13	8	54	38	58	P
3.	Berwick Rangers FC (Berwick-upon-Tweed)	36	14	12	10	51	44	54	
4.	Stranraer FC (Stranraer)	36	15	9	12	51	50	54	
5.	Clydebank FC (Milngavie/Greenock)	36	12	11	13	42	43	47	
6.	Queen of the South FC (Dumfries)	36	13	7	16	52	59	46	
7.	Stenhousemuir FC (Stenhousemuir)	36	12	6	18	45	63	42	
8.	Forfar Athletic FC (Forfar)	36	10	10	16	48	52	40	
9.	Queen's Park FC (Glasgow)	36	10	10	16	28	40	40	R
10.	Stirling Albion FC (Stirling)	36	5	17	14	34	50	32	R
		360	128	104	128	471	471	488	

2000-2001 Scottish Football League Division 3	Albion Rovers	Brechin City	Cowdenbeath	Dumbarton	East Fife	East Stirling	Elgin City	Hamilton	Montrose	Peterhead
Albion Rovers FC (Coatbridge)	■	1-1	0-0	1-3	1-2	2-2	0-1	0-1	2-1	0-1
	■	1-3	1-0	0-1	0-1	2-1	1-1	1-1	3-2	0-0
Brechin City FC (Brechin)	1-2	■	2-0	1-0	1-0	5-1	2-1	3-4	3-0	1-1
	2-1	■	0-0	3-1	3-1	4-1	2-1	0-0	6-1	3-2
Cowdenbeath FC (Cowdenbeath)	1-0	2-1	■	2-2	3-2	1-3	1-0	1-1	2-1	4-0
	5-0	2-1	■	1-1	1-0	3-0	3-1	2-0	2-0	2-0
Dumbarton FC (Dumbarton)	1-4	1-0	3-0	■	2-0	3-0	2-0	1-2	1-2	2-2
	0-1	0-2	2-4	■	2-3	1-2	3-0	2-3	1-0	1-3
East Fife FC (Methil)	2-1	1-4	1-2	0-1	■	4-1	1-1	1-4	1-0	2-1
	0-0	1-0	0-2	1-0	■	3-1	1-1	1-2	3-1	1-1
East Stirlingshire FC (Falkirk)	1-0	0-2	0-2	0-0	1-0	■	1-0	1-4	0-1	1-0
	1-1	0-1	0-2	1-1	2-5	■	0-2	0-0	1-2	1-3
Elgin City FC (Elgin)	1-0	0-3	0-2	0-3	1-3	4-2	■	0-3	0-2	0-1
	1-2	2-2	2-3	2-0	1-3	1-2	■	0-2	1-1	1-3
Hamilton Academical FC (Glasgow)	3-2	1-0	0-0	2-0	1-1	2-2	3-0	■	1-3	3-0
	0-2	4-1	0-0	2-0	1-1	4-0	4-1	■	6-0	3-0
Montrose FC (Montrose)	0-1	1-3	0-1	1-2	1-1	1-1	2-1	1-4	■	2-2
	0-2	1-1	1-2	2-2	0-1	0-1	0-0	0-2	■	0-2
Peterhead FC (Peterhead)	1-1	0-2	3-0	0-1	2-1	1-2	1-1	2-1	1-1	■
	1-2	1-2	3-0	2-0	0-0	2-4	1-0	1-1	2-0	■

	SFL Division 3	**Pd**	**Wn**	**Dw**	**Ls**	**GF**	**GA**	**Pts**	
1.	Hamilton Academical FC (Hamilton/Glasgow)	36	22	10	4	75	30	76	P
2.	Cowdenbeath FC (Cowdenbeath)	36	23	7	6	58	31	76	P
3.	Brechin City FC (Brechin)	36	22	6	8	71	36	72	
4.	East Fife FC (Methil)	36	15	8	13	49	46	53	
5.	Peterhead FC (Peterhead)	36	13	10	13	46	46	49	
6.	Dumbarton FC (Dumbarton)	36	13	6	17	46	49	45	
7.	Albion Rovers FC (Coatbridge)	36	12	9	15	38	43	45	
8.	East Stirlingshire FC (Falkirk)	36	10	7	19	37	69	37	
9.	Montrose FC (Montrose)	36	6	8	22	31	65	26	
10.	Elgin City FC (Elgin)	36	5	7	24	29	65	22	
		360	141	78	141	480	480	501	

Note: Dumbarton FC 3-0 Elgin City FC on 2nd December 2000 was the first match played at new Strathclyde Homes Stadium (2,000 capacity). The attendance was 1,876.

SCOTTISH CUP FINAL (Hampden Park, Glasgow – 26/05/2001 – 51,284)

CELTIC FC (GLASGOW)   3-0   Hibernian FC (Edinburgh)

McNamara 39', Larsson 48', 80' pen.   *(H.T. 1-0)*

Celtic: Douglas, Mjällby, Vega, Valgaeren, Agathe, Lambert (Boyd 78'), Lennon, Thompson (Johnson 88'), Moravik (McNamara 17'), Sutton, Larsson.

Hibernian: Colgan, Smith, Sauzée, Fenwick, Murray, Brebner, Jack, O'Neill (Arpinon 61' (Lovell 80')), Laursen, Libbra, Paatelainen (Zitelli 69').

Semi-finals (14/04/2001 – 15/04/2001)

Celtic FC (Glasgow)	3-0	Dundee United FC (Dundee)
Hibernian FC (Edinburgh)	3-0	Livingston FC (Livingston)

2001-02 SEASON

2001-2002 Scottish Premier League	Aberdeen	Celtic	Dundee	Dundee United	Dunfermline	Hearts	Hibernian	Kilmarnock	Livingston	Motherwell	Rangers	St. Johnstone
Aberdeen FC (Aberdeen)	■	0-1	---	4-0	1-0	2-3	---	1-1	3-0	1-0	0-1	---
	■	2-0	0-0	2-1	3-2	3-2	2-0	2-0	0-3	4-2	0-3	1-0
Celtic FC (Glasgow)	1-0	■	---	1-0	5-0	2-0	---	---	5-1	---	1-1	2-1
	2-0	■	3-1	5-1	3-1	2-0	3-0	1-0	3-2	2-0	2-1	3-0
Dundee FC (Dundee)	2-3	0-3	■	0-1	---	---	1-0	2-0	2-0	2-0	0-1	1-0
	1-4	0-4	■	1-1	2-2	1-1	2-1	1-2	1-0	3-1	0-0	1-1
Dundee United FC (Dundee)	---	---	1-0	■	0-2	---	1-2	0-2	2-0	1-0	---	0-0
	1-1	0-4	2-2	■	3-2	0-2	3-1	0-2	0-0	1-1	1-6	2-1
Dunfermline Athletic FC (Dunfermline)	0-0	0-5	2-0	---	■	1-1	---	2-0	1-0	3-1	2-4	---
	1-0	0-4	1-0	1-1	■	0-1	1-0	0-2	1-2	5-2	1-4	2-1
Heart of Midlothian FC (Edinburgh)	3-1	1-4	2-0	1-2	2-0	■	---	---	2-3	---	0-2	1-3
	1-0	0-1	3-1	1-2	1-1	■	1-1	2-0	1-3	3-1	2-2	3-0
Hibernian FC (Edinburgh)	3-4	1-1	2-2	1-2	1-1	1-2	■	2-2	---	4-0	---	3-0
	2-0	1-4	1-2	0-1	5-1	2-1	■	2-2	0-3	1-1	0-3	4-0
Kilmarnock FC (Kilmarnock)	---	0-2	3-2	---	---	3-3	1-0	■	1-1	1-4	---	0-1
	3-1	0-1	0-1	2-0	0-0	1-0	0-0	■	1-5	2-0	2-2	2-1
Livingston FC (Livingston)	---	1-3	---	1-1	4-1	2-0	0-3	---	■	---	2-1	---
	2-2	0-0	1-0	2-0	0-0	2-1	1-0	0-1	■	3-1	0-2	2-1
Motherwell FC (Motherwell)	---	0-4	2-1	2-0	---	1-2	4-0	2-0	1-2	■	---	1-1
	3-2	1-2	4-2	0-0	1-0	2-0	1-3	1-2	0-0	■	2-2	1-2
Rangers FC (Glasgow)	2-0	1-1	2-1	---	1-1	2-0	1-1	5-0	3-0	3-0	■	0-2
	2-0	0-2	2-0	3-2	4-0	3-1	2-2	3-1	0-0	3-0	■	1-0
St. Johnstone FC (Perth)	0-1	---	0-1	1-4	0-1	---	0-1	0-3	3-0	0-2	0-2	■
	1-1	1-2	0-2	0-1	0-2	0-2	0-0	1-0	2-2	2-3	0-2	■

	Scottish Premier League	Pd	Wn	Dw	Ls	GF	GA	Pts	
1.	CELTIC FC (GLASGOW)	38	33	4	1	94	18	103	
2.	Rangers FC (Glasgow)	38	25	10	3	82	27	85	
3.	Livingston FC (Livingston)	38	16	10	12	50	47	58	
4.	Aberdeen FC (Aberdeen)	38	16	7	15	51	49	55	
5.	Heart of Midlothian FC (Edinburgh)	38	14	6	18	52	57	48	
6.	Dunfermline Athletic FC (Dunfermline)	38	12	9	17	41	64	45	
7.	Kilmarnock FC (Kilmarnock)	38	13	10	15	44	54	49	
8.	Dundee United FC (Dundee)	38	12	10	16	38	59	46	
9.	Dundee FC (Dundee)	38	12	8	18	41	55	44	
10.	Hibernian FC (Edinburgh)	38	10	11	17	51	56	41	
11.	Motherwell FC (Motherwell)	38	11	7	20	49	69	40	
12.	St. Johnstone FC (Perth)	38	5	6	27	24	62	21	R
		456	179	98	179	617	617	635	

Top goalscorers 2001-02

1)	Henrik LARSSON	(Celtic FC)	29
2)	John HARTSON	(Celtic FC)	19
3)	Tore Andre FLO	(Rangers FC)	17

Note: After 33 matches the Premier League was split, with the top 6 playing-off for the championship and the bottom 6 playing against relegation. Each team played a further 5 games (results underlined were played on the away team's ground).

2001-2002 Scottish Football League Division 1	Airdrieonians	Arbroath	Ayr United	Clyde	Falkirk	Inverness CT	Partick Thistle	Raith Rovers	Ross County	St. Mirren
Airdrieonians FC (Airdrie)	■	2-0	1-2	2-2	1-0	3-0	1-1	1-1	0-2	2-3
	■	2-1	2-1	1-2	2-1	6-0	1-0	2-2	1-1	0-0
Arbroath FC (Arbroath)	2-1	■	0-2	2-0	0-1	1-0	1-0	2-2	1-1	0-3
	0-6	■	3-2	2-1	1-0	3-2	1-3	1-1	2-1	0-2
Ayr United FC (Ayr)	1-0	0-0	■	0-1	0-0	1-0	1-1	3-1	0-0	4-1
	1-3	0-1	■	2-1	2-2	3-0	0-2	1-1	2-0	4-2
Clyde FC (Cumbernauld)	0-1	1-0	2-2	■	2-3	1-0	2-1	1-2	0-0	3-1
	0-3	1-0	2-2	■	1-1	1-1	3-1	3-2	3-0	1-1
Falkirk FC (Falkirk)	2-2	1-3	0-2	1-6	■	0-0	1-4	2-1	1-4	0-0
	1-2	3-2	1-2	1-1	■	1-2	1-1	1-0	4-2	3-2
Inverness Caledonian Thistle FC (Inverness)	1-0	3-2	1-1	1-1	3-2	■	3-0	5-0	1-1	4-2
	1-2	5-1	3-1	5-1	1-2	■	1-2	5-2	3-0	1-2
Partick Thistle FC (Glasgow)	1-1	2-2	2-1	2-1	3-0	4-1	■	1-0	1-1	1-0
	1-1	4-1	2-1	3-0	5-1	1-0	■	2-1	0-0	3-3
Raith Rovers FC (Kirkcaldy)	2-1	0-0	3-3	0-1	5-1	0-0	2-0	■	0-1	1-0
	2-2	3-1	1-1	1-2	5-2	1-5	1-2	■	1-3	3-0
Ross County FC (Dingwall)	4-1	0-1	1-1	2-1	4-2	0-0	0-1	4-2	■	4-1
	0-1	0-2	3-2	4-0	1-2	2-1	3-2	1-0	■	0-1
St. Mirren FC (Paisley)	2-1	2-3	1-1	2-2	0-0	0-0	0-2	1-0	1-1	■
	0-0	1-0	0-1	4-1	1-5	1-1	1-0	1-1	1-0	■

	SFL Division 1	Pd	Wn	Dw	Ls	GF	GA	Pts	
1.	Partick Thistle FC (Glasgow)	36	19	9	8	61	38	66	P
2.	Airdrieonians FC (Airdrie)	36	15	11	10	58	40	56	#
3.	Ayr United FC (Ayr)	36	13	13	10	53	44	52	
4.	Ross County FC (Dingwall)	36	14	10	12	51	43	52	
5.	Clyde FC (Cumbernauld)	36	13	10	13	51	56	49	
6.	Inverness Caledonian Thistle FC (Inverness)	36	13	9	14	60	51	48	
7.	Arbroath FC (Arbroath)	36	14	6	16	42	58	48	
8.	St. Mirren FC (Paisley)	36	11	12	13	43	53	45	
9.	Falkirk FC (Falkirk)	36	10	9	17	49	73	39	R#
10.	Raith Rovers FC (Kirkcaldy)	36	8	11	17	50	62	35	R
		360	130	100	130	518	518	490	

2001-2002 Scottish Football League Division 2	Alloa Athletic	Berwick Rangers	Clydebank	Cowdenbeath	Forfar Athletic	Hamilton	Morton	Queen/South	Stenhousemuir	Stranraer
Alloa Athletic FC (Alloa)	■	1-1	2-2	0-0	2-1	2-2	4-0	4-1	4-0	0-0
	■	2-2	1-0	5-1	1-2	2-1	1-1	2-0	0-1	2-2
Berwick Rangers FC (Berwick-upon-Tweed)	0-1	■	1-2	1-0	0-2	2-0	0-0	1-0	2-1	4-1
	0-4	■	0-2	2-5	1-1	0-2	2-0	0-4	1-1	2-2
Clydebank FC (Greenock)	1-1	1-2	■	1-0	1-0	1-1	2-1	0-1	0-0	1-2
	1-0	1-2	■	3-2	1-1	3-2	3-2	3-0	3-2	1-3
Cowdenbeath FC (Cowdenbeath)	1-2	1-1	2-1	■	1-2	2-1	2-2	1-2	2-4	1-1
	1-2	2-1	1-1	■	3-2	2-1	1-1	1-1	1-1	2-2
Forfar Athletic FC (Forfar)	4-1	0-0	1-2	0-0	■	1-4	2-1	0-3	2-0	3-2
	0-1	2-1	1-2	2-1	■	3-0	2-1	0-3	1-2	1-1
Hamilton Academical FC (Hamilton)	1-1	3-1	2-0	0-2	2-0	■	2-1	3-1	0-0	2-0
	1-0	0-1	3-0	1-0	1-1	■	2-2	1-1	2-3	0-1
Morton FC (Greenock)	0-0	3-2	3-1	0-0	1-4	0-0	■	0-3	0-1	2-2
	1-1	1-2	0-2	0-2	1-3	1-1	■	2-2	4-1	1-1
Queen of the South FC (Dumfries)	0-1	0-0	1-0	2-1	3-1	3-1	4-0	■	1-0	3-1
	2-1	2-2	1-0	1-3	1-2	0-1	6-5	■	2-0	1-0
Stenhousemuir FC (Stenhousemuir)	1-0	1-3	0-0	0-1	0-0	0-3	2-3	1-4	■	0-0
	1-1	3-0	2-2	0-3	1-1	2-0	0-3	1-1	■	0-0
Stranraer FC (Stranraer)	0-2	2-2	1-1	2-1	0-3	3-2	0-0	1-2	1-0	■
	1-1	0-2	0-1	3-0	2-0	2-1	1-4	2-2	6-1	■

SFL Division 2	**Pd**	**Wn**	**Dw**	**Ls**	**GF**	**GA**	**Pts**	
1. Queen of the South FC (Dumfries)	36	20	7	9	64	42	67	P
2. Alloa Athletic FC (Alloa)	36	15	14	7	55	33	59	P
3. Forfar Athletic FC (Forfar)	36	15	8	13	51	47	53	
4. Clydebank FC (Glasgow/Greenock)	36	14	9	13	44	45	51	#
5. Hamilton Academical FC (Hamilton)	36	13	9	14	49	44	48	
6. Berwick Rangers FC (Berwick-upon-Tweed)	36	12	11	13	44	52	47	
7. Stranraer FC (Stranraer)	36	10	15	11	48	51	45	
8. Cowdenbeath FC (Cowdenbeath)	36	11	11	14	49	51	44	
9. Stenhousemuir FC (Stenhousemuir)	36	8	12	16	33	57	36	R#
10. Morton FC (Greenock)	36	7	14	15	48	63	35	R
	360	125	110	125	485	485	485	

2001-2002 Scottish Football League Division 3	Albion Rovers	Brechin City	Dumbarton	East Fife	East Stirling	Elgin City	Montrose	Peterhead	Queen's Park	Stirling Albion
Albion Rovers FC (Coatbridge)	■	0-1	1-1	2-1	5-1	2-2	0-0	2-1	2-0	2-0
	■	1-2	0-2	3-0	0-4	4-4	0-0	1-0	2-1	1-3
Brechin City FC (Brechin)	0-0	■	0-1	1-1	2-0	1-0	2-0	1-1	5-0	2-1
	4-1	■	3-2	6-0	1-2	1-0	0-0	4-3	2-1	3-1
Dumbarton FC (Dumbarton)	2-0	2-1	■	2-0	2-1	3-1	0-5	3-0	1-1	2-0
	1-1	1-2	■	1-0	2-2	2-2	0-1	0-3	2-1	4-1
East Fife FC (Methil)	2-3	1-1	1-0	■	1-0	0-1	2-0	2-3	0-3	1-1
	0-0	3-1	4-1	■	0-4	3-0	1-2	0-1	1-4	1-1
East Stirlingshire FC (Falkirk)	1-2	2-0	1-0	1-2	■	0-3	2-1	1-0	3-1	3-0
	1-2	3-4	2-4	2-1	■	2-1	0-1	2-3	0-1	1-1
Elgin City FC (Elgin)	0-0	3-1	2-0	2-0	2-2	■	1-0	0-3	0-1	2-1
	2-0	0-1	0-3	1-1	2-1	■	1-2	4-1	2-0	2-3
Montrose FC (Montrose)	2-0	0-0	1-1	0-1	2-0	1-0	■	2-1	3-1	1-3
	1-2	0-1	1-3	2-1	2-0	0-2	■	0-3	3-1	4-0
Peterhead FC (Peterhead)	0-2	1-3	4-0	1-1	2-1	1-0	3-0	■	1-2	5-1
	0-0	4-2	0-3	1-3	3-2	1-1	4-0	■	2-1	3-3
Queen's Park FC (Glasgow)	0-3	0-0	0-2	2-0	1-0	3-0	0-1	2-0	■	0-0
	1-2	1-3	0-0	1-2	2-3	0-0	2-2	0-1	■	2-2
Stirling Albion FC (Stirling)	0-3	1-3	2-1	0-1	1-0	3-1	0-1	0-2	3-2	■
	2-2	1-3	4-5	2-1	1-1	0-1	1-1	2-1	0-0	■

	SFL Division 3	Pd	Wn	Dw	Ls	GF	GA	Pts	
1.	Brechin City FC (Brechin)	36	22	7	7	67	38	73	P
2.	Dumbarton FC (Dumbarton)	36	18	7	11	59	48	61	P
3.	Albion Rovers FC (Coatbridge)	36	16	11	9	51	42	59	
4.	Peterhead FC (Peterhead)	36	17	5	14	63	52	56	
5.	Montrose FC (Montrose)	36	16	7	13	43	39	55	
6.	Elgin City FC (Elgin)	36	13	8	15	45	47	47	
7.	East Stirlingshire FC (Falkirk)	36	12	4	20	51	58	40	
8.	East Fife FC (Methil)	36	11	7	18	39	56	40	
9.	Stirling Albion FC (Stirling)	36	9	10	17	45	68	37	
10.	Queen's Park FC (Glasgow)	36	9	8	19	38	53	35	
		360	143	74	143	501	501	503	

Airdrieonians FC (Airdrie) were "wound up" by the administrators on 30th April 2002, went into liquidation and resigned from the league. As a result Falkirk FC retained their Division 1 status and Stenhousemuir FC retained Division 2 status.

The name of Clydebank FC was "bought" by supporters of Airdrieonians FC who had formed a new club Airdrie United FC (Airdrie). This club then took the place of Clydebank FC in Division 2 (the Clydebank FC club being dissolved) playing home games at Excelsior Stadium (former home of Airdrieonians FC).

As a result of the above clubs being dissolved Gretna FC (Gretna) were elected to the Scottish Football League for the next season.

Note: The Ayr United FC 1-0 Airdrieonians FC match on 27th April 2002 was abandoned when Airdrieonians fans invaded the field and broke the crossbar after Ayr United opened the scoring. They were protesting against the Ayr United FC chairman, Mr. William Barr, whose construction company was suing Airdrieonians FC for the unpaid costs of the building of their Excelsior Stadium, part of the £3m debts which led to the clubs being dissolved. The SFA after a meeting decided that the result should stand as it was (1-0) at the time of abandonment as it was the final game of the season.

SCOTTISH CUP FINAL   (Hampden Park, Glasgow – 04/05/2002 – 51,138)

RANGERS FC (GLASGOW)	3-2	Celtic FC (Glasgow)
Lovenkrands 21', 90', Ferguson 69'	*(H.T. 1-1)*	*Hartson 19', Balde 50'*

Rangers: Klos, Ross, Moore, Amoruso, Numan, Ricksen, de Boer, Ferguson, Lovenkrands, McCann, Caniggia (Arveladze 20').

Celtic: Douglas, Mjällby, Sutton, Balde, Agathe, Lennon, Lambert McNamara 44'), Petrov, Thompson, Larsson, Hartson.

Semi-finals   (23/04/2002 – 24/04/2002)

Ayr United FC (Ayr)	0-3	Celtic FC (Glasgow)
Rangers FC (Glasgow)	3-0	Partick Thistle FC (Glasgow)

2002-03 SEASON

2002-2003 Scottish Premier League	Aberdeen	Celtic	Dundee	Dundee United	Dunfermline	Hearts	Hibernian	Kilmarnock	Livingston	Motherwell	Partick Thistle	Rangers
Aberdeen FC (Aberdeen)	■	1-1	3-3	3-0	1-0	0-1	1-3	---	1-0	3-2	0-1	---
	■	0-4	0-0	1-2	3-1	1-1	0-1	0-1	0-0	1-1	0-1	2-2
Celtic FC (Glasgow)	---	■	6-2	2-0	1-0	1-0	3-2	2-0	2-1	---	---	1-0
	7-0	■	2-0	5-0	2-1	4-2	1-0	5-0	2-0	3-1	4-0	3-3
Dundee FC (Dundee)	---	1-1	■	---	2-2	1-2	3-0	2-2	0-0	---	---	2-2
	1-2	0-1	■	3-2	2-3	1-1	2-1	2-1	2-1	1-1	4-1	0-3
Dundee United FC (Dundee)	0-2	---	1-1	■	3-0	---	1-2	2-2	0-1	2-1	1-0	1-4
	1-1	0-2	0-0	■	1-2	0-3	1-1	1-2	2-3	1-1	1-1	0-3
Dunfermline Athletic FC (Dunfermline)	---	1-4	0-1	---	■	0-1	---	2-2	2-0	3-0	0-0	1-3
	3-0	1-4	4-2	4-1	■	3-1	1-1	0-2	2-1	1-0	4-1	0-6
Heart of Midlothian FC (Edinburgh)	---	2-1	1-0	2-1	3-0	■	4-4	3-0	---	2-1	---	0-2
	0-0	1-4	1-2	2-0	2-0	■	5-1	1-1	2-1	4-2	1-0	0-4
Hibernian FC (Edinburgh)	2-0	---	---	1-1	1-3	---	■	2-2	1-0	2-3	0-2	
	1-2	0-1	2-1	2-1	1-4	1-2	■	2-0	1-0	3-1	1-1	2-4
Kilmarnock FC (Kilmarnock)	2-0	0-4	1-0	---	1-1	1-0	6-2	■	1-0	1-0	0-1	
	2-2	1-1	2-0	1-2	2-2	0-1	2-1	■	2-0	0-3	1-0	1-1
Livingston FC (Livingston)	1-2	---	---	1-2	---	1-1	1-2	0-4	■	1-0	3-1	1-2
	1-2	0-2	1-1	3-0	1-1	1-1	1-2	0-1	■	3-2	3-0	0-2
Motherwell FC (Motherwell)	0-1	0-4	1-2	2-2	---	---	2-1	---	6-2	■	2-2	---
	1-2	2-1	1-1	1-2	2-1	6-1	0-2	0-1	1-5	■	1-1	1-0
Partick Thistle FC (Glasgow)	1-2	0-2	1-3	0-0	---	1-1	---	1-3	3-0	---	■	
	2-1	0-1	1-1	0-0	4-0	2-2	0-3	3-0	2-2	2-0	■	1-2
Rangers FC (Glasgow)	2-1	1-2	3-1	---	6-1	1-0	---	4-0	---	2-0	2-0	■
	2-0	3-2	3-0	3-0	3-0	2-0	2-1	6-1	4-3	3-0	3-0	■

	Scottish Premier League	Pd	Wn	Dw	Ls	GF	GA	Pts	
1.	RANGERS FC (GLASGOW)	38	31	4	3	101	28	97	
2.	Celtic FC (Glasgow)	38	31	4	3	98	26	97	
3.	Heart of Midlothian FC (Edinburgh)	38	18	9	11	57	51	63	
4.	Kilmarnock FC (Kilmarnock)	38	16	9	13	47	56	57	
5.	Dunfermline Athletic FC (Dunfermline)	38	13	7	18	54	71	46	
6.	Dundee FC (Dundee)	38	10	14	14	50	60	44	
7.	Hibernian FC (Edinburgh)	38	15	6	17	56	64	51	
8.	Aberdeen FC (Aberdeen)	38	13	10	15	41	54	49	
9.	Livingston FC (Livingston)	38	9	8	21	48	62	35	
10.	Partick Thistle FC (Glasgow)	38	8	11	19	37	58	35	
11.	Dundee United FC (Dundee)	38	7	11	20	35	68	32	
12.	Motherwell FC (Motherwell)	38	7	7	24	45	71	28	R*
		456	178	100	178	669	669	634	

Note: After 33 matches the Premier League was split, with the top 6 playing-off for the championship and the bottom 6 playing against relegation. Each team played a further 5 games (results underlined were played on the away team's ground).

* Falkirk FC were not allowed promotion to the SPL as their ground did not meet the required capacity of the League regulations (a minimum of 10,000 seats). As a result Motherwell FC retained their SPL status.

Top goalscorers 2002-03

1) Henrik LARSSON   (Celtic FC)   28
2) Stephen CRAWFORD   (Dunfermline Athletic FC)   19
3) John HARTSON   (Celtic FC)   18

2002-2003 Scottish Football League Division 1	Alloa Athletic	Arbroath	Ayr United	Clyde	Falkirk	Inverness CT	Queen/South	Ross County	St. Johnstone	St. Mirren
Alloa Athletic FC (Alloa)		3-2	2-3	1-2	1-3	1-5	3-3	2-1	1-2	4-0
		0-3	0-1	1-4	1-6	0-6	0-1	1-1	1-3	2-3
Arbroath FC (Arbroath)	0-1		1-2	1-2	1-4	1-3	0-0	2-1	2-3	1-1
	0-1		1-1	1-1	2-0	1-2	1-2	0-3	0-1	2-2
Ayr United FC (Ayr)	0-1	0-4		0-3	1-0	1-0	0-1	1-1	0-1	0-0
	3-1	1-0		1-1	1-3	3-3	0-1	2-1	0-0	1-1
Clyde FC (Cumbernauld)	2-2	4-2	3-0		0-0	4-1	2-2	1-0	2-1	3-2
	0-0	3-0	1-0		2-0	3-0	2-1	2-1	1-2	2-3
Falkirk FC (Falkirk)	3-1	4-1	3-0	3-0		2-3	5-0	3-0	1-1	3-1
	3-0	2-1	3-0	2-1		1-1	3-0	2-0	1-0	2-0
Inverness Caledonian Thistle FC (Inverness)	1-1	2-0	0-1	1-2	3-4		1-0	1-5	1-2	3-1
	0-0	5-0	2-0	1-0	1-2		5-3	2-0	2-1	4-1
Queen of the South FC (Dumfries)	0-1	3-0	1-1	1-1	2-1	0-0		1-0	1-2	0-2
	1-1	2-2	1-2	2-1	1-1	1-3		2-0	0-0	3-0
Ross County FC (Dingwall)	1-2	3-1	4-1	1-1	0-1	0-2	0-3		2-3	2-0
	0-1	4-0	1-0	1-1	1-1	0-2	2-0		0-0	4-0
St. Johnstone FC (Perth)	3-0	2-1	1-0	1-2	0-1	2-0	0-1	2-0		1-1
	2-0	2-0	0-2	0-1	0-1	1-0	2-2	1-1		2-0
St. Mirren FC (Paisley)	1-1	1-0	1-1	1-2	1-2	1-4	2-2	1-0	1-3	
	3-1	2-0	1-0	1-4	4-4	0-4	2-1	1-1	0-2	

	SFL Division 1	**Pd**	**Wn**	**Dw**	**Ls**	**GF**	**GA**	**Pts**	
1.	Falkirk FC (Falkirk)	36	25	6	5	80	32	81	P*
2.	Clyde FC (Cumbernauld)	36	21	9	6	66	37	72	
3.	St. Johnstone FC (Perth)	36	20	7	9	49	29	67	
4.	Inverness Caledonian Thistle FC (Inverness)	36	20	5	11	74	45	65	
5.	Queen of the South FC (Dumfries)	36	12	12	12	45	48	48	
6.	Ayr United FC (Ayr)	36	12	9	15	34	44	45	
7.	St. Mirren FC (Paisley)	36	9	10	17	42	71	37	
8.	Ross County FC (Dingwall)	36	9	8	19	42	46	35	
9.	Alloa Athletic FC (Alloa)	36	9	8	19	39	72	35	R
10.	Arbroath FC (Arbroath)	36	3	6	27	30	77	15	R
		360	140	80	140	501	501	500	

2002-2003 Scottish Football League Division 2	Airdrie United	Berwick Rangers	Brechin City	Cowdenbeath	Dumbarton	Forfar Athletic	Hamilton	Raith Rovers	Stenhousemuir	Stranraer
Airdrie United FC (Airdrie)		2-0	3-0	1-1	2-1	0-0	2-2	1-1	1-0	3-3
		2-1	2-4	0-0	0-1	1-0	0-0	0-0	2-0	2-1
Berwick Rangers FC (Berwick-upon-Tweed)	0-3		2-0	1-2	0-1	0-0	1-0	1-1	0-0	1-0
	2-2		0-3	2-1	1-2	2-1	2-1	1-1	2-2	3-4
Brechin City FC (Brechin)	0-1	2-2		5-7	1-1	3-4	4-1	1-0	2-1	3-1
	1-5	2-4		0-0	1-1	1-0	1-0	1-2	1-0	3-1
Cowdenbeath FC (Cowdenbeath)	1-2	0-1	1-0		2-0	2-2	0-1	1-1	3-3	0-0
	0-1	1-2	0-1		3-1	1-1	1-3	3-1	1-0	0-1
Dumbarton FC (Dumbarton)	2-1	2-2	1-3	3-1		1-2	3-1	4-1	3-1	1-1
	3-1	1-2	1-0	1-1		1-2	1-1	0-3	0-0	3-1
Forfar Athletic FC (Forfar)	1-1	2-2	1-5	1-1	0-1		0-1	4-2	3-3	4-0
	5-1	0-2	2-1	2-1	2-0		1-1	1-2	1-0	2-1
Hamilton Academical FC (Hamilton)	2-1	3-0	2-2	2-0	2-2	2-0		0-0	0-1	1-2
	1-0	1-2	1-2	1-0	1-0	1-2		0-4	2-3	1-5
Raith Rovers FC (Kirkcaldy)	1-0	1-0	1-2	2-1	2-1	0-1	1-1		0-1	3-0
	0-0	1-2	3-1	4-1	1-0	5-1	1-1		1-0	1-1
Stenhousemuir FC (Stenhousemuir)	3-3	1-0	2-2	1-1	2-1	1-4	2-2	1-2		1-0
	4-3	2-0	1-1	4-1	2-2	2-1	1-2	0-1		2-0
Stranraer FC (Stranraer)	1-2	0-0	2-3	4-4	1-2	3-2	0-0	1-0	0-1	
	2-0	1-0	3-1	2-3	1-0	2-0	1-2	2-2	2-1	

	SFL Division 2	Pd	Wn	Dw	Ls	GF	GA	Pts	
1.	Raith Rovers FC (Kirkcaldy)	36	16	11	9	53	36	59	P
2.	Brechin City FC (Brechin)	36	16	7	13	63	59	55	P
3.	Airdrie United FC (Airdrie)	36	14	12	10	51	44	54	
4.	Forfar Athletic FC	36	14	9	13	55	53	51	
5.	Berwick Rangers FC (Berwick-upon-Tweed)	36	13	10	13	43	48	49	
6.	Dumbarton FC (Dumbarton)	36	13	9	14	48	47	48	
7.	Stenhousemuir FC (Stenhousemuir)	36	12	11	13	49	51	47	
8.	Hamilton Academical FC (Hamilton)	36	12	11	13	43	48	47	
9.	Stranraer FC (Stranraer)	36	12	8	16	49	57	44	R
10.	Cowdenbeath FC (Cowdenbeath)	36	8	12	16	46	57	36	R
		360	130	100	130	500	500	490	

2002-2003 Scottish Football League Division 3	Albion Rov.	East Fife	East Stirling	Elgin City	Gretna	Montrose	Morton	Peterhead	Queen's Park	Stirling Alb.
Albion Rovers FC (Coatbridge)		0-0	3-1	1-1	1-1	3-0	2-1	0-0	2-1	2-1
		1-5	6-0	1-1	2-1	1-1	2-1	3-0	0-2	1-3
East Fife FC (Methil)	1-1		3-0	5-0	2-1	2-0	0-1	0-2	1-0	2-1
	0-4		4-1	4-0	3-2	2-0	1-4	3-3	1-1	1-1
East Stirlingshire FC (Falkirk)	0-4	0-4		2-2	1-2	0-3	0-1	1-1	0-2	1-3
	0-3	1-4		1-2	0-4	1-1	1-1	1-4	0-4	1-1
Elgin City FC (Elgin)	1-2	0-1	3-1		2-2	0-2	0-0	0-4	0-0	2-2
	0-1	1-1	3-0		0-2	0-0	0-1	3-0	2-2	0-3
Gretna FC (Gretna)	1-2	3-3	3-1	2-1		2-2	0-1	1-1	0-1	0-0
	2-0	2-3	2-2	0-0		4-1	1-1	1-4	2-2	0-2
Montrose FC (Montrose)	1-1	0-2	5-4	2-0	0-1		0-0	1-2	1-1	0-1
	0-1	0-5	2-2	1-0	0-2		2-5	0-3	1-0	1-1
Morton FC (Greenock)	2-1	1-1	2-1	2-0	5-0	1-0		1-0	1-1	2-2
	0-1	2-1	4-1	4-0	2-2	4-2		1-0	3-0	5-1
Peterhead FC (Peterhead)	0-0	2-2	6-0	3-2	1-0	3-0	3-1		3-1	6-0
	2-0	0-2	5-0	2-2	1-1	4-2	4-2		3-0	1-0
Queen's Park FC (Glasgow)	1-1	1-2	3-4	3-2	1-2	1-1	0-1	1-2		3-3
	2-4	0-0	0-2	1-2	1-0	0-1	1-1	2-0		0-1
Stirling Albion FC (Stirling)	3-4	1-2	2-1	4-0	1-0	1-1	0-3	2-1	1-0	
	0-1	0-0	3-0	1-1	0-1	1-1	2-0	1-0	1-0	

	SFL Division 3	Pd	Wn	Dw	Ls	GF	GA	Pts	
1.	Morton FC (Greenock)	36	21	9	6	67	33	72	P
2.	East Fife FC (Methil)	36	20	11	5	73	37	71	P
3.	Albion Rovers FC (Coatbridge)	36	20	10	6	62	36	70	
4.	Peterhead FC (Peterhead)	36	20	8	8	76	37	68	
5.	Stirling Albion FC (Stirling)	36	15	11	10	50	44	56	
6.	Gretna FC (Gretna)	36	11	12	13	50	50	45	
7.	Montrose FC (Montrose)	36	7	12	17	35	61	33	
8.	Queen's Park FC (Glasgow)	36	7	11	18	39	51	32	
9.	Elgin City FC (Elgin)	36	5	13	18	33	63	28	
10.	East Stirlingshire FC (Falkirk)	36	2	7	27	32	105	13	
		360	128	104	128	517	517	488	

SCOTTISH CUP FINAL   (Hampden Park, Glasgow – 31/05/2003 – 47,136)

RANGERS FC (GLASGOW)   1-0   Dundee FC (Dundee)

Amoruso 66'

Rangers: Klos, Ricksen, Moore, Amoruso, Numan (Muscat), Malcolm, Ferguson, McCann, de Boer, Mols (Ross), Arveladze (Thompson)

Dundee: Speroni, Mackay (Milne), Hernandez, Khizanishvili, Mair, Smith, Nemsadze, Rae (Brady), Lovell, Caballero, Burchill (Novo)

Semi-finals   (19/04/2003 – 20/04/2003)

| Inverness Caledonian Thistle FC (Inverness) | 0-1 | Dundee FC (Dundee) |
| Rangers FC (Glasgow) | 4-3 | Motherwell FC (Motherwell) |

2003-04 SEASON

2003-2004 Scottish Premier League	Aberdeen	Celtic	Dundee	Dundee United	Dunfermline	Hearts	Hibernian	Kilmarnock	Livingston	Motherwell	Partick Thistle	Rangers
Aberdeen FC (Aberdeen)	■	---	1-2	3-0	2-0	---	0-1	<u>0-4</u>	1-2	0-2	0-0	1-1
	■	1-3	2-2	0-1	1-2	0-1	3-1	3-1	0-3	0-3	2-1	2-3
Celtic FC (Glasgow)	1-2	■	---	2-1	1-2	1-1	---	---	5-1	1-1	---	1-0
	4-0	■	3-2	5-0	5-0	5-0	6-0	5-1	5-1	3-0	3-1	3-0
Dundee FC (Dundee)	1-1	<u>1-2</u>	■	0-1	---	2-2	2-0	1-0	---	2-1	---	---
	2-0	0-1	■	2-1	0-2	1-2	1-1	1-2	2-1	0-1	1-0	0-2
Dundee United FC (Dundee)	---	1-2	2-2	■	3-2	0-2	0-0	4-1	---	1-0	---	2-0
	3-2	1-5	1-1	■	1-0	2-1	1-2	1-1	2-0	0-2	0-0	1-3
Dunfermline Athletic FC (Dunfermline)	---	1-4	---	1-1	■	0-0	1-1	2-1	---	3-0	1-0	2-3
	2-2	0-0	2-0	2-0	■	2-1	0-0	2-3	2-2	1-0	2-1	2-0
Heart of Midlothian FC (Edinburgh)	1-0	1-1	3-1	3-1	2-1	■	---	1-1	3-2	---	1-1	
	2-0	1-1	2-2	3-0	1-0	■	2-0	2-1	3-1	0-0	2-0	0-4
Hibernian FC (Edinburgh)	0-1	0-4	1-0	---	---	1-1	■	3-0	3-1	3-3	1-2	---
	1-1	1-2	1-1	2-2	1-2	1-0	■	3-1	0-2	0-2	3-2	0-1
Kilmarnock FC (Kilmarnock)	3-1	0-1	4-2	---	---	1-1	2-0	■	4-2	---	2-1	---
	1-3	0-5	1-1	0-2	1-1	0-2	0-2	■	0-3	2-0	2-1	2-3
Livingston FC (Livingston)	2-0	---	<u>0-2</u>	2-3	0-0	---	4-1	1-1	■	3-1	2-2	1-1
	1-1	0-2	1-1	0-0	0-0	2-3	1-0	1-2	■	1-0	2-0	0-0
Motherwell FC (Motherwell)	---	1-1	5-3	0-1	1-0	1-1	---	1-0	---	■	3-0	0-1
	1-0	0-2	0-3	3-1	2-2	1-1	0-1	2-1	1-1	■	2-2	1-1
Partick Thistle FC (Glasgow)	2-0	1-4	0-1	1-1	---	1-0	1-1	2-2	5-2	---	■	---
	0-3	1-2	1-2	0-2	4-1	1-4	0-1	2-4	1-1	1-0	■	0-1
Rangers FC (Glasgow)	---	1-2	4-0	<u>3-3</u>	4-1	0-1	3-0	2-0	---	4-0	2-0	■
	3-0	0-1	3-1	2-1	4-0	2-1	5-2	4-0	1-0	1-0	3-1	■

	Scottish Premier League	**Pd**	**Wn**	**Dw**	**Ls**	**GF**	**GA**	**Pts**	
1.	CELTIC FC (GLASGOW)	38	31	5	2	105	25	98	
2.	Rangers FC (Glasgow)	38	25	6	7	76	33	81	
3.	Heart of Midlothian FC (Edinburgh)	38	19	11	8	56	40	68	
4.	Dunfermline Athletic FC (Dunfermline)	38	14	11	13	45	52	53	
5.	Dundee United FC (Dundee)	38	13	10	15	47	60	49	
6.	Motherwell FC (Motherwell)	38	12	10	16	42	49	46	
7.	Dundee FC (Dundee)	38	12	10	16	48	57	46	
8.	Hibernian FC (Edinburgh)	38	11	11	16	41	60	44	
9.	Livingston FC (Livingston)	38	10	13	15	48	57	43	
10.	Kilmarnock FC (Kilmarnock)	38	12	6	20	51	74	42	
11.	Aberdeen FC (Aberdeen)	38	9	7	22	39	63	34	
12.	Partick Thistle FC (Glasgow)	38	6	8	24	39	67	26	R
		456	174	108	174	637	637	630	

Note: After 33 matches the Premier League was split, with the top 6 playing-off for the championship and the bottom 6 playing against relegation. Each team played a further 5 games (results underlined were played on the away team's ground).

Top goalscorers 2003-04

1) Henrik LARSSON   (Celtic FC)   30
1) Nacho NOVO   (Dundee FC)   20
3) Chris SUTTON   (Celtic FC)   19

2003-2004 Scottish Football League Division 1	Ayr United	Brechin City	Clyde	Falkirk	Inverness CT	Queen/South	Raith Rovers	Ross County	St. Johnstone	St. Mirren
Ayr United FC (Ayr)		1-2	1-1	2-3	1-1	1-1	1-0	1-2	1-1	2-0
		3-2	2-2	1-1	0-3	1-4	1-0	1-3	1-1	0-2
Brechin City FC (Brechin)	0-3		2-5	0-1	2-4	2-1	1-1	1-0	0-2	2-0
	3-1		1-3	2-2	0-2	0-1	0-3	4-2	0-1	1-1
Clyde FC (Cumbernauld)	2-1	0-0		4-2	1-2	2-0	4-1	1-0	2-3	2-2
	3-0	2-1		1-2	1-0	3-1	0-0	2-2	2-0	2-0
Falkirk FC (Falkirk)	0-0	5-0	1-1		2-1	0-2	1-0	2-0	0-1	1-0
	0-1	3-0	0-2		2-1	0-0	3-2	0-2	0-3	0-0
Inverness Caledonian Thistle FC (Inverness)	2-1	1-0	3-1	0-0		4-1	3-0	1-0	3-1	1-1
	1-0	5-0	0-0	1-2		4-1	2-1	3-3	1-0	2-0
Queen of the South FC (Dumfries)	0-0	2-2	1-2	1-0	2-1		1-1	1-1	1-1	1-0
	1-0	1-0	4-1	2-0	3-2		0-2	1-0	1-1	1-2
Raith Rovers FC (Kirkcaldy)	2-1	1-1	0-3	2-0	0-1	3-1		0-0	1-1	2-0
	1-1	2-1	0-1	0-1	1-3	0-1		1-7	1-4	1-1
Ross County FC (Dingwall)	1-1	2-1	0-0	1-1	1-0	1-2	1-1		2-0	1-0
	2-2	4-0	0-1	1-2	1-1	1-0	3-2		0-3	2-0
St. Johnstone FC (Perth)	3-0	2-2	1-3	2-1	3-2	2-2	5-2	1-1		1-3
	1-1	3-1	3-0	0-4	1-2	4-1	0-1	1-1		1-0
St. Mirren FC (Paisley)	4-1	3-3	2-3	1-1	0-3	3-1	1-1	2-0	1-1	
	3-2	0-0	2-1	0-0	0-4	1-2	2-1	1-1	1-1	

	SFL Division 1	**Pd**	**Wn**	**Dw**	**Ls**	**GF**	**GA**	**Pts**	
1.	Inverness Caledonian Thistle FC (Inverness)	36	21	7	8	67	33	70	P #
2.	Clyde FC (Cumbernauld)	36	20	9	7	64	40	69	
3.	St. Johnstone FC (Perth)	36	15	12	9	59	45	57	
4.	Falkirk FC (Falkirk)	36	15	10	11	43	37	55	
5.	Queen of the South FC (Dumfries)	36	15	9	12	46	48	54	
6.	Ross County FC (Dingwall)	36	12	13	11	49	41	49	
7.	St. Mirren FC (Paisley)	36	9	14	13	39	46	41	
8.	Raith Rovers FC (Kirkcaldy)	36	8	10	18	37	57	34	
9.	Ayr United FC (Ayr)	36	6	13	17	37	58	31	R
10.	Brechin City FC (Brechin)	36	6	9	21	37	73	27	R
		360	127	106	127	478	478	487	

2003-2004 Scottish Football League Division 2	Airdrie United	Alloa Athletic	Arbroath	Berwick Rangers	Dumbarton	East Fife	Forfar Athletic	Hamilton	Morton	Stenhousemuir
Airdrie United FC (Airdrie)		2-1	0-1	6-0	1-1	2-1	2-2	1-1	2-0	4-0
		1-0	2-1	1-1	2-0	1-1	3-3	3-0	1-6	2-0
Alloa Athletic FC (Alloa)	0-1		4-0	4-2	3-0	1-1	4-0	1-1	3-3	1-0
	1-4		2-2	2-3	1-2	2-0	1-1	1-3	0-1	2-2
Arbroath FC (Arbroath)	0-4	2-1		1-2	0-3	0-0	0-1	0-2	2-2	1-1
	1-1	3-1		1-0	2-1	0-1	0-0	2-2	0-4	2-1
Berwick Rangers FC (Berwick-upon-Tweed)	1-1	3-1	1-3		1-2	1-1	3-1	2-4	2-0	3-0
	0-1	3-2	3-0		1-4	0-2	0-4	3-1	2-3	2-1
Dumbarton FC (Dumbarton)	1-2	3-1	1-0	4-1		1-0	1-1	2-0	3-0	4-0
	2-0	1-0	1-1	1-1		3-1	2-1	0-3	1-0	0-1
East Fife FC (Methil)	0-1	0-1	1-2	2-2	1-3		2-0	2-3	1-0	1-0
	3-1	0-1	0-1	3-1	1-0		2-3	2-3	0-0	3-2
Forfar Athletic FC (Forfar)	1-3	2-0	1-2	0-2	1-0	1-0		0-4	2-1	1-1
	1-1	1-1	2-2	1-5	3-1	0-1		4-3	2-3	2-0
Hamilton Academical FC (Hamilton)	0-1	0-1	2-2	2-0	2-1	1-0	2-1		6-1	0-1
	2-1	3-4	2-0	2-2	2-0	2-2	1-2		1-2	2-0
Morton FC (Greenock)	1-1	2-1	1-0	2-1	3-2	1-1	1-1	2-2		1-4
	3-1	2-2	6-4	1-3	2-2	2-1	1-1	1-1		5-2
Stenhousemuir FC (Stenhousemuir)	0-3	0-1	0-3	3-1	1-2	0-1	0-2	0-2	0-1	
	0-1	1-3	1-0	0-3	1-1	3-0	2-0	0-3	0-2	

	SFL Division 2	**Pd**	**Wn**	**Dw**	**Ls**	**GF**	**GA**	**Pts**	
1.	Airdrie United FC (Airdrie)	36	20	10	6	64	36	70	P
2.	Hamilton Academical FC (Hamilton)	36	18	8	10	70	47	62	P
3.	Dumbarton FC (Dumbarton)	36	18	6	12	56	41	60	
4.	Morton FC (Greenock)	36	16	11	9	66	58	59	
5.	Berwick Rangers FC (Berwick-upon-Tweed)	36	14	6	16	61	67	48	
6.	Forfar Athletic FC (Forfar)	36	12	11	13	49	57	47	
7.	Alloa Athletic FC (Alloa)	36	12	8	16	55	55	44	
8.	Arbroath FC (Arbroath)	36	11	10	15	41	57	43	
9.	East Fife FC (Methil)	36	11	8	17	38	45	41	R
10.	Stenhousemuir FC (Stenhousemuir)	36	7	4	25	28	65	25	R
		360	139	82	139	528	528	499	

2003-2004 Scottish Football League Division 3	Albion Rovers	Cowdenbeath	East Stirling	Elgin City	Gretna	Montrose	Peterhead	Queen's Park	Stirling Albion	Stranraer
Albion Rovers FC (Coatbridge)	■	2-4	5-1	1-2	1-2	3-0	3-3	3-1	3-5	1-4
	■	1-2	5-0	1-2	1-3	0-1	2-0	3-1	0-3	1-1
Cowdenbeath FC (Cowdenbeath)	1-1	■	2-0	2-0	1-2	0-0	0-3	5-1	0-5	1-2
	1-4	■	2-1	3-2	0-1	3-3	2-0	0-1	2-0	0-1
East Stirlingshire FC (Falkirk)	1-8	0-1	■	2-1	2-4	1-4	0-3	2-4	0-3	1-2
	3-4	1-1	■	3-1	0-1	1-1	1-3	1-2	2-4	1-4
Elgin City FC (Elgin)	1-2	0-0	3-0	■	1-1	2-1	1-0	1-3	0-1	0-0
	1-5	0-4	3-1	■	3-3	2-3	2-3	2-2	0-2	1-3
Gretna FC (Gretna)	3-0	0-1	5-1	2-1	■	1-2	3-2	0-1	1-0	0-0
	3-1	1-0	2-1	2-2	■	1-1	3-2	1-1	0-1	1-1
Montrose FC (Montrose)	3-1	1-1	1-0	4-3	1-4	■	2-1	1-1	1-4	1-4
	1-0	1-3	5-1	3-3	2-0	■	0-1	0-0	2-3	2-4
Peterhead FC (Peterhead)	5-0	0-0	6-0	3-1	2-1	1-2	■	1-1	0-0	2-0
	2-1	0-1	2-0	5-1	2-0	0-0	■	4-1	2-2	1-2
Queen's Park FC (Glasgow)	0-1	1-2	1-0	4-0	1-1	1-1	1-0	■	1-4	0-2
	1-1	0-0	3-0	5-2	0-1	1-1	0-2	■	0-2	0-4
Stirling Albion FC (Stirling)	3-0	1-1	6-0	6-1	0-1	1-1	0-2	0-0	■	2-2
	2-1	0-0	5-1	3-0	0-1	3-0	3-1	1-0	■	1-0
Stranraer FC (Stranraer)	4-0	1-0	7-1	6-0	3-2	6-0	1-1	3-1	1-1	■
	5-0	2-0	4-0	4-3	1-2	2-0	0-2	1-0	0-1	■

	SFL Division 3	**Pd**	**Wn**	**Dw**	**Ls**	**GF**	**GA**	**Pts**	
1.	Stranraer FC (Stranraer)	36	24	7	5	87	30	79	P
2.	Stirling Albion FC (Stirling)	36	23	8	5	78	27	77	P
3.	Gretna FC (Gretna)	36	20	8	8	59	39	68	
4.	Peterhead FC (Peterhead)	36	18	7	11	67	37	61	
5.	Cowdenbeath FC (Cowdenbeath)	36	15	10	11	46	39	55	
6.	Montrose FC (Montrose)	36	12	12	12	52	63	48	
7.	Queen's Park FC (Glasgow)	36	10	11	15	41	53	41	
8.	Albion Rovers FC (Coatbridge)	36	12	4	20	66	75	40	
9.	Elgin City FC (Elgin)	36	6	7	23	48	93	25	
10.	East Stirlingshire FC (Falkirk)	36	2	2	32	30	118	8	
		360	142	76	142	574	574	502	

\# At a meeting of the SPL on 1st June 2004 it was decided by a single vote that Inverness Caledonian Thistle FC could not be promoted to the SPL for the next season as their Caledonian Stadium ground did not meet the SPL required minimum of 10,000 all-seater capacity. The Inverness club had previously agreed with Aberdeen FC to play their home games at Pittodrie Stadium, Aberdeen for the 2004-05 season while alterations were made to Caledonian Stadium but to no avail.

SCOTTISH CUP FINAL   (Hampden Park, Glasgow – 21/05/2004)

CELTIC FC (GLASGOW)　　　　　　　3-1　　　　　Dunfermline Athletic FC (Dunfermline)

Larsson 58', 71', Petrov 84'　　　　　*(H.T. 0-1)*　　　　　　　　　　　　*Skerla 39'*

Celtic: Marshall, Varga, Balde, McNamara, Agathe, Lennon, Petrov, Pearson (Wallace 58'), Thompson, Larsson, Sutton.

Dunfermline: Stillie, Young, Skerla, Byrne (Tod 88'), Mason (Grondin 82'), Nicholson, Dempsey (Bullen 59'), Young, Labonte, Brewster, Crawford.

Semi-finals   (10/04/2004 – 11/04/2004)

Celtic FC (Glasgow)　　　　　　　　　3-1　　　　　Livingston FC (Livingston)
Dunfermline Athletic FC (Dunfermline)　　1-1, 3-2　　Inverness Caledonian Thistle FC (Inverness)

2004-05 SEASON

2004-2005 Scottish Premier League	Aberdeen	Celtic	Dundee	Dundee United	Dunfermline Athletic	Heart of Midlothian	Hibernian	Inverness CT	Kilmarnock	Livingston	Motherwell	Rangers
Aberdeen FC (Aberdeen)	■	0-2	1-1	---	---	2-0	3-0	---	---	2-0	1-3	1-2
	■	0-1	1-1	1-0	2-1	0-1	0-1	0-0	3-2	2-0	2-1	0-0
Celtic FC (Glasgow)	3-2	■	---	3-0	6-0	0-2	1-3	---	---	---	2-0	---
	2-3	■	3-0	1-0	3-0	3-0	2-1	3-0	2-1	2-1	2-0	1-0
Dundee FC (Dundee)	---	---	■	1-2	2-1	1-1	---	1-1	1-0	0-1	---	0-2
	1-0	2-2	■	1-0	1-2	0-1	1-4	3-1	3-1	0-0	1-2	0-2
Dundee United FC (Dundee)	1-2	2-3	2-2	■	0-1	2-1	---	1-1	1-1	1-1	---	---
	1-1	0-3	1-2	■	1-2	1-1	1-4	2-1	3-0	1-0	0-1	1-1
Dunfermline Athletic FC (Dunfermline)	---	---	5-0	1-1	■	1-1	1-4	0-0	0-4	0-2	0-0	0-1
	0-1	0-2	3-1	1-1	■	1-0	1-1	1-1	4-1	0-0	1-1	1-2
Heart of Midlothian FC (Edinburgh)	1-0	1-2	---	---	---	■	1-2	0-2	---	3-1	0-0	1-2
	0-0	0-2	3-0	3-2	3-0	■	2-1	1-0	3-0	0-0	0-1	0-0
Hibernian FC (Edinburgh)	1-2	1-3	4-0	3-2	---	2-2	■	3-0	0-3	---	---	0-1
	2-1	2-2	4-4	2-0	2-1	1-1	■	2-1	0-1	2-1	1-0	0-1
Inverness Caledonian Thistle FC (Inverness)	0-1	0-2	3-2	0-1	2-0	---	3-0	■	1-2	0-1	1-0	---
	1-3	1-3	2-1	1-1	2-0	1-1	1-2	■	0-2	2-0	1-1	1-1
Kilmarnock FC (Kilmarnock)	0-1	0-1	1-0	3-0	2-1	---	---	0-1	■	2-0	---	---
	0-1	2-4	3-1	5-2	1-0	1-1	3-1	2-2	■	1-3	2-0	0-1
Livingston FC (Livingston)	---	0-4	1-1	---	1-1	---	---	1-4	3-1	■	1-1	---
	0-2	2-4	1-0	1-1	2-0	1-2	0-2	3-0	0-2	■	2-3	1-4
Motherwell FC (Motherwell)	0-1	2-1	---	2-0	---	2-0	2-2	---	1-1	---	■	2-3
	0-0	2-3	3-0	4-2	2-1	2-0	1-2	1-2	0-1	2-0	■	0-2
Rangers FC (Glasgow)	3-1	1-2	---	0-1	---	2-1	---	1-1	2-1	3-0	4-1	■
	5-0	2-0	3-0	1-1	3-0	3-2	4-1	1-0	2-0	4-0	4-1	■

	Scottish Premier League	Pd	Wn	Dw	Ls	GF	GA	Pts	
1.	RANGERS FC (GLASGOW)	38	29	6	3	78	22	93	
2.	Celtic FC (Glasgow)	38	30	2	6	85	35	92	
3.	Hibernian FC (Edinburgh)	38	18	7	13	64	57	61	
4.	Aberdeen FC (Aberdeen)	38	18	7	13	44	39	61	
5.	Heart of Midlothian FC (Edinburgh)	38	13	11	14	43	41	50	
6.	Motherwell FC (Motherwell)	38	13	9	16	46	49	48	
7.	Kilmarnock FC (Kilmarnock)	38	15	4	19	49	55	49	
8.	Inverness Caledonian Thistle FC (Inverness)	38	11	11	16	41	47	44	
9.	Dundee United FC (Dundee)	38	8	12	18	41	59	36	
10.	Livingston FC (Livingston)	38	9	8	21	34	61	35	
11.	Dunfermline Athletic FC (Dunfermline)	38	8	10	20	34	60	34	
12.	Dundee FC (Dundee)	38	8	9	21	37	71	33	R
		456	180	96	180	596	596	636	

Note: After 33 matches the league was split with the top 6 playing-off for the championship and the bottom 6 playing against relegation, each team played a further 5 games (results underlined were played on the away team's ground)

Note: Inverness Caledonian Thistle FC (Inverness) played their home games at Pittodrie Stadium, Aberdeen until 03/01/05 (11 games) after which date they returned to the refurbished Caledonian Stadium, Inverness.

Top goalscorers 2004-05

1)	John HARTSON	(Celtic FC)	25
2)	Derek RIORDAN	(Hibernian FC)	20
3)	Nacho NOVO	(Rangers FC)	19

2004-2005 Scottish Football League Division 1	Airdrie United	Clyde	Falkirk	Hamilton Academical	Partick Thistle	Queen of the South	Raith Rovers	Ross County	St. Johnstone	St. Mirren
Airdrie United FC (Airdrie)		2-4	2-2	1-0	0-1	2-0	2-1	2-1	0-0	0-2
		3-1	1-3	0-2	4-2	0-1	1-1	1-2	1-0	3-2
Clyde FC (Cumbernauld)	1-0		0-1	1-3	1-1	0-1	1-0	1-0	1-1	0-0
	1-2		0-2	2-1	2-1	2-0	2-0	1-0	1-0	0-0
Falkirk FC (Falkirk)	1-0	0-0		1-1	2-1	1-2	2-0	1-0	3-0	1-2
	5-0	1-1		1-1	3-0	4-2	4-2	2-2	3-1	0-0
Hamilton Academical FC (Hamilton)	1-1	0-1	1-0		1-0	1-1	1-0	0-1	0-3	0-0
	1-3	0-1	0-1		0-1	1-0	2-0	1-2	1-1	2-2
Partick Thistle FC (Glasgow)	1-1	1-0	2-1	1-1		3-1	4-1	0-0	0-4	0-0
	3-2	0-0	1-4	0-1		1-2	2-0	4-0	0-4	0-3
Queen of the South FC (Dumfries)	0-0	0-1	1-1	1-2	3-1		1-1	1-0	2-0	0-0
	1-0	0-1	1-3	1-1	1-0		2-0	0-1	0-1	2-1
Raith Rovers FC (Kirkcaldy)	0-1	3-3	3-3	0-2	2-1	0-1		1-4	1-2	2-0
	0-2	2-3	0-2	2-2	0-0	1-2		1-2	1-0	0-3
Ross County FC (Dingwall)	3-1	1-1	0-1	2-1	2-1	1-1	2-0		4-0	0-1
	1-2	0-1	0-1	1-1	0-1	1-0	1-1		0-1	1-1
St. Johnstone FC (Perth)	1-2	0-0	0-3	0-2	1-1	0-0	2-0	0-2		0-0
	1-1	3-0	1-2	3-0	2-1	1-3	1-0	1-1		1-0
St. Mirren FC (Paisley)	1-0	0-0	0-1	0-1	1-1	3-0	3-0	1-0	1-1	
	1-1	0-0	2-0	1-0	2-1	2-2	1-0	3-2	2-1	

	Division 1	Pd	Wn	Dw	Ls	GF	GA	Pts	
1.	Falkirk FC (Falkirk)	36	22	9	5	66	30	75	P
2.	St. Mirren FC (Paisley)	36	15	15	6	41	23	60	
3.	Clyde FC (Cumbernauld)	36	16	12	8	35	29	60	
4.	Queen of the South FC (Dumfries)	36	14	9	13	36	38	51	
5.	Airdrie United FC (Airdrie)	36	14	8	14	44	48	50	
6.	Ross County FC (Dingwall)	36	13	8	15	40	37	47	
7.	Hamilton Academical FC (Hamilton)	36	12	11	13	35	36	47	
8.	St. Johnstone FC (Perth)	36	12	10	14	38	39	46	
9.	Partick Thistle FC (Glasgow)	36	10	9	17	38	52	39	R
10.	Raith Rovers FC (Kirkcaldy)	36	3	7	26	26	67	16	R
		360	131	98	131	399	399	491	

2004-2005 Scottish Football League Division 2	Alloa Athletic	Arbroath	Ayr United	Berwick Rangers	Brechin City	Dumbarton	Forfar Athletic	Morton	Stirling Albion	Stranraer
Alloa Athletic FC (Alloa)	■	2-2	5-1	2-2	1-1	4-2	0-2	2-2	3-0	3-0
		4-2	1-3	2-2	2-2	3-2	2-3	1-6	1-1	1-2
Arbroath FC (Arbroath)	2-1	■	2-0	2-0	1-4	2-1	1-2	0-1	3-2	0-4
	0-3		0-0	1-1	2-2	0-2	0-2	0-3	2-1	0-1
Ayr United FC (Ayr)	1-1	2-2	■	0-1	0-1	1-1	1-0	2-1	0-3	0-0
	4-3	1-1		2-1	0-1	0-1	3-3	2-0	3-2	0-1
Berwick Rangers FC (Berwick/Tweed)	2-1	2-3	2-1	■	2-1	0-3	1-1	2-2	2-2	1-2
	2-3	0-3	0-1		0-2	0-4	1-0	2-1	0-1	1-2
Brechin City FC (Brechin)	2-3	4-3	3-0	1-1	■	0-2	0-3	1-2	5-3	2-1
	4-0	4-1	5-0	4-1		4-0	2-0	2-1	0-3	4-1
Dumbarton FC (Dumbarton)	3-2	3-0	1-1	1-1	1-1	■	1-1	3-0	0-2	1-1
	0-1	1-3	1-0	3-1	1-1		0-1	0-3	1-1	1-3
Forfar Athletic FC (Forfar)	1-1	1-1	1-0	0-2	1-3	6-0	■	0-0	4-1	1-2
	3-1	5-0	2-3	1-1	1-0	0-2		2-0	0-2	0-1
Morton FC (Greenock)	2-0	2-0	2-1	4-2	0-2	0-0	4-0	■	2-0	2-0
	2-2	2-1	0-1	2-0	0-3	3-0	2-1		3-0	3-1
Stirling Albion FC (Stirling)	0-4	0-3	2-0	0-1	1-2	3-0	3-2	1-1	■	1-1
	2-0	5-2	1-1	3-1	1-5	1-0	3-1	1-1		1-1
Stranraer FC (Stranraer)	0-1	3-3	1-3	1-0	0-1	2-1	0-0	1-1	0-3	■
	3-0	2-1	2-1	2-2	4-2	1-0	1-0	1-0	0-0	

	Division 2	**Pd**	**Wn**	**Dw**	**Ls**	**GF**	**GA**	**Pts**	
1.	Brechin City FC (Brechin)	36	22	6	8	81	43	72	P
2.	Stranraer FC (Stranraer)	36	18	9	9	48	41	63	P
3.	Morton FC (Greenock)	36	18	8	10	60	37	62	
4.	Stirling Albion FC (Stirling)	36	14	9	13	56	55	51	
5.	Forfar Athletic FC (Forfar)	36	13	8	15	51	45	47	
6.	Alloa Athletic FC (Alloa)	36	12	10	14	66	68	46	
7.	Dumbarton FC (Dumbarton)	36	11	9	16	43	53	42	
8.	Ayr United FC (Ayr)	36	11	9	16	39	54	42	
9.	Arbroath FC (Arbroath)	36	10	8	18	49	73	38	R
10.	Berwick Rangers FC (Berwick-upon-Tweed)	36	8	10	18	40	64	34	R
		360	137	86	137	533	533	497	

2004-2005 Scottish Football League Division 3	Albion Rovers	Cowdenbeath	East Fife	East Stirlingshire	Elgin City	Gretna	Montrose	Peterhead	Queen's Park	Stenhousemuir
Albion Rovers FC (Coatbridge)		1-4	0-6	1-1	2-0	0-5	1-2	0-4	1-2	1-1
		2-3	2-0	3-3	2-2	2-6	1-2	0-1	0-4	1-0
Cowdenbeath FC (Cowdenbeath)	1-2		4-2	3-2	1-1	0-1	0-0	4-0	1-0	0-2
	2-0		1-1	2-1	3-1	0-8	0-0	0-4	2-1	0-6
East Fife FC (Methil)	1-1	1-1		2-0	1-2	0-2	1-0	1-2	0-1	2-0
	1-0	1-1		1-0	2-0	1-3	1-0	0-2	1-4	0-0
East Stirlingshire FC (Falkirk)	0-2	2-1	1-0		0-3	0-4	1-2	1-5	3-1	1-4
	1-1	0-2	1-1		0-1	1-2	1-1	1-2	0-5	3-2
Elgin City FC (Elgin)	1-1	2-0	2-1	0-0		2-6	2-2	0-2	1-0	4-2
	1-0	0-4	2-1	1-3		1-3	1-3	2-2	1-0	1-1
Gretna FC (Gretna)	6-2	2-0	4-0	1-0	2-1		4-1	6-1	4-0	7-0
	6-0	2-1	5-1	8-1	3-0		1-0	2-1	4-1	3-0
Montrose FC (Montrose)	0-1	1-2	2-2	4-1	2-0	0-4		0-2	2-0	0-3
	1-1	3-1	2-1	4-1	2-0	2-3		0-1	2-4	0-2
Peterhead FC (Peterhead)	2-3	1-1	0-0	3-0	3-0	4-2	4-1		1-1	1-1
	4-1	3-1	2-0	5-0	2-1	1-1	3-2		2-2	5-0
Queen's Park FC (Glasgow)	0-3	2-3	2-1	2-0	1-0	1-1	1-0	1-1		0-0
	1-1	3-2	1-2	0-0	0-1	3-2	1-2	1-2		4-3
Stenhousemuir FC (Stenhousemuir)	1-1	1-1	1-2	3-2	4-0	1-4	0-1	1-1	0-0	
	3-0	2-2	5-2	6-0	0-2	0-3	1-1	1-2	1-1	

	Division 3	Pd	Wn	Dw	Ls	GF	GA	Pts	
1.	Gretna FC (Gretna)	36	32	2	2	130	29	98	P
2.	Peterhead FC (Peterhead)	36	23	9	4	81	38	78	P
3.	Cowdenbeath FC (Cowdenbeath)	36	14	9	13	54	61	51	
4.	Queen's Park FC (Glasgow)	36	13	9	14	51	50	48	
5.	Montrose FC (Montrose)	36	13	7	16	47	53	46	
6.	Elgin City FC (Elgin)	36	12	7	17	39	61	43	
7.	Stenhousemuir FC (Stenhousemuir)	36	10	12	14	58	58	42	
8.	East Fife FC (Methil)	36	10	8	18	40	56	38	
9.	Albion Rovers FC (Coatbridge)	36	8	10	18	40	78	34	
10.	East Stirlingshire FC (Falkirk)	36	5	7	24	32	88	22	
		360	140	80	140	572	572	500	

SCOTTISH CUP FINAL (Hampden Park, Glasgow – 28/05/05 – 50,635)

CELTIC FC (GLASGOW)   1-0   Dundee United FC (Dundee)

Thompson 11'

Celtic: Douglas, Agathe, Balde, Varga, McNamara, Petrov, Lennon, Sutton, Thompson (McGeady 86'), Hartson (Valgaeren 73'), Bellamy.

Dundee United: Bullock, Wilson, Ritchie, Kenneth, Archibald, Kerr, McInnes (Samuel 76'), Brebner (Duff 83'), Robson, Crawford (Grady 83'), Scotland.

Semi-finals (09/04/05 – 10/04/05)

Dundee United FC (Dundee)	2-1	Hibernian FC (Edinburgh)
Heart of Midlothian FC (Edinburgh)	1-2	Celtic FC (Glasgow)

2005-06

2005-2006 Scottish Premier League	Aberdeen	Celtic	Dundee United	Dunfermline Athletic	Falkirk	Heart of Midlothian	Hibernian	Inverness Cal. Thistle	Kilmarnock	Livingston	Motherwell	Rangers
Aberdeen FC (Aberdeen)		2-2	---	---	1-0	0-1	1-0	---	2-2	3-0	2-2	2-0
		1-3	2-0	0-0	3-0	1-1	0-1	0-0	1-2	0-0	2-2	3-2
Celtic FC (Glasgow)	3-0		3-3	---	2-1	1-0	1-1	2-1	2-0	---	---	0-0
	2-0		2-0	0-1	3-1	1-1	3-2	2-1	4-2	2-1	5-0	3-0
Dundee United FC (Dundee)	1-1	---		0-1	0-2	1-1	---	2-4	2-2	3-1	1-1	1-4
	1-1	2-4		2-1	2-1	0-3	1-0	1-1	0-0	2-0	1-1	0-0
Dunfermline Athletic FC (Dunfermline)	1-0	1-8	1-1		1-1	---	---	2-2	---	3-2	1-1	---
	0-2	0-4	2-1		0-1	1-4	1-2	0-1	0-1	0-1	0-3	3-3
Falkirk FC (Falkirk)	---	---	1-0	0-0		1-2	0-0	1-4	---	1-0	1-1	1-2
	1-2	0-3	1-3	1-2		2-2	0-2	0-2	1-2	1-1	0-1	1-1
Heart of Midlothian FC (Edinburgh)	1-2	3-0	---	4-0	---		4-1	---	2-0	---	3-0	1-1
	2-0	2-3	3-0	2-0	5-0		4-0	0-0	1-0	2-1	2-1	1-0
Hibernian FC (Edinburgh)	0-4	1-2	3-1	3-1	---	2-1		0-2	2-1	7-0	---	1-2
	1-2	0-1	2-1	1-1	2-3	2-0		1-2	4-2	3-0	2-1	2-1
Inverness Caledonian Thistle (Inverness)	0-1	---	1-0	1-0	2-0	0-0	---		3-3	1-0	0-1	2-3
	1-1	1-1	1-1	2-1	0-3	0-1	2-0		2-2	3-0	1-2	0-1
Kilmarnock FC (Kilmarnock)	0-0	1-4	---	1-0	2-1	1-0	3-1	---		3-1	2-0	1-3
	4-2	0-1	2-1	3-2	1-1	2-4	2-2	2-2		3-0	4-1	2-3
Livingston FC (Livingston)	---	0-2	3-1	0-1	0-1	2-3	---	2-1	---		0-1	---
	0-0	0-5	1-0	1-1	0-2	1-4	1-2	1-1	0-3		1-2	2-2
Motherwell FC (Motherwell)	---	1-3	2-0	2-3	3-1	---	2-2	0-1	---	2-1		---
	3-1	4-4	4-5	1-0	5-0	1-1	1-3	0-2	2-2	1-0		0-1
Rangers FC (Glasgow)	1-1	0-1	---	1-0	---	2-0	2-0	---	4-0	4-1	1-0	
	0-0	3-1	3-0	5-1	2-2	1-0	0-3	1-1	3-0	3-0	2-0	

	Scottish Premier League	Pd	Wn	Dw	Ls	GF	GA	Pts	
1.	CELTIC FC (GLASGOW)	38	28	7	3	93	37	91	
2.	Heart of Midlothian FC (Edinburgh)	38	22	8	8	71	31	74	
3.	Rangers FC (Glasgow)	38	21	10	7	67	37	73	
4.	Hibernian FC (Edinburgh)	38	17	5	16	61	56	56	
5.	Kilmarnock FC (Kilmarnock)	38	15	10	13	63	64	55	
6.	Aberdeen FC (Aberdeen)	38	13	15	10	46	40	54	
7.	Inverness Caledonian Thistle FC (Inverness)	38	15	13	10	51	38	58	
8.	Motherwell FC (Motherwell)	38	13	10	15	55	61	49	
9.	Dundee United FC (Dundee)	38	7	12	19	41	66	33	
10.	Falkirk FC (Falkirk)	38	8	9	21	35	64	33	
11.	Dunfermline Athletic FC (Dunfermline)	38	8	9	21	33	68	33	
12.	Livingston FC (Livingston)	38	4	6	28	25	79	18	R
		456	171	114	171	641	641	627	

Note: After 33 matches the league was split with the top 6 playing-off for the championship and the bottom 6 playing against relegation, each team played a further 5 games (results underlined were played on the away team's ground dependent on fixture revision after league split).

Top goalscorers 2005-06

1)	Kris BOYD	(Kilmarnock FC/Rangers)	32	(15/17)
2)	John HARTSON	(Celtic FC)	18	
3)	Craig DARGO	(Inverness Caledonian Thistle)	17	

2005-2006 Scottish Football League Division 1	Airdrie United	Brechin City	Clyde	Dundee	Hamilton Acad.	Queen of South	Ross County	St. Johnstone	St. Mirren	Stranraer
Airdrie United FC (Airdrie)	■	3-3	1-1	7-0	0-0	1-1	2-3	2-1	1-4	3-0
	■	6-0	1-3	4-0	2-2	4-0	0-1	3-1	0-1	1-0
Brechin City FC (Brechin)	0-0	■	3-1	0-3	0-1	1-1	3-3	0-2	0-3	0-0
	1-1	■	1-1	1-3	1-2	1-1	1-4	1-4	2-3	2-3
Clyde FC (Cumbernauld)	3-1	5-1	■	3-3	2-2	3-0	2-0	2-3	0-1	1-1
	1-0	2-1	■	1-1	1-1	1-0	1-0	0-1	1-2	1-0
Dundee FC (Dundee)	2-3	0-1	0-1	■	2-4	2-3	0-0	0-1	4-0	2-1
	0-2	1-0	3-3	■	1-1	3-1	0-0	2-1	3-2	1-1
Hamilton Academical FC (Hamilton)	1-0	2-0	2-0	0-0	■	0-2	0-0	1-2	0-0	1-0
	1-1	3-0	1-1	1-1	■	5-2	2-1	0-1	3-1	2-0
Queen of the South FC (Dumfries)	2-0	0-0	2-1	1-3	1-1	■	0-0	3-2	0-0	1-0
	1-0	0-0	1-2	0-0	1-2	■	2-3	1-3	0-1	1-1
Ross County FC (Dingwall)	0-1	2-0	0-1	0-0	2-1	3-1	■	2-2	0-2	1-1
	2-2	1-0	3-1	3-0	0-0	1-1	■	2-1	0-4	2-1
St. Johnstone FC (Perth)	2-2	3-0	1-0	0-0	1-1	2-1	1-1	■	0-0	3-2
	1-0	3-1	0-0	1-1	5-1	4-0	1-1	■	1-2	1-1
St. Mirren FC (Paisley)	2-1	3-2	2-1	2-1	0-2	1-0	0-1	0-1	■	3-1
	1-1	1-0	2-0	0-0	2-1	2-0	2-0	0-0	■	0-0
Stranraer FC (Stranraer)	1-1	2-0	0-5	1-1	5-4	1-0	2-2	0-2	0-1	■
	1-0	1-1	1-2	0-0	1-2	0-0	2-3	1-1	1-2	■

	SFL Division 1	Pd	Wn	Dw	Ls	GF	GA	Pts	
1.	St. Mirren FC (Paisley)	36	23	7	6	52	28	76	P
2.	St. Johnstone FC (Perth)	36	18	12	6	59	34	66	
3.	Hamilton Academical FC (Hamilton)	36	15	14	7	53	39	59	
4.	Ross County FC (Dingwall)	36	14	14	8	47	40	56	
5.	Clyde FC (Cumbernauld)	36	15	10	11	54	42	55	
6.	Airdrie United FC (Airdrie)	36	11	12	13	57	43	45	
7.	Dundee FC (Dundee)	36	9	16	11	43	50	43	
8.	Queen of the South FC (Dumfries)	36	7	12	17	31	54	33	
9.	Stranraer FC (Stranraer)	36	5	14	17	33	53	29	POR
10.	Brechin City FC (Brechin)	36	2	11	23	28	74	17	R
		360	119	122	119	457	457	479	

Division 1/Division 2 Play-offs

Partick Thistle FC (Glasgow)	1-2, 2-1 (aet)	Peterhead FC (Peterhead)
	(Partick Thistle won 4-2 on penalties)	
Greenock Morton FC (Greenock)	0-0, 0-1	Peterhead FC (Peterhead)
Stranraer FC (Stranraer)	1-3, 2-1	Partick Thistle FC (Glasgow)

Stranraer FC were duly relegated and Partick Thistle FC won promotion.

2005-2006 Scottish Football League Division 2	Alloa Athletic	Ayr United	Dumbarton	Forfar Athletic	Gretna	Greenock Morton	Partick Thistle	Peterhead	Raith Rovers	Stirling Albion
Alloa Athletic FC (Alloa)		1-1 / 0-4	1-0 / 1-4	0-1 / 1-1	0-3 / 0-3	0-0 / 0-3	2-1 / 1-6	0-2 / 4-1	1-1 / 1-2	0-0 / 2-4
Ayr United FC (Ayr)	0-1 / 1-1		2-0 / 2-0	0-1 / 2-1	2-4 / 1-3	1-1 / 0-1	1-2 / 2-2	1-2 / 1-1	0-0 / 2-1	3-0 / 2-5
Dumbarton FC (Dumbarton)	0-1 / 1-1	4-5 / 6-0		0-0 / 2-0	0-2 / 0-1	0-2 / 1-1	2-3 / 1-2	2-3 / 1-0	0-1 / 1-2	3-2 / 2-0
Forfar Athletic FC (Forfar)	3-0 / 3-1	1-0 / 1-2	2-3 / 2-0		2-1 / 1-3	0-2 / 0-1	0-0 / 2-3	0-1 / 3-2	0-2 / 5-2	1-2 / 3-0
Gretna FC (Gretna)	2-1 / 4-0	3-0 / 2-2	3-0 / 1-0	1-2 / 5-1		1-2 / 3-1	6-1 / 2-2	3-1 / 3-0	2-1 / 5-1	6-0 / 1-0
Greenock Morton FC (Greenock)	4-1 / 5-2	0-4 / 2-1	4-0 / 4-0	3-0 / 1-0	2-2 / 0-2		1-0 / 2-1	0-0 / 2-1	2-0 / 2-0	1-0 / 1-2
Partick Thistle FC (Glasgow)	2-3 / 4-3	2-2 / 1-0	2-1 / 3-2	1-0 / 1-0	0-2 / 3-3	1-1 / 2-0		0-1 / 1-3	1-0 / 1-3	0-3 / 0-0
Peterhead FC (Peterhead)	3-0 / 3-1	1-2 / 3-3	3-1 / 1-0	1-1 / 4-2	1-3 / 0-2	2-1 / 1-0	2-1 / 1-1		0-0 / 0-1	2-0 / 1-3
Raith Rovers FC (Kirkcaldy)	0-1 / 4-2	1-1 / 3-3	0-0 / 3-2	1-0 / 0-1	0-1 / 1-3	1-1 / 1-2	1-2 / 1-1	1-0 / 0-2		2-3 / 5-2
Stirling Albion FC (Stirling)	0-0 / 1-2	1-0 / 3-3	3-1 / 0-0	3-1 / 4-2	2-1 / 0-5	3-1 / 0-2	1-2 / 1-2	2-1 / 1-3	2-2 / 1-0	

	SFL Division 2	**Pd**	**Wn**	**Dw**	**Ls**	**GF**	**GA**	**Pts**	
1.	Gretna FC (Gretna)	36	28	4	4	97	30	88	P
2.	Greenock Morton FC (Greenock)	36	21	7	8	58	33	70	PO
3.	Peterhead FC (Peterhead)	36	17	6	13	53	47	57	PO
4.	Partick Thistle FC (Glasgow)	36	16	9	11	57	56	57	POP
5.	Stirling Albion FC (Stirling)	36	15	6	15	54	63	51	
6.	Ayr United FC (Ayr)	36	10	12	14	56	61	42	
7.	Raith Rovers FC (Kirkcaldy)	36	11	9	16	44	54	42	
8.	Forfar Athletic FC (Forfar)	36	12	4	20	44	55	40	
9.	Alloa Athletic FC (Alloa)	36	8	8	20	36	77	32	PO
10.	Dumbarton FC (Dumbarton)	36	7	5	24	40	63	26	R
		360	145	70	145	539	539	505	

Division 2/Division 3 Play-offs

Alloa Athletic FC (Alloa)	4-0, 1-2	Berwick Rangers FC (Berwick-upon-Tweed)
Arbroath FC (Arbroath)	1-1, 0-1	Alloa Athletic FC (Alloa)
Stenhousemuir FC (Stenhousemuir)	0-1, 0-0	Berwick Rangers FC (Berwick-upon-Tweed)

Alloa Athletic FC retained their Division 2 status.

2005-2006 Scottish Football League Division 3	Albion Rovers	Arbroath	Berwick Rangers	Cowdenbeath	East Fife	East Stirlingshire	Elgin City	Montrose	Queen's Park	Stenhousemuir
Albion Rovers FC (Coatbridge)		0-2 / 2-2	0-1 / 0-2	1-3 / 0-3	3-1 / 2-4	2-0 / 4-2	1-2 / 0-2	1-1 / 1-1	1-0 / 1-1	1-2 / 0-2
Arbroath FC (Arbroath)	1-0 / 1-2		0-2 / 4-0	4-1 / 0-3	2-1 / 1-0	2-1 / 7-2	0-1 / 2-0	3-0 / 2-1	1-0 / 1-1	3-2 / 1-1
Berwick Rangers FC (Berwick-upon-Tweed)	2-1 / 0-1	2-1 / 3-0		1-0 / 1-0	1-1 / 3-0	1-0 / 3-2	1-1 / 3-1	1-1 / 1-1	1-0 / 1-2	3-0 / 0-2
Cowdenbeath FC (Cowdenbeath)	2-1 / 2-1	4-2 / 3-2	1-1 / 0-1		4-1 / 3-1	5-0 / 5-1	2-1 / 5-2	2-0 / 2-0	6-0 / 0-2	1-1 / 4-1
East Fife FC (Methil)	1-0 / 1-1	0-3 / 1-1	1-0 / 0-4	2-1 / 1-0		1-2 / 3-1	0-2 / 1-2	4-0 / 3-2	0-1 / 1-0	2-1 / 2-3
East Stirlingshire FC (Falkirk)	1-0 / 3-1	0-4 / 3-1	0-1 / 1-2	1-1 / 0-1	2-1 / 1-2		0-2 / 0-2	1-0 / 1-1	0-0 / 0-4	0-7 / 0-0
Elgin City FC (Elgin)	2-1 / 2-2	4-1 / 2-0	1-3 / 2-2	0-4 / 0-3	5-3 / 1-2	3-0 / 1-1		1-0 / 0-0	1-2 / 2-2	0-2 / 1-2
Montrose FC (Montrose)	2-2 / 0-2	0-1 / 1-0	1-2 / 0-0	0-3 / 0-1	0-2 / 3-1	2-0 / 3-0	1-3 / 2-0		0-0 / 0-1	0-2 / 0-3
Queen's Park FC (Glasgow)	1-1 / 3-1	0-0 / 2-2	0-1 / 1-3	2-2 / 0-2	1-1 / 2-0	3-1 / 3-0	3-3 / 3-0	2-2 / 0-3		2-0 / 1-2
Stenhousemuir FC (Stenhousemuir)	4-2 / 1-0	0-0 / 2-0	1-0 / 0-1	1-2 / 2-0	4-2 / 2-1	5-0 / 6-1	1-2 / 3-1	5-1 / 6-2	1-2 / 1-0	

	SFL Division 3	Pd	Wn	Dw	Ls	GF	GA	Pts	
1.	Cowdenbeath FC (Cowdenbeath)	36	24	4	8	81	34	76	P
2.	Berwick Rangers FC (Berwick-upon-Tweed)	36	23	7	6	54	27	76	PO
3.	Stenhousemuir FC (Stenhousemuir)	36	23	4	9	78	38	73	PO
4.	Arbroath FC (Arbroath)	36	16	7	13	57	47	55	PO
5.	Elgin City FC (Elgin)	36	15	7	14	55	58	52	
6.	Queen's Park FC (Glasgow)	36	13	12	11	47	42	51	
7.	East Fife FC (Methil)	36	13	4	19	48	64	43	
8.	Albion Rovers FC (Coatbridge)	36	7	8	21	39	60	29	
9.	Montrose FC (Montrose)	36	6	10	20	31	59	28	
10.	East Stirlingshire FC (Falkirk)	36	6	5	25	28	89	23	
		360	146	68	146	518	518	506	

SCOTTISH CUP FINAL (Hampden Park, Glasgow – 13/05/06 – 51,232)

HEART OF MIDLOTHIAN FC   1-1 (aet)   Gretna FC (Gretna)

Skacel 39'   *(Heart of Midlothian FC won 4-2 on penalties)*   *McGuffie 76'*

Heart of Midlothian: Gordon, Nielson, Pressley, Tall, Fyssas, Cesnauskis (Mikoliunas 86'), Aguiar (Brellier 72'), Hartley, Skacel, Bednar (Pospisil 70'), Jankauskas.

Gretna: Main, Birch, Townsley, Innes, Nicholls (Graham 55'), McGuffie, Tosh, O'Neil, Skelton, Grady, Deuchar (McQuilken 103').

Semi-finals (01/04/2006 – 02/04/2006)

Gretna FC (Gretna)	3-0	Dundee FC (Dundee)
Hibernian FC (Edinburgh)	0-4	Heart of Midlothian FC (Edinburgh)

2006-07

2006-2007 Scottish Premier League	Aberdeen	Celtic	Dundee United	Dunfermline Athletic	Falkirk	Heart of Midlothian	Hibernian	InvernessCal. Thistle	Kilmarnock	Motherwell	Rangers	St. Mirren
Aberdeen FC (Aberdeen)	■	1-2 / 0-1	2-4 / 3-1	3-0 / 1-0	--- / 2-1	1-0 / 1-3	2-2 / 2-1	1-1 / 1-1	3-0 / 3-1	--- / 2-1	2-0 / 1-2	--- / 2-0
Celtic FC (Glasgow)	2-1 / 1-0	■	--- / 2-2	2-1 / 1-0	--- / 1-0	1-3 / 2-1	1-0 / 2-1	--- / 3-0	2-0 / 4-1	1-0 / 2-1	0-1 / 2-0	5-1 / 2-0
Dundee United FC (Dundee)	--- / 3-1	1-1 / 1-4	■	0-0 / 0-0	1-5 / 1-2	--- / 0-1	0-0 / 0-3	1-1 / 3-1	--- / 1-0	1-1 / 1-1	--- / 2-1	0-2 / 1-0
Dunfermline Athletic FC (Dunfermline)	--- / 0-3	--- / 1-2	1-0 / 2-1	■	0-3 / 0-3	0-1 / 1-2	1-0 / 0-4	1-2 / 0-0	1-1 / 3-2	4-1 / 0-2	0-1 / 1-1	0-0 / 2-1
Falkirk FC (Falkirk)	1-2 / 0-2	1-0 / 0-1	2-0 / 5-1	1-0 / 1-0	■	--- / 1-1	--- / 2-1	1-0 / 3-1	0-2 / 1-2	1-2 / 0-1	--- / 1-0	2-0 / 1-1
Heart of Midlothian FC (Edinburgh)	1-1 / 0-1	1-2 / 2-1	0-4 / 4-0	--- / 1-1	1-0 / 0-0	■	2-0 / 3-2	1-0 / 4-1	1-0 / 4-1	--- / 0-1	1-2 / 0-1	1-1 / 0-1
Hibernian FC (Edinburgh)	0-0 / 1-1	2-1 / 2-2	--- / 2-1	2-0 / 2-0	0-0 / 0-1	--- / 2-2	■	0-1 / 2-0	2-0 / 2-2	0-2 / 3-1	--- / 2-1	--- / 5-1
Inverness Caledonian Thistle (Inverness)	--- / 1-1	1-2 / 1-1	1-0 / 0-0	1-3 / 1-0	1-1 / 3-2	--- / 0-0	3-0 / 0-0	■	--- / 3-4	2-0 / 0-1	--- / 2-1	2-1 / 1-2
Kilmarnock FC (Kilmarnock)	1-2 / 1-0	1-2 / 1-2	1-0 / 0-0	--- / 5-1	--- / 2-1	1-0 / 0-0	0-2 / 2-1	3-2 / 1-1	■	--- / 1-2	1-3 / 2-2	--- / 1-1
Motherwell FC (Motherwell)	0-2 / 0-2	--- / 1-1	0-0 / 2-3	2-0 / 2-1	3-3 / 4-2	0-2 / 0-1	1-0 / 1-6	0-1 / 1-4	--- / 5-0	■	0-1 / 1-2	0-0 / 0-0
Rangers FC (Glasgow)	3-0 / 1-0	2-0 / 1-1	5-0 / 2-2	--- / 2-0	2-1 / 4-0	0-0 / 2-0	3-3 / 3-0	1-1 / 0-1	0-1 / 3-0	--- / 1-1	■	--- / 1-1
St. Mirren FC (Paisley)	0-2 / 1-1	--- / 1-3	0-1 / 1-3	0-1 / 0-0	2-0 / 1-0	--- / 2-2	1-1 / 1-0	0-1 / 1-1	0-2 / 0-1	0-0 / 2-0	0-1 / 2-3	■

	Scottish Premier League	Pd	Wn	Dw	Ls	GF	GA	Pts	
1.	CELTIC FC (GLASGOW)	38	26	6	6	65	34	84	
2.	Rangers FC (Glasgow)	38	21	9	8	61	32	72	
3.	Aberdeen FC (Aberdeen)	38	19	8	11	55	38	65	
4.	Heart of Midlothian FC (Edinburgh)	38	17	10	11	47	35	61	
5.	Kilmarnock FC (Kilmarnock)	38	16	7	15	47	54	55	
6.	Hibernian FC (Edinburgh)	38	13	10	15	56	46	49	
7.	Falkirk FC (Falkirk)	38	15	5	18	49	47	50	
8.	Inverness Caledonian Thistle FC (Inverness)	38	11	13	14	42	48	46	
9.	Dundee United FC (Dundee)	38	10	12	16	40	59	42	
10.	Motherwell FC (Motherwell)	38	10	8	20	41	61	38	
11.	St. Mirren FC (Paisley)	38	8	12	18	31	51	36	
12.	Dunfermline Athletic FC (Dunfermline)	38	8	8	22	26	55	32	R
		456	174	108	174	560	560	630	

Note: After 33 matches the league was split with the top 6 playing-off for the championship and the bottom 6 playing against relegation, each team played a further 5 games (results underlined were played on the away team's ground dependent on fixture revision after league split).

Top goalscorers 2006-07

1) Kris BOYD   (Rangers FC)   19
2) Scott McDONALD   (Motherwell FC)   14
3) Chris KILLEN   (Hibernian FC)   13
   Steven NAISMITH   (Kilmarnock FC)   13
5) Darren MACKIE   (Aberdeen FC)   12
   Colin NISH   (Kilmarnock FC)   12

2006-2007 Scottish Football League Division 1	Airdrie United	Clyde	Dundee	Gretna	Hamilton Acad.	Livingston	Partick Thistle	Queen of South	Ross County	St. Johnstone
Airdrie United FC (Airdrie)		1-0 / 2-1	0-3 / 0-1	0-0 / 4-2	1-0 / 1-2	3-1 / 0-1	1-1 / 1-2	0-3 / 2-2	0-1 / 0-2	1-2 / 2-1
Clyde FC (Cumbernauld)	0-1 / 0-0		1-1 / 2-1	2-0 / 1-2	3-0 / 2-1	0-1 / 1-1	2-0 / 0-0	0-1 / 4-0	2-4 / 3-0	0-1 / 1-0
Dundee FC (Dundee)	2-1 / 1-0	1-4 / 3-0		0-1 / 1-3	1-0 / 1-1	2-0 / 0-1	3-1 / 0-1	1-0 / 2-1	3-2 / 3-1	2-1 / 1-1
Gretna FC (Gretna)	0-0 / 0-2	0-0 / 3-3	1-0 / 0-4		1-0 / 6-0	4-1 / 1-1	2-0 / 4-0	0-3 / 5-0	4-1 / 2-1	0-2 / 2-0
Hamilton Academical FC (Hamilton)	3-0 / 2-1	1-1 / 3-1	1-0 / 1-0	0-0 / 3-1		3-0 / 1-1	2-1 / 1-2	2-2 / 1-1	1-0 / 0-0	3-4 / 2-2
Livingston FC (Livingston)	1-3 / 3-0	0-0 / 1-1	1-3 / 2-3	1-1 / 1-2	1-2 / 0-1		0-1 / 2-2	0-1 / 2-0	1-1 / 0-0	3-2 / 1-1
Partick Thistle FC (Glasgow)	0-1 / 4-2	0-4 / 1-1	2-1 / 3-1	2-2 / 0-6	0-2 / 3-1	0-0 / 2-3		0-0 / 1-1	1-1 / 3-2	2-0 / 1-5
Queen of the South FC (Dumfries)	0-3 / 1-1	0-0 / 0-2	2-2 / 2-0	0-4 / 0-3	1-1 / 1-1	1-1 / 2-0	4-3 / 0-2		2-0 / 2-0	1-0 / 0-1
Ross County FC (Dingwall)	1-1 / 2-1	2-2 / 1-1	0-0 / 1-0	2-3 / 0-1	4-1 / 0-1	0-2 / 0-3	2-1 / 2-5	1-0 / 1-0		1-1 / 2-2
St. Johnstone FC (Perth)	4-3 / 1-0	2-1 / 0-0	2-0 / 2-1	2-1 / 3-3	4-2 / 0-0	1-2 / 1-2	2-0 / 2-0	3-0 / 5-0	2-1 / 3-1	

	SFL Division 1	**Pd**	**Wn**	**Dw**	**Ls**	**GF**	**GA**	**Pts**	
1.	Gretna FC (Gretna)	36	19	9	8	70	40	66	P
2.	St. Johnstone FC (Perth)	36	19	8	9	65	42	65	
3.	Dundee FC (Dundee)	36	16	5	15	48	42	53	
4.	Hamilton Academical FC (Hamilton)	36	14	11	11	46	47	53	
5.	Clyde FC (Cumbernauld)	36	11	14	11	46	35	47	
6.	Livingston FC (Livingston)	36	11	12	13	41	46	45	
7.	Partick Thistle FC (Glasgow)	36	12	9	15	47	63	45	
8.	Queen of the South FC (Dumfries)	36	10	11	15	34	54	41	
9.	Airdrie United FC (Airdrie)	36	11	7	18	39	50	40	POR
10.	Ross County FC (Dingwall)	36	9	10	17	40	57	37	R
		360	132	86	132	476	476	492	

Hamilton Academical FC vs Clyde FC played on 9th September 2006 was abandoned after 75 minutes with the scoreline at 3-3 after 18 year-old Hamilton defender Ross McCabe suffered a serious neck injury. The match was replayed on 17th October 2006 and finished with a 3-1 scoreline.

Division 1/Division 2 Play-offs

Stirling Albion FC (Stirling)	2-2, 3-2	Airdrie United FC (Airdrie)
Brechin City FC (Brechin)	1-3, 0-3	Airdrie United FC (Airdrie)
Raith Rovers FC (Kirkcaldy)	0-0, 1-3	Stirling Albion FC (Stirling)

Stirling Albion FC were promoted and Airdrie United FC were relegated.

2006-2007 Scottish Football League Division 2	Alloa Athletic	Ayr United	Brechin City	Cowdenbeath	Forfar Athletic	Greenock Morton	Peterhead	Raith Rovers	Stirling Albion	Stranraer
Alloa Athletic FC (Alloa)		1-1	2-3	0-0	2-0	0-3	2-4	2-3	1-1	1-0
		0-1	2-2	2-1	2-0	3-2	1-1	1-2	1-2	1-1
Ayr United FC (Ayr)	4-3		1-1	0-2	3-1	1-0	0-0	0-2	3-2	1-0
	0-1		1-2	0-4	5-0	0-1	1-2	1-0	0-0	0-2
Brechin City FC (Brechin)	2-3	2-0		1-0	2-2	0-1	3-1	1-2	1-4	1-1
	2-0	0-2		4-2	4-2	2-3	1-0	1-0	0-1	3-0
Cowdenbeath FC (Cowdenbeath)	5-2	3-1	0-3		2-1	1-1	0-3	1-5	1-2	0-0
	6-1	1-1	1-3		3-2	1-2	4-2	1-2	2-2	4-2
Forfar Athletic FC (Forfar)	0-2	1-1	3-2	2-0		0-4	1-2	1-2	0-2	5-0
	0-2	0-1	1-2	1-1		1-3	2-3	1-1	0-2	2-1
Greenock Morton FC (Greenock)	2-1	4-2	0-2	3-0	9-1		2-1	1-0	2-1	1-1
	4-0	0-0	1-0	1-0	1-1		4-2	2-0	1-1	3-0
Peterhead FC (Peterhead)	0-0	2-2	1-4	0-2	2-2	1-2		0-0	2-1	5-0
	1-2	3-1	1-1	1-0	8-0	0-4		0-1	2-3	5-2
Raith Rovers FC (Kirkcaldy)	3-0	0-1	1-0	1-2	2-1	2-0	2-0		0-1	0-0
	0-0	1-0	1-1	1-3	0-0	1-3	5-2		1-3	1-1
Stirling Albion FC (Stirling)	4-0	4-2	0-1	1-0	4-0	2-1	2-1	0-1		0-2
	5-0	1-3	2-1	1-0	3-0	2-1	2-0	1-1		3-3
Stranraer FC (Stranraer)	3-4	0-3	0-2	1-6	4-1	2-1	1-1	0-2	3-1	
	2-2	1-3	3-1	1-0	3-2	0-3	2-1	1-4	2-1	

	SFL Division 2	Pd	Wn	Dw	Ls	GF	GA	Pts	
1.	Greenock Morton FC (Greenock)	36	24	5	7	76	32	77	P
2.	Stirling Albion FC (Stirling)	36	21	6	9	67	39	69	POP
3.	Raith Rovers FC (Kirkcaldy)	36	18	8	10	50	33	62	PO
4.	Brechin City FC (Brechin)	36	18	6	12	61	45	60	PO
5.	Ayr United FC (Ayr)	36	14	8	14	46	47	50	
6.	Cowdenbeath FC (Cowdenbeath)	36	13	6	17	59	56	45	
7.	Alloa Athletic FC (Alloa)	36	11	9	16	47	70	42	
8.	Peterhead FC (Peterhead)	36	11	8	17	60	62	41	
9.	Stranraer FC (Stranraer)	36	10	9	17	45	74	39	POR
10.	Forfar Athletic FC (Forfar)	36	4	7	25	37	90	19	R
		360	144	72	144	548	548	504	

Division 2/Division 3 Play-offs

Queen's Park FC (Glasgow)	4-2, 3-0	East Fife FC (Methil)
East Fife FC (Methil)	4-1, 0-1	Stranraer FC (Stranraer)
Queen's Park FC (Glasgow)	2-0, 2-1	Arbroath FC (Arbroath)

Stranraer FC were relegated and Queen's Park FC were promoted.

2006-2007 Scottish Football League Division 3	Albion Rovers	Arbroath	Berwick Rangers	Dumbarton	East Fife	East Stirling.	Elgin City	Montrose	Queen's Park	Stenhousemuir
Albion Rovers FC (Coatbridge)		3-0	0-1	0-1	0-3	2-1	6-2	2-2	2-1	2-1
		1-3	0-1	2-1	0-1	4-0	3-1	3-1	1-1	2-5
Arbroath FC (Arbroath)	0-0		1-0	2-2	1-3	3-2	2-1	1-0	1-0	4-1
	2-3		0-1	0-0	1-1	1-2	2-1	3-1	1-2	2-0
Berwick Rangers FC (Berwick-upon-Tweed)	3-0	1-0		2-1	2-0	2-0	0-0	1-0	0-2	2-1
	1-1	3-2		3-0	2-1	2-2	3-1	1-2	1-0	0-1
Dumbarton FC (Dumbarton)	3-1	1-0	1-2		0-2	2-1	1-0	2-1	1-2	1-1
	3-1	0-2	2-0		2-1	2-0	3-1	2-0	0-0	4-0
East Fife FC (Methil)	1-3	1-2	0-2	1-0		0-2	3-1	2-0	1-0	1-1
	2-2	2-1	2-0	1-0		5-0	1-1	2-0	1-0	0-0
East Stirlingshire FC (Falkirk)	0-0	1-5	0-3	1-5	0-2		0-2	0-2	0-2	0-1
	0-1	0-2	0-1	0-2	0-4		2-1	0-3	2-1	5-0
Elgin City FC (Elgin)	3-0	0-1	2-1	0-1	2-3	2-1		0-2	0-3	2-1
	0-3	0-4	1-2	0-2	1-2	5-0		3-2	1-2	2-0
Montrose FC (Montrose)	2-3	0-1	1-2	0-5	3-3	4-0	0-1		0-2	3-2
	2-1	0-1	0-1	1-1	1-0	1-0	2-0		0-3	0-1
Queen's Park FC (Glasgow)	5-0	1-0	0-2	2-0	1-1	2-1	3-0	5-0		1-0
	2-1	0-3	1-0	1-0	3-0	1-3	3-0	1-1		1-1
Stenhousemuir FC (Stenhousemuir)	0-4	1-2	2-0	5-1	3-5	1-1	3-2	2-5	1-2	
	3-2	1-2	2-3	1-0	0-1	2-0	2-0	5-0	2-1	

	SFL Division 3	Pd	Wn	Dw	Ls	GF	GA	Pts	
1.	Berwick Rangers FC (Berwick-upon-Tweed)	36	24	3	9	51	29	75	P
2.	Arbroath FC (Arbroath)	36	22	4	10	61	33	70	PO
3.	Queen's Park FC (Glasgow)	36	21	5	10	57	28	68	POP
4.	East Fife FC (Methil)	36	20	7	9	59	37	67	PO
5.	Dumbarton FC (Dumbarton)	36	18	5	13	52	37	59	
6.	Albion Rovers FC (Coatbridge)	36	14	6	16	56	61	48	
7.	Stenhousemuir FC (Stenhousemuir)	36	13	5	18	53	63	44	
8.	Montrose FC (Montrose)	36	11	4	21	42	62	37	
9.	Elgin City FC (Elgin)	36	9	2	25	39	69	29	
10.	East Stirlingshire FC (Falkirk)	36	6	3	27	27	78	21	
		360	158	44	158	497	497	518	

Dumbarton vs Arbroath played on 13th January 2007 was abandoned at half-time due to heavy rain when the scoreline stood at 1-0. The match was replayed on 3rd April 2007 and finished with a 1-0 scoreline.
Arbroath vs East Stirlingshire played on 17th March 2007 was abandoned after 75 minutes due to strong winds when the scoreline stood at 0-0. The match was replayed on 27th Mary 2007 and finished with a 3-2 scoreline.

SCOTTISH CUP FINAL   (Hampden Park, Glasgow – 26/05/07 – 49,600)

CELTIC FC (GLASGOW)   1-0   Dunfermline Athletic FC (Dunfermline)
Doumbé 85'   *(H.T. 0-0)*

Celtic: Boruc, Doumbé, McManus, Pressley, Naylor, Nakamura. Lennon (Caldwell 66'), Hartley, McGeady, Miller (Beattie 56'), Vennegoor of Hesselink.

Dunfermline Athletic: De Vries, Shields, Wilson, Bamba, Muirhead, Morrison (Crawford 72'), Young, McCunnie, Hamill, Burchill (Williamson 89'), McIntyre (Hamilton 80').

Semi-finals   (14/04/2007 – 24/04/2007)

Celtic FC (Glasgow)	2-1	St. Johnstone FC (Perth)
Hibernian FC (Edinburgh)	0-0, 0-1	Dunfermline Athletic FC (Dunfermline)

2007-08

2007-2008 Scottish Premier League	Aberdeen	Celtic	Dundee United	Falkirk	Gretna	Heart of Midlothian	Hibernian	Inverness Cal. Thistle	Kilmarnock	Motherwell	Rangers	St. Mirren
Aberdeen FC (Aberdeen)		1-5 / 1-3	2-1 / 2-0	2-1 / 1-1	3-0 / 2-0	0-1 / 1-1	2-1 / 3-1	--- / 1-0	--- / 2-1	1-1 / 1-2	2-0 / 1-1	1-1 / 4-0
Celtic FC (Glasgow)	1-0 / 3-0		0-0 / 3-0	--- / 4-0	--- / 3-0	3-0 / 5-0	2-0 / 1-1	2-1 / 5-0	1-0 / 0-0	0-1 / 3-0	3-2 / 2-1	--- / 1-1
Dundee United FC (Dundee)	3-0 / 1-0	0-1 / 0-2		0-0 / 2-0	--- / 1-2	--- / 4-1	1-1 / 0-0	--- / 0-1	--- / 2-0	2-0 / 1-0	3-3 / 2-1	--- / 1-1
Falkirk FC (Falkirk)	--- / 0-0	0-1 / 1-4	--- / 3-0		0-0 / 2-0	2-1 / 2-1	0-2 / 1-1	2-1 / 1-0	0-0 / 1-1	0-0 / 1-0	--- / 1-3	4-0 / 0-1
Gretna FC (Gretna)	--- / 1-1	0-3 / 1-2	0-3 / 3-2	2-0 / 0-4		1-0 / 1-1	--- / 0-1	1-2 / 0-4	4-2 / 1-2	1-3 / 1-2	--- / 1-2	0-0 / 0-0
Heart of Midlothian FC (Edinburgh)	--- / 4-1	--- / 1-1	1-0 / 1-3	0-0 / 4-2	2-0 / 1-1		1-0 / 0-1	1-0 / 2-3	0-2 / 1-1	--- / 1-2	0-4 / 4-2	3-2 / 0-1
Hibernian FC (Edinburgh)	3-1 / 3-3	0-2 / 3-2	1-1 / 2-2	--- / 1-1	4-2 / 4-2	--- / 1-1		2-0 / 1-0	2-0 / 4-1	0-2 / 1-0	0-0 / 1-2	2-0 / 0-1
Inverness Caledonian Thistle (Inverness)	3-4 / 1-2	--- / 3-2	1-1 / 0-3	0-1 / 4-2	6-1 / 3-0	0-3 / 2-1	--- / 2-0		3-0 / 3-1	--- / 0-3	0-1 / 0-3	0-0 / 1-0
Kilmarnock FC (Kilmarnock)	3-1 / 0-1	--- / 1-2	1-2 / 2-1	2-1 / 0-1	1-1 / 3-3	0-0 / 3-1	--- / 2-1	4-1 / 2-2		--- / 0-1	0-2 / 1-2	1-0 / 0-0
Motherwell FC (Motherwell)	2-1 / 3-0	1-2 / 1-4	2-2 / 5-3	--- / 0-3	--- / 3-0	0-1 / 0-2	1-0 / 2-1	3-1 / 2-1	1-0 / 1-2		1-1 / 1-1	--- / 1-1
Rangers FC (Glasgow)	3-1 / 3-0	1-0 / 3-0	3-1 / 2-0	2-0 / 7-2	4-2 / 4-0	--- / 2-1	2-1 / 0-1	--- / 2-0	--- / 2-0	1-0 / 3-1		4-0 / 2-0
St. Mirren FC (Paisley)	--- / 0-1	0-1 / 1-5	--- / 0-3	1-0 / 1-5	2-0 / 1-0	1-1 / 1-3	--- / 2-1	1-1 / 2-1	1-0 / 0-0	3-1 / 0-1	--- / 0-3	

	Scottish Premier League	Pd	Wn	Dw	Ls	GF	GA	Pts
1.	CELTIC FC (GLASGOW)	38	28	5	5	84	26	89
2.	Rangers FC (Glasgow)	38	27	5	6	84	33	86
3.	Motherwell FC (Motherwell)	38	18	6	14	50	46	60
4.	Aberdeen FC (Aberdeen)	38	15	8	15	50	58	53
5.	Dundee United FC (Dundee)	38	14	10	14	53	47	52
6.	Hibernian FC (Edinburgh)	38	14	10	14	49	45	52
7.	Falkirk FC (Falkirk)	38	13	10	15	45	49	49
8.	Heart of Midlothian FC (Edinburgh)	38	13	9	16	47	55	48
9.	Inverness Caledonian Thistle FC (Inverness)	38	13	4	21	51	62	43
10.	St. Mirren FC (Paisley)	38	10	11	17	26	54	41
11.	Kilmarnock FC (Kilmarnock)	38	10	10	18	39	52	40
12.	Gretna FC (Gretna)	38	5	8	25	32	83	13 R-10
		456	180	96	180	610	610	626 (-10)

Note: After 33 matches the league was split with the top 6 playing-off for the championship and the bottom 6 playing against relegation, each team played a further 5 games (results underlined were played on the away team's ground dependent on fixture revision after league split).

Gretna FC (Gretna) played their "home" games at Fir Park, Motherwell as their own ground did not the SPL regulations. The club also had 10 points deducted after entering administration during the season and at the end of the season were relegated to Division 3 of the SFL as they were unable to guarantee fulfilment of forthcoming fixtures in the SFL. The club subsequently resigned from the league on 3rd June 2008 finally went into liquidation on 8th August 2008. In the meantime, the club's supporters had formed a trust and founded a new club Gretna FC 2008 which was accepted into the East of Scotland League on 11th July 2008. However, this club has no legal connection with the defunct club Gretna FC.

Top goalscorers 2007-08

1)	Scott McDONALD	(Celtic FC)	25
2)	Jan VENNEGOOR OF HESSELINK	(Celtic FC)	15
3)	Kris BOYD	(Rangers FC)	14
	Chris PORTER	(Motherwell FC)	14
5)	Steven FLETCHER	(Hibernian FC)	13
	Noel HUNT	(Dundee United FC)	13

2007-2008 Scottish Football League Division 1	Clyde	Dundee	Dunfermline	Greenock Morton	Hamilton Acad.	Livingston	Partick Thistle	Queen of South	St. Johnstone	Stirling Albion
Clyde FC		1-1	1-2	1-1	2-3	3-2	1-4	1-4	1-3	3-0
(Cumbernauld)		1-2	2-1	0-1	0-2	2-1	1-2	0-0	1-0	1-3
Dundee FC	2-0		0-0	2-0	1-1	2-0	1-0	2-3	3-2	3-0
(Dundee)	0-1		1-1	2-1	1-0	4-1	3-0	2-1	2-1	3-1
Dunfermline Athletic FC	2-1	0-1		2-0	1-1	1-1	1-1	4-0	0-1	2-1
(Dunfermline)	1-1	0-1		0-1	0-5	0-4	1-0	2-0	0-0	2-1
Greenock Morton FC	1-2	1-2	3-0		1-3	1-1	0-0	0-3	1-2	2-1
(Greenock)	3-2	0-2	0-1		0-2	2-2	4-2	0-1	2-2	1-1
Hamilton Academical FC	2-0	1-0	3-0	3-0		3-1	0-0	1-0	2-0	0-0
(Hamilton)	0-0	2-0	2-1	1-0		1-1	2-0	1-0	1-0	4-0
Livingston FC	0-0	1-1	0-2	6-1	1-3		1-0	1-0	0-2	2-1
(Livingston)	4-2	0-2	1-1	4-0	2-0		0-4	2-2	0-2	4-3
Partick Thistle FC	1-1	1-0	0-1	0-3	3-0	2-1		0-0	0-0	1-0
(Glasgow)	4-0	1-1	1-1	1-1	0-3	3-0		2-0	2-2	1-1
Queen of the South FC	3-1	1-0	1-1	0-0	2-2	1-0	2-0		3-1	3-1
(Dumfries)	1-1	2-1	0-1	1-3	2-1	1-0	1-2		3-3	2-2
St. Johnstone FC	1-2	1-1	1-1	3-2	2-1	5-2	2-0	2-1		2-1
(Perth)	1-1	1-1	0-0	2-2	4-1	5-2	2-1	2-0		2-2
Stirling Albion FC	1-1	1-6	2-3	1-2	0-1	1-4	1-0	0-0	3-1	
(Stirling)	0-2	2-2	3-0	0-0	2-4	3-3	1-1	1-3	0-0	

	SFL Division 1	Pd	Wn	Dw	Ls	GF	GA	Pts	
1.	Hamilton Academical FC (Hamilton)	36	23	7	6	62	27	76	P
2.	Dundee FC (Dundee)	36	20	9	7	58	30	69	
3.	St. Johnstone FC (Perth)	36	15	13	8	60	45	58	
4.	Queen of the South FC (Dumfries)	36	14	10	12	47	43	52	
5.	Dunfermline Athletic FC (Dunfermline)	36	13	12	11	36	41	51	
6.	Partick Thistle FC (Glasgow)	36	11	12	13	40	39	45	
7.	Livingston FC (Livingston)	36	10	9	17	55	66	39	
8.	Greenock Morton FC (Greenock)	36	9	10	17	40	58	37	
9.	Clyde FC (Cumbernauld)	36	9	10	17	40	59	37	PO
10.	Stirling Albion FC (Stirling)	36	4	12	20	41	71	24	R
		360	128	104	128	479	479	488	

Division 1/Division 2 Play-offs

Airdrie United FC (Airdrie)	0-1, 0-2	Clyde FC (Cumbernauld)
Alloa Athletic FC (Alloa)	2-1, 3-5 (aet)	Clyde FC (Cumbernauld)
Raith Rovers FC (Kirkcaldy)	0-2, 2-2	Airdrie United FC (Airdrie)

Airdrie United FC were promoted. Following the relegation of Gretna FC to Division 3, Clyde FC retained their place in Division 1.

2007-2008 Scottish Football League Division 2	Airdrie United	Alloa Athletic	Ayr United	Berwick Rangers	Brechin City	Cowdenbeath	Peterhead	Queen's Park	Raith Rovers	Ross County
Airdrie United FC (Airdrie)		1-1 / 2-0	0-2 / 0-0	3-0 / 4-0	1-2 / 2-1	4-0 / 3-1	2-0 / 1-1	3-2 / 1-0	3-0 / 0-1	2-0 / 0-1
Alloa Athletic FC (Alloa)	1-2 / 0-6		1-2 / 2-1	2-1 / 2-1	0-4 / 2-2	3-2 / 3-2	2-0 / 2-0	1-2 / 2-0	2-0 / 2-1	2-0 / 3-1
Ayr United FC (Ayr)	1-2 / 1-1	3-1 / 2-0		4-0 / 4-0	0-3 / 2-1	1-1 / 1-4	0-3 / 1-2	3-1 / 2-3	0-1 / 0-3	0-2 / 1-4
Berwick Rangers FC (Berwick/Tweed)	2-4 / 2-0	1-2 / 0-3	0-1 / 1-1		2-2 / 3-3	4-5 / 1-1	2-2 / 1-2	1-4 / 1-1	2-5 / 2-1	0-4 / 0-1
Brechin City FC (Brechin)	2-1 / 4-2	0-0 / 0-0	5-1 / 2-2	5-0 / 2-2		0-1 / 1-1	3-1 / 2-2	0-1 / 2-1	3-2 / 0-1	3-3 / 1-2
Cowdenbeath FC (Cowdenbeath)	0-1 / 1-1	1-1 / 1-4	2-0 / 1-1	1-2 / 3-1	0-2 / 1-0		0-4 / 0-2	1-0 / 2-4	1-4 / 1-0	2-4 / 2-2
Peterhead FC (Peterhead)	1-4 / 0-1	2-2 / 1-4	4-1 / 3-0	9-2 / 4-3	2-0 / 1-2	1-0 / 4-2		1-0 / 1-0	1-0 / 0-1	1-1 / 1-2
Queen's Park FC (Glasgow)	0-2 / 0-1	1-1 / 1-0	1-3 / 1-1	3-1 / 1-0	2-3 / 3-0	2-3 / 0-1	2-0 / 1-1		0-1 / 2-5	0-1 / 3-2
Raith Rovers FC (Kirkcaldy)	1-0 / 2-1	3-2 / 2-1	1-2 / 2-3	3-0 / 3-1	1-1 / 1-1	3-2 / 2-0	2-5 / 2-2	0-1 / 0-2		0-1 / 0-2
Ross County FC (Dingwall)	3-2 / 1-1	6-1 / 2-2	2-4 / 2-0	4-0 / 2-1	0-0 / 2-1	3-0 / 4-1	5-1 / 1-0	3-2 / 1-1	2-3 / 2-3	

	SFL Division 2	Pd	Wn	Dw	Ls	GF	GA	Pts	
1.	Ross County FC (Dingwall)	36	22	7	7	78	44	73	P
2.	Airdrie United FC (Airdrie)	36	20	6	10	64	34	66	POP
3.	Raith Rovers FC (Kirkcaldy)	36	19	3	14	60	50	60	PO
4.	Alloa Athletic FC (Alloa)	36	16	8	12	57	56	56	PO
5.	Peterhead FC (Peterhead)	36	16	7	13	65	54	55	
6.	Brechin City FC (Brechin)	36	13	13	10	63	48	52	
7.	Ayr United FC (Ayr)	36	13	7	16	51	62	46	
8.	Queen's Park FC (Glasgow)	36	13	5	18	48	51	44	
9.	Cowdenbeath FC (Cowdenbeath)	36	10	7	19	47	73	37	POR
10.	Berwick Rangers FC (Berwick-upon-Tweed)	36	3	7	26	40	101	16	R
		360	145	70	145	573	573	505	

Alloa Athletic FC vs Berwick Rangers FC played on 22nd December 2007 was abandoned after 60 minutes due to fog when the scoreline stood as 2-1. This match was replayed on 12th January 2008 and finished with a 2-1 scoreline.

Division 2/Division 3 Play-offs

Arbroath FC (Arbroath)	2-0, 0-1	Stranraer FC (Stranraer)
Arbroath FC (Arbroath)	1-1, 2-1 (aet)	Cowdenbeath FC (Cowdenbeath)
Montrose FC (Montrose)	1-1, 0-3	Stranraer FC (Stranraer)

Arbroath FC won promotion to Division 2 and Cowdenbeath FC were relegated into Division 3.

2007-2008 Season Scottish Football League Division 3	Albion Rovers	Arbroath	Dumbarton	East Fife	East Stirlingshire	Elgin City	Forfar Athletic	Montrose	Stenhousemuir	Stranraer
Albion Rovers FC (Coatbridge)		0-2	0-1	2-2	2-2	1-1	0-0	0-3	3-3	1-1
		5-2	2-0	1-4	2-3	3-4	2-1	1-3	1-1	3-2
Arbroath FC (Arbroath)	1-4		0-0	0-1	0-1	2-0	1-1	2-1	1-0	0-0
	1-0		1-1	2-3	2-0	4-0	3-4	0-0	2-2	2-2
Dumbarton FC (Dumbarton)	2-0	2-1		0-3	1-0	1-4	0-0	0-0	1-0	0-1
	2-0	1-1		1-1	3-1	1-0	0-0	1-3	1-2	0-2
East Fife FC (Methil)	0-0	2-1	2-1		1-0	2-0	3-0	0-0	0-1	2-1
	4-0	0-2	2-0		3-1	4-0	3-0	2-0	7-0	3-1
East Stirlingshire FC (Falkirk)	3-0	0-1	1-1	0-3		0-0	4-1	3-1	3-4	1-3
	4-5	2-3	3-2	0-2		3-1	2-1	0-3	1-1	2-3
Elgin City FC (Elgin)	1-1	2-1	2-1	1-2	3-0		3-1	2-1	1-5	2-3
	3-2	1-3	2-1	2-3	6-0		2-2	0-2	2-0	0-5
Forfar Athletic FC (Forfar)	1-4	1-0	1-1	2-3	1-0	0-1		1-1	1-2	1-0
	1-0	1-3	3-1	0-2	0-2	4-0		1-4	0-1	1-1
Montrose FC (Montrose)	2-1	5-0	3-1	0-1	2-0	3-2	2-2		2-1	0-2
	0-1	3-3	0-1	3-1	3-1	0-0	0-1		1-0	2-4
Stenhousemuir FC (Stenhousemuir)	2-2	0-3	1-1	0-1	3-0	2-2	2-0	0-0		1-1
	0-1	1-0	2-1	2-1	0-3	2-3	4-0	0-4		1-4
Stranraer FC (Stranraer)	3-0	0-3	2-0	0-2	2-1	0-0	2-1	0-2	3-1	
	3-1	1-1	2-0	0-2	2-1	3-3	3-0	1-0	2-3	

	SFL Division 3	Pd	Wn	Dw	Ls	GF	GA	Pts	
1.	East Fife FC (Methil)	36	28	4	4	77	24	88	P
2.	Stranraer FC (Stranraer)	36	19	8	9	65	43	65	PO
3.	Montrose FC (Montrose)	36	17	8	11	59	36	59	PO
4.	Arbroath FC (Arbroath)	36	14	10	12	54	47	52	POP
5.	Stenhousemuir FC (Stenhousemuir)	36	13	9	14	50	59	48	
6.	Elgin City FC (Elgin)	36	13	8	15	56	68	47	
7.	Albion Rovers FC (Coatbridge)	36	9	10	17	51	68	37	
8.	Dumbarton FC (Dumbarton)	36	9	10	17	31	48	37	
9.	East Stirlingshire FC (Falkirk)	36	10	4	22	48	71	34	
10.	Forfar Athletic FC (Forfar)	36	8	9	19	35	62	33	
		360	140	80	140	526	526	500	

Note: Annan Athletic FC (Annan) were elected to Division 3 of the Scottish Football League to replace Gretna FC who were liquidated.

SCOTTISH CUP FINAL   (Hampden Park, Glasgow – 24/05/08 – 48,821)

RANGERS FC (GLASGOW)　　　　　　　　3-2　　　　　　　　Queen of the South FC (Dumfries)
Boyd 33', 72', Beasley 43'　　　　　　　　*(H.T. 2-0)*　　　　　　　　*Tosh 50', Thomson 53'*

Rangers: Alexander, Whittaker, Cuellar, Weir, Papac, McCulloch, Ferguson, Thomson, Beasley (Davis 76'), Boyd, Darcheville (Fleck 86').

Queen of the South: MacDonald, McCann (Robertson 86'), J. Thomson, Aitken, Harris, McQuilken (Stewart 76'), MacFarlane, Tosh, Burns, Dobbie (O'Neill 82'), O'Connor.

Semi-finals   (12/04/2008 – 20/04/2008)

Queen of the South FC (Dumfries)　　　　　　4-3　　　　　　Aberdeen FC (Aberdeen)
St. Johnstone FC (Perth)　　　　　　　　　　1-1 (aet)　　　　Rangers FC (Glasgow)
　　　　　　　　　　　　　　　　　(Rangers FC won 4-3 on penalties)

2008-09

2008-2009 Scottish Premier League	Aberdeen	Celtic	Dundee United	Falkirk	Hamilton Academical	Heart of Midlothian	Hibernian	Inverness Cal. Thistle	Kilmarnock	Motherwell	Rangers	St. Mirren
Aberdeen FC (Aberdeen)		1-3	2-2	---	1-0	0-0	2-1	1-0	0-0	---	0-0	---
		4-2	0-1	2-1	1-2	1-0	1-2	0-2	1-0	2-0	1-1	2-0
Celtic FC (Glasgow)	2-0		2-1	4-0	4-0	0-0	3-1	---	---	---	0-0	7-0
	3-2		2-2	3-0	4-0	1-1	4-2	1-0	3-0	2-0	2-4	1-0
Dundee United FC (Dundee)	1-1	2-2		---	---	0-1	2-2	1-1	0-0	---	0-3	3-2
	2-1	1-1		1-0	1-1	3-0	2-0	2-1	0-2	0-4	2-2	2-0
Falkirk FC (Falkirk)	1-0	---	0-1		1-2	0-0	---	4-0	1-1	2-1	0-1	0-2
	0-1	0-3	0-0		4-1	2-1	1-1	1-2	1-1	1-0	0-1	1-2
Hamilton Academical FC (Hamilton)	---	---	0-1	0-1		2-0	0-1	1-1	2-1	0-3	0-1	0-0
	2-0	1-2	3-1	1-1		1-2	0-1	1-0	1-0	2-0	1-3	1-2
Heart of Midlothian FC (Edinburgh)	2-1	1-1	3-0	---	---		0-1	3-2	3-1	2-1	0-2	1-1
	1-1	0-2	0-0	2-1	1-0		0-0	1-0	1-2	3-2	2-1	2-1
Hibernian FC (Edinburgh)	0-0	0-0	1-2	0-0	---	1-0		---	---	1-1	2-3	---
	2-2	2-0	2-1	3-2	2-0	1-1		1-2	2-4	0-1	0-3	2-0
Inverness Caledonian Thistle (Inverness)	---	0-0	---	0-1	1-1	---	2-0		2-1	1-2	---	2-1
	0-3	1-2	1-3	1-1	0-1	0-1	1-1		3-1	1-2	0-3	1-2
Kilmarnock FC (Kilmarnock)	---	1-2	---	3-0	0-1	---	1-1	1-0		0-0	---	2-1
	1-2	1-3	2-0	1-2	1-0	0-2	1-0	1-2		1-0	0-4	0-1
Motherwell FC (Motherwell)	1-1	1-1	2-1	1-1	1-0	---	---	2-2	1-2		---	0-2
	0-1	2-4	1-1	3-2	2-0	1-0	1-4	3-2	0-2		0-0	2-1
Rangers FC (Glasgow)	2-1	1-0	2-0	---	---	2-2	1-1	0-1	3-1	3-1		---
	2-0	0-1	3-3	3-1	7-1	2-0	1-0	5-0	2-1	2-1		2-1
St. Mirren FC (Paisley)	1-1	---	---	2-2	0-1	---	1-1	1-2	1-1	1-3	1-2	
	0-1	1-3	0-2	1-1	1-0	0-1	0-0	2-0	0-0	0-0	1-0	

	Scottish Premier League	Pd	Wn	Dw	Ls	GF	GA	Pts	
1.	RANGERS FC (GLASGOW)	38	26	8	4	77	28	86	
2.	Celtic FC (Glasgow)	38	24	10	4	80	33	82	
3.	Heart of Midlothian FC (Edinburgh)	38	16	11	11	40	37	59	
4.	Aberdeen FC (Aberdeen)	38	14	11	13	41	40	53	
5.	Dundee United FC (Dundee)	38	13	14	11	47	50	53	
6.	Hibernian FC (Edinburgh)	38	11	14	13	42	46	47	
7.	Motherwell FC (Motherwell)	38	13	9	16	46	51	48	
8.	Kilmarnock FC (Kilmarnock)	38	12	8	18	38	48	44	
9.	Hamilton Academical FC (Hamilton)	38	12	5	21	30	53	41	
10.	Falkirk FC (Falkirk)	38	9	11	18	37	52	38	
11.	St. Mirren FC (Paisley)	38	9	10	19	33	52	37	
12.	Inverness Caledonian Thistle FC (Inverness)	38	10	7	21	37	58	37	R
		456	169	118	169	548	548	625	

Note: After 33 matches the league was split with the top 6 playing-off for the championship and the bottom 6 playing against relegation, each team played a further 5 games (results underlined were played on the away team's ground dependent on fixture revision after league split).

Top goalscorers 2008-09

1) Kris BOYD (Rangers FC) 27
2) Scott McDONALD (Celtic FC) 16
3) Georgios SAMARAS (Celtic FC) 15
4) David CLARKSON (Motherwell) 13
5) Derek RIORDAN (Hibernian FC) 12

2008-2009 Scottish Football League Division 1	Airdrie United	Clyde	Dundee	Dunfermline	Morton	Livingston	Partick Thistle	Queen of South	Ross County	St. Johnstone
Airdrie United FC (Airdrie)		0-1 / 0-2	1-0 / 0-0	1-1 / 1-3	1-0 / 5-0	4-4 / 0-0	0-1 / 0-1	2-0 / 2-0	1-0 / 0-2	0-4 / 1-1
Clyde FC (Cumbernauld)	3-0 / 1-0		2-0 / 1-0	1-4 / 0-2	2-4 / 1-1	0-1 / 2-1	2-4 / 1-1	1-1 / 0-2	2-0 / 2-2	1-3 / 2-2
Dundee FC (Dundee)	0-1 / 1-1	2-1 / 1-0		1-0 / 0-0	0-0 / 1-0	4-1 / 0-3	4-0 / 0-0	2-3 / 2-0	2-0 / 1-2	0-1 / 1-1
Dunfermline Athletic FC (Dunfermline)	1-1 / 0-0	1-1 / 4-4	1-1 / 0-1		2-1 / 0-1	1-0 / 1-2	0-1 / 1-0	0-2 / 2-1	1-2 / 3-1	1-3 / 1-2
Greenock Morton FC (Greenock)	0-0 / 2-0	2-0 / 1-0	2-0 / 2-0	2-1 / 1-1		2-2 / 1-2	0-1 / 2-0	2-2 / 0-0	0-2 / 2-1	0-0 / 2-2
Livingston FC (Livingston)	1-1 / 1-2	1-1 / 2-1	0-1 / 1-2	4-2 / 2-3	0-2 / 1-0		2-4 / 3-1	2-2 / 2-0	4-2 / 2-0	1-0 / 0-1
Partick Thistle FC (Glasgow)	0-1 / 2-1	0-1 / 2-0	1-1 / 0-0	2-3 / 1-0	1-0 / 2-1	1-0 / 2-1		0-2 / 2-0	0-2 / 0-1	0-0 / 4-0
Queen of the South FC (Dumfries)	4-0 / 0-0	7-1 / 0-2	0-1 / 3-1	0-3 / 1-2	1-1 / 1-4	3-3 / 6-1	2-2 / 2-0		1-2 / 1-0	3-3 / 2-2
Ross County FC (Dingwall)	0-0 / 2-0	0-0 / 3-0	1-1 / 1-2	1-3 / 2-1	1-1 / 3-0	2-2 / 1-4	0-2 / 1-0	1-0 / 0-2		2-2 / 1-2
St. Johnstone FC (Perth)	3-0 / 3-1	1-0 / 2-3	0-0 / 2-0	0-0 / 0-3	3-1 / 1-0	1-0 / 2-0	1-1 / 3-0	2-3 / 0-0	0-0 / 2-1	

	SFL Division 1	**Pd**	**Wn**	**Dw**	**Ls**	**GF**	**GA**	**Pts**	
1.	St. Johnstone FC (Perth)	36	17	14	5	55	35	65	P
2.	Partick Thistle FC (Glasgow)	36	16	7	13	39	38	55	
3.	Dunfermline Athletic FC (Dunfermline)	36	14	9	13	52	44	51	
4.	Dundee FC (Dundee)	36	13	11	12	33	32	50	
5.	Queen of the South FC (Dumfries)	36	12	11	13	57	50	47	
6.	Greenock Morton FC (Greenock)	36	12	11	13	40	40	47	
7.	Livingston FC (Livingston)	36	13	8	15	56	58	47	
8.	Ross County FC (Dingwall)	36	13	8	15	42	46	47	
9.	Airdrie United FC (Airdrie)	36	10	12	14	29	43	42	PO
10.	Clyde FC (Cumbernauld)	36	10	9	17	41	58	39	R
		360	130	100	130	444	444	490	

Division 1/Division 2 Play-offs

Ayr United FC (Ayr)	2-2, 1-0	Airdrie United FC (Airdrie)
Brechin City FC (Brechin)	0-2, 2-3	Ayr United FC (Ayr)
Peterhead FC (Peterhead)	0-2, 1-2	Airdrie United FC (Airdrie)

Note: Livingston FC were relegated to Division 3 on 6th August 2009 after entering administration and then failing to put up a £720.00 bond to guarantee completion of their 2009-10 fixtures in Division 1. As a result of this decision, Airdrie United FC were reinstated in Division 1 and Cowdenbeath FC were promoted to Division 2 despite losing the Promotion/Relegation play-off to Stenhousemuir FC.

2008-2009 Scottish Football League Division 2	Alloa Athletic	Arbroath	Ayr United	Brechin City	East Fife	Peterhead	Queen's Park	Raith Rovers	Stirling Albion	Stranraer
Alloa Athletic FC (Alloa)	■■	2-0 / 2-1	3-2 / 0-2	3-2 / 2-1	0-1 / 0-3	1-2 / 1-0	0-0 / 1-3	0-0 / 1-1	2-3 / 4-3	2-2 / 5-1
Arbroath FC (Arbroath)	1-0 / 4-1	■■	1-3 / 0-3	0-0 / 1-2	2-0 / 0-1	2-2 / 4-0	3-0 / 1-1	0-2 / 0-2	1-2 / 1-2	2-0 / 1-0
Ayr United FC (Ayr)	1-1 / 3-0	2-1 / 2-1	■■	4-2 / 1-1	2-0 / 4-2	0-0 / 2-0	1-1 / 2-1	2-2 / 0-0	3-1 / 1-1	5-0 / 3-2
Brechin City FC (Brechin)	1-0 / 3-1	0-1 / 3-1	1-0 / 0-1	■■	2-1 / 2-1	1-1 / 2-2	2-0 / 2-1	0-4 / 2-0	2-1 / 2-1	1-0 / 1-2
East Fife FC (Methil)	0-2 / 1-0	0-0 / 3-2	0-1 / 3-0	2-0 / 0-0	■■	0-3 / 0-2	4-2 / 1-2	0-1 / 0-2	0-3 / 0-1	4-0 / 1-2
Peterhead FC (Peterhead)	2-2 / 1-0	1-0 / 1-1	2-3 / 3-0	0-1 / 5-1	2-0 / 0-1	■■	1-1 / 4-1	2-1 / 1-2	1-1 / 1-1	1-0 / 4-0
Queen's Park FC (Glasgow)	1-2 / 1-0	0-1 / 1-2	0-3 / 0-3	0-0 / 1-1	3-1 / 0-0	2-1 / 0-1	■■	0-1 / 1-2	3-1 / 1-1	1-1 / 2-2
Raith Rovers FC (Kirkcaldy)	3-1 / 4-1	0-0 / 2-1	0-1 / 3-2	2-0 / 2-2	1-0 / 1-1	3-3 / 3-0	1-0 / 2-0	■■	1-1 / 1-1	2-1 / 2-1
Stirling Albion FC (Stirling)	0-0 / 3-2	1-1 / 0-2	2-0 / 2-2	2-3 / 1-2	2-0 / 1-1	2-1 / 0-0	4-0 / 0-3	0-1 / 2-1	■■	1-2 / 3-2
Stranraer FC (Stranraer)	1-3 / 2-2	1-5 / 2-2	1-4 / 1-3	0-3 / 1-2	0-1 / 0-4	0-1 / 0-3	2-2 / 0-0	0-3 / 0-2	2-8 / 1-0	■■

SFL Division 2		Pd	Wn	Dw	Ls	GF	GA	Pts	
1.	Raith Rovers FC (Kirkcaldy)	36	22	10	4	60	27	76	P
2.	Ayr United FC (Ayr)	36	22	8	6	71	38	74	POP
3.	Brechin City FC (Brechin)	36	18	8	10	51	45	62	PO
4.	Peterhead FC (Peterhead)	36	15	11	10	54	39	56	PO
5.	Stirling Albion FC (Stirling)	36	14	11	11	59	49	53	
6.	East Fife FC (Methil)	36	13	5	18	39	44	44	
7.	Arbroath FC (Arbroath)	36	11	8	17	44	46	41	
8.	Alloa Athletic FC (Alloa)	36	11	8	17	47	59	41	
9.	Queen's Park FC (Glasgow)	36	7	12	17	35	54	33	POR
10.	Stranraer FC (Stranraer)	36	3	7	26	31	90	16	R
		360	136	88	136	491	491	496	

Division 2/Division 3 Play-offs

Cowdenbeath FC (Cowdenbeath) 0-0, 0-0 (aet) Stenhousemuir FC (Stenhousemuir)
(Stenhousemuir FC won 5-4 on penalties)

East Stirlingshire FC (Falkirk) 1-2, 1-1 Cowdenbeath FC (Cowdenbeath)
Stenhousemuir FC (Stenhousemuir) 2-1, 0-0 Queen's Park FC (Glasgow)

Stenhousemuir FC won promotion to Division 2.

2008-2009 Scottish Football League Division 3	Albion Rovers	Annan Athletic	Berwick Rangers	Cowdenbeath	Dumbarton	East Stirlingshire	Elgin City	Forfar Athletic	Montrose	Stenhousemuir
Albion Rovers FC (Coatbridge)		2-1 / 0-1	2-1 / 2-0	0-0 / 3-1	1-1 / 1-3	0-2 / 0-2	0-3 / 2-1	2-0 / 1-3	0-1 / 0-1	1-2 / 1-2
Annan Athletic FC (Annan)	1-1 / 2-4		1-1 / 1-2	3-1 / 0-1	1-3 / 2-1	4-0 / 2-1	6-0 / 5-0	1-0 / 1-3	2-1 / 1-2	1-1 / 1-1
Berwick Rangers FC (Berwick-upon-Tweed)	1-1 / 0-3	1-1 / 3-0		1-0 / 2-3	1-2 / 1-2	1-2 / 2-1	2-1 / 1-1	0-2 / 2-2	0-1 / 3-2	0-3 / 3-2
Cowdenbeath FC (Cowdenbeath)	2-1 / 2-1	1-0 / 1-4	2-0 / 2-1		0-0 / 2-0	2-0 / 0-0	1-1 / 4-1	2-2 / 0-0	2-1 / 2-1	1-0 / 1-2
Dumbarton FC (Dumbarton)	1-0 / 1-1	0-2 / 4-1	2-0 / 5-2	1-1 / 2-1		2-0 / 1-1	6-0 / 2-0	4-0 / 3-0	1-1 / 1-1	1-0 / 1-2
East Stirlingshire FC (Falkirk)	0-1 / 1-0	1-1 / 2-1	0-4 / 1-0	0-2 / 1-4	3-1 / 5-2		1-0 / 5-2	3-2 / 0-3	2-1 / 5-0	0-3 / 0-2
Elgin City FC (Elgin)	1-0 / 1-6	0-1 / 1-2	2-0 / 0-2	1-1 / 0-2	0-2 / 1-1	0-2 / 0-4		1-4 / 0-1	1-0 / 1-2	2-0 / 4-2
Forfar Athletic FC (Forfar)	4-0 / 0-0	2-1 / 2-1	5-4 / 2-1	1-1 / 0-1	0-2 / 2-2	0-2 / 2-3	1-1 / 0-1		0-3 / 0-1	4-4 / 1-0
Montrose FC (Montrose)	1-0 / 1-2	0-3 / 1-1	1-1 / 1-1	2-1 / 0-1	1-0 / 1-2	0-2 / 3-0	3-1 / 1-0	1-3 / 1-0		5-3 / 0-3
Stenhousemuir FC (Stenhousemuir)	2-0 / 1-0	1-0 / 0-0	1-2 / 2-0	1-0 / 1-1	0-2 / 1-1	1-4 / 3-0	4-2 / 1-1	0-1 / 1-2	1-3 / 2-2	

SFL Division 3		Pd	Wn	Dw	Ls	GF	GA	Pts	
1.	Dumbarton FC (Dumbarton)	36	19	10	7	65	36	67	P
2.	Cowdenbeath FC (Cowdenbeath)	36	18	9	9	48	34	63	PO
3.	East Stirlingshire FC (Falkirk/Stenhousemuir)	36	19	4	13	57	50	61	PO
4.	Stenhousemuir FC (Stenhousemuir)	36	16	8	12	55	46	56	POP
5.	Montrose FC (Montrose)	36	16	6	17	47	48	54	
6.	Forfar Athletic FC (Forfar)	36	14	9	13	53	51	51	
7.	Annan Athletic FC (Annan)	36	14	8	14	56	45	50	
8.	Albion Rovers FC (Coatbridge)	36	11	6	19	39	47	39	
9.	Berwick Rangers FC (Berwick-upon-Tweed)	36	10	7	19	46	61	37	
10.	Elgin City FC (Elgin)	36	7	5	24	31	79	26	
		360	144	72	144	497	497	504	

Note: East Stirlingshire FC (Falkirk) played their home games at Stenhousemuir while awaiting for a new stadium of their own to be built. This groundshare was still continuing when this book was published in October 2012.

Despite losing in the play-off final, Cowdenbeath FC (Cowdenbeath) were promoted to Division 2 following the relegation of Livingston FC (Livingston) from Division 1 to Division 3.

SCOTTISH CUP FINAL   (Hampden Park, Glasgow – 30/05/2009 – 50,956)

RANGERS FC (GLASGOW)   1-0   Falkirk FC (Falkirk)

Novo 46'

Rangers: Alexander, Whittaker, Bougherra, Weir, Papac, Davis, Ferguson, McCulloch, Lafferty (Dailly 88'), Boyd (Novo 54'), Miller (Naismith 85').

Falkirk: Dani Mallo, McNamara, Barr, Aafjes, Scobbie, Arfield, Cregg (Finnigan 74'), McBride (Higdon 74'), O'Brien, McCann (Stewart 74'), Lovell.

Semi-finals   (25/04/2009 – 26/04/2009)

| Falkirk FC (Falkirk) | 2-0 | Dunfermline Athletic FC (Dunfermline) |
| Rangers FC (Glasgow) | 3-0 | St. Mirren FC (Paisley) |

2009-10

2009-2010 Scottish Premier League	Aberdeen	Celtic	Dundee United	Falkirk	Hamilton Academical	Heart of Midlothian	Hibernian	Kilmarnock	Motherwell	Rangers	St. Johnstone	St. Mirren
Aberdeen FC (Aberdeen)	■	4-4	2-2	1-0	1-3	0-1	---	1-2	0-3	---	1-3	2-1
	■	1-3	0-2	0-1	1-2	1-1	0-2	1-0	0-0	1-0	2-1	1-0
Celtic FC (Glasgow)	---	■	1-0	---	---	2-0	3-2	3-1	2-1	2-1	3-0	---
	3-0	■	1-1	1-1	2-0	2-1	1-2	3-0	0-0	1-1	5-2	3-1
Dundee United FC (Dundee)	---	0-2	■	3-0	0-2	1-0	0-2	---	3-0	0-0	---	---
	0-1	2-1	■	2-1	1-1	2-0	1-0	0-0	0-1	0-3	3-3	3-2
Falkirk FC (Falkirk)	3-1	0-2	---	■	0-1	---	1-3	0-1	---	---	0-0	2-1
	0-0	3-3	1-4	■	2-0	0-1	1-3	0-0	0-0	1-3	1-2	1-3
Hamilton Academical FC (Hamilton)	1-1	0-1	---	2-2	■	---	4-1	3-0	0-0	---	1-0	1-0
	0-3	1-2	0-1	0-0	■	2-1	2-0	0-0	2-2	0-1	0-2	2-1
Heart of Midlothian FC (Edinburgh)	---	1-2	0-0	3-2	2-0	■	2-1	1-0	0-2	1-4	---	---
	0-3	2-1	0-0	0-0	2-1	■	0-0	1-0	1-0	1-2	1-2	1-0
Hibernian FC (Edinburgh)	2-2	0-1	2-4	---	---	1-2	■	1-0	6-6	0-1	1-1	2-1
	2-0	0-1	1-1	2-0	5-1	1-1	■	1-0	2-0	1-4	3-0	2-1
Kilmarnock FC (Kilmarnock)	2-0	---	4-4	0-0	1-2	---	---	■	0-2	3-2	---	1-1
	1-1	1-0	0-2	1-2	3-0	1-2	1-1	■	0-3	0-0	2-1	1-2
Motherwell FC (Motherwell)	---	0-4	2-3	0-1	---	3-1	1-0	1-0	■	1-1	---	3-3
	1-1	2-3	2-2	1-0	1-0	1-0	1-3	3-1	■	0-0	1-3	2-0
Rangers FC (Glasgow)	3-1	1-0	2-1	3-0	1-0	2-0	3-0	---	---	■	---	3-1
	0-0	2-1	7-1	4-1	4-1	1-1	1-1	3-0	6-1	■	3-0	2-1
St. Johnstone FC (Perth)	1-1	---	0-1	1-1	3-3	1-0	---	2-1	1-2	4-1	■	2-2
	1-0	1-4	2-3	3-1	1-1	2-2	5-1	0-1	2-2	1-2	■	1-0
St. Mirren FC (Paisley)	0-1	4-0	1-2	1-1	0-0	1-1	---	1-0	0-0	---	1-1	■
	1-0	0-2	0-0	1-1	0-2	2-1	1-1	1-0	3-3	0-2	1-1	■

	Scottish Premier League	**Pd**	**Wn**	**Dw**	**Ls**	**GF**	**GA**	**Pts**	
1.	RANGERS FC (GLASGOW)	38	26	9	3	82	28	87	
2.	Celtic FC (Glasgow)	38	25	6	7	75	39	81	
3.	Dundee United FC (Dundee)	38	17	12	9	55	47	63	
4.	Hibernian FC (Edinburgh)	38	15	9	14	58	55	54	
5.	Motherwell FC (Motherwell)	38	13	14	11	52	54	53	
6.	Heart of Midlothian FC (Edinburgh)	38	13	9	16	35	46	48	
7.	Hamilton Academical FC (Hamilton)	38	13	10	15	39	46	49	
8.	St. Johnstone FC (Perth)	38	12	11	15	57	61	47	
9.	Aberdeen FC (Aberdeen)	38	10	11	17	36	52	41	
10.	St. Mirren FC (Paisley)	38	7	13	18	36	49	34	
11.	Kilmarnock FC (Kilmarnock)	38	8	9	21	29	51	33	
12.	Falkirk FC (Falkirk)	38	6	13	19	31	57	31	R
		456	165	126	165	585	585	621	

Note: After 33 matches the league was split with the top 6 playing-off for the championship and the bottom 6 playing against relegation, each team played a further 5 games (results underlined were played on the away team's ground dependent on fixture revision after league split).

Top goalscorers 2009-10

1) Kris BOYD   (Rangers FC)   23
2) Anthony STOKES   (Hibernian FC)   21
3) Kenny MILLER   (Rangers FC)   18
4) Jon DALY   (Dundee United FC) 13
   Derek RIORDAN   (Hibernian FC)   13

2009-2010 Scottish Football League Division 1	Airdrie United	Ayr United	Dundee	Dunfermline	Greenock Morton	Inv. Cal. Thistle	Partick Thistle	Queen o/t South	Raith Rovers	Ross County
Airdrie United FC (Airdrie)		1-1	3-0	0-1	3-0	0-1	2-0	0-1	3-0	1-1
		3-1	1-1	1-1	2-4	1-1	2-5	1-1	1-2	0-1
Ayr United FC (Ayr)	1-4		1-1	1-2	2-0	0-7	1-0	3-0	0-2	0-1
	1-1		2-2	1-0	0-2	1-5	1-1	0-1	1-0	1-1
Dundee FC (Dundee)	0-1	3-0		3-2	3-1	2-2	1-0	1-1	2-0	0-1
	2-1	3-1		1-0	1-0	2-2	2-0	0-0	2-1	2-0
Dunfermline Athletic FC (Dunfermline)	2-0	0-1	2-1		4-1	0-0	1-2	3-1	2-1	1-2
	2-0	3-1	1-1		3-1	0-1	3-1	1-4	0-2	3-3
Greenock Morton FC (Greenock)	2-1	2-1	2-2	1-2		0-2	1-0	3-3	1-1	1-1
	1-0	1-0	0-1	0-2		0-3	0-2	1-2	5-0	0-1
Inverness Caledonian Thistle (Inverness)	4-0	3-3	1-0	2-0	1-0		2-1	3-1	4-3	3-0
	2-0	0-0	1-1	1-1	4-1		2-3	1-3	1-0	1-3
Partick Thistle FC (Glasgow)	2-0	0-1	0-2	1-4	1-0	0-1		1-0	0-0	2-1
	2-0	2-0	0-2	2-0	5-0	2-1		2-2	1-2	0-0
Queen of the South FC (Dumfries)	2-2	3-0	1-1	2-0	1-2	1-3	1-0		3-0	1-0
	3-0	2-0	2-0	1-2	2-3	1-1	1-0		1-1	2-0
Raith Rovers FC (Kirkcaldy)	0-1	1-1	1-0	1-2	1-2	0-4	1-0	0-0		4-1
	1-1	0-0	2-2	1-2	3-0	0-1	1-1	1-0		2-1
Ross County FC (Dingwall)	5-3	1-0	1-1	2-2	2-1	0-0	1-2	1-1	1-0	
	2-1	2-1	0-1	0-0	1-3	2-1	2-2	3-2	0-1	

	SFL Division 1	Pd	Wn	Dw	Ls	GF	GA	Pts	
1.	Inverness Caledonian Thistle FC (Inverness)	36	21	10	5	72	32	73	P
2.	Dundee FC (Dundee)	36	16	13	7	48	34	61	
3.	Dunfermline Athletic FC (Dunfermline)	36	17	7	12	54	44	58	
4.	Queen of the South FC (Dumfries)	36	15	11	10	53	40	56	
5.	Ross County FC (Dingwall)	36	15	11	10	46	44	56	
6.	Partick Thistle FC (Glasgow)	36	14	6	16	43	40	48	
7.	Raith Rovers FC (Kirkcaldy)	36	11	9	16	36	47	42	
8.	Greenock Morton FC (Greenock)	36	11	4	21	40	65	37	
9.	Airdrie United FC (Airdrie)	36	8	9	19	41	56	33	POR
10.	Ayr United FC (Ayr)	36	7	10	19	29	60	31	R
		360	135	90	135	462	462	495	

Division 1/Division 2 Play-offs

Cowdenbeath FC (Cowdenbeath)	0-0, 3-0	Brechin City FC (Brechin)
Brechin City FC (Brechin)	2-1, 1-0	Airdrie United FC (Airdrie)
Cowdenbeath FC (Cowdenbeath)	1-1, 2-0	Alloa Athletic FC (Alloa)

Cowdenbeath FC won promotion to Division 1. Airdrie United FC were relegated into Division 2.

2009-2010 Scottish Football League Division 2	Alloa Athletic	Arbroath	Brechin City	Clyde	Cowdenbeath	Dumbarton	East Fife	Peterhead	Stenhousemuir	Stirling Albion
Alloa Athletic FC (Alloa)	■	1-0	2-3	2-2	3-1	1-2	2-0	2-1	2-1	2-1
		0-1	2-1	2-0	2-1	1-3	0-0	1-0	1-4	1-0
Arbroath FC (Arbroath)	0-0	■	1-0	2-0	1-1	3-1	2-2	1-4	1-1	2-4
	2-2		1-4	0-3	0-1	3-1	0-1	0-1	0-3	3-4
Brechin City FC (Brechin)	1-1	0-2	■	3-1	3-3	0-1	1-0	1-2	2-2	1-1
	2-1	0-0		2-2	3-1	3-1	3-2	3-0	1-0	1-0
Clyde FC (Cumbernauld)	0-2	0-2	0-3	■	1-2	4-2	2-1	3-1	0-2	1-2
	0-1	1-0	1-0		0-1	0-2	1-3	1-3	2-1	0-1
Cowdenbeath FC (Cowdenbeath)	1-1	2-1	4-0	3-1	■	0-0	6-2	1-3	1-0	3-3
	1-1	1-2	0-0	1-0		2-1	2-1	5-0	2-1	1-2
Dumbarton FC (Dumbarton)	3-1	0-2	0-1	3-3	2-1	■	0-1	1-3	2-1	2-4
	1-3	1-0	0-0	3-3	0-3		0-3	1-0	0-0	2-3
East Fife FC (Methil)	0-1	3-1	2-0	1-1	2-2	2-3	■	3-0	1-1	0-3
	0-2	1-1	2-0	1-0	1-1	0-1		1-2	2-1	1-2
Peterhead FC (Peterhead)	2-0	3-0	0-3	0-0	1-0	2-1	3-1	■	0-1	1-1
	0-0	1-2	1-0	2-0	0-2	1-2	1-1		2-2	3-2
Stenhousemuir FC (Stenhousemuir)	0-2	1-1	1-2	0-3	0-0	1-0	1-1	1-1	■	1-3
	1-0	3-0	1-1	1-0	0-2	0-3	1-1	2-0		1-2
Stirling Albion FC (Stirling)	0-3	2-2	6-2	1-0	1-0	1-2	3-3	2-0	1-1	■
	0-1	2-2	1-0	1-1	2-2	2-2	3-0	2-1	0-0	

	SFL Division 2	**Pd**	**Wn**	**Dw**	**Ls**	**GF**	**GA**	**Pts**	
1.	Stirling Albion FC (Stirling)	36	18	11	7	68	48	65	P
2.	Alloa Athletic FC (Alloa)	36	19	8	9	49	35	65	PO
3.	Cowdenbeath FC (Cowdenbeath)	36	16	11	9	60	41	59	POP
4.	Brechin City FC (Brechin)	36	15	9	12	50	45	54	PO
5.	Peterhead FC (Peterhead)	36	15	6	15	45	49	51	
6.	Dumbarton FC (Dumbarton)	36	14	6	16	49	58	48	
7.	East Fife FC (Methil)	36	10	11	15	46	53	41	
8.	Stenhousemuir FC (Stenhousemuir)	36	9	13	14	38	42	40	
9.	Arbroath FC (Arbroath)	36	10	10	16	41	55	40	POR
10.	Clyde FC (Cumbernauld)	36	8	7	21	37	57	31	R
		360	134	92	134	483	483	494	

Note: Cowdenbeath vs Stirling Albion played on 30th March 2010 was abandoned after 18 minutes due to heavy snow when the game was goalless. The match was replayed on 27th April 2010 and finished with a 3-3 scoreline.

Division 2/Division 3 Play-offs

Arbroath FC (Arbroath)	0-0, 0-2	Forfar Athletic FC (Forfar)
East Stirlingshire FC (Falkirk)	0-1, 2-2	Forfar Athletic FC (Forfar)
Queen's Park FC (Glasgow)	0-4, 2-3	Arbroath FC (Arbroath)

Forfar Athletic FC won promotion to Division 2. Arbroath FC were relegated into Division 3.

2009-2010 Scottish Football League Division 3	Albion Rovers	Annan Athletic	Berwick Rangers	East Stirlingshire	Elgin City	Forfar Athletic	Livingston	Montrose	Queen's Park	Stranraer
Albion Rovers FC (Coatbridge)	■	1-0 / 0-0	4-1 / 2-1	2-1 / 3-0	1-2 / 1-1	0-1 / 1-1	0-2 / 1-0	1-0 / 0-0	1-0 / 0-1	0-0 / 3-1
Annan Athletic FC (Annan)	1-2 / 0-0	■	0-1 / 1-1	1-0 / 0-1	3-3 / 0-2	1-1 / 1-0	2-0 / 0-0	0-0 / 2-0	0-2 / 3-1	3-2 / 1-0
Berwick Rangers FC (Berwick-upon-Tweed)	1-2 / 2-0	0-2 / 2-1	■	2-2 / 0-1	2-1 / 1-0	0-4 / 0-1	1-1 / 1-0	0-2 / 2-0	1-1 / 1-0	1-0 / 1-0
East Stirlingshire FC (Falkirk)	3-1 / 2-0	3-1 / 1-3	3-2 / 1-0	■	2-0 / 1-1	4-0 / 2-1	0-2 / 3-1	2-3 / 1-0	0-3 / 1-0	2-0 / 1-1
Elgin City FC (Elgin)	3-1 / 0-2	1-0 / 1-1	1-5 / 3-3	0-1 / 1-2	■	0-2 / 0-2	0-1 / 1-6	5-2 / 0-1	0-1 / 0-1	2-3 / 1-2
Forfar Athletic FC (Forfar)	1-1 / 2-2	1-5 / 2-1	2-0 / 3-0	4-1 / 5-1	1-0 / 3-3	■	2-2 / 0-1	2-0 / 2-2	1-1 / 0-1	2-0 / 1-0
Livingston FC (Livingston)	2-0 / 2-0	3-2 / 2-0	0-0 / 1-1	1-0 / 2-0	1-0 / 3-2	2-3 / 1-2	■	1-0 / 2-0	2-0 / 2-1	2-1 / 3-0
Montrose FC (Montrose)	0-0 / 0-0	1-2 / 0-0	1-1 / 1-3	0-1 / 0-3	0-4 / 1-1	4-0 / 1-2	0-5 / 0-3	■	1-2 / 1-2	4-5 / 1-1
Queen's Park FC (Glasgow)	1-0 / 0-1	3-2 / 0-0	2-3 / 2-0	2-0 / 1-0	0-1 / 0-3	1-3 / 2-2	0-1 / 1-2	3-0 / 3-2	■	2-5 / 1-2
Stranraer FC (Stranraer)	2-1 / 1-1	3-2 / 2-0	3-1 / 2-4	2-2 / 1-2	2-1 / 0-2	2-0 / 1-0	1-1 / 0-3	0-2 / 2-0	0-0 / 1-1	■

	SFL Division 3	**Pd**	**Wn**	**Dw**	**Ls**	**GF**	**GA**	**Pts**	
1.	Livingston FC (Livingston)	36	24	6	6	63	25	78	P
2.	Forfar Athletic FC (Forfar)	36	18	9	9	59	44	63	POP
3.	East Stirlingshire FC (Falkirk/Stenhousemuir)	36	19	4	13	50	46	61	PO
4.	Queen's Park FC (Glasgow)	36	15	6	15	42	42	51	PO
5.	Albion Rovers FC (Coatbridge)	36	13	11	12	35	35	50	
6.	Berwick Rangers FC (Berwick-upon-Tweed)	36	14	8	14	46	50	50	
7.	Stranraer FC (Stranraer)	36	13	8	15	48	54	47	
8.	Annan Athletic FC (Annan)	36	11	10	15	41	42	43	
9.	Elgin City FC (Elgin)	36	9	7	20	46	59	34	
10.	Montrose FC (Montrose)	36	5	9	22	30	63	24	
		360	141	78	141	460	460	501	

Note: Livingston FC initially refused to appear for their opening match which was scheduled to be played on 8th August 2009 (away to East Stirlingshire) in protest at their relegation from Division 1 to Division 3. The match was finally played on 30th September 2009 and finished with a 3-1 scoreline.

SCOTTISH CUP FINAL (Hampden Park, Glasgow – 15/05/2010 – 47,122)

DUNDEE UNITED FC (DUNDEE)   3-0   Ross County FC (Dingwall)

Goodwillie 61', Conway 75', 86'

Dundee United: Pernis, Kovacevic (Watson 83'), Webster, Kenneth, Dillon, Swanson (Robertson 74'), Buaben, Gomis, Conway, Daly, Goodwillie (Robertson 78').

Ross County: McGovern, Miller, Boyd, Keddie, Morrison, Brittain, Craig (Lawson 52'), Scott (Wood 79'), Vigurs, Gardyne (Di Giacomo 77'), Barrowman.

Semi-finals (10/04/2010 – 11/04/2010)

Celtic FC (Glasgow)	0-2	Ross County FC (Dingwall)
Dundee United FC (Dundee)	2-0	Raith Rovers FC (Kirkcaldy)

2010-2011

Scottish Premier League 2010/2011 Season	Aberdeen	Celtic	Dundee United	Hamilton Academical	Heart of Midlothian	Hibernian	Inverness Cal. Thistle	Kilmarnock	Motherwell	Rangers	St. Johnstone	St. Mirren
Aberdeen FC (Aberdeen)		--- --- 0-3	--- 1-1	1-0 4-0	0-0 0-1	0-1 4-2	1-0 1-2	5-0 0-1	--- 1-2	0-1 2-3	0-2 0-1	0-1 2-0
Celtic FC (Glasgow)	1-0 9-0		4-1 1-1	2-0 3-1	4-0 3-0	3-1 2-1	--- 2-2	2-0 1-1	4-0 1-0	3-0 1-3	--- 2-0	1-0 4-0
Dundee United FC (Dundee)	3-1 3-1	1-3 1-2		2-1 2-1	3-0 2-0	1-0 1-0	4-2 0-4	4-0 1-1	0-2 2-0	2-0 0-4	2-0 1-0	--- 1-2
Hamilton Academical FC (Hamilton)	1-1 0-1	--- 1-1	1-1 0-1		0-2 0-4	1-0 1-2	1-2 1-3	1-1 2-2	--- 0-0	0-1 1-2	0-0 1-2	1-0 0-0
Heart of Midlothian FC (Edinburgh)	--- 5-0	0-3 2-0	2-1 1-1	--- 2-0		--- 1-0	--- 1-1	0-2 0-3	0-0 0-2	1-0 1-2	1-0 1-1	3-2 3-0
Hibernian FC (Edinburgh)	1-3 1-2	--- 0-3	--- 2-2	1-2 1-1	2-2 0-2		2-0 1-1	2-1 2-1	--- 2-1	0-2 0-3	1-2 0-0	1-1 2-0
Inverness Caledonian Thistle FC (Inverness)	0-2 2-0	3-2 0-1	--- 0-2	1-1 0-1	1-1 1-3	2-0 4-2		3-0 1-3	--- 1-2	2-0 1-1	--- 1-1	1-0 1-2
Kilmarnock FC (Kilmarnock)	--- 2-0	0-4 1-2	1-1 1-2	--- 3-0	2-2 1-2	--- 2-1	1-1 1-2		3-1 0-1	1-5 2-3	--- 1-1	2-0 2-1
Motherwell FC (Motherwell)	2-1 1-1	2-0 0-1	2-1 2-1	1-0 0-1	3-3 1-2	2-0 2-3	--- 0-0	1-1 0-1		0-5 1-4	--- 4-0	0-1 3-1
Rangers FC (Glasgow)	--- 2-0	0-0 0-2	2-3 4-0	--- 4-0	4-0 1-0	--- 0-3	1-0 1-1	2-1 2-1	6-0 4-1		4-0 2-1	--- 2-1
St. Johnstone FC (Perth)	0-0 0-1	0-1 0-3	--- 0-0	1-0 2-0	--- 0-2	1-1 2-0	0-3 1-0	0-0 0-3	1-0 0-2	--- 0-2		0-0 2-1
St. Mirren FC (Paisley)	3-2 2-1	--- 0-1	1-1 1-1	3-1 2-2	--- 0-2	0-1 1-0	3-3 0-2	--- 1-1	--- 1-3	0-1 1-2	0-0	

	Scottish Premier League	Pd	Wn	Dw	Ls	GF	GA	Pts	
1)	RANGERS FC (GLASGOW)	38	30	3	5	88	29	93	
2)	Celtic FC (Glasgow)	38	29	5	4	85	22	92	
3)	Heart of Midlothian FC (Edinburgh)	38	18	9	11	53	45	63	
4)	Dundee United FC (Dundee)	38	17	10	11	55	50	61	
5)	Kilmarnock FC (Kilmarnock)	38	13	10	15	53	55	49	
6)	Motherwell FC (Motherwell)	38	13	7	18	40	60	46	
7)	Inverness Caledonian Thistle FC (Inverness)	38	14	11	13	52	44	53	
8)	St. Johnstone FC (Perth)	38	11	11	16	23	43	44	
9)	Aberdeen FC (Aberdeen)	38	11	5	22	39	59	38	
10)	Hibernian FC (Edinburgh)	38	10	7	21	39	61	37	
11)	St. Mirren FC (Paisley)	38	8	9	21	33	57	33	
12)	Hamilton Academical FC (Hamilton)	38	5	11	22	24	59	26	R
		456	179	98	179	584	584	635	

Note: After 33 matches the league was split with the top 6 playing-off for the championship and the bottom 6 playing against relegation, each team played a further 5 games (results underlined were played on the away team's ground dependent on fixture revision after league split).

Top goalscorers 2010-11

1)	Kenny MILLER	Rangers FC	21	
2)	Gary HOOPER	Celtic FC	20	
3)	David GOODWILLIE	Dundee United FC	17	
4)	Nikica JELAVIC	Rangers FC	16	
5)	Adam ROONEY	Inverness Caledonian Thistle FC	15	
	Conor SAMMON	Kilmarnock FC	15	
	Anthony STOKES	Hibernian FC/Celtic FC	15	(1/14)

Scottish Football League Division One 2010/2011 Season	Cowdenbeath	Dundee	Dunfermline Athletic	Falkirk	Greenock Morton	Partick Thistle	Queen of the South	Raith Rovers	Ross County	Stirling Albion
Cowdenbeath FC (Cowdenbeath)		1-3	0-1	1-2	0-2	1-1	2-2	0-3	2-1	1-0
		2-1	0-4	0-0	2-2	2-1	1-3	1-2	0-2	5-1
Dundee FC (Dundee)	2-2		1-1	1-0	1-1	3-2	2-1	2-1	2-0	1-1
	3-0		2-2	2-0	2-1	2-1	1-0	0-0	0-0	2-0
Dunfermline Athletic FC (Dunfermline)	5-0	0-0		3-0	1-3	0-0	6-1	2-1	1-1	4-1
	2-1	3-1		1-1	2-0	0-0	1-0	2-2	3-2	3-0
Falkirk FC (Falkirk)	2-0	2-2	1-2		1-0	2-0	0-3	2-1	0-1	4-2
	5-1	3-3	0-1		2-1	2-3	3-1	0-0	0-1	3-0
Greenock Morton FC (Greenock)	3-0	1-3	0-2	2-2		1-0	0-4	0-0	2-1	2-0
	1-2	0-1	2-1	0-0		2-0	2-0	0-1	0-0	0-0
Partick Thistle FC (Partick)	0-1	0-0	2-0	1-2	2-0		0-0	3-0	1-1	6-1
	1-0	1-0	0-2	1-0	0-0		3-1	0-0	1-1	1-2
Queen of the South FC (Dumfries)	2-2	3-0	1-3	0-1	1-4	3-3		0-2	0-1	4-1
	3-0	1-2	2-0	1-5	2-0	2-1		1-3	3-0	2-2
Raith Rovers FC (Kirkcaldy)	2-2	2-1	2-1	1-2	2-2	0-2	0-1		1-1	2-1
	2-1	1-2	2-0	2-1	1-0	4-0	0-1		1-0	0-2
Ross County FC (Dingwall)	3-0	0-1	0-1	2-1	2-0	0-0	1-2	0-1		0-0
	1-1	0-3	0-0	0-1	2-2	0-2	1-1	0-0		3-1
Stirling Albion FC (Stirling)	3-4	0-1	1-1	1-2	3-2	0-3	0-2	1-2	0-2	
	1-3	1-1	1-5	0-5	0-1	4-2	0-0	1-3	0-0	

	SFL Division 1	**Pd**	**Wn**	**Dw**	**Ls**	**GF**	**GA**	**Pts**	
1)	Dunfermline Athletic FC (Dunfermline)	36	20	10	6	66	31	70	P
2)	Raith Rovers FC (Kirkcaldy)	36	17	9	10	47	35	60	
3)	Falkirk FC (Falkirk)	36	17	7	12	57	41	58	
4)	Queen of the South FC (Dumfries)	36	14	7	15	54	53	49	
5)	Partick Thistle FC (Partick)	36	12	11	13	44	39	47	
6)	Dundee FC (Dundee)	36	19	12	5	54	34	44	-25
7)	Greenock Morton FC (Greenock)	36	11	10	15	39	43	43	
8)	Ross County FC (Dingwall)	36	9	14	13	30	34	41	
9)	Cowdenbeath FC (Cowdenbeath)	36	9	8	19	41	72	35	POR
10)	Stirling Albion FC (Stirling)	36	4	8	24	32	82	20	R
		360	132	96	132	464	464	467 (-25)	

Note: Dundee FC had 25 points deducted after entering administration. The deduction was temporarily lifted pending an appeal by the club but was subsequently reinstated after the appeal failed.

Division 1/Division 2 Play-offs

Ayr United FC (Ayr)	1-1, 2-1	Brechin City FC (Brechin)
Brechin City FC (Brechin)	2-2, 2-0	Cowdenbeath FC (Cowdenbeath)
Forfar Athletic FC (Forfar)	1-4, 3-3	Ayr United FC (Ayr)

Ayr United FC won promotion to Division 1. Cowdenbeath FC were relegated into Division 2.

Scottish Football League Division Two 2010/2011 Season	Airdrie United	Alloa Athletic	Ayr United	Brechin City	Dumbarton	East Fife	Forfar Athletic	Livingston	Peterhead	Stenhousemuir
Airdrie United FC (Airdrie)	■	0-2 0-1	0-5 2-2	2-2 1-1	2-1 1-2	2-2 1-1	3-1 2-0	2-4 0-1	1-0 2-2	2-2 1-0
Alloa Athletic FC (Alloa)	1-0 2-3	■	0-1 4-1	2-2 2-2	2-3 0-0	1-3 3-2	0-3 3-2	1-3 2-2	0-0 2-2	1-2 1-0
Ayr United FC (Ayr)	3-1 1-0	1-0 2-1	■	2-0 0-2	2-0 1-0	1-1 0-4	3-1 0-1	0-3 3-1	2-2 1-1	4-3 2-0
Brechin City FC (Brechin)	1-2 3-1	3-2 3-1	1-0 0-3	■	6-0 3-3	2-3 1-3	0-1 0-0	1-0 1-3	3-1 4-2	3-1 0-0
Dumbarton FC (Dumbarton)	1-1 1-3	2-2 4-1	1-2 3-2	1-2 1-3	■	4-2 4-1	0-0 1-2	0-3 1-2	5-2 3-0	0-1 1-0
East Fife FC (Methil)	0-1 3-3	3-1 4-1	3-2 2-3	0-0 1-3	1-3 6-0	■	3-0 1-3	1-3 2-4	3-1 2-1	1-1 6-0
Forfar Athletic FC (Forfar)	1-2 1-2	3-1 1-1	3-2 4-1	2-1 1-1	2-1 4-1	0-0 3-2	■	0-4 1-0	2-1 1-1	2-0 1-1
Livingston FC (Livingston)	2-0 2-1	4-0 3-3	3-2 0-0	0-0 2-0	1-1 2-0	4-3 1-1	3-0 2-0	■	5-1 1-0	2-1 4-1
Peterhead FC (Peterhead)	2-4 5-1	4-1 1-0	1-2 2-4	1-1 0-5	1-2 1-0	0-2 2-2	1-1 1-2	3-0 0-0	■	0-3 2-2
Stenhousemuir FC (Stenhousemuir)	1-0 1-3	2-3 0-1	2-1 3-1	1-3 0-0	2-2 4-0	0-2 1-1	0-1 3-0	0-3 1-2	4-2 3-1	■

	SFL Division 2	**Pd**	**Wn**	**Dw**	**Ls**	**GF**	**GA**	**Pts**	
1)	Livingston FC (Livingston)	36	25	7	4	79	33	82	P
2)	Ayr United FC (Ayr)	36	18	5	13	62	55	59	POP
3)	Forfar Athletic FC (Forfar)	36	17	8	11	50	48	59	PO
4)	Brechin City FC (Brechin)	36	15	12	9	63	45	57	PO
5)	East Fife FC (Methil)	36	14	10	12	77	60	52	
6)	Airdrie United FC (Airdrie)	36	13	9	14	52	60	48	
7)	Dumbarton FC (Dumbarton)	36	11	7	18	52	70	40	
8)	Stenhousemuir FC (Stenhousemuir)	36	10	8	18	46	59	38	
9)	Alloa Athletic FC (Alloa)	36	9	9	18	49	71	36	POR
10)	Peterhead FC (Peterhead)	36	5	11	20	47	76	26	R
		360	137	86	137	577	577	497	

Division 2/Division 3 Play-offs

Albion Rovers FC (Coatbridge)	3-1 1-2	Annan Athletic FC (Annan)
Annan Athletic FC (Annan)	2-1, 0-0	Alloa Athletic FC (Alloa)
Queen's Park FC (Glasgow)	1-1, 0-2	Albion Rovers FC (Coatbridge)

Albion Rovers FC won promotion into Division 2.   Alloa Athletic FC were relegated into Division 3.

Scottish Football League Division Three 2010/2011 Season	Albion Rovers	Annan Athletic	Arbroath	Berwick Rangers	Clyde	East Stirlingshire	Elgin City	Montrose	Queen's Park	Stranraer
Albion Rovers FC (Coatbridge)	■	0-0 / 0-0	3-0 / 0-2	0-1 / 2-2	1-1 / 3-1	2-0 / 1-0	2-0 / 3-1	0-2 / 3-1	1-2 / 2-1	1-0 / 1-2
Annan Athletic FC (Annan)	2-2 / 4-1	■	3-0 / 1-2	2-3 / 1-1	1-0 / 0-2	2-1 / 3-1	2-2 / 0-1	2-1 / 2-2	1-2 / 2-1	2-1 / 2-2
Arbroath FC (Arbroath)	3-0 / 1-1	2-1 / 0-2	■	2-1 / 3-2	2-0 / 3-2	3-5 / 2-0	3-5 / 2-0	4-1 / 4-0	2-2 / 1-0	2-2 / 0-0
Berwick Rangers FC (Berwick-upon-Tweed)	2-2 / 1-6	2-3 / 2-2	0-4 / 4-1	■	1-1 / 2-1	1-1 / 3-0	4-0 / 6-2	0-1 / 1-0	3-1 / 1-1	3-3 / 2-2
Clyde FC (Cumbernauld)	0-1 / 1-2	0-2 / 0-2	0-3 / 1-1	2-0 / 1-4	■	2-0 / 1-2	3-3 / 1-1	1-1 / 2-0	0-2 / 2-3	4-2 / 2-2
East Stirlingshire FC (Falkirk)	1-2 / 0-0	2-0 / 1-5	2-5 / 1-3	1-0 / 0-0	2-0 / 0-0	■	2-1 / 0-2	1-2 / 2-1	3-2 / 0-1	0-2 / 0-1
Elgin City FC (Elgin)	1-1 / 2-2	2-3 / 2-0	3-2 / 3-5	3-2 / 1-2	0-1 / 0-1	2-0 / 0-2	■	1-0 / 3-2	0-1 / 4-2	2-1 / 1-2
Montrose FC (Montrose)	0-2 / 0-2	0-1 / 1-1	0-5 / 3-0	1-1 / 1-1	3-1 / 8-1	3-0 / 0-2	1-0 / 0-1	■	0-2 / 1-2	3-2 / 3-3
Queen's Park FC (Glasgow)	2-1 / 0-1	0-1 / 3-0	1-1 / 5-2	1-0 / 0-2	4-0 / 0-1	2-0 / 2-0	1-0 / 1-1	4-1 / 1-0	■	3-3 / 1-3
Stranraer FC (Stranraer)	1-3 / 3-2	1-1 / 2-2	3-4 / 4-1	3-1 / 1-1	3-0 / 3-1	2-0 / 4-1	1-2 / 2-1	2-2 / 1-2	2-1 / 1-0	■

	SFL Division 3	Pd	Wn	Dw	Ls	GF	GA	Pts	
1)	Arbroath FC (Arbroath)	36	20	6	10	80	61	66	P
2)	Albion Rovers FC (Coatbridge)	36	17	10	9	56	40	61	POP
3)	Queen's Park FC (Glasgow)	36	18	5	13	57	43	59	PO
4)	Annan Athletic FC (Annan)	36	16	11	9	58	45	59	PO
5)	Stranraer FC (Stranraer)	36	15	12	9	72	57	57	
6)	Berwick Rangers FC (Berwick-upon-Tweed)	36	12	13	11	62	56	49	
7)	Elgin City FC (Elgin)	36	13	6	17	53	63	45	
8)	Montrose FC (Montrose)	36	10	7	19	47	61	37	
9)	East Stirlingshire FC (Falkirk)	36	10	4	22	33	62	34	
10)	Clyde FC (Cumbernauld)	36	8	8	20	37	67	32	
		360	139	82	139	555	555	499	

FINAL (Hampden Park, Glasgow – 21st May 2011 – 49,618)

Motherwell FC (Motherwell)　　　　　　　0-3　　　　　　　CELTIC FC (GLASGOW)

Ki 32', Wilson 76', Mulgrew 88'

Motherwell: Randolph, Hateley, Craigan, Hutchinson, Hammell (Jeffers 72'), Gunning, Humphrey, Lasley, Jennings, Murphy (Jones 80'), Sutton.

Celtic: Forster, Wilson, Loovens, Majstorovi, Izaguirre, Brown, Ki Sung-Yueng, Mulgrew, Commons (Forrest 81'), Samaras (Stokes 68'), Hooper (McCourt 89').

Semi-finals (16/04/2011 – 17/04/2011)

Motherwell FC (Motherwell)　　　　　　3–0　　　　　　St. Johnstone FC (Perth)
Aberdeen FC (Aberdeen)　　　　　　　　0–4　　　　　　Celtic FC (Glasgow)

2011-2012

Scottish Premier League 2011/2012 Season	Aberdeen	Celtic	Dundee United	Dunfermline Athletic	Heart of Midlothian	Hibernian	Inverness Cal. Thistle	Kilmarnock	Motherwell	Rangers	St. Johnstone	St. Mirren
Aberdeen FC (Aberdeen)		1-1	3-1	1-0	---	1-2	0-1	0-0	---	---	0-0	0-0
		0-1	3-1	4-0	0-0	1-0	2-1	2-2	1-2	1-2	0-0	2-2
Celtic FC (Glasgow)	---		2-1	2-0	5-0	---	1-0	---	1-0	3-0	2-0	---
	2-1		5-1	2-1	1-0	0-0	2-0	2-1	4-0	1-0	0-1	5-0
Dundee United FC (Dundee)	---	1-0		3-0	2-2	---	3-0	4-0	1-1	2-1	<u>2-0</u>	0-0
	1-2	0-1		0-1	1-0	3-1	3-1	1-1	1-3	0-1	0-0	1-1
Dunfermline Athletic FC (Dunfermline)	3-0	---	---		1-2	2-3	1-1	1-2	0-2	1-4	---	1-1
	3-3	0-3	1-4		0-2	2-2	3-3	1-1	2-4	0-4	0-3	0-0
Heart of Midlothian FC (Edinburgh)	3-0	0-4	0-2	---		2-0	---	---	0-1	0-3	2-0	5-2
	3-0	2-0	0-1	4-0		2-0	2-1	0-1	2-0	0-2	1-2	2-0
Hibernian FC (Edinburgh)	0-0	0-5	0-2	4-0	---		<u>0-2</u>	0-1	1-1	---	2-3	0-0
	0-0	0-2	3-3	0-1	1-3		1-1	1-1	0-1	0-2	3-2	1-2
Inverness Caledonian Thistle FC (Inverness)	0-2	---	---	0-0	1-0	2-3		1-1	---	1-4	---	0-0
	2-1	0-2	2-3	1-1	1-1	0-1		2-1	2-3	0-2	0-1	2-1
Kilmarnock FC (Kilmarnock)	1-1	0-6	---	0-3	1-1	1-3	4-3		2-0	---	0-0	0-2
	2-0	3-3	1-1	3-2	0-0	4-1	3-6		0-0	1-0	1-2	2-1
Motherwell FC (Motherwell)	1-0	0-3	0-2	---	3-0	---	0-1	---		1-2	3-2	---
	1-0	1-2	0-0	3-1	1-0	4-3	3-0	0-0		0-3	0-3	1-1
Rangers FC (Glasgow)	1-1	3-2	5-0	---	1-2	4-0	---	0-1	0-0		<u>4-0</u>	3-1
	2-0	4-2	3-1	2-1	1-1	1-0	2-1	2-0	3-0		0-0	1-1
St. Johnstone FC (Perth)	---	<u>0-1</u>	1-5	3-1	2-1	---	0-0	---	<u>1-5</u>	1-2		---
	1-2	0-2	3-3	0-1	2-0	3-1	2-0	2-0	0-3	0-2		0-1
St. Mirren FC (Paisley)	1-1	0-2	---	4-4	---	1-0	0-1	4-2	0-0	---	0-3	
	1-0	0-2	2-2	2-1	0-0	2-3	1-2	3-0	0-1	2-1	0-0	

	Scottish Premier League	Pd	Wn	Dw	Ls	GF	GA	Pts	
1)	CELTIC FC (GLASGOW)	38	30	3	5	84	21	93	
2)	Rangers FC (Glasgow)	38	26	5	7	77	28	73	R-10
3)	Motherwell FC (Motherwell)	38	18	8	12	49	44	62	
4)	Dundee United FC (Dundee)	38	16	11	11	62	50	59	
5)	Heart of Midlothian FC (Edinburgh)	38	15	7	16	45	43	52	
6)	St. Johnstone FC (Perth)	38	14	8	16	43	50	50	
7)	Kilmarnock FC (Kilmarnock)	38	11	14	13	44	61	47	
8)	St. Mirren FC (Paisley)	38	9	16	13	39	51	43	
9)	Aberdeen FC (Aberdeen)	38	9	14	15	36	44	41	
10)	Inverness Caledonian Thistle FC (Inverness)	38	10	9	19	42	60	39	
11)	Hibernian FC (Edinburgh)	38	8	9	21	40	67	33	
12)	Dunfermline Athletic FC (Dunfermline)	38	5	10	23	40	82	25	R
		456	171	114	171	601	601	617 (-10)	

Note: After 33 matches the league was split with the top 6 playing-off for the championship and the bottom 6 playing against relegation, each team played a further 5 games (results underlined were played on the away team's ground dependent on fixture revision after league split).

Rangers FC had 10 points deducted after entering administration on 14th February 2012. A failure to reach agreement with creditors led to the club being liquidated on 14th June 2012 and its business and assets were sold to a new company (known colloquially as Rangers Newco) which applied for the transfer of Rangers' SFA membership. This was agreed by the SFA upon acceptance of a number of conditions, including a one year transfer ban. An application by 'Rangers Newco' for membership of the Scottish Premier League was rejected but an application to the Scottish Football League was successful with member clubs deciding to place the club in the Third division for the start of the 2012-13 season, rather than the First Division as had been proposed by the Newco.

Top goalscorers 2011-12

1)	Gary HOOPER	Celtic FC	24
2)	Jon DALY	Dundee United FC	19
3)	Michael HIGDON	Motherwell FC	14
	Nikica JELAVIC	Rangers FC	14
	Francisco SANDAZA	St. Johnstone FC	14

Scottish Football League Division One 2011/2012 Season	Ayr United	Dundee	Falkirk	Hamilton Academical	Livingston	Greenock Morton	Partick Thistle	Queen of the South	Raith Rovers	Ross County
Ayr United FC (Ayr)	■	3-2	1-0	2-2	3-1	0-0	1-3	1-1	1-1	1-3
	■	1-3	2-2	1-2	0-0	0-1	0-0	1-0	2-1	2-3
Dundee FC (Dundee)	4-1	■	3-1	2-2	1-0	0-1	0-3	1-1	1-1	1-1
	1-1	■	4-2	0-1	3-0	0-1	0-1	2-1	1-0	1-2
Falkirk FC (Falkirk)	3-2	1-1	■	3-0	2-5	0-2	1-1	3-0	2-3	1-1
	0-0	2-1	■	0-0	4-3	1-0	2-1	1-0	2-0	1-1
Hamilton Academical FC (Hamilton)	3-2	3-1	0-1	■	0-1	4-3	2-2	3-0	2-1	0-2
	2-3	1-6	0-1	■	1-1	1-2	1-0	3-1	2-2	5-1
Livingston FC (Livingston)	0-1	2-3	1-2	0-4	■	0-0	3-1	2-2	4-0	1-3
	1-2	4-2	1-1	1-0	■	1-1	2-1	2-2	1-1	0-3
Greenock Morton FC (Greenock)	3-1	0-2	0-0	1-2	1-3	■	1-0	2-2	1-3	1-1
	4-1	1-2	3-2	0-2	2-1	■	1-2	2-2	1-1	0-2
Partick Thistle FC (Partick)	4-2	0-0	1-1	2-0	2-3	0-0	■	1-0	1-1	0-1
	4-0	0-1	2-2	1-1	2-1	5-0	■	2-1	0-1	0-1
Queen of the South FC (Dumfries)	2-1	1-1	0-0	1-2	0-4	2-1	0-5	■	1-0	3-5
	4-1	0-0	1-5	1-0	0-2	4-1	0-0	■	1-3	0-0
Raith Rovers FC (Kirkcaldy)	2-2	0-1	2-2	2-1	0-3	5-0	2-1	3-1	■	1-1
	0-1	0-1	1-0	3-2	0-1	1-1	2-0	0-2	■	0-1
Ross County FC (Dingwall)	1-1	3-0	2-1	5-1	3-0	2-2	3-0	2-1	1-1	■
	4-0	1-1	3-1	1-0	1-1	0-0	2-2	2-0	4-2	■

	SFL Division 1	**Pd**	**Wn**	**Dw**	**Ls**	**GF**	**GA**	**Pts**	
1)	Ross County FC (Dingwall)	36	22	13	1	72	32	79	P
2)	Dundee FC (Dundee)	36	15	10	11	53	43	55	P
3)	Falkirk FC (Falkirk)	36	13	13	10	53	48	52	
4)	Hamilton Academical FC (Hamilton)	36	14	7	15	55	56	49	
5)	Livingston FC (Livingston)	36	13	9	14	56	54	48	
6)	Partick Thistle FC (Partick)	36	12	11	13	50	39	47	
7)	Raith Rovers FC (Kirkcaldy)	36	11	11	14	46	49	44	
8)	Greenock Morton FC (Greenock)	36	10	12	14	40	55	42	
9)	Ayr United FC (Ayr)	36	9	11	16	44	67	38	POR
10)	Queen of the South FC (Dumfries)	36	7	11	18	38	64	32	R
		360	126	108	126	507	507	486	

Following the liquidation of Rangers FC, Dundee FC were selected as their replacements in the Scottish Premier League and were duly promoted.

Division 1/Division 2 Play-offs

Dumbarton FC (Dumbarton)	2-1, 4-1	Airdrie United FC (Airdrie)
Dumbarton FC (Dumbarton)	2-1, 0-0	Arbroath FC (Arbroath)
Airdrie United FC (Airdrie)	0-0, 3-1	Ayr United FC (Ayr)

Note: Although Airdrie United FC lost the final of the play-offs to Dumbarton FC (who were promoted), following the liquidation of Rangers FC and the demotion of 'Rangers Newco' to Division 3 prior to the start of the 2012-13 season, Dundee FC were promoted from Division 1 to the SPL, and Airdrie United FC were therefore promoted to the Division 1 to take their place. Stranraer FC were promoted from the Division 3 to Division 2 to take the place of Airdrie United FC.

Scottish Football League Division Two 2011/2012 Season	Airdrie United	Albion Rovers	Arbroath	Brechin City	Cowdenbeath	Dumbarton	East Fife	Forfar Athletic	Stenhousemuir	Stirling Albion
Airdrie United FC (Airdrie)	■	1-0 4-0	2-0 3-3	4-1 2-3	1-1 1-5	2-3 3-0	2-0 1-3	3-0 4-4	0-3 5-2	4-1 1-1
Albion Rovers FC (Coatbridge)	0-1 7-2	■	1-1 1-0	0-1 1-2	1-0 3-3	1-1 3-1	1-1 0-3	2-2 1-0	1-0 1-1	1-2 0-1
Arbroath FC (Arbroath)	2-2 3-1	6-1 6-2	■	2-3 1-1	1-1 1-1	2-0 4-3	2-2 3-0	0-1 4-1	0-2 1-0	2-0 4-2
Brechin City FC (Brechin)	1-1 1-1	2-1 1-4	1-1 2-3	■	2-2 1-0	2-2 3-3	1-3 0-2	2-1 0-1	1-0 2-0	1-2 1-3
Cowdenbeath FC (Cowdenbeath)	0-0 2-0	3-0 2-1	2-3 0-0	1-0 3-1	■	4-1 0-0	4-0 3-2	2-0 3-1	0-0 2-0	4-1 2-0
Dumbarton FC (Dumbarton)	2-1 1-1	1-0 2-1	3-2 3-4	4-2 1-0	0-2 0-4	■	0-4 3-0	1-0 1-1	0-2 3-0	4-1 1-5
East Fife FC (Methil)	2-0 2-0	1-2 2-0	1-3 2-2	2-2 1-1	0-1 1-3	1-2 0-6	■	4-0 4-3	1-1 1-3	1-0 1-0
Forfar Athletic FC (Forfar)	2-3 3-2	4-0 0-2	2-4 1-1	4-1 0-0	1-0 2-2	1-1 0-2	1-4 3-2	■	1-2 2-3	4-3 2-2
Stenhousemuir FC (Stenhousemuir)	0-3 1-1	1-2 3-0	1-3 2-0	2-1 1-1	0-2 3-1	1-2 3-1	1-0 2-1	1-2 2-3	■	4-0 4-0
Stirling Albion FC (Stirling)	0-2 1-4	3-0 2-2	1-1 0-1	2-3 1-0	0-2 1-1	1-2 0-1	0-1 1-0	2-2 2-4	3-1 2-2	■

	SFL Division 2	**Pd**	**Wn**	**Dw**	**Ls**	**GF**	**GA**	**Pts**	
1)	Cowdenbeath FC (Cowdenbeath)	36	20	11	5	68	29	71	P
2)	Arbroath FC (Arbroath)	36	17	12	7	76	51	63	PO
3)	Dumbarton FC (Dumbarton)	36	17	7	12	61	61	58	POP
4)	Airdrie United FC (Airdrie)	36	14	10	12	68	60	52*	POP
5)	Stenhousemuir FC (Stenhousemuir)	36	15	6	15	54	49	51	
6)	East Fife FC (Methil)	36	14	6	16	55	57	48	
7)	Forfar Athletic FC (Forfar)	36	11	9	16	59	72	42	
8)	Brechin City FC (Brechin)	36	10	11	15	47	62	41	
9)	Albion Rovers FC (Coatbridge)	36	10	7	19	43	66	37	PO
10)	Stirling Albion FC (Stirling)	36	9	7	20	46	70	34	R
		360	137	86	137	577	577	497	

Division 2/Division 3 Play-offs

Stranraer FC (Stranraer)	2-0, 1-3 (aet)	Albion Rovers FC (Coatbridge)
	(Albion Rovers won 5-3 on penalties)	
Elgin City FC (Elgin)	1-0, 0-2	Albion Rovers FC (Coatbridge)
Stranraer FC (Stranraer)	3-1, 2-0	Queen's Park FC (Glasgow)

Note: Although Stranraer FC lost the play-off final, they were subsequently promoted to Division 2 following the liquidation of Rangers FC and the chain of promotions previously described.

Scottish Football League Division Three 2011/2012 Season	Alloa Athletic	Annan Athletic	Berwick Rangers	Clydebank	East Stirlingshire	Elgin City	Montrose	Peterhead	Queen's Park	Stranraer
Alloa Athletic FC (Alloa)		1-1	0-1	1-0	5-1	8-1	2-0	3-1	4-0	3-1
		1-0	1-1	2-2	1-1	3-0	4-2	2-1	1-0	1-0
Annan Athletic FC (Annan)	1-2		1-1	1-0	2-2	1-1	1-2	0-3	2-3	1-3
	2-0		2-2	1-0	3-0	1-1	2-1	2-0	5-2	0-3
Berwick Rangers FC (Berwick-upon-Tweed)	5-0	1-3		3-0	0-2	3-3	2-2	0-1	1-4	1-0
	2-2	0-1		0-2	4-2	1-1	1-2	2-1	2-0	2-2
Clyde FC (Cumbernauld)	1-1	1-1	2-2		3-0	0-2	1-2	0-1	1-2	2-1
	0-1	0-0	1-4		7-1	1-2	1-0	2-0	0-2	1-1
East Stirlingshire FC (Falkirk)	1-3	0-4	2-1	0-1		2-2	3-1	6-3	1-2	2-2
	0-1	1-0	1-3	1-1		1-1	1-0	0-2	1-3	1-3
Elgin City FC (Elgin)	3-0	1-2	4-0	1-1	3-1		2-1	1-2	1-1	1-2
	5-0	3-0	4-1	0-3	2-0		3-1	6-1	2-0	1-1
Montrose FC (Montrose)	0-2	1-1	1-1	5-0	3-1	2-3		1-3	3-1	1-3
	1-1	2-3	3-5	4-0	2-1	3-0		2-1	0-1	0-6
Peterhead FC (Peterhead)	0-1	3-2	1-2	1-1	2-0	3-0	2-1		2-1	1-1
	1-1	2-3	1-0	0-0	1-0	1-3	2-3		1-1	1-3
Queen's Park FC (Glasgow)	1-2	2-0	2-2	3-0	5-1	1-3	5-0	0-1		3-2
	1-3	0-0	1-1	3-0	2-0	6-0	3-1	1-1		2-0
Stranraer FC (Stranraer)	0-4	4-2	1-3	1-0	4-1	5-2	3-1	0-3	2-3	
	2-3	4-2	2-1	0-0	6-0	1-0	4-4	2-1	2-3	

	SFL Division 3	**Pd**	**Wn**	**Dw**	**Ls**	**GF**	**GA**	**Pts**	
1)	Alloa Athletic FC (Alloa)	36	23	8	5	70	39	77	P
2)	Queen's Park FC (Glasgow)	36	19	6	11	70	48	63	POP
3)	Stranraer FC (Stranraer)	36	17	7	12	77	57	58*	POP
4)	Elgin City FC (Elgin)	36	16	9	11	68	60	57	PO
5)	Peterhead FC (Peterhead)	36	15	6	15	51	53	51	
6)	Annan Athletic FC (Annan)	36	13	10	13	53	53	49	
7)	Berwick Rangers FC (Berwick-upon-Tweed)	36	12	12	12	61	58	48	
8)	Montrose FC (Montrose)	36	11	5	20	58	75	38	
9)	Clyde FC (Cumbernauld)	36	8	11	17	35	50	35	
10)	East Stirlingshire FC (Falkirk)	36	6	6	24	38	88	24	
		360	140	80	140	581	581	500	

SCOTTISH CUP FINAL (Hampden Park, Glasgow – 19th May 2012 – 51,041)

Hibernian FC (Edinburgh)   1-5   HEART OF MIDLOTHIAN FC (EDINBURGH)
McPake 41'   *Barr 15', Skácel 27', 75', Grainger 48' (pen), McGowan 50'*

Hibernian: Brown, Doherty, Hanlon, McPake, Kujabi, Claros (Sproule 42'), Soares (Francomb 76'), Stevenson, Osbourne, O'Connor (Doyle 54'), Griffiths.

Hearts: MacDonald, McGowan, Webster, Zaliukas, Grainger, Santana (Beattie 76'), Black (Robinson 86'), Barr, Skacel, Driver (Taouil 84'), Elliott.

Semi-finals (14/04/2012 – 15/04/2012)

Aberdeen FC (Aberdeen)	1-2	Hibernian FC (Edinburgh)
Celtic FC (Glasgow)	1-2	Heart of Midlothian FC (Edinburgh)

2012/2013

Scottish Premier League 2012/2013 Season	Aberdeen	Celtic	Dundee	Dundee U.	Hearts	Hibernian	Inverness CT	Kilmarnock	Motherwell	Ross County	St. Johnstone	St. Mirren
Aberdeen FC (Aberdeen)	■	0-2 1-0	2-0	2-2 2-0	0-0 0-0 1-1	2-1	2-3 1-0	0-2 0-0	3-3 0-1	0-0	2-0	0-0 0-0
Celtic FC (Glasgow)	1-0 4-3	■	2-0 5-0	4-0 6-2	1-0 4-1	2-2 3-0	0-1 4-1	0-2 4-1	1-0	4-0 4-0	1-1	2-0
Dundee FC (Dundee)	1-3 1-1	0-2	■	0-3	1-0 1-0	3-1	1-4 1-1	0-0 2-3	1-2 0-3	0-1 0-2	1-3 2-2	0-2 2-1
Dundee United FC (Dundee)	1-1 1-0	2-2 0-4	3-0 1-1	■	0-3 3-1	3-0 2-2	4-4	3-3 1-3	1-2 1-1	0-0 0-1	1-1	3-4
Heart of Midlothian FC (Edinburgh)	2-0	0-4 1-0	0-1	2-1	■	0-0 1-2	2-2 2-3	1-3 0-3	1-0 1-2	2-2 4-2	2-0 2-0	1-0 3-0
Hibernian FC (Edinburgh)	0-1 0-0	1-0	3-0 1-0	2-1	1-1 0-0	■	2-2 1-2	2-1 2-2	2-3	0-1	2-0 1-3	2-1 3-3
Inverness Caledonian Thistle FC (Inverness)	1-1 3-0	2-4 1-3	4-1	4-0 0-0	1-1 1-2	3-0	■	1-1 1-1	1-5 4-3	3-1 2-1	1-1 0-0	2-2
Kilmarnock FC (Kilmarnock)	1-3 1-1	1-3	0-0 1-2	3-1 2-3	1-0 0-1	1-1 1-3	1-2	■	1-2 2-0	3-0	1-2	3-1 1-1 1-3
Motherwell FC (Motherwell)	4-1	0-2 2-1 3-1	1-1	0-1 0-1	0-0	0-4 4-1	4-1 3-0	2-2	■	3-2 2-0	1-1 3-2	1-1 2-2
Ross County FC (Dingwall)	2-1	1-1 3-2 1-1	1-1 1-0	1-2	2-2 1-0 1-1	3-2 1-0	0-0 0-1	0-0 3-0	0-0	■	1-2 1-0	0-0
St. Johnstone FC (Perth)	1-2 3-1	2-1 1-1	1-0	0-0 1-1	2-2	0-1 1-0	0-0 2-0	2-1 2-0	1-3 2-2	1-1	■	2-1 1-0
St. Mirren FC (Paisley)	1-4 0-0	0-5 1-1	3-1 1-2	0-1 0-0	2-0 2-0	1-2 0-1	2-2 2-1	1-2	2-1	5-4 1-4	1-1	■

	Scottish Premier League	Pd	Wn	Dw	Ls	GF	GA	Pts	
1.	CELTIC FC (GLASGOW)	38	24	7	7	92	35	79	
2.	Motherwell FC (Motherwell)	38	18	9	11	67	51	63	
3.	St. Johnstone FC (Perth)	38	14	14	10	45	44	56	
4.	Inverness Caledonian Thistle FC (Inverness)	38	13	15	10	64	60	54	
5.	Ross County FC (Dingwall)	38	13	14	11	47	48	53	
6.	Dundee United FC (Dundee)	38	11	14	13	51	62	47	
7.	Hibernian FC (Edinburgh)	38	13	12	13	49	52	51	
8.	Aberdeen FC (Aberdeen)	38	11	15	12	41	43	48	
9.	Kilmarnock FC (Kilmarnock)	38	11	12	15	52	53	45	
10.	Heart of Midlothian FC (Edinburgh)	38	11	11	16	40	49	44	
11.	St. Mirren FC (Paisley)	38	9	14	15	47	60	41	
12.	Dundee FC (Dundee)	38	7	9	22	28	66	30	R
		456	155	146	155	623	623	611	

Note: After 33 matches the league was split with the top 6 playing-off for the championship and the bottom 6 playing against relegation, each team played a further 5 games.

Top goalscorers 2012-2013

1.	Michael Higdon	Motherwell FC (Motherwell)	26
2.	Leigh Griffiths	Hibernian FC (Edinburgh)	23
	Billy McKay	Inverness Caledonian Thistle FC (Inverness)	23
4.	Niall McGinn	Aberdeen FC (Aberdeen)	20
5.	Gary Hooper	Celtic FC (Glasgow)	19

Scottish Football League Division 1 2012/2013 Season	Airdrie United	Cowdenbeath	Dumbarton	Dunfermline Ath.	Falkirk	Greenock Morton	Hamilton Acad.	Livingston	Partick Thistle	Raith Rovers
Airdrie United FC (Airdrie)	■	0-3	4-1	1-2	1-4	2-3	0-4	1-3	1-1	0-0
	■	1-1	1-2	3-3	0-1	0-4	2-2	0-2	1-2	1-2
Cowdenbeath FC (Cowdenbeath)	1-1	■	0-1	0-4	1-1	3-4	1-0	1-1	0-3	4-4
	3-2	■	2-3	4-2	4-1	1-1	1-1	2-2	1-2	1-1
Dumbarton FC (Dumbarton)	3-4	0-3	■	0-2	1-2	1-5	3-3	3-4	2-0	4-2
	4-1	2-2	■	0-1	0-2	0-3	3-1	0-3	0-0	1-2
Dunfermline Athletic FC (Dunfermline)	1-3	3-0	4-0	■	0-1	2-2	1-1	4-0	0-1	3-1
	1-2	1-0	3-4	■	0-2	1-4	2-3	0-1	0-4	1-0
Falkirk FC (Falkirk)	1-1	2-0	3-4	2-2	■	0-1	2-1	1-2	0-0	0-2
	4-3	4-0	1-3	1-0	■	4-1	0-2	2-0	0-2	1-1
Greenock Morton FC (Greenock)	2-0	1-0	3-0	4-2	1-2	■	0-1	2-2	3-1	1-0
	5-2	4-2	0-3	0-1	2-0	■	0-2	2-1	2-2	1-0
Hamilton Academical FC (Hamilton)	3-0	2-1	2-1	0-3	1-1	1-1	■	1-2	1-0	0-1
	5-0	1-3	2-3	1-2	1-1	2-1	■	1-1	0-2	2-0
Livingston FC (Livingston)	0-2	1-1	5-0	2-1	2-1	2-2	0-0	■	1-2	2-1
	4-1	3-0	2-3	2-2	1-2	0-2	0-3	■	2-2	2-3
Partick Thistle FC (Partick)	7-0	2-1	3-0	5-1	3-1	1-2	4-0	2-0	■	3-2
	1-0	2-1	3-0	3-3	4-1	1-0	1-0	6-1	■	0-0
Raith Rovers FC (Kirkcaldy)	2-0	2-2	2-2	1-3	2-1	3-3	2-0	0-0	1-1	■
	2-0	0-1	3-2	1-1	0-0	2-1	0-2	0-2	0-0	■

	SFL Division 1	Pd	Wn	Dw	Ls	GF	GA	Pts	
1.	Partick Thistle FC (Partick)	36	23	9	4	76	28	78	P
2.	Greenock Morton FC (Greenock)	36	20	7	9	73	47	67	
3.	Falkirk FC (Falkirk)	36	15	8	13	52	48	53	
4.	Livingston FC (Livingston)	36	14	10	12	58	56	52	
5.	Hamilton Academical FC (Hamilton)	36	14	9	13	52	45	51	
6.	Raith Rovers FC (Kirkcaldy)	36	11	13	12	45	48	46	
7.	Dumbarton FC (Dumbarton)	36	13	4	19	58	83	43	
8.	Cowdenbeath FC (Cowdenbeath)	36	8	12	16	51	65	36	
9.	Dunfermline Athletic FC (Dunfermline)	36	14	7	15	62	59	34	R-15
10.	Airdrie United FC (Airdrie)	36	5	7	24	41	89	22	R
		360	137	86	137	568	568	482	(-15)

Dunfermline Athletic FC (Dunfermline) had 15 points deducted after entering administration.

In June 2013, Airdrie United FC were renamed Airdrieonians FC.

Scottish Division 1/Scottish Division 2 Play-offs

Alloa Athletic FC (Alloa)	3-0, 0-1	Dunfermline Athletic FC (Dunfermline)
Forfar Athletic FC (Forfar)	3-1, 1-6	Dunfermline Athletic FC (Dunfermline)
Brechin City FC (Brechin)	0-2, 3-2	Alloa Athletic FC (Alloa)

Scottish Football League Division 2 2012/2013 Season	Albion Rovers	Alloa Athletic	Arbroath	Ayr United	Brechin City	East Fife	Forfar Athletic	Queen of the South	Stenhousemuir	Stranraer
Albion Rovers FC (Coatbridge)		0-3 1-5	4-0 0-1	2-0 1-3	1-2 3-1	0-3 1-1	2-3 1-2	0-3 0-1	4-4 4-3	2-1 2-3
Alloa Athletic FC (Alloa)	5-1 4-1		2-3 0-1	1-0 2-2	2-2 0-1	1-1 1-1	2-1 1-0	1-0 1-2	0-2 1-0	3-0 4-1
Arbroath FC (Arbroath)	2-1 2-1	1-2 0-1		4-2 1-4	3-1 0-1	2-0 1-0	1-1 3-1	2-3 1-1	2-2 0-0	2-1 1-0
Ayr United FC (Ayr)	2-1 5-2	0-0 0-2	2-0 0-1		3-0 1-2	2-3 2-1	2-3 2-1	2-4 1-5	1-1 1-2	2-1 2-1
Brechin City FC (Brechin)	1-0 2-0	1-3 3-2	3-2 2-0	2-1 2-1		2-1 6-0	4-1 3-4	0-3 0-6	7-2 1-2	3-0 2-2
East Fife FC (Methil)	1-2 2-0	0-1 2-1	2-1 0-1	2-3 3-3	2-2 0-3		3-0 1-2	0-0 2-3	3-2 1-2	0-1 1-1
Forfar Athletic FC (Forfar)	4-2 4-2	2-3 0-1	1-1 2-4	2-1 2-1	1-0 1-4	3-2 3-2		1-5 0-4	3-2 3-3	4-0 3-1
Queen of the South FC (Dumfries)	1-0 3-0	1-0 0-0	6-0 5-1	2-0 2-0	1-0 2-1	1-0 2-2	2-0 3-1		2-2 2-1	4-1 2-0
Stenhousemuir FC (Stenhousemuir)	1-0 0-1	0-2 1-1	2-2 1-0	1-1 4-0	3-1 3-3	3-0 2-1	0-4 2-0	1-3 2-1		0-0 1-2
Stranraer FC (Stranraer)	1-1 3-2	3-2 1-2	1-1 2-0	2-0 0-1	0-2 3-2	2-6 3-1	4-1 0-3	0-2 0-5	1-1 1-1	

	SFL Division 2	Pd	Wn	Dw	Ls	GF	GA	Pts	
1.	Queen of the South FC (Dumfries)	36	29	5	2	92	23	92	P
2.	Alloa Athletic FC (Alloa)	36	20	7	9	62	35	67	POP
3.	Brechin City FC (Brechin)	36	19	4	13	72	59	61	PO
4.	Forfar Athletic FC (Forfar)	36	17	3	16	67	74	54	PO
5.	Arbroath FC (Arbroath)	36	15	7	14	47	57	52	
6.	Stenhousemuir FC (Stenhousemuir)	36	12	13	11	59	59	49	
7.	Ayr United FC (Ayr)	36	12	5	19	53	65	41	
8.	Stranraer FC (Stranraer)	36	10	7	19	43	71	37	
9.	East Fife FC (Methil)	36	8	8	20	50	65	32	PO
10.	Albion Rovers FC (Coatbridge)	36	7	3	26	45	82	24	R
		360	149	62	149	590	590	509	

Scottish Division 2/Scottish Division 3 Play-offs

East Fife FC (Methil)	0-0, 1-0	Peterhead FC (Peterhead)
Berwick Rangers FC (Berwick-upon-Tweed)	1-1, 1-2	East Fife FC (Methil)
Queen's Park FC (Glasgow)	0-1, 1-3	Peterhead FC (Peterhead)

Scottish Football League Division 3 2012/2013 Season	Annan Athletic	Berwick Rangers	Clyde	East Stirlingshire	Elgin City	Montrose	Peterhead	Queen's Park	Rangers	Stirling Albion
Annan Athletic FC		3-2	1-3	5-2	2-0	2-1	2-1	2-3	0-0	5-2
(Annan)		2-2	0-1	1-2	2-2	1-1	0-0	2-0	1-3	0-1
Berwick Rangers FC	3-1		2-1	3-0	0-0	1-4	1-1	2-0	1-1	4-1
(Berwick-upon-Tweed)	0-2		3-3	2-0	2-1	4-0	0-2	4-1	1-3	1-0
Clyde FC	2-1	2-1		2-1	2-2	1-2	0-2	0-3	0-2	2-1
(Cumbernauld)	2-3	2-1		2-0	1-1	1-0	2-0	2-3	1-4	1-2
East Stirlingshire FC	2-2	0-1	3-0		1-4	2-2	2-1	0-2	2-6	3-1
(Falkirk)	1-2	0-3	3-0		3-2	1-2	2-4	0-2	2-4	1-1
Elgin City FC	2-2	3-1	2-1	3-4		6-1	2-0	0-4	2-6	3-1
(Elgin)	3-1	1-2	4-2	3-2		3-2	0-3	3-5	0-1	1-2
Montrose FC	0-0	3-1	2-3	3-1	2-2		2-0	1-1	2-4	3-2
(Montrose)	5-1	1-3	1-1	2-2	4-1		0-6	1-2	0-0	2-2
Peterhead FC	2-0	1-0	1-0	2-0	1-1	2-0		1-0	2-2	2-2
(Peterhead)	2-0	1-1	3-0	6-0	0-1	0-1		0-2	0-1	0-0
Queen's Park FC	2-2	1-1	1-0	1-2	1-1	2-2	0-0		0-1	2-1
(Glasgow)	2-2	2-1	4-1	5-1	0-1	1-2	0-3		1-4	2-2
Rangers FC	3-0	4-2	3-0	5-1	5-1	4-1	2-0	2-0		2-0
(Glasgow)	1-2	1-0	2-0	3-1	1-1	1-1	1-2	4-0		0-0
Stirling Albion FC	5-1	6-3	0-1	1-1	1-4	1-3	1-0	1-2	1-0	
(Stirling)	2-1	1-0	2-0	9-1	1-1	3-1	0-1	2-3	1-1	

	SFL Division 3	Pd	Wn	Dw	Ls	GF	GA	Pts	
1.	Rangers FC (Glasgow)	36	25	8	3	87	29	83	P
2.	Peterhead FC (Peterhead)	36	17	8	11	52	28	59	
3.	Queen's Park FC (Glasgow)	36	16	8	12	60	54	56	
4.	Berwick Rangers FC (Berwick-upon-Tweed)	36	14	7	15	59	55	49	
5.	Elgin City FC (Elgin)	36	13	10	13	67	69	49	
6.	Montrose FC (Montrose)	36	12	11	13	60	68	47	
7.	Stirling Albion FC (Stirling)	36	12	9	15	59	58	45	
8.	Annan Athletic FC (Annan)	36	11	10	15	54	65	43	
9.	Clyde FC (Cumbernauld)	36	12	4	20	42	66	40	
10.	East Stirlingshire FC (Falkirk)	36	8	5	23	49	97	29	
		360	140	80	140	589	589	500	

SCOTTISH CUP FINAL (Hampden Park, Glasgow – 26/05/2013 – 51,254)

Hibernian FC (Edinburgh)　　　　　　　　0-3　　　　　　　　CELTIC FC (GLASGOW)
　　　　　　　　　　　　　　　　　　　(H.T. 0-2)　　　　　　　　*Hooper 8', 31', Ledley 80'*

Hibernian: Williams, McGivern, Hanlon, Maybury, Forster, Claros, Taiwo, Harris, Thomson (Caldwell 76'), Griffiths (Stevenson 84'), Doyle (Handling 71').

Celtic: Forster, Izaguirre, Wilson, Mulgrew, Lustig, Brown (Ambrose 81'), Commons (Samaras 76'), Ledley, Forrest (McCourt 88'), Stokes, Hooper.

Semi-finals (13/04/2013 – 14/04/2013)

Dundee United FC (Dundee)	3-4 (aet)	Celtic FC (Glasgow)
Hibernian FC (Edinburgh)	4-3 (aet)	Falkirk FC (Falkirk)

2013/2014

SPFL Scottish Premiership 2013/2014 Season	Aberdeen	Celtic	Dundee United	Heart of Mid.	Hibernian	Inverness CT	Kilmarnock	Motherwell	Partick Thistle	Ross County	St. Johnstone	St. Mirren
Aberdeen FC (Aberdeen)		0-2	1-0	1-3	1-0	1-0	2-1	0-1	4-0	1-0	0-0	2-0
		2-1	1-1			0-1	2-1	0-1			1-0	
												1-1
Celtic FC (Glasgow)	3-1		1-1	2-0	1-0	2-2	4-0	2-0	1-0	2-1	2-1	1-0
	5-2		3-1		5-0		3-0			1-1	3-0	3-0
					6-0							
Dundee United FC (Dundee)	1-2	0-1		4-1	2-2	0-1	1-0	2-2	4-1	1-0	4-0	4-0
	1-3	0-2				2-1	3-2	3-1			0-1	3-2
						5-1						
Heart of Midlothian FC (Edinburgh)	2-1	1-3	0-0		1-0	0-2	0-4	0-1	0-2	2-2	0-2	0-2
	1-1	0-2	1-2		2-0		5-0		2-4	2-0		2-1
Hibernian FC (Edinburgh)	0-2	1-1	1-1	2-1		0-2	3-0	0-1	1-1	0-0	0-0	2-0
	0-2	0-4	1-3	1-2			0-1	3-3	1-1	2-1		2-3
Inverness Caledonian Thistle FC (Inverness)	3-4	0-1	1-1	2-0	3-0		2-1	2-0	1-2	1-2	1-0	3-0
	0-0		1-1	0-0	0-0			1-2	1-0		2-0	2-2
Kilmarnock FC (Kilmarnock)	0-1	2-5	1-4	2-0	1-2	1-2		0-2	2-1	2-0	0-0	2-1
		0-3		4-2	1-1	2-0			1-2	2-2	1-2	1-0
Motherwell FC (Motherwell)	1-3	0-5	0-4	2-1	1-0	2-0	2-1		1-0	3-1	4-0	3-0
	2-2	3-3		4-1		2-1	1-2		4-3	2-1	2-1	
Partick Thistle FC (Partick)	0-3	1-2	0-0	1-1	0-1	0-0	1-1	1-5		3-3	0-1	0-3
	3-1	1-5	1-1	2-4	3-1		1-1			2-3		1-1
Ross County FC (Dingwall)	1-0	1-4	2-4	2-1	0-2	0-3	1-2	1-2	1-3		1-0	3-0
	1-1		3-0	1-2	1-0	1-2	2-1		1-1			2-1
St. Johnstone FC (Perth)	0-2	0-1	3-0	1-0	1-2	4-0	3-1	2-0	1-1	4-0		2-0
		3-3	2-0	3-3	2-0	0-1		3-0	1-1	0-1		
St. Mirren FC (Paisley)	1-1	0-4	4-1	1-1	0-0	0-0	1-1	0-1	1-2	2-1	4-3	
	0-1			1-1	2-0		2-0	3-2	0-0	1-0	0-1	

	SPFL Scottish Premiership	**Pd**	**Wn**	**Dw**	**Ls**	**GF**	**GA**	**Pts**	
1.	CELTIC FC (GLASGOW)	38	31	6	1	102	25	99	
2.	Motherwell FC (Motherwell)	38	22	4	12	64	60	70	
3.	Aberdeen FC (Aberdeen)	38	20	8	10	53	38	68	
4.	Dundee United FC (Dundee)	38	16	10	12	65	50	58	
5.	Inverness Caledonian Thistle FC (Inverness)	38	16	9	13	44	44	57	
6.	St. Johnstone FC (Perth)	38	15	8	15	48	42	53	
7.	Ross County FC (Dingwall)	38	11	7	20	44	62	40	
8.	St. Mirren FC (Paisley)	38	10	9	19	39	58	39	
9.	Kilmarnock FC (Kilmarnock)	38	11	6	21	45	66	39	
10.	Partick Thistle FC (Partick)	38	8	14	16	46	65	38	
11.	Hibernian FC (Edinburgh)	38	8	11	19	31	51	35	R
12.	Heart of Midlothian FC (Edinburgh)	38	10	8	20	45	65	23	R-15
		456	178	100	178	626	626	619	(-15)

Heart of Midlothian FC (Edinburgh) had 15 points deducted after entering administration.

Note: After 33 matches the league was split with the top 6 playing-off for the championship and the bottom 6 playing against relegation, each team played a further 5 games.

Top goalscorers 2013/2014

1. Kris Commons   Celtic FC (Glasgow)   27
2. Kris Boyd   Kilmarnock FC (Kilmarnock)   22
    John Sutton   Motherwell FC (Motherwell)   22
4. Anthony Stokes   Celtic FC (Glasgow)   20
    Stevie May   St. Johnstone FC (Perth)   20
6. Billy McKay   Inverness Caledonian Thistle FC (Inverness)   18

Scottish Premiership/Scottish Championship Play-offs

Hamilton Academical FC (Hamilton)	0-2, 2-0 (aet)		Hibernian FC (Edinburgh)
	Hibernian FC won 4-3 on penalties.		

Queen of the South FC (Dumfries)	2-1, 1-3 (aet)		Falkirk FC (Falkirk)
Falkirk FC (Falkirk)	1-1, 0-1		Hamilton Academical FC (Hamilton)

SPFL Scottish Championship 2013/2014 Season	Alloa Athletic	Cowdenbeath	Dumbarton	Dundee	Falkirk	Greenock Morton	Hamilton Academical	Livingston	Queen of the South	Raith Rovers FC
Alloa Athletic FC (Alloa)	■	3-1	1-2	0-1	0-0	2-0	1-0	1-0	0-3	1-0
	■	0-1	1-5	0-3	3-0	2-0	0-3	0-3	0-1	0-1
Cowdenbeath FC (Cowdenbeath)	0-2	■	3-2	0-2	1-0	5-1	2-4	2-3	0-2	3-4
	2-2	■	2-4	2-0	0-2	3-0	1-1	4-0	1-1	1-0
Dumbarton FC (Dumbarton)	1-1	0-0	■	1-4	1-1	3-1	2-1	1-2	0-1	2-4
	4-1	5-1	■	0-1	2-1	2-0	4-1	2-2	0-3	3-3
Dundee FC (Dundee)	1-0	1-2	3-0	■	1-1	3-1	0-0	3-0	2-1	2-0
	1-1	4-0	2-1	■	0-1	2-0	1-0	0-1	1-0	0-0
Falkirk FC (Falkirk)	0-0	4-0	1-2	3-1	■	3-1	1-2	4-1	2-1	3-1
	3-1	5-0	2-0	2-0	■	1-1	0-0	1-1	1-0	2-1
Greenock Morton FC (Greenock)	0-2	2-0	2-0	1-2	0-2	■	1-1	1-5	0-2	1-1
	0-1	1-1	3-0	1-0	1-1	■	3-4	2-0	1-1	0-0
Hamilton Academical FC (Hamilton)	0-1	1-0	4-1	0-3	2-0	1-0	■	2-0	2-0	1-1
	2-1	3-4	3-3	1-1	3-1	10-2	■	2-0	3-1	3-2
Livingston FC (Livingston)	3-2	5-1	1-3	2-1	0-3	2-2	0-0	■	3-3	3-0
	2-0	1-0	1-2	0-2	0-1	0-1	1-1	■	1-2	2-0
Queen of the South FC (Dumfries)	0-0	1-1	1-2	4-3	2-0	2-0	0-1	2-2	■	0-1
	3-1	2-1	3-1	0-1	1-2	3-0	1-1	2-0	■	1-0
Raith Rovers FC (Kirkcaldy)	4-2	3-3	2-1	0-0	1-1	2-1	0-1	1-0	2-1	■
	1-1	1-2	1-3	0-2	2-4	2-1	2-4	2-4	3-2	■

SPFL Scottish Championship	Pd	Wn	Dw	Ls	GF	GA	Pts	
1. Dundee FC (Dundee)	36	21	6	9	54	26	69	P
2. Hamilton Academical FC (Hamilton)	36	19	10	7	68	41	67	POP
3. Falkirk FC (Falkirk)	36	19	9	8	59	33	66	PO
4. Queen of the South FC (Dumfries)	36	16	7	13	53	39	55	PO
5. Dumbarton FC (Dumbarton)	36	15	6	15	65	64	51	
6. Livingston FC (Livingston)	36	13	7	16	51	56	46	
7. Raith Rovers FC (Kirkcaldy)	36	11	9	16	48	61	42	
8. Alloa Athletic FC (Alloa)	36	11	7	18	34	51	40	
9. Cowdenbeath FC (Cowdenbeath)	36	11	7	18	50	72	40	PO
10. Greenock Morton FC (Greenock)	36	6	8	22	32	71	26	R
	360	142	76	142	514	514	502	

Scottish Championship/Scottish League One Play-offs

Cowdenbeath FC (Cowdenbeath)	1-1, 3-0	Dunfermline Athletic FC (Dunfermline)
Ayr United FC (Ayr)	1-2, 1-3	Cowdenbeath FC (Cowdenbeath)
Stranraer FC (Stranraer)	2-1, 0-3 (aet)	Dunfermline Athletic FC (Dunfermline)

SPFL Scottish League One 2013/2014 Season

	Airdrieonians	Arbroath	Ayr United	Brechin City	Dunfermline Athletic	East Fife	Forfar Athletic	Rangers	Stenhousemuir	Stranraer
Airdrieonians FC (Airdrie)	■	2-1 / 2-0	0-1 / 3-0	3-1 / 2-1	0-3 / 2-0	1-3 / 2-1	0-2 / 5-1	0-6 / 0-1	0-1 / 1-1	3-2 / 1-1
Arbroath FC (Arbroath)	3-2 / 0-1	■	0-3 / 2-3	2-1 / 0-1	0-3 / 1-2	2-2 / 2-1	3-0 / 2-3	0-3 / 1-2	3-4 / 2-1	1-2 / 4-2
Ayr United FC (Ayr)	2-2 / 3-0	2-0 / 2-1	■	2-2 / 1-3	2-4 / 1-1	2-0 / 4-1	2-0 / 2-3	0-2 / 0-2	4-3 / 2-3	3-6 / 5-0
Brechin City FC (Brechin)	4-3 / 1-1	3-1 / 2-4	1-1 / 2-1	■	1-1 / 3-2	2-0 / 3-0	2-1 / 1-5	3-4 / 1-2	0-1 / 1-3	1-1 / 1-3
Dunfermline Athletic FC (Dunfermline)	2-1 / 0-1	2-3 / 3-0	5-1 / 3-0	3-1 / 2-1	■	1-2 / 1-2	1-1 / 0-0	0-4 / 1-1	3-2 / 0-0	3-1 / 3-2
East Fife FC (Methil)	1-0 / 0-0	2-1 / 1-0	1-4 / 0-5	1-3 / 1-2	0-1 / 1-3	■	1-3 / 2-1	0-4 / 0-1	1-0 / 1-2	1-2 / 1-1
Forfar Athletic FC (Forfar)	3-3 / 1-1	1-1 / 0-2	0-1 / 4-2	2-0 / 1-1	4-0 / 2-4	2-0 / 1-2	■	0-1 / 0-2	1-2 / 3-0	1-2 / 1-0
Rangers FC (Glasgow)	2-0 / 3-0	5-1 / 3-2	3-0 / 2-1	4-1 / 2-1	3-1 / 2-0	5-0 / 2-0	6-1 / 3-0	■	8-0 / 3-3	1-1 / 3-0
Stenhousemuir FC (Stenhousemuir)	1-1 / 1-2	3-2 / 2-2	1-1 / 1-1	3-2 / 4-2	4-5 / 1-2	1-1 / 1-1	1-1 / 4-1	0-2 / 0-4	■	1-0 / 1-1
Stranraer FC (Stranraer)	3-1 / 1-1	3-2 / 1-1	1-1 / 4-0	3-0 / 1-2	1-2 / 3-1	2-0 / 2-0	0-4 / 3-1	0-3 / 0-2	1-0 / 1-1	■

	SPFL Scottish League One	Pd	Wn	Dw	Ls	GF	GA	Pts	
1.	Rangers FC (Glasgow)	36	33	3	0	106	18	102	P
2.	Dunfermline Athletic FC (Dunfermline)	36	19	6	11	68	54	63	PO
3.	Stranraer FC (Stranraer)	36	14	9	13	57	57	51	
4.	Ayr United FC (Ayr)	36	14	7	15	65	66	49	
5.	Stenhousemuir FC (Stenhousemuir)	36	12	12	12	57	66	48	
6.	Airdrieonians FC (Airdrie)	36	12	9	15	47	57	45	
7.	Forfar Athletic FC (Forfar)	36	12	7	17	55	62	43	
8.	Brechin City FC (Brechin)	36	12	6	18	57	71	42	
9.	East Fife FC (Methil)	36	9	5	22	31	69	32	POR
10.	Arbroath FC (Arbroath)	36	9	4	23	52	75	31	R
		360	146	68	146	595	595	506	

Scottish League One/Scottish League Two Play-offs

Stirling Albion FC (Stirling)	1-2, 2-0	East Fife FC (Methil)
Clyde FC (Cumbernauld)	1-0, 1-2 (aet)	East Fife FC (Methil)

Aggregate 2-2. East Fife FC (Methil) won 7-6 on penalties.

Stirling Albion FC (Stirling)	3-1, 5-3	Annan Athletic FC (Annan)

SPFL Scottish League Two 2013/2014 Season	Albion Rovers	Annan Athletic	Berwick Rangers	Clyde	East Stirlingshire	Elgin City	Montrose	Peterhead	Queen's Park	Stirling Albion
Albion Rovers FC (Coatbridge)		2-0 / 0-2	0-2 / 0-3	3-0 / 1-0	3-2 / 2-1	0-0 / 5-2	0-2 / 1-0	1-2 / 0-0	2-1 / 1-0	2-1 / 0-2
Annan Athletic FC (Annan)	1-1 / 2-0		3-2 / 4-0	1-2 / 0-1	1-2 / 2-3	2-1 / 2-0	2-1 / 1-0	2-0 / 2-1	3-2 / 1-1	4-4 / 1-2
Berwick Rangers FC (Berwick-upon-Tweed)	2-1 / 3-1	4-2 / 1-4		0-1 / 3-0	2-0 / 1-0	2-3 / 2-3	1-1 / 5-0	1-3 / 1-2	4-0 / 1-0	1-1 / 4-0
Clyde FC (Cumbernauld)	2-2 / 4-0	2-1 / 0-3	1-0 / 3-3		1-2 / 1-0	2-1 / 4-0	0-3 / 1-1	1-3 / 0-2	3-0 / 1-2	2-1 / 1-0
East Stirlingshire FC (Falkirk)	1-4 / 1-1	1-1 / 2-1	1-0 / 1-1	0-1 / 2-4		3-0 / 3-0	2-2 / 1-2	1-4 / 2-0	1-1 / 1-4	2-2 / 1-0
Elgin City FC (Elgin)	1-2 / 1-1	2-3 / 2-3	2-0 / 1-3	1-0 / 3-1	0-1 / 5-0		3-3 / 2-3	2-4 / 2-3	3-2 / 1-1	4-0 / 2-3
Montrose FC (Montrose)	2-1 / 2-1	0-2 / 2-1	1-1 / 0-0	0-2 / 0-2	2-0 / 2-0	3-3 / 0-3		2-1 / 2-3	1-2 / 1-0	1-2 / 0-0
Peterhead FC (Peterhead)	1-1 / 2-0	2-2 / 3-1	1-1 / 3-0	1-1 / 2-0	2-2 / 4-0	3-0 / 2-1	2-1 / 4-0		2-1 / 1-0	3-1 / 0-4
Queen's Park FC (Glasgow)	1-1 / 4-0	2-5 / 0-1	0-4 / 1-3	1-1 / 0-0	1-3 / 2-0	3-3 / 1-1	0-1 / 0-2	0-5		0-2 / 0-1
Stirling Albion FC (Stirling)	2-1 / 2-0	0-2 / 1-1	3-1 / 2-1	1-1 / 4-1	1-3 / 2-1	1-1 / 2-2	3-1 / 2-2	2-0 / 1-2	3-0 / 2-2	

SPFL Scottish League Two	Pd	Wn	Dw	Ls	GF	GA	Pts	
1. Peterhead FC (Peterhead)	36	23	7	6	74	38	76	P
2. Annan Athletic FC (Annan)	36	19	6	11	69	49	63	PO
3. Stirling Albion FC (Stirling)	36	16	10	10	60	50	58	POP
4. Clyde FC (Cumbernauld)	36	17	6	13	50	48	57	PO
5. Berwick Rangers FC (Berwick-upon-Tweed)	36	15	7	14	63	49	52	
6. Montrose FC (Montrose)	36	12	10	14	44	56	46	
7. Albion Rovers FC (Coatbridge)	36	12	8	16	41	54	44	
8. East Stirlingshire FC (Falkirk)	36	12	8	16	45	59	44	
9. Elgin City FC (Elgin)	36	9	9	18	62	73	36	
10. Queen's Park FC (Glasgow)	36	5	9	22	36	68	24	
	360	140	80	140	544	544	500	

SCOTTISH CUP FINAL (Hampden Park, Glasgow – 17/05/2014 – 47,345)

ST. JOHNSTONE FC (PERTH)   2-0   Dundee United FC (Dundee)
Anderson 45+1', MacLean 84'   *(H.T. 1-0)*

St. Johnstone: Mannus, Mackay, Wright, Anderson, Easton, Millar, Wotherspoon (McDonald 86'), Dunne, O'Halloran (Croft 73'), MacLean, May.

Dundee United: Cierzniak, Watson, Dillon, Gunning, Robertson, Paton (Graham 77'), Rankin, Dow, Armstrong, Mackay-Steven (Gauld 64'), Çiftçi.

Semi-finals (12/04/2014 – 13/04/2014)

Rangers FC (Glasgow)	1-3	Dundee United FC (Dundee)
St. Johnstone FC (Perth)	2-1	Aberdeen FC (Aberdeen)

2014/2015

Scottish Premiership 2014/2015 Season	Aberdeen	Celtic	Dundee	Dundee United	Hamilton Academical	Inverness Cal. Thistle	Kilmarnock	Motherwell	Partick Thistle	Ross County	St. Johnstone	St. Mirren
Aberdeen FC (Aberdeen)		1-2	3-3	0-3	3-0	3-2	1-0	1-0	2-0	3-0	2-0	2-2
		0-1		1-0		1-0		2-1	0-0	4-0	0-1	3-0
Celtic FC (Glasgow)	2-1		2-1	6-1	0-1	1-0	2-0	1-1	1-0	0-0	0-1	4-1
	4-0		5-0	3-0	4-0	5-0	4-1	4-0	2-0			
Dundee FC (Dundee)	2-3	1-1		1-4	2-0	1-2	1-1	4-1	1-1	1-1	1-1	1-3
	1-1	1-2		3-1	1-1	0-1	1-0		1-0		0-2	
	1-1											
Dundee United FC (Dundee)	0-2	2-1	6-2		2-2	1-1	3-1	1-0	1-0	2-1	2-0	3-0
	1-0	0-3	3-0		1-0			3-1	0-2	1-2	0-2	
Hamilton Academical FC (Hamilton)	3-0	0-2	2-1	2-3		0-2	0-0	5-0	3-3	4-0	1-0	3-0
	0-3					0-2	0-0	2-0	1-1	2-2	1-1	1-0
Inverness Caledonian Thistle FC (Inverness)	0-1	1-0	0-0	1-0	4-2		2-0	3-1	0-4	1-1	2-1	1-0
	1-2	1-1	1-1	2-1			3-3		1-1	2-0		
			3-0									
Kilmarnock FC (Kilmarnock)	0-2	0-2	1-3	2-0	1-0	1-2		2-0	3-0	0-3	0-1	2-1
	1-2			3-2	2-3			1-2	2-2	1-2		1-0
Motherwell FC (Motherwell)	0-2	0-1	1-3	1-0	0-4	0-2	1-1		1-0	2-2	0-1	1-0
		0-1		4-0	2-1	3-1			0-0	1-1	1-1	5-0
Partick Thistle FC (Partick)	0-1	0-3	1-1	2-2	1-2	3-1	1-1	3-1		4-0	0-0	1-2
					5-0	1-0	1-4	2-0		1-3	3-0	0-1
												3-0
Ross County FC (Dingwall)	0-1	0-5	2-1	2-3	0-1	1-3	1-2	1-2	1-0		1-2	1-2
		0-1	1-0		2-1		2-1	3-2	1-2		1-0	1-2
St. Johnstone FC (Perth)	1-0	0-3	0-1	2-1	0-1	1-0	1-2	2-1	2-0	2-1		1-2
	1-1	1-2	1-0	1-1		1-1	0-0			1-0		2-0
		0-0										
St. Mirren FC (Paisley)	0-2	1-2	0-1	0-3	0-2	1-2	0-1	0-1	2-2	0-1		
		0-2	1-2	1-1	1-0	1-2	4-1	2-1		0-3		

	SPFL Scottish Premiership	Pd	Wn	Dw	Ls	GF	GA	Pts	
1.	CELTIC FC (GLASGOW)	38	29	5	4	84	17	92	
2.	Aberdeen FC (Aberdeen)	38	23	6	9	57	33	75	
3.	Inverness Caledonian Thistle FC (Inverness)	38	19	8	11	52	42	65	
4.	St. Johnstone FC (Perth)	38	16	9	13	34	34	57	
5.	Dundee United FC (Dundee)	38	17	5	16	58	56	56	
6.	Dundee FC (Dundee)	38	11	12	15	46	57	45	
7.	Hamilton Academical FC (Hamilton)	38	15	8	15	50	53	53	
8.	Partick Thistle FC (Partick)	38	12	10	16	48	44	46	
9.	Ross County FC (Dingwall)	38	12	8	18	46	63	44	
10.	Kilmarnock FC (Kilmarnock)	38	11	8	19	44	59	41	
11.	Motherwell FC (Motherwell)	38	10	6	22	38	63	36	PO
12.	St. Mirren FC (Paisley)	38	9	3	26	30	66	30	R
		456	184	88	184	587	587	640	

Note: After 33 matches the league was split with the top 6 playing-off for the championship and the bottom 6 playing against relegation, each team played a further 5 games.

Top goalscorers 2014/2015

1.	Adam Rooney	Aberdeen FC (Aberdeen)	18
2.	Leigh Griffiths	Celtic FC (Glasgow)	14
	Nadir Çiftçi	Dundee United FC (Dundee)	14
4.	Greg Stewart	Dundee FC (Dundee)	13
5.	Anthony Andreu	Hamilton Academical FC (Hamilton)	12
	John Sutton	Motherwell FC (Motherwell)	12

Scottish Premiership/Scottish Championship Play-offs

Rangers FC (Glasgow)	1-3, 0-3	Motherwell FC (Motherwell)
Queen of the South FC (Dumfries)	1-2, 1-1	Rangers FC (Glasgow)
Rangers FC (Glasgow)	2-0, 0-1	Hibernian FC (Edinburgh)

SPFL Scottish Championship 2014/2015 Season	Alloa Athletic	Cowdenbeath	Dumbarton	Falkirk	Heart of Midlothian	Hibernian	Livingston	Queen of the South	Raith Rovers	Rangers
Alloa Athletic FC (Alloa)	■	2-3	0-1	2-3	0-1	2-1	1-0	1-1	0-1	1-1
	■	3-0	3-0	1-3	1-4	0-1	2-2	2-2	0-0	0-1
Cowdenbeath FC (Cowdenbeath)	0-3	■	1-3	2-2	0-2	1-2	1-0	2-1	1-3	0-3
	0-2	■	3-0	0-1	1-2	0-2	1-2	0-5	0-1	0-0
Dumbarton FC (Dumbarton)	3-1	0-0	■	0-3	0-0	3-6	1-0	0-4	2-1	0-3
	1-0	1-2	■	1-0	1-5	1-2	1-5	0-0	2-2	1-3
Falkirk FC (Falkirk)	2-1	6-0	1-1	■	1-2	1-0	0-0	1-1	0-1	0-2
	1-0	1-0	3-3	■	0-3	0-3	2-0	1-1	1-0	1-1
Heart of Midlothian FC (Edinburgh)	2-0	5-1	5-1	4-1	■	2-1	5-0	4-1	1-0	2-0
	3-0	10-0	4-0	2-3	■	1-1	1-0	2-0	2-1	2-2
Hibernian FC (Edinburgh)	2-0	3-2	0-0	0-1	1-1	■	2-1	0-0	1-1	4-0
	4-1	5-0	3-0	3-3	2-0	■	2-1	0-1	1-1	0-2
Livingston FC (Livingston)	4-0	2-1	1-2	0-1	0-1	0-4	■	2-2	0-1	0-1
	0-0	1-1	1-2	2-1	2-3	1-3	■	1-0	0-2	1-1
Queen of the South FC (Dumfries)	2-0	1-2	3-0	3-0	0-3	1-0	1-1	■	2-0	2-0
	1-0	4-1	2-1	1-0	1-2	0-2	3-1	■	2-1	3-0
Raith Rovers FC (Kirkcaldy)	1-1	2-1	3-1	0-0	0-4	1-3	1-5	3-4	■	0-4
	2-1	1-3	2-1	2-2	1-3	2-1	0-4	3-0	■	1-2
Rangers FC (Glasgow)	1-1	1-0	4-1	4-0	1-2	1-3	2-0	4-2	6-1	■
	2-2	4-1	3-1	2-2	2-1	0-2	1-1	1-1	4-0	■

	SPFL Scottish Championship	**Pd**	**Wn**	**Dw**	**Ls**	**GF**	**GA**	**Pts**	
1.	Heart of Midlothian FC (Edinburgh)	36	29	4	3	96	26	91	P
2.	Hibernian FC (Edinburgh)	36	21	7	8	70	32	70	PO
3.	Rangers FC (Glasgow)	36	19	10	7	69	39	67	PO
4.	Queen of the South FC (Dumfries)	36	17	9	10	58	41	60	PO
5.	Falkirk FC (Falkirk)	36	14	11	11	48	48	53	
6.	Raith Rovers FC (Kirkcaldy)	36	12	7	17	42	65	43	
7.	Dumbarton FC (Dumbarton)	36	9	7	20	36	79	34	
8.	Livingston FC (Livingston)	36	8	8	20	41	53	27	(-5)
9.	Alloa Athletic FC (Alloa)	36	6	9	21	34	56	27	PO
10.	Cowdenbeath FC (Cowdenbeath)	36	7	4	25	31	86	25	R
		360	142	76	142	525	525	497	(-5)

Livingston FC (Livingston) had 5 points deducted.

Scottish Championship/Scottish League One Play-offs

Forfar Athletic FC (Forfar)	3-1, 0-3	Alloa Athletic FC (Alloa)
Brechin City FC (Brechin)	0-2, 1-0	Alloa Athletic FC (Alloa)
Forfar Athletic FC (Forfar)	3-0, 1-1	Stranraer FC (Stranraer)

SPFL Scottish League One 2014/2015 Season	Airdrieonians	Ayr United	Brechin City	Dunfermline Athletic	Forfar Athletic	Greenock Morton	Peterhead	Stenhousemuir	Stirling Albion	Stranraer
Airdrieonians FC (Airdrie)		3-0	4-0	3-1	1-2	0-1	0-2	2-0	0-0	3-3
		2-0	1-1	3-2	3-1	2-1	1-3	2-1	4-1	1-1
Ayr United FC (Ayr)	2-3		0-2	0-1	2-0	1-0	3-3	2-3	2-2	0-2
	0-1		2-2	0-2	1-0	1-1	2-4	0-0	4-0	0-2
Brechin City FC (Brechin)	1-1	2-4		1-1	3-3	3-1	1-1	1-0	2-1	1-2
	0-0	2-1		3-0	2-3	1-1	2-2	2-1	2-1	1-3
Dunfermline Athletic FC (Dunfermline)	3-0	4-2	0-0		0-0	1-2	3-0	2-0	4-0	0-1
	2-2	2-1	0-1		1-3	0-4	1-1	3-2	1-1	1-0
Forfar Athletic FC (Forfar)	1-1	2-0	3-1	2-0		3-2	1-0	3-0	2-1	1-1
	2-0	1-3	0-2	1-0		1-2	3-1	1-0	4-0	1-0
Greenock Morton FC (Greenock)	2-1	0-1	2-2	2-1	2-0		0-1	3-1	2-0	4-0
	0-1	2-1	0-2	2-0	0-2		3-1	3-2	4-0	2-0
Peterhead FC (Peterhead)	1-1	2-0	1-1	1-1	3-2	1-2		1-0	1-1	1-4
	0-1	2-0	3-0	1-1	1-0	1-3		2-0	2-1	1-2
Stenhousemuir FC (Stenhousemuir)	1-0	1-1	0-2	1-0	0-2	2-1	1-2		4-5	2-2
	0-2	1-1	2-2	0-1	1-3	2-3	2-1		1-2	1-0
Stirling Albion FC (Stirling)	2-2	1-3	0-5	0-2	2-2	3-4	2-3	0-4		1-1
	0-2	1-4	0-1	2-2	0-1	0-2	2-1	3-2		0-1
Stranraer FC (Stranraer)	1-0	3-1	2-2	1-2	1-1	2-0	5-0	0-2	2-0	
	1-0	1-0	0-2	5-1	4-2	0-2	2-0	3-2	1-0	

	SPFL Scottish League One	**Pd**	**Wn**	**Dw**	**Ls**	**GF**	**GA**	**Pts**	
1.	Greenock Morton FC (Greenock)	36	22	3	11	65	40	69	P
2.	Stranraer FC (Stranraer)	36	20	7	9	59	38	67	PO
3.	Forfar Athletic FC (Forfar)	36	20	6	10	59	43	66	PO
4.	Brechin City FC (Brechin)	36	15	14	7	58	46	59	PO
5.	Airdrieonians FC (Airdrie)	36	16	10	10	53	39	58	
6.	Peterhead FC (Peterhead)	36	14	9	13	51	54	51	
7.	Dunfermline Athletic FC (Dunfermline)	36	13	9	14	46	48	48	
8.	Ayr United FC (Ayr)	36	9	7	20	45	60	34	
9.	Stenhousemuir FC (Stenhousemuir)	36	8	5	23	42	63	29	PO
10.	Stirling Albion FC (Stirling)	36	4	8	24	35	84	20	R
		360	141	78	141	513	515	501	

Scottish League One/Scottish League Two Play-offs

Queen's Park FC (Glasgow)	0-1, 1-1	Stenhousemuir FC (Stenhousemuir)
Arbroath FC (Arbroath)	2-2, 0-1 (aet)	Queen's Park FC (Glasgow)
East Fife FC (Methil)	1-1, 1-3 (aet)	Stenhousemuir FC (Stenhousemuir)

SPFL Scottish League Two 2014/2015 Season	Albion Rovers	Annan Athletic	Arbroath	Berwick R.	Clyde	East Fife	East Stirling.	Elgin City	Montrose	Queen's Park
Albion Rovers FC	■	2-1	2-1	2-1	2-2	2-0	1-2	3-0	0-0	1-0
(Coatbridge)	■	2-0	1-1	2-0	0-2	2-3	0-1	0-3	3-0	2-1
Annan Athletic FC	2-1	■	0-1	2-0	2-1	2-1	4-3	3-3	2-2	0-1
(Annan)	1-3	■	2-0	4-2	0-1	2-1	3-2	2-3	4-3	2-0
Arbroath FC	1-0	3-2	■	2-0	4-0	0-2	4-0	1-0	3-1	1-2
(Arbroath)	0-2	1-1	■	5-0	3-1	1-1	0-1	3-3	2-2	1-1
Berwick Rangers FC	1-1	2-0	1-2	■	4-0	2-3	5-0	1-1	2-2	0-0
(Berwick-upon-Tweed)	0-2	2-2	3-1	■	0-0	0-3	3-0	0-2	3-3	1-1
Clyde FC	0-1	1-1	2-5	3-3	■	3-1	0-1	2-1	1-2	0-2
(Cumbernauld)	2-3	1-0	1-1	0-3	■	1-0	1-1	0-2	2-0	2-0
East Fife FC	0-0	1-1	1-5	2-3	0-1	■	3-1	1-1	3-0	2-2
(Methil)	1-0	2-1	2-0	1-4	1-1	■	2-1	3-1	3-0	0-0
East Stirlingshire FC	1-4	0-1	2-3	0-2	1-0	1-1	■	2-1	4-0	1-3
(Falkirk)	1-5	1-3	1-0	0-4	1-2	2-0	■	1-0	0-1	3-1
Elgin City FC	0-4	0-0	1-1	2-0	1-0	1-0	0-1	■	0-1	1-4
(Elgin)	2-0	4-5	2-1	2-1	2-0	3-5	1-2	■	4-0	1-2
Montrose FC	0-2	2-0	1-5	2-1	0-3	0-4	4-1	2-3	■	1-2
(Montrose)	3-4	2-1	3-0	0-2	0-1	0-3	0-1	2-1	■	2-2
Queen's Park FC	0-1	0-0	0-2	2-0	1-2	3-0	3-0	2-1	2-0	■
(Glasgow)	0-1	2-0	2-1	2-1	1-1	1-0	1-1	1-1	4-1	■

	SPFL Scottish League Two	Pd	Wn	Dw	Ls	GF	GA	Pts	
1.	Albion Rovers FC (Coatbridge)	36	22	5	9	61	33	71	P
2.	Queen's Park FC (Glasgow)	36	17	10	9	51	34	61	PO
3.	Arbroath FC (Arbroath)	36	16	8	12	65	46	56	PO
4.	East Fife FC (Methil)	36	15	8	13	56	48	53	PO
5.	Annan Athletic FC (Annan)	36	14	8	14	56	56	50	
6.	Clyde FC (Cumbernauld)	36	13	8	15	40	50	47	
7.	Elgin City FC (Elgin)	36	12	9	15	55	58	45	
8.	Berwick Rangers FC (Berwick-upon-Tweed)	36	11	10	15	60	57	43	
9.	East Stirlingshire FC (Falkirk)	36	13	4	19	40	66	43	
10.	Montrose FC (Montrose)	36	9	6	21	42	78	33	PO
		360	142	76	142	526	526	502	

Pyramid Promotion/Relegation Play-offs

Promotion and relegation between the SPFL and tier 5 in Scottish football (the regionalised Highland League and Lowland League), took place for the first time this season. A semi-final was contested by the winners of the Highland League (Brora Rangers) and Lowland League (Edinburgh City). The winning club then played off against the bottom club in League Two, which was Montrose FC, to decide the club taking a place in League Two for the 2015-16 season. Had Montrose FC lost their League Two status, they would have dropped down to the next season's Highland League.

Brora Rangers FC (Brora)   1-0, 1-3   Montrose FC (Montrose)
   Aggregate 2-3. Montrose FC retained their SPFL status.

Edinburgh City FC (Edinburgh)   1-1, 1-1 (aet)   Brora Rangers FC (Brora)
   Aggregate 2-2. Brora Rangers FC won 4-2 on penalties.

SCOTTISH CUP FINAL   (Hampden Park, Glasgow – 30/05/2015 – 37,149)

INVERNESS CALEDONIAN THISTLE FC   2-1   Falkirk FC (Falkirk)
Watkins 38', Vincent 86'   *(H.T. 1-0)*   *Grant 80'*

Inverness Caledonian Thistle: Esson, Shinnie, Devine, Meekings, Tremarco, Tansey, Draper, Watkins (Ross 93'), Doran (Williams 78'), Christie (Vincent 72'), Ofere.

Falkirk: MacDonald, Duffie, McCracken, Grant, Leahy, Alston, Vaulks, Taiwo, Sibbald, Smith (Bia-Bi 63'), Loy (Morgan 95').

Semi-finals   (18/04/2015 – 19/04/2015)

Hibernian FC (Edinburgh)   0-1   Falkirk FC (Falkirk)
Inverness Caledonian Thistle FC (Inverness)   3-2 (aet)   Celtic FC (Glasgow)

2015/2016

SPFL Scottish Premiership 2015/2016 Season	Aberdeen	Celtic	Dundee	Dundee United	Hamilton Acad.	Heart of Midlothian	Inverness CT	Kilmarnock	Motherwell	Partick Thistle	Ross County	St. Johnstone
Aberdeen FC (Aberdeen)		2-1	2-0	2-0	1-0	1-0	2-2	2-0	1-1	0-0	3-1	1-5
		2-1	1-0		3-0	0-1		2-1	4-1		0-4	1-1
Celtic FC (Glasgow)	3-1		6-0	5-0	8-1	0-0	4-2	0-0	1-2	1-0	2-0	3-1
	3-2		0-0		3-1	3-0		7-0			2-0	3-1
											1-1	
Dundee FC (Dundee)	0-2	0-0		2-1	4-0	1-2	1-1	1-2	2-1	1-1	3-3	2-1
				2-1	0-1	0-1	1-1	1-1	2-2		5-2	2-0
Dundee United FC (Dundee)	0-1	1-3	2-2		1-2	0-1	1-1	1-2	0-3	0-1	1-0	1-2
	0-1	1-4	2-2		1-3	2-1	0-2	5-1		3-3		
Hamilton Academical FC (Hamilton)	1-1	1-2	1-1	4-0		3-2	3-4	0-1	1-0	0-0	1-3	2-4
		1-1	2-1	0-0		0-0	0-1	0-4	0-1	1-2		
Heart of Midlothian FC (Edinburgh)	1-3	2-2	1-1	3-2	2-0		2-0	1-1	2-0	3-0	2-0	4-3
	2-1	1-3					1-0	6-0	1-0	1-1	0-3
												2-2
Inverness Caledonian Thistle FC (Inverness)	2-1	1-3	1-1	2-2	0-2	2-0		2-1	0-1	0-0	2-0	0-1
	3-1		4-0	2-3	0-1	0-0		3-1	1-2	0-0		
Kilmarnock FC (Kilmarnock)	0-4	2-2	0-4	1-1	1-2	2-2	2-0		0-1	2-5	0-4	2-1
		0-1	0-0	2-4	0-1		2-1		0-2	0-2	3-0	
Motherwell FC (Motherwell)	1-2	0-1	3-1	0-2	3-3	2-2	1-3	1-0		2-1	1-1	2-0
	2-1	1-2		2-1		1-0		0-2		3-1	1-2	1-2
Partick Thistle FC (Partick)	0-2	0-2	0-1	3-0	1-1	0-4	2-1	2-2	1-0		1-0	2-0
	1-2	1-2	2-4	1-0	2-2		1-4	0-0				
			1-2									
Ross County FC (Dingwall)	2-0	1-4	5-2	2-1	2-0	1-2	1-2	3-2	3-0	1-0		2-3
	2-3		0-3	2-1	0-3	0-3		1-3	1-0			0-1
St. Johnstone FC (Perth)	3-4	0-3	1-1	2-1	4-1	0-0	1-1	2-1	2-1	1-2	1-1	
	3-0	2-1		0-1	0-0		1-0		2-1	1-2	1-1	

	SPFL Scottish Premiership	Pd	Wn	Dw	Ls	GF	GA	Pts	
1.	CELTIC FC (GLASGOW)	38	26	8	4	93	31	86	
2.	Aberdeen FC (Aberdeen)	38	22	5	11	62	48	71	
3.	Heart of Midlothian FC (Edinburgh)	38	18	11	9	59	40	65	
4.	St. Johnstone FC (Perth)	38	16	8	14	58	55	56	
5.	Motherwell FC (Motherwell)	38	15	5	18	47	63	50	
6.	Ross County FC (Dingwall)	38	14	6	18	55	61	48	
7.	Inverness Caledonian Thistle FC (Inverness)	38	14	10	14	54	48	52	
8.	Dundee FC (Dundee)	38	11	15	12	53	57	48	
9.	Partick Thistle FC (Partick)	38	12	10	16	41	50	46	
10.	Hamilton Academical FC (Hamilton)	38	11	10	17	42	63	43	
11.	Kilmarnock FC (Kilmarnock)	38	9	9	20	41	64	36	PO
12.	Dundee United FC (Dundee)	38	8	7	23	45	70	28	R-3
		456	176	104	176	650	650	629	(-3)

Dundee United FC (Dundee) had 3 points deducted three points after fielding an ineligible player in their win over Inverness Caledonian Thistle FC (Inverness) on 6th May 2016.

Note: After 33 matches the league was split with the top 6 playing-off for the championship and the bottom 6 playing against relegation, each team played a further 5 games.

Top goalscorers 2015/2016

1.	Leigh Griffiths	Celtic FC (Glasgow)	31
2.	Kane Hemmings	Dundee FC (Dundee)	21
3.	Adam Rooney	Aberdeen FC (Aberdeen)	20
4.	Louis Moult	Motherwell FC (Motherwell)	15
	Liam Boyce	Ross County FC (Dingwall)	15

Scottish Premiership/Scottish Championship Play-offs

Falkirk FC (Falkirk)	1-0, 0-4	Kilmarnock FC (Kilmarnock)
Raith Rovers FC (Kirkcaldy)	1-0, 0-2	Hibernian FC (Edinburgh)
Hibernian FC (Edinburgh)	2-2, 2-3	Falkirk FC (Falkirk)

SPFL Scottish Championship 2015/2016 Season	Alloa Athletic	Dumbarton	Falkirk	Greenock Morton	Hibernian	Livingston	Queen of the South	Raith Rovers	Rangers	St. Mirren
Alloa Athletic FC (Alloa)	■	0-2	1-1	0-1	0-1	0-3	1-2	0-1	1-5	0-2
	■	1-1	0-1	2-2	1-0	1-3	2-2	1-1	1-1	0-1
Dumbarton FC (Dumbarton)	0-2	■	0-5	1-2	2-1	2-1	0-2	3-3	1-2	1-0
	3-1	■	1-1	0-0	3-2	1-0	4-2	2-3	0-6	2-1
Falkirk FC (Falkirk)	5-0	2-1	■	1-0	0-1	2-0	0-0	1-0	2-1	3-0
	2-0	1-0	■	1-0	1-1	1-2	3-1	2-2	3-2	3-2
Greenock Morton FC (Greenock)	1-0	0-0	1-1	■	0-1	1-0	2-0	1-2	0-4	0-0
	4-1	2-0	0-1	■	0-0	2-1	3-2	0-1	0-2	0-1
Hibernian FC (Edinburgh)	3-0	4-2	1-1	1-0	■	2-1	1-0	2-0	2-1	1-1
	3-0	4-0	2-2	0-3	■	2-1	2-0	1-0	3-2	3-1
Livingston FC (Livingston)	0-1	1-1	1-2	2-4	0-1	■	0-1	3-0	1-1	0-1
	0-0	2-0	1-1	0-0	0-0	■	0-2	0-1	1-0	2-3
Queen of the South FC (Dumfries)	3-1	1-0	2-2	2-2	0-3	1-4	■	1-1	1-5	0-2
	1-0	6-0	2-2	1-0	1-0	3-1	■	1-2	0-1	1-0
Raith Rovers FC (Kirkcaldy)	3-0	1-0	1-2	2-1	1-2	3-0	1-0	■	0-1	1-1
	0-1	0-0	2-2	3-2	2-1	2-0	2-0	■	3-3	4-3
Rangers FC (Glasgow)	4-0	4-0	3-1	2-2	1-0	3-0	2-1	5-0	■	3-1
	1-1	1-0	1-0	3-1	4-2	4-1	4-3	2-0	■	1-0
St. Mirren FC (Paisley)	1-1	1-2	2-3	1-1	1-4	1-1	1-0	1-2	0-1	■
	3-1	1-0	0-0	3-1	2-2	1-4	2-1	1-2	2-2	■

	SPFL Scottish Championship	**Pd**	**Wn**	**Dw**	**Ls**	**GF**	**GA**	**Pts**	
1.	Rangers FC (Glasgow)	36	25	6	5	88	34	81	P
2.	Falkirk FC (Falkirk)	36	19	13	4	61	34	70	PO
3.	Hibernian FC (Edinburgh)	36	21	7	8	59	34	70	PO
4.	Raith Rovers FC (Kirkcaldy)	36	18	8	10	52	46	62	PO
5.	Greenock Morton FC (Greenock)	36	11	10	15	39	42	43	
6.	St. Mirren FC (Paisley)	36	11	9	16	44	53	42	
7.	Queen of the South FC (Dumfries)	36	12	6	18	46	56	42	
8.	Dumbarton FC (Dumbarton)	36	10	7	19	35	66	37	
9.	Livingston FC (Livingston)	36	8	7	21	37	51	31	POR
10.	Alloa Athletic FC (Alloa)	36	4	9	23	22	67	21	R
		360	139	82	139	483	483	499	

Scottish Championship/Scottish League One Play-offs

Stranraer FC (Stranraer)	1-1, 0-0 (aet)	Ayr United FC (Ayr)
	Ayr United FC won 3-1 on penalties.	
Peterhead FC (Peterhead)	1-4, 1-2	Ayr United FC (Ayr)
Stranraer FC (Stranraer)	5-2, 3-4 (aet)	Livingston FC (Livingston)

SPFL Scottish League One 2015/2016 Season	Airdrieonians	Albion Rovers	Ayr United	Brechin City	Cowdenbeath	Dunfermline Athletic	Forfar Athletic	Peterhead	Stenhousemuir	Stranraer
Airdrieonians FC		1-1	1-2	1-0	3-2	0-2	0-1	1-0	0-1	0-1
(Airdrie)		1-1	0-1	0-2	2-0	3-0	1-1	3-4	1-1	1-1
Albion Rovers FC	1-3		3-0	3-1	2-1	1-1	1-1	1-0	2-0	0-2
(Coatbridge)	1-2		1-3	4-1	0-0	0-1	3-2	1-1	1-1	0-1
Ayr United FC	3-0	1-0		2-1	5-0	1-2	2-2	1-1	5-2	3-1
(Ayr)	0-3	0-1		2-1	4-1	0-2	2-1	1-2	4-1	2-1
Brechin City FC	1-2	0-1	1-1		2-0	1-6	0-2	1-1	1-2	2-0
(Brechin)	3-3	2-1	1-0		2-2	1-2	4-0	5-1	1-0	1-0
Cowdenbeath FC	3-0	1-0	4-2	3-0		0-0	2-1	2-2	2-2	1-2
(Cowdenbeath)	1-3	1-2	1-0	2-1		0-1	1-4	2-3	1-3	0-2
Dunfermline Athletic FC	1-1	3-0	0-2	3-1	7-1		4-0	0-0	1-0	3-1
(Dunfermline)	0-1	1-1	3-2	3-1	2-1		2-2	1-0	5-0	6-1
Forfar Athletic FC	2-3	4-0	2-2	0-1	0-1	0-4		0-2	4-1	1-2
(Forfar)	0-2	1-0	3-1	1-2	1-1	2-4		2-0	0-1	1-1
Peterhead FC	2-0	1-1	3-0	2-3	7-0	2-1	2-2		2-2	1-1
(Peterhead)	1-0	5-1	0-4	4-1	0-1	0-0	3-2		4-1	0-0
Stenhousemuir FC	2-1	0-1	0-1	2-2	4-2	0-5	2-2	4-3		1-0
(Stenhousemuir)	3-2	1-3	0-4	0-0	2-3	0-3	2-1	1-4		1-5
Stranraer FC	1-3	0-1	1-2	1-0	0-3	0-3	0-0	0-4	1-2	
(Stranraer)	4-0	0-0	1-0	2-0	1-0	4-1	1-0	1-5	3-1	

	SPFL Scottish League One	Pd	Wn	Dw	Ls	GF	GA	Pts	
1.	Dunfermline Athletic FC (Dunfermline)	36	24	7	5	83	30	79	P
2.	Ayr United FC (Ayr)	36	19	4	13	65	47	61	POP
3.	Peterhead FC (Peterhead)	36	16	11	9	72	47	59	PO
4.	Stranraer FC (Stranraer)	36	15	6	15	43	49	51	PO
5.	Airdrieonians FC (Airdrie)	36	14	7	15	48	50	49	
6.	Albion Rovers FC (Coatbridge)	36	13	10	13	40	44	49	
7.	Brechin City FC (Brechin)	36	12	6	18	47	59	42	
8.	Stenhousemuir FC (Stenhousemuir)	36	11	7	18	46	80	40	
9.	Cowdenbeath FC (Cowdenbeath)	36	11	6	19	46	72	39	POR
10.	Forfar Athletic FC (Forfar)	36	8	10	18	48	60	34	R
		360	143	74	143	538	538	503	

Scottish League One/Scottish League Two Play-offs

Clyde FC (Cumbernauld)	1-3, 1-0	Queen's Park FC (Glasgow)
Clyde FC (Cumbernauld)	3-1, 2-0	Elgin City FC (Elgin)
Queen's Park FC (Glasgow)	2-0, 0-1	Cowdenbeath FC (Cowdenbeath)

SPFL Scottish League Two 2015/2016 Season	Annan Athletic	Arbroath	Berwick Rangers	Clyde	East Fife	East Stirlingshire	Elgin City	Montrose	Queen's Park	Stirling Albion
Annan Athletic FC (Annan)	■	2-2 / 4-1	1-0 / 1-0	2-3 / 3-3	2-0 / 2-4	3-1 / 1-3	1-1 / 4-2	3-2 / 3-3	3-1 / 1-0	1-1 / 2-2
Arbroath FC (Arbroath)	0-2 / 2-1	■	3-1 / 1-2	0-1 / 0-1	1-1 / 0-1	0-0 / 3-0	0-3 / 2-3	3-1 / 0-0	1-2 / 0-1	2-0 / 1-1
Berwick Rangers FC (Berwick-upon-Tweed)	0-2 / 3-2	2-2 / 3-0	■	0-5 / 3-0	1-1 / 2-0	2-1 / 2-2	2-3 / 2-0	2-1 / 1-0	1-0 / 1-1	1-2 / 1-0
Clyde FC (Cumbernauld)	4-2 / 2-1	0-2 / 1-2	1-1 / 2-1	■	2-0 / 0-0	3-1 / 0-1	4-2 / 1-0	3-1 / 3-3	0-2 / 0-1	0-1 / 3-1
East Fife FC (Methil)	0-1 / 4-2	0-1 / 2-1	5-0 / 1-0	1-0 / 2-0	■	5-3 / 1-1	2-1 / 0-2	1-1 / 3-0	0-2 / 1-1	1-1 / 1-0
East Stirlingshire FC (Falkirk)	3-1 / 0-1	0-4 / 0-3	0-4 / 0-0	0-3 / 2-4	1-0 / 1-3	■	2-0 / 0-3	3-1 / 2-4	2-1 / 0-3	2-3 / 3-2
Elgin City FC (Elgin)	3-2 / 2-2	2-0 / 4-1	4-1 / 1-0	1-1 / 1-0	4-2 / 1-3	4-0 / 2-0	■	2-0 / 1-1	0-0 / 1-1	1-0 / 2-1
Montrose FC (Montrose)	1-1 / 0-5	3-0 / 0-2	4-1 / 1-0	2-0 / 2-1	1-4 / 2-2	2-1 / 3-2	2-0 / 3-1	■	1-6 / 1-1	1-3 / 1-1
Queen's Park FC (Glasgow)	0-1 / 1-3	1-0 / 2-1	0-1 / 0-0	1-1 / 2-1	0-2 / 3-0	5-1 / 0-3	3-1 / 0-0	0-1 / 1-1	■	1-0 / 1-1
Stirling Albion FC (Stirling)	1-0 / 2-1	3-1 / 1-0	1-3 / 2-1	0-1 / 1-2	1-3 / 0-6	0-0 / 3-0	3-1 / 0-0	1-0 / 7-0	1-2 / 0-0	■

	SPFL Scottish League Two	Pd	Wn	Dw	Ls	GF	GA	Pts	
1.	East Fife FC (Methil)	36	18	8	10	62	41	62	P
2.	Elgin City FC (Elgin)	36	17	8	11	59	46	59	PO
3.	Clyde FC (Cumbernauld)	36	17	6	13	56	45	57	PO
4.	Queen's Park FC (Glasgow)	36	15	11	10	46	32	56	POP
5.	Annan Athletic FC (Annan)	36	16	8	12	69	57	56	
6.	Berwick Rangers FC (Berwick-upon-Tweed)	36	14	7	15	45	50	49	
7.	Stirling Albion FC (Stirling)	36	13	9	14	47	46	48	
8.	Montrose FC (Montrose)	36	11	10	15	50	70	43	
9.	Arbroath FC (Arbroath)	36	11	6	19	42	51	39	
10.	East Stirlingshire FC (Falkirk)	36	9	5	22	41	79	32	POR
		360	141	78	141	517	517	501	

Pyramid Promotion/Relegation Play-offs

Edinburgh City FC (Edinburgh)   1-1, 1-0   East Stirlingshire FC (Falkirk)
Edinburgh City FC won 2-1 on aggregate and were promoted into the SPFL League Two.
East Stirlingshire FC were relegated into the Lowland League

Cove Rangers FC (Aberdeen)   0-3, 1-1   Edinburgh City FC (Edinburgh)

SCOTTISH CUP FINAL   (Hampden Park, Glasgow – 21/05/2016 – 50,701)

RANGERS FC (GLASGOW)   2-3   Hibernian FC (Edinburgh)
Miller 27', Halliday 64'   *(H.T. 1-1)*   *Stokes 3', 80', Gray 90+2'*

Rangers: Foderingham, Tavernier, Kiernan, Wilson, Wallace, Zelalem (Shiels 63'), Halliday, Holt, McKay, Waghorn (Clark 75'), Miller.

Hibernian: Logan, Gray, McGregor, Hanlon (Gunnarsson 83'), Fontaine (Henderson 70'), Stevenson, Fyvie, McGeouch, McGinn, Stokes, Cummings (Keatings 65').

Semi-finals   (16/04/2016 – 17/04/2016)

Hibernian FC (Edinburgh)   0-0 (aet)   Dundee United FC (Dundee)
             (Hibernian FC won 4-2 on penalties)

Rangers FC (Glasgow)   2-2 (aet)   Celtic FC (Glasgow)
             (Rangers FC won 5-4 on penalties)

2016/2017

Scottish Premiership 2016/2017 Season	Aberdeen	Celtic	Dundee	Hamilton Acad.	Hearts	Inverness CT	Kilmarnock	Motherwell	Partick Thistle	Rangers	Ross County	St. Johnstone
Aberdeen FC (Aberdeen)	■	0-1 1-3	3-0	2-1 2-0	0-0 1-0	1-1	5-1 1-0	7-2 2-0	2-1 0-3	2-1 1-0	4-0	0-0 0-2
Celtic FC (Glasgow)	4-1 1-0	■	2-1 2-0	1-0 2-0	4-0	3-0 3-1	6-1 2-0	2-0 1-1	1-0 1-1	5-1	2-0	1-0 4-1
Dundee FC (Dundee)	1-3 0-7	0-1 1-2	■	1-1 0-2	3-2	2-1 0-2	1-1 1-1	2-0 0-1	0-2 2-1	1-2 1-1	0-0	3-0
Hamilton Academical FC (Hamilton)	1-0 1-0	0-3 4-0	0-1	■	3-3 3-0	1-1 1-1 0-2	1-2 0-1	1-1	1-1	1-2 1-1	1-0 1-1	1-1 1-0
Heart of Midlothian FC (Edinburgh)	0-1 1-2	1-2 0-5	2-0 1-0	3-1 4-0	■	5-1 1-1	4-0	3-0 2-2	1-1 4-1	2-0 0-1	0-0	2-1
Inverness Caledonian Thistle FC (Inverness)	1-3	2-2 0-4	3-1 2-2	1-1 2-1	3-3	■	1-1 1-1	1-2 3-2	0-0	0-1 2-1	2-3 1-1	2-1 0-3
Kilmarnock FC (Kilmarnock)	0-4 1-2	0-1 0-1	2-0	0-0 0-0	2-0 2-1	1-1	■	1-2 1-2	2-2 1-1	1-1 0-0	3-2 1-2	0-1
Motherwell FC (Motherwell)	1-3	3-4 1-5	0-0 0-0 2-3	4-2 0-3	1-3 4-2	0-3 3-1	0-0	■	2-0	0-2 0-1	4-1 1-2	1-2
Partick Thistle FC (Partick)	1-2 0-6	1-4 0-5	2-0	2-2 2-0	1-2 1-1	2-0	0-0 1-0	1-1	■	1-2 1-2	1-1 2-1	0-2 0-1
Rangers FC (Glasgow)	2-1 1-2	1-2 1-5	1-0	1-1 4-0	2-0 2-1	1-0	3-0 1-1	2-1 2-0	2-0	■	0-0 1-1	1-1 3-2
Ross County FC (Dingwall)	2-1 2-2	0-4 2-1	1-3 3-2	1-1	2-2 4-0	3-2 1-2	2-0 1-2	1-1	1-3	1-1	■	0-2 1-2
St. Johnstone FC (Perth)	0-0 1-2	2-4 2-5	2-1 2-0	3-0 1-0 1-0	1-0 0-2	3-0	0-1 1-0	1-1	1-2 1-2	2-4		■

	SPFL Scottish Premiership	Pd	Wn	Dw	Ls	GF	GA	Pts	
1.	CELTIC FC (GLASGOW)	38	34	4	0	106	25	106	
2.	Aberdeen FC (Aberdeen)	38	24	4	10	74	35	76	
3.	Rangers FC (Glasgow)	38	19	10	9	56	44	67	
4.	St. Johnstone FC (Perth)	38	17	7	14	50	46	58	
5.	Heart of Midlothian FC (Edinburgh)	38	12	10	16	55	52	46	
6.	Partick Thistle FC (Partick)	38	10	12	16	38	54	42	
7.	Ross County FC (Dingwall)	38	11	13	14	48	58	46	
8.	Kilmarnock FC (Kilmarnock)	38	9	14	15	36	56	41	
9.	Motherwell FC (Motherwell)	38	10	8	20	46	69	38	
10.	Dundee FC (Dundee)	38	10	7	21	38	62	37	
11.	Hamilton Academical FC (Hamilton)	38	7	14	17	37	56	35	PO
12.	Inverness Caledonian Thistle FC (Inverness)	38	7	13	18	44	71	34	R
		456	170	116	170	628	628	626	

Note: After 33 matches the league was split with the top 6 playing-off for the championship and the bottom 6 playing against relegation, each team played a further 5 games.

Top goalscorers 2016/2017

1.	Liam Boyce	Ross County FC (Dingwall)	23
2.	Scott Sinclair	Celtic FC (Glasgow)	21
3.	Moussa Dembélé	Celtic FC (Glasgow)	17
4.	Stuart Armstrong	Celtic FC (Glasgow)	15
	Louis Moult	Motherwell FC (Motherwell)	15
6.	Kris Doolan	Partick Thistle FC (Partick)	14

Scottish Premiership/Scottish Championship Play-offs

Dundee United FC (Dundee)	0-0, 0-1	Hamilton Academical FC (Hamilton)
Greenock Morton FC (Greenock)	1-2, 0-3	Dundee United FC (Dundee)
Dundee United FC (Dundee)	2-2, 2-1	Falkirk FC (Falkirk)

SPFL Scottish Championship 2016/2017 Season	Ayr United	Dumbarton	Dundee United	Dunfermline Athletic	Falkirk	Greenock Morton	Hibernian	Queen of the South	Raith Rovers	St. Mirren
Ayr United FC (Ayr)		4-4	0-1	0-0	0-1	2-1	0-3	1-0	0-2	1-1
		2-1	0-0	0-2	1-4	1-4	0-4	0-2	1-0	0-2
Dumbarton FC (Dumbarton)	0-3		1-0	2-2	2-1	0-2	0-1	0-0	0-0	1-1
	2-2		1-0	0-2	0-1	1-0	0-1	1-2	4-0	2-2
Dundee United FC (Dundee)	3-0	2-1		1-0	1-0	2-1	1-0	1-1	2-2	2-1
	2-1	2-2		1-0	1-1	1-1	0-1	3-3	3-0	3-2
Dunfermline Athletic FC (Dunfermline)	1-1	4-3	1-3		1-1	2-1	1-3	0-1	0-0	4-3
	0-1	5-1	1-1		1-2	3-1	1-1	1-1	1-0	1-1
Falkirk FC (Falkirk)	2-0	1-0	3-1	2-1		1-1	1-2	2-2	2-4	3-1
	1-1	2-2	3-0	2-0		0-1	1-2	2-2	1-0	2-2
Greenock Morton FC (Greenock)	2-1	1-1	0-0	2-1	1-1		1-1	1-0	1-0	3-1
	1-1	2-1	1-1	0-1	2-2		1-1	1-0	2-0	1-4
Hibernian FC (Edinburgh)	1-2	2-0	1-1	2-1	1-1	4-0		4-0	1-1	2-0
	1-1	2-2	3-0	2-2	2-1	0-0		3-0	3-2	1-1
Queen of the South FC (Dumfries)	4-1	1-2	1-4	2-2	2-0	0-5	0-0		3-1	2-3
	0-0	1-2	4-2	0-1	0-2	3-0	0-1		2-1	0-2
Raith Rovers FC (Kirkcaldy)	1-1	3-2	0-0	2-0	0-2	0-1	0-0	1-0		3-1
	2-1	1-3	2-1	0-2	1-4	2-0	1-1	1-1		2-0
St. Mirren FC (Paisley)	1-1	0-1	0-2	0-1	1-1	1-1	0-2	1-3	1-0	
	6-2	1-1	3-2	0-0	1-2	1-1	2-0	0-3	5-0	

	SPFL Scottish Championship	Pd	Wn	Dw	Ls	GF	GA	Pts	
1.	Hibernian FC (Edinburgh)	36	19	14	3	59	25	71	P
2.	Falkirk FC (Falkirk)	36	16	12	8	58	40	60	PO
3.	Dundee United FC (Dundee)	36	15	12	9	50	42	57	PO
4.	Greenock Morton FC (Greenock)	36	13	13	10	44	41	52	PO
5.	Dunfermline Athletic FC (Dunfermline)	36	12	12	12	46	43	48	
6.	Queen of the South FC (Dumfries)	36	11	10	15	46	52	43	
7.	St. Mirren FC (Paisley)	36	9	12	15	52	56	39	
8.	Dumbarton FC (Dumbarton)	36	9	12	15	46	56	39	
9.	Raith Rovers FC (Kirkcaldy)	36	10	9	17	35	52	39	POR
10.	Ayr United FC (Ayr)	36	7	12	17	33	62	33	R
		360	121	118	121	469	469	481	

Scottish Championship/Scottish League One Play-offs

Brechin City FC (Brechin)	1-0, 3-4 (aet)	Alloa Athletic FC (Alloa)

Brechin City FC won 5-4 on penalties.

Brechin City FC (Brechin)	1-1, 3-3 (aet)	Raith Rovers FC (Kirkcaldy)
Airdrieonians FC (Airdrie)	1-0, 0-1 (aet)	Alloa Athletic FC (Alloa)

Alloa Athletic FC won 4-3 on penalties.

SPFL Scottish League One 2016/2017 Season	Airdrieonians	Albion Rovers	Alloa Athletic	Brechin City	East Fife	Livingston	Peterhead	Queen's Park	Stenhousemuir	Stranraer
Airdrieonians FC (Airdrie)	■	0-2	2-1	1-0	1-1	2-4	1-3	4-1	0-5	1-0
	■	1-2	0-1	3-1	2-2	0-4	4-1	3-2	1-0	1-2
Albion Rovers FC (Coatbridge)	1-2	■	0-4	0-2	1-0	0-1	0-1	2-0	4-0	3-2
	3-4	■	1-1	1-0	0-1	0-2	0-0	1-1	1-1	3-0
Alloa Athletic FC (Alloa)	1-2	0-0	■	1-2	2-1	1-3	4-0	1-1	4-1	2-2
	2-1	1-1	■	6-1	3-0	2-2	0-1	2-2	2-1	1-0
Brechin City FC (Brechin)	3-2	1-2	0-1	■	0-1	0-3	2-1	0-0	2-1	2-0
	3-0	1-0	1-2	■	2-1	0-2	0-1	3-1	2-2	0-0
East Fife FC (Methil)	0-1	2-2	2-2	1-2	■	3-1	2-0	1-2	0-1	2-0
	0-4	2-0	0-0	3-2	■	2-1	1-2	0-0	1-0	0-0
Livingston FC (Livingston)	2-0	1-2	3-1	2-1	3-1	■	1-2	1-2	4-1	5-1
	4-2	3-0	2-1	3-0	0-1	■	4-1	4-0	1-0	0-0
Peterhead FC (Peterhead)	2-4	2-2	1-1	1-3	0-3	1-2	■	2-0	0-2	2-0
	1-1	1-1	3-2	0-1	1-1	2-3	■	4-0	0-1	2-2
Queen's Park FC (Glasgow)	1-3	2-1	1-2	2-0	1-0	1-0	0-0	■	0-3	0-2
	2-1	2-0	0-2	1-1	2-2	1-1	2-0	■	0-2	0-1
Stenhousemuir FC (Stenhousemuir)	2-2	1-0	2-2	1-3	0-1	0-4	2-2	1-2	■	0-5
	4-2	0-3	2-4	1-1	3-1	0-1	3-1	0-2	■	1-0
Stranraer FC (Stranraer)	1-2	3-2	2-5	0-1	1-1	1-2	1-0	0-2	3-1	■
	2-1	3-0	1-2	2-0	2-1	0-1	3-3	1-1	3-0	■

	SPFL Scottish League One	Pd	Wn	Dw	Ls	GF	GA	Pts	
1.	Livingston FC (Livingston)	36	26	3	7	80	32	81	P
2.	Alloa Athletic FC (Alloa)	36	17	11	8	69	44	62	PO
3.	Airdrieonians FC (Airdrie)	36	16	4	16	61	66	52	PO
4.	Brechin City FC (Brechin)	36	15	5	16	43	49	50	POP
5.	East Fife FC (Methil)	36	12	10	14	41	44	46	
6.	Queen's Park FC (Glasgow)	36	12	10	14	37	51	46	
7.	Stranraer FC (Stranraer)	36	12	8	16	46	50	44	
8.	Albion Rovers FC (Coatbridge)	36	11	9	16	41	48	42	
9.	Peterhead FC (Peterhead)	36	10	10	16	44	59	40	POR
10.	Stenhousemuir FC (Stenhousemuir)	36	11	6	19	45	64	39	R
		360	142	76	142	507	507	502	

Scottish League One/Scottish League Two Play-offs

Forfar Athletic FC (Forfar)	2-1, 5-1	Peterhead FC (Peterhead)
Montrose FC (Montrose)	1-1, 0-3	Peterhead FC (Peterhead)
Annan Athletic FC (Annan)	2-2, 2-4	Forfar Athletic FC (Forfar)

SPFL Scottish League Two 2016/2017 Season	Annan Athletic	Arbroath	Berwick Rangers	Clyde	Cowdenbeath	Edinburgh City	Elgin City	Forfar Athletic	Montrose	Stirling Albion
Annan Athletic FC (Annan)		1-2	3-1	3-2	2-0	1-1	1-0	1-2	2-3	3-2
		2-5	2-1	1-0	1-0	1-0	1-0	1-2	5-1	4-1
Arbroath FC (Arbroath)	1-1		1-1	4-0	0-0	0-1	3-2	2-0	0-0	5-3
	1-2		4-1	1-0	4-1	0-1	3-2	0-1	0-1	1-1
Berwick Rangers FC (Berwick-upon-Tweed)	2-0	1-1		1-1	1-1	1-3	2-4	1-2	1-2	3-2
	4-1	0-2		4-3	1-3	3-2	0-1	3-2	0-1	0-1
Clyde FC (Cumbernauld)	2-3	3-2	3-2		5-3	0-0	2-1	0-1	2-1	1-1
	2-1	1-2	1-1		0-2	3-1	3-2	2-2	1-2	2-3
Cowdenbeath FC (Cowdenbeath)	2-2	0-2	0-2	1-0		2-0	0-1	3-4	2-0	0-2
	0-1	1-2	0-1	1-0		1-2	1-1	1-1	0-2	0-2
Edinburgh City FC (Edinburgh)	1-0	3-3	1-2	0-1	1-1		1-2	2-3	0-1	2-0
	2-0	0-2	2-2	0-0	1-1		3-0	0-1	1-1	1-0
Elgin City FC (Elgin)	0-2	0-1	6-0	0-2	3-1	3-0		2-2	4-1	2-3
	3-2	0-0	2-2	4-1	0-0	3-1		1-1	1-1	2-2
Forfar Athletic FC (Forfar)	5-1	0-1	2-0	4-3	4-3	1-1	3-2		1-3	4-1
	2-4	1-1	2-3	3-0	3-1	1-2	1-1		0-0	1-1
Montrose FC (Montrose)	2-2	1-1	0-0	2-1	1-2	0-1	0-5	1-1		2-2
	2-3	1-3	2-1	1-1	2-1	3-0	0-3	1-0		1-3
Stirling Albion FC (Stirling)	3-1	2-2	0-0	1-1	1-2	1-1	0-4	0-3	2-0	
	1-0	1-1	2-2	3-0	0-3	1-0	1-0	0-3	1-2	

	SPFL Scottish League Two	Pd	Wn	Dw	Ls	GF	GA	Pts	
1.	Arbroath FC (Arbroath)	36	18	12	6	63	36	66	P
2.	Forfar Athletic FC (Forfar)	36	18	10	8	69	49	64	POP
3.	Annan Athletic FC (Annan)	36	18	4	14	61	58	58	PO
4.	Montrose FC (Montrose)	36	14	10	12	44	53	52	PO
5.	Elgin City FC (Elgin)	36	14	9	13	67	47	51	
6.	Stirling Albion FC (Stirling)	36	12	11	13	50	59	47	
7.	Edinburgh City FC (Edinburgh)	36	11	10	15	38	45	43	
8.	Berwick Rangers FC (Berwick-upon-Tweed)	36	10	10	16	50	65	40	
9.	Clyde FC (Cumbernauld)	36	10	8	18	49	64	38	
10.	Cowdenbeath FC (Cowdenbeath)	36	9	8	19	40	55	35	PO
		360	134	92	134	531	531	494	

Pyramid Promotion/Relegation Play-offs

East Kilbride FC (East Kilbride)   0-0, 1-1 (aet)   Cowdenbeath FC (Cowdenbeath)
     Aggregate 1-1. Cowdenbeath FC won 5-3 on penalties to retain their SPFL status.

Buckie Thistle FC (Buckie)   2-2, 1-2   East Kilbride FC (East Kilbride)

SCOTTISH CUP FINAL (Hampden Park, Glasgow – 27/05/2017 – 48,713)

CELTIC FC (GLASGOW)	2-1	Aberdeen FC (Aberdeen)
Armstrong 11', Rogic 90+2'	*(H.T. 1-1)*	*Hayes 9'*

Celtic: Gordon, Lustig, Šimunovic, Boyata, Tierney (Rogic 27'), McGregor, Brown, Armstrong, Roberts (Sviatchenko 90+4'), Griffiths, Sinclair.

Aberdeen: Lewis, Logan, Taylor, Reynolds, Considine, Shinnie, Jack (Wright 90+3'), McGinn (O'Connor 75'), McLean, Hayes, Stockley (Rooney 62').

Semi-finals (22/04/2017 – 23/04/2017)

Celtic FC (Glasgow)	2-0	Rangers FC (Glasgow)
Hibernian FC (Edinburgh)	2-3	Aberdeen FC (Aberdeen)

2017/2018

SPFL Scottish Premiership 2017/2018 Season	Aberdeen	Celtic	Dundee	Hamilton Academical	Heart of Midlothian	Hibernian	Kilmarnock	Motherwell	Partick Thistle	Rangers	Ross County	St. Johnstone
Aberdeen FC (Aberdeen)	■	0-3	2-1	2-0	0-0	4-1	1-1	0-2	1-0	1-2	2-1	3-0
	■	0-2	1-0	3-0	2-0	0-0	3-1		1-1		4-1	
Celtic FC (Glasgow)	3-0	■	1-0	3-1	4-1	2-2	1-1	5-1	2-0	0-0	4-0	1-1
	0-1	■	0-0	3-1	1-0	0-0			5-0	3-0	0-0	
Dundee FC (Dundee)	0-1	0-2	■	1-3	2-1	1-1	0-0	0-1	3-0	2-1	1-2	3-2
			■	1-0	1-1	0-1	0-1	0-1		1-4	0-4	2-1
Hamilton Academical FC (Hamilton)	2-2	1-4	3-0	■	1-2	1-1	1-2	1-2	0-0	1-4	3-2	0-1
		1-2	1-2	■	0-3		2-0	2-1	3-5	2-0	1-2	
Heart of Midlothian FC (Edinburgh)	0-0	4-0	2-0	1-1	■	0-0	1-2	1-0	1-1	1-3	0-0	1-0
	2-0	1-3			■	2-1	1-1	1-1	3-0			1-0
Hibernian FC (Edinburgh)	0-1	2-2	2-1	1-3	1-0	■	1-1	2-2	3-1	1-2	2-1	1-2
	2-0	2-1		3-1	2-0	■	5-3	2-1	2-0	5-5		
Kilmarnock FC (Kilmarnock)	1-3	0-2	1-1	2-2	0-1	0-3	■	1-0	5-1	2-1	0-2	1-2
	0-2	1-0	3-2	2-0	1-0	2-2	■			3-2	2-0	
Motherwell FC (Motherwell)	0-1	1-1	1-1	1-3	2-1	0-1	2-0	■	3-0	1-2	2-0	2-0
	0-2	0-0	2-1	3-0		0-1		■	1-1	2-2	2-0	1-5
Partick Thistle FC (Partick)	3-4	0-1	2-1	1-0	1-1	0-1	0-2	3-2	■	2-2	2-0	1-0
	0-0	1-2	1-2	2-1		0-1	0-1		■	0-2	1-1	
Rangers FC (Glasgow)	3-0	0-2	4-1	0-2	0-0	2-3	1-1	2-0	3-0	■	2-1	1-3
	2-0	2-3	4-0		2-0	1-2	0-1			■		
					2-1					■		
Ross County FC (Dingwall)	1-2	0-1	0-2	2-1	1-2	0-1	2-2	3-2	1-1	1-3	■	1-1
	2-4		0-1	2-2	1-1	1-1		0-0	4-0	1-2	■	
St. Johnstone FC (Perth)	0-3	0-4	0-2	2-1	0-0	1-1	1-2	4-1	1-0	0-3	0-0	■
			1-0		1-1		0-0	1-3	1-4	2-0		■
									1-1	1-1		■

	SPFL Scottish Premiership	Pd	Wn	Dw	Ls	GF	GA	Pts	
1.	CELTIC FC (GLASGOW)	38	24	10	4	73	25	82	
2.	Aberdeen FC (Aberdeen)	38	22	7	9	56	37	73	
3.	Rangers FC (Glasgow)	38	21	7	10	76	50	70	
4.	Hibernian FC (Edinburgh)	38	18	13	7	62	46	67	
5.	Kilmarnock FC (Kilmarnock)	38	16	11	11	49	47	59	
6.	Heart of Midlothian FC (Edinburgh)	38	12	13	13	39	39	49	
7.	Motherwell FC (Motherwell)	38	13	9	16	43	49	48	
8.	St. Johnstone FC (Perth)	38	12	10	16	42	53	46	
9.	Dundee FC (Dundee)	38	11	6	21	36	57	39	
10.	Hamilton Academical FC (Hamilton)	38	9	6	23	47	68	33	
11.	Partick Thistle FC (Partick)	38	8	9	21	31	61	33	POR
12.	Ross County FC (Dingwall)	38	6	11	21	40	62	29	R
		456	172	112	172	594	594	628	

Note: After 33 matches the league was split with the top 6 playing-off for the championship and the bottom 6 playing against relegation, each team played a further 5 games.

Top goalscorers 2017/2018

1.	Kris Boyd	Kilmarnock FC (Kilmarnock)	18
2.	Alfredo Morelos	Rangers FC (Glasgow)	14
3.	Josh Windass	Rangers FC (Glasgow)	13
4.	Ireland Kyle Lafferty	Heart of Midlothian FC (Edinburgh)	12
5.	Alex Schalk	Ross County FC (Dingwall)	11
6.	Scott Sinclair	Celtic FC (Glasgow)	10

Scottish Premiership/Scottish Championship Play-offs

Livingston FC (Livingston)	2-1, 1-0	Partick Thistle FC (Partick)
Dunfermline Athletic FC (Dunfermline)	0-0, 1-2	Dundee United FC (Dundee)
Dundee United FC (Dundee)	2-3, 1-1	Livingston FC (Livingston)

SPFL Scottish Championship 2017/2018 Season	Brechin City	Dumbarton	Dundee United	Dunfermline Athletic	Falkirk	Greenock Morton	Inverness Caledonian Thistle	Livingston	Queen of the South	St. Mirren
Brechin City FC (Brechin)	■	0-1 / 1-3	1-1 / 0-5	0-3 / 0-3	1-1 / 0-1	0-1 / 1-1	0-4 / 2-3	2-2 / 0-2	0-1 / 1-5	1-2 / 0-1
Dumbarton FC (Dumbarton)	2-1 / 1-0	■	0-2 / 3-2	0-4 / 0-1	0-0 / 2-5	0-0 / 0-1	2-1 / 0-1	1-4 / 0-3	2-2 / 0-1	0-2 / 0-2
Dundee United FC (Dundee)	1-0 / 4-1	1-1 / 2-0	■	2-1 / 1-1	3-0 / 1-0	2-1 / 0-3	0-2 / 1-1	3-0 / 2-0	2-1 / 2-3	2-1 / 1-0
Dunfermline Athletic FC (Dunfermline)	2-1 / 4-0	2-2 / 4-0	1-3 / 0-0	■	3-1 / 2-0	1-1 / 0-0	5-1 / 1-0	3-1 / 1-0	2-5 / 3-1	3-0 / 1-2
Falkirk FC (Falkirk)	3-1 / 3-0	1-1 / 0-0	0-0 / 6-1	1-1 / 1-2	■	0-3 / 3-1	0-0 / 3-1	0-2 / 1-3	1-4 / 3-2	0-0 / 1-0
Greenock Morton FC (Greenock)	4-1 / 2-0	1-1 / 3-2	0-2 / 1-1	3-2 / 2-1	0-1 / 0-1	■	1-0 / 0-3	0-1 / 0-1	1-2 / 0-1	4-1 / 1-1
Inverness Caledonian Thistle (Inverness)	4-0 / 4-0	1-0 / 5-1	0-1 / 1-0	1-0 / 2-2	4-1 / 1-0	1-1 / 0-2	■	1-3 / 1-1	0-0 / 3-1	0-2 / 2-2
Livingston FC (Livingston)	3-2 / 3-0	2-1 / 2-0	2-0 / 2-1	1-1 / 0-0	0-0 / 3-2	1-1 / 0-1	0-0 / ■	■	2-2 / 0-1	1-3 / 4-1
Queen of the South FC (Dumfries)	4-1 / 3-1	1-0 / 0-0	1-3 / 3-0	0-0 / 0-0	4-2 / 2-2	1-2 / 1-1	0-0 / 0-2	0-3 / 3-3	■	2-3 / 1-3
St. Mirren FC (Paisley)	2-1 / 1-0	0-1 / 5-0	3-0 / 2-0	1-0 / 2-0	3-1 / 1-2	2-2 / 2-1	4-2 / 1-0	3-1 / 0-0	3-1 / 2-0	■

	SPFL Scottish Championship	Pd	Wn	Dw	Ls	GF	GA	Pts	
1.	St. Mirren FC (Paisley)	36	23	5	8	63	36	74	P
2.	Livingston FC (Livingston)	36	17	11	8	56	37	62	POP
3.	Dundee United FC (Dundee)	36	18	7	11	52	42	61	PO
4.	Dunfermline Athletic FC (Dunfermline)	36	16	11	9	60	35	59	PO
5.	Inverness Caledonian Thistle FC (Inverness)	36	16	9	11	53	37	57	
6.	Queen of the South FC (Dumfries)	36	14	10	12	59	53	52	
7.	Greenock Morton FC (Greenock)	36	13	11	12	47	40	50	
8.	Falkirk FC (Falkirk)	36	12	11	13	45	49	47	
9.	Dumbarton FC (Dumbarton)	36	7	9	20	27	63	30	POR
10.	Brechin City FC (Brechin)	36	0	4	32	20	90	4	R
		360	136	88	136	482	482	496	

Scottish Championship/Scottish League One Play-offs

Alloa Athletic FC (Alloa)	0-1, 2-0 (aet)	Dumbarton FC (Dumbarton)
Arbroath FC (Arbroath)	1-2, 1-1	Dumbarton FC (Dumbarton)
Alloa Athletic FC (Alloa)	2-0, 2-1	Raith Rovers FC (Kirkcaldy)

SPFL Scottish League One 2017/2018 Season	Airdrieonians	Albion Rovers	Alloa Athletic	Arbroath	Ayr United	East Fife	Forfar Athletic	Queen's Park	Raith Rovers	Stranraer
Airdrieonians FC (Airdrie)	■	2-2	2-0	1-1	2-0	0-1	2-1	4-2	2-2	2-0
	■	2-0	2-2	0-0	1-2	0-0	1-2	2-1	1-2	2-1
Albion Rovers FC (Coatbridge)	1-2	■	0-2	1-2	1-5	3-2	3-4	0-1	2-1	0-4
	2-2	■	1-3	1-2	2-3	1-0	0-1	1-1	2-2	1-3
Alloa Athletic FC (Alloa)	1-0	2-5	■	5-3	1-2	4-1	2-1	1-0	1-1	1-0
	2-2	3-1	■	3-2	2-1	1-2	1-0	2-2	0-0	0-1
Arbroath FC (Arbroath)	7-1	1-4	1-1	■	1-4	2-3	2-1	2-0	1-2	1-2
	2-0	1-0	0-0	■	1-1	1-1	2-0	2-1	1-1	2-3
Ayr United FC (Ayr)	2-2	3-2	3-3	1-2	■	3-0	3-0	3-2	3-0	2-0
	3-0	2-0	1-2	1-2	■	3-0	2-3	4-0	3-0	1-2
East Fife FC (Methil)	6-1	5-4	1-0	3-1	1-4	■	3-0	0-1	0-5	1-1
	2-1	2-0	2-1	0-5	2-3	■	1-2	0-2	2-3	2-3
Forfar Athletic FC (Forfar)	2-1	0-2	0-2	0-5	0-5	2-0	■	0-3	1-1	1-1
	0-1	4-2	0-1	0-1	0-2	2-0	■	1-1	2-1	5-1
Queen's Park FC (Glasgow)	1-1	2-5	0-4	0-2	0-2	2-1	1-1	■	0-5	2-2
	0-0	2-2	1-2	3-0	1-4	2-3	2-2	■	1-3	2-2
Raith Rovers FC (Kirkcaldy)	2-0	3-1	2-1	2-0	2-1	1-0	3-1	2-0	■	3-0
	2-1	2-0	0-0	2-2	1-1	2-0	2-1	2-0	■	3-0
Stranraer FC (Stranraer)	3-1	2-2	2-0	2-6	3-4	1-0	3-0	3-0	1-0	■
	3-2	2-3	1-0	1-4	1-5	0-2	2-0	2-3	0-3	■

	SPFL Scottish League One	**Pd**	**Wn**	**Dw**	**Ls**	**GF**	**GA**	**Pts**	
1.	Ayr United FC (Ayr)	36	24	4	8	92	42	76	P
2.	Raith Rovers FC (Kirkcaldy)	36	22	9	5	68	32	75	PO
3.	Alloa Athletic FC (Alloa)	36	17	9	10	56	43	60	POP
4.	Arbroath FC (Arbroath)	36	17	8	11	70	51	59	PO
5.	Stranraer FC (Stranraer)	36	16	5	15	58	66	53	
6.	East Fife FC (Methil)	36	13	3	20	49	67	42	
7.	Airdrieonians FC (Airdrie)	36	10	11	15	46	60	41	
8.	Forfar Athletic FC (Forfar)	36	11	5	20	40	65	38	
9.	Queen's Park FC (Glasgow)	36	7	10	19	42	72	31	POR
10.	Albion Rovers FC (Coatbridge)	36	8	6	22	57	80	30	R
		360	145	70	145	578	578	505	

Scottish League One/Scottish League Two Play-offs

Stenhousemuir FC (Stenhousemuir)	2-0, 0-1	Peterhead FC (Peterhead)
Stenhousemuir FC (Stenhousemuir)	1-1, 2-1	Queen's Park FC (Glasgow)
Stirling Albion FC (Stirling)	0-1, 0-3	Peterhead FC (Peterhead)

SPFL Scottish League Two 2017/2018 Season	Annan Athletic	Berwick Rangers	Clyde	Cowdenbeath	Edinburgh City	Elgin City	Montrose	Peterhead	Stenhousemuir	Stirling Albion
Annan Athletic FC (Annan)		0-0	0-0	1-0	2-1	2-0	0-1	1-2	1-1	1-1
		0-0	1-1	1-1	2-3	4-1	0-1	3-3	2-0	3-1
Berwick Rangers FC (Berwick-upon-Tweed)	1-5		3-1	1-0	1-1	3-2	0-1	2-3	0-0	1-0
	0-2		0-1	1-0	1-1	2-2	2-2	1-3	2-2	0-1
Clyde FC (Cumbernauld)	2-1	0-0		1-1	2-3	2-4	0-0	1-4	1-1	1-1
	0-0	1-2		2-0	3-2	1-0	3-0	1-0	0-3	2-1
Cowdenbeath FC (Cowdenbeath)	1-1	0-1	0-3		1-0	1-3	1-3	0-4	1-1	0-3
	0-2	1-3	1-0		0-2	3-1	0-3	0-2	1-1	1-2
Edinburgh City FC (Edinburgh)	0-1	1-0	0-3	0-0		0-3	1-3	0-3	1-2	1-2
	3-2	3-0	1-3	1-1		4-0	0-2	0-0	1-4	2-2
Elgin City FC (Elgin)	0-1	5-1	3-2	1-1	1-1		3-0	0-2	2-0	0-2
	2-1	3-0	2-1	1-0	1-1		2-2	0-1	2-0	3-0
Montrose FC (Montrose)	1-1	3-0	3-2	1-0	1-0	3-0		2-6	1-1	1-3
	2-1	1-0	1-3	1-1	3-0	1-1		3-2	1-0	2-1
Peterhead FC (Peterhead)	1-0	0-2	2-1	3-2	3-0	3-0	1-1		2-3	2-4
	1-0	1-1	3-0	1-0	2-1	7-0	0-1		1-2	4-3
Stenhousemuir FC (Stenhousemuir)	1-3	3-0	1-1	1-0	3-0	4-1	0-1	3-1		2-3
	3-2	4-0	2-3	1-2	1-0	0-2	0-2	1-4		2-1
Stirling Albion FC (Stirling)	3-2	4-0	2-3	1-0	2-0	2-2	0-1	0-1	1-2	
	3-0	2-0	2-1	2-2	2-2	3-1	0-5	0-1	1-1	

SPFL Scottish League Two

		Pd	Wn	Dw	Ls	GF	GA	Pts	
1.	Montrose FC (Montrose)	36	23	8	5	60	35	77	P
2.	Peterhead FC (Peterhead)	36	24	4	8	79	39	76	PO
3.	Stirling Albion FC (Stirling)	36	16	7	13	61	52	55	PO
4.	Stenhousemuir FC (Stenhousemuir)	36	15	9	12	56	47	54	POP
5.	Clyde FC (Cumbernauld)	36	14	9	13	52	50	51	
6.	Elgin City FC (Elgin)	36	14	7	15	54	61	49	
7.	Annan Athletic FC (Annan)	36	12	11	13	49	41	47	
8.	Berwick Rangers FC (Berwick-upon-Tweed)	36	9	10	17	31	59	37	
9.	Edinburgh City FC (Edinburgh)	36	7	9	20	37	62	30	
10.	Cowdenbeath FC (Cowdenbeath)	36	4	10	22	23	56	22	PO
		360	138	84	138	502	502	498	

Pyramid Promotion/Relegation Play-offs

Cove Rangers FC (Aberdeen)   0-0, 2-3   Cowdenbeath FC (Cowdenbeath)
         Cowdenbeath FC won 3-2 on aggregate to retain their SPFL status.

Cove Rangers FC (Aberdeen)   4-0, 1-2   Spartans FC (Edinburgh)

SCOTTISH CUP FINAL   (Hampden Park, Glasgow – 19/05/2018 – 49,967)

CELTIC FC (GLASGOW)   2-0   Motherwell FC (Motherwell)
McGregor 11', Ntcham 25'   *(H.T. 2-0)*

Celtic: Gordon, Lustig, Boyata, Ajer (Šimunovic 76'), Tierney, Brown, Ntcham, Forrest (Sinclair 90'), Rogic (Armstrong 72'), McGregor, Dembélé.

Motherwell: Carson, Kipré, Aldred, Dunne, Cadden, Campbell (Frear 78'), McHugh (Bigirimana 56'), Grimshaw, Tait, Main, Bowman.

Semi-finals   (14/04/2018 – 15/04/2018)

Celtic FC (Glasgow)	4-0	Rangers FC (Glasgow)
Motherwell FC (Motherwell)	3-0	Aberdeen FC (Aberdeen)

2018/2019

SPFL Scottish Premiership 2018/2019 Season	Aberdeen	Celtic	Dundee	Hamilton Acad.	Hearts	Hibernian	Kilmarnock	Livingston	Motherwell	Rangers	St. Johnstone	St. Mirren
Aberdeen FC (Aberdeen)		3-4	5-1	3-0	2-0	1-0	0-2	3-2	1-0	1-1	0-2	4-1
		0-3		0-2	2-1		0-0	1-1	3-1	2-4		2-2
Celtic FC (Glasgow)	1-0		3-0	1-0	5-0	4-2	5-1	3-1	3-0	1-0	2-0	4-0
	0-0			3-0	2-1	2-0	1-0	0-0	4-1	2-1		
Dundee FC (Dundee)	0-1	0-5		4-0	0-3	0-3	1-2	0-0	1-3	1-1	0-2	1-1
	0-2	0-1		0-1	0-1	2-4	2-2		0-1			2-3
Hamilton Academical FC (Hamilton)	0-3	0-3	0-2		1-4	0-1	1-1	1-0	1-2	1-4	1-2	3-0
			1-1		1-0			3-3	1-1	0-5	2-1	1-1
											2-0	
Heart of Midlothian FC (Edinburgh)	2-1	1-0	1-2	2-0		0-0	0-1	0-0	1-0	1-2	2-1	4-1
	2-1	1-2				1-2	0-1	0-0		1-3	2-0	1-1
Hibernian FC (Edinburgh)	1-1	2-0	2-2	6-0	0-1		3-2	1-1	3-0	0-0	0-1	2-2
	1-2			2-0			0-0		2-0	1-1		
	1-2	0-0			1-1							
Kilmarnock FC (Kilmarnock)	1-2	2-1	3-1	1-1	0-1	3-0		2-0	3-1	2-1	2-0	2-1
	0-1	0-1		5-0	1-2	1-0		0-0	2-1	2-0		
Livingston FC (Livingston)	1-2	0-0	4-0	1-0	5-0	2-1	0-0		2-0	1-0	0-1	3-1
		1-2	2-0		1-2	1-0			0-3	3-1		
			0-1									1-3
Motherwell FC (Motherwell)	3-0	1-1	1-0	0-1	0-1	1-0	0-1	1-1		3-3	0-1	0-1
		4-3	3-0	2-1		3-0		0-3		3-0		1-1
								3-2				
Rangers FC (Glasgow)	0-1	1-0	4-0	1-0	3-1	1-1	1-1	3-0	7-1		5-1	2-0
	2-0	2-0	4-0		3-0	1-0	1-1				0-0	4-0
St. Johnstone FC (Perth)	1-1	0-6	1-0	4-0	2-2	1-1	0-0	1-0	1-2	1-2		2-0
	0-2	0-2	2-0			1-2						1-0
			2-0					1-1	2-0			
St. Mirren FC (Paisley)	1-2	0-0	2-1	1-3	2-0	0-1	1-2	0-2	0-2	0-2	0-1	
		0-2	2-1	2-0		1-3	0-1	1-0	1-2		1-1	

	SPFL Scottish Premiership	Pd	Wn	Dw	Ls	GF	GA	Pts	
1.	CELTIC FC (GLASGOW)	38	27	6	5	77	20	87	
2.	Rangers FC (Glasgow)	38	23	9	6	82	27	78	
3.	Kilmarnock FC (Kilmarnock)	38	19	10	9	50	31	67	
4.	Aberdeen FC (Aberdeen)	38	20	7	11	57	44	67	
5.	Hibernian FC (Edinburgh)	38	14	12	12	51	39	54	
6.	Heart of Midlothian FC (Edinburgh)	38	15	6	17	42	50	51	
7.	St. Johnstone FC (Perth)	38	15	7	16	38	48	52	
8.	Motherwell FC (Motherwell)	38	15	6	17	46	56	51	
9.	Livingston FC (Livingston)	38	11	11	16	42	44	44	
10.	Hamilton Academical FC (Hamilton)	38	9	6	23	28	75	33	
11.	St. Mirren FC (Paisley)	38	8	8	22	34	66	32	PO
12.	Dundee FC (Dundee)	38	5	6	27	31	78	21	R
		456	181	94	181	578	578	63	

Note: After 33 matches the league was split with the top 6 playing-off for the championship and the bottom 6 playing against relegation, each team played a further 5 games.

Top goalscorers 2018/2019

1.	Alfredo Morelos	Rangers FC (Glasgow)	18
2.	Sam Cosgrove	Aberdeen FC (Aberdeen)	17
3.	Odsonne Édouard	Celtic FC (Glasgow)	15
	David Turnbull	Motherwell FC (Motherwell)	15
5.	James Tavernier	Rangers FC (Glasgow)	14

Scottish Premiership/Scottish Championship Play-offs

Dundee United FC (Dundee)　　　　　　0-0, 1-1 (aet)　　　　　　St. Mirren FC (Paisley)
　　　　　　Aggregate 1-1. St. Mirren FC won 2-0 on penalties.

Ayr United FC (Ayr)　　　　　　　　　　1-3, 1-1　　Inverness Caledonian Thistle FC (Inverness)
Inverness Caledonian Thistle FC (Inverness)　0-1, 0-3　　　　　　Dundee United FC (Dundee)

SPFL Scottish Championship 2018/2019 Season	Alloa Athletic	Ayr United	Dundee United	Dunfermline Athletic	Falkirk	Greenock Morton	Inverness Caledonian Thistle	Partick Thistle	Queen of the South	Ross County
Alloa Athletic FC (Alloa)	■	0-2	1-1	0-1	0-2	0-2	0-0	1-0	2-0	0-1
		1-3	2-1	0-1	1-2	2-1	1-2	0-2	1-0	1-0
Ayr United FC (Ayr)	3-0	■	2-0	4-1	3-2	0-0	2-3	2-0	1-1	3-3
	1-1		1-0	0-1	0-1	1-1	0-1	0-1	1-0	1-3
Dundee United FC (Dundee)	4-2	0-5	■	2-3	2-1	1-1	1-1	3-1	2-0	1-5
	2-1	2-1		1-0	2-0	2-1	1-0	1-1	1-2	1-0
Dunfermline Athletic FC (Dunfermline)	0-0	0-0	0-2	■	0-1	3-0	0-3	1-0	0-1	1-3
	2-2	0-1	0-1		0-1	1-0	3-0	1-0	1-2	
Falkirk FC (Falkirk)	2-2	0-1	0-2	0-2	■	0-0	0-1	1-1	0-3	1-1
	1-2	2-0	1-1	2-4		0-2	2-2	1-1	3-0	3-2
Greenock Morton FC (Greenock)	0-2	1-5	1-1	1-1	1-0	■	1-2	5-1	2-2	2-1
	1-2	0-0	1-0	0-0	1-1		2-2	0-3	1-0	1-0
Inverness Caledonian Thistle FC (Inverness)	2-2	0-0	1-1	2-2	2-3	1-1	■	3-2	0-0	2-2
	3-2	1-0	0-2	1-0	0-0	1-0		1-2	1-2	1-2
Partick Thistle FC (Partick)	2-2	0-1	1-2	2-0	2-1	1-0	0-1	■	3-2	0-2
	2-1	1-2	2-1	2-2	1-1	1-2	1-2		2-1	2-4
Queen of the South FC (Dumfries)	3-3	5-0	1-2	0-0	2-0	1-2	3-3	1-0	■	0-0
	1-2	1-1	0-1	2-1	1-1	1-1	0-2	0-3		4-0
Ross County FC (Dingwall)	1-0	2-1	0-1	2-1	2-0	5-0	0-0	2-0	1-1	■
	2-0	3-2	1-1	1-0	2-1	2-0	2-1	0-0	4-0	

	SPFL Scottish Championship	**Pd**	**Wn**	**Dw**	**Ls**	**GF**	**GA**	**Pts**	
1.	Ross County FC (Dingwall)	36	21	8	7	63	34	71	P
2.	Dundee United FC (Dundee)	36	19	8	9	49	40	65	PO
3.	Inverness Caledonian Thistle FC (Inverness)	36	14	14	8	48	40	56	PO
4.	Ayr United FC (Ayr)	36	15	9	12	50	38	54	PO
5.	Greenock Morton FC (Greenock)	36	11	13	12	36	45	46	
6.	Partick Thistle FC (Partick)	36	12	7	17	43	52	43	
7.	Dunfermline Athletic FC (Dunfermline)	36	11	8	17	33	40	41	
8.	Alloa Athletic FC (Alloa)	36	10	9	17	39	53	39	
9.	Queen of the South FC (Dumfries)	36	9	11	16	41	48	38	PO
10.	Falkirk FC (Falkirk) (R)	36	9	11	16	37	49	38	R
		360	131	98	131	439	439	491	

Scottish Championship/Scottish League One Play-offs

Raith Rovers FC (Kirkcaldy)	1-3, 0-0	Queen of the South FC (Dumfries)
Montrose FC (Montrose)	2-1, 0-5	Queen of the South FC (Dumfries)
Raith Rovers FC (Kirkcaldy)	2-1, 1-1	Forfar Athletic FC (Forfar)

SPFL Scottish League One 2018/2019 Season	Airdrieonians	Arbroath	Brechin City	Dumbarton	East Fife	Forfar Athletic	Montrose	Raith Rovers	Stenhousemuir	Stranraer
Airdrieonians FC (Airdrie)		0-1 / 3-0	1-3 / 0-1	1-1 / 2-2	4-2 / 0-0	0-1 / 1-0	0-1 / 1-0	3-4 / 1-1	0-1 / 0-1	2-0 / 3-0
Arbroath FC (Arbroath)	3-1 / 3-2		2-2 / 1-0	3-1 / 1-1	1-0 / 2-1	3-1 / 0-2	2-0 / 1-0	0-2 / 2-2	5-2 / 0-2	3-1 / 1-1
Brechin City FC (Brechin)	0-1 / 0-3	1-5 / 1-1		3-2 / 1-0	1-0 / 0-0	4-0 / 2-2	1-3 / 0-3	1-1 / 2-1	1-2 / 1-1	1-1 / 1-2
Dumbarton FC (Dumbarton)	1-1 / 3-3	1-1 / 2-0	4-1 / 2-1		4-0 / 3-0	0-2 / 2-3	2-1 / 1-1	1-5 / 2-2	2-1 / 1-2	0-1 / 2-1
East Fife FC (Methil)	2-1 / 1-2	0-3 / 1-1	3-1 / 0-2	0-2 / 3-4		1-0 / 2-3	0-2 / 0-2	2-1 / 1-2	2-0 / 1-1	3-3 / 3-1
Forfar Athletic FC (Forfar)	1-3 / 2-0	2-3 / 2-1	1-1 / 2-0	3-0 / 0-0	0-4 / 3-0		2-1 / 1-0	3-2 / 2-1	2-0 / 2-1	0-0 / 2-1
Montrose FC (Montrose)	0-3 / 2-1	0-4 / 1-1	2-1 / 5-2	1-0 / 1-3	0-2 / 0-2	2-2 / 2-0		3-2 / 1-1	3-1 / 2-0	1-1 / 3-1
Raith Rovers FC (Kirkcaldy)	2-0 / 1-0	1-1 / 0-1	2-1 / 3-2	4-2 / 4-1	2-2 / 1-2	4-0 / 1-1	1-1 / 4-1		2-0 / 5-1	2-1 / 2-3
Stenhousemuir FC (Stenhousemuir)	1-2 / 1-0	1-2 / 1-4	1-0 / 2-2	2-1 / 2-2	0-2 / 1-1	1-2 / 0-3	3-2 / 1-0	1-3 / 1-1		0-2 / 0-1
Stranraer FC (Stranraer)	1-2 / 1-4	0-1 / 0-0	0-2 / 3-0	3-2 / 0-3	0-2 / 3-4	2-1 / 2-1	2-0 / 1-2	1-1 / 2-2	2-0 / 1-1	

	SPFL Scottish League One	Pd	Wn	Dw	Ls	GF	GA	Pts	
1.	Arbroath FC (Arbroath)	36	20	10	6	63	38	70	P
2.	Forfar Athletic FC (Forfar)	36	19	6	11	54	47	63	PO
3.	Raith Rovers FC (Kirkcaldy)	36	16	12	8	74	48	60	PO
4.	Montrose FC (Montrose)	36	15	6	15	49	50	51	PO
5.	Airdrieonians FC (Airdrie)	36	14	6	16	51	44	48	
6.	Dumbarton FC (Dumbarton)	36	12	10	14	60	60	46	
7.	East Fife FC (Methil)	36	13	7	16	49	56	46	
8.	Stranraer FC (Stranraer)	36	11	9	16	45	57	42	
9.	Stenhousemuir FC (Stenhousemuir)	36	10	7	19	35	61	37	POR
10.	Brechin City FC (Brechin)	36	9	9	18	42	61	36	R
		360	139	82	139	522	522	499	

Scottish League One/Scottish League Two Play-offs

Annan Athletic FC (Annan)	1-0, 0-2	Clyde FC (Cumbernauld)
Annan Athletic FC (Annan)	2-0, 2-1	Stenhousemuir FC (Stenhousemuir)
Edinburgh City FC (Edinburgh)	0-1, 0-3	Clyde FC (Cumbernauld)

SPFL Scottish League Two 2018/2019 Season	Albion Rovers	Annan Athletic	Berwick Rangers	Clyde	Cowdenbeath	Edinburgh City	Elgin City	Peterhead	Queen's Park	Stirling Albion
Albion Rovers FC (Coatbridge)		1-1	3-5	0-3	1-1	1-2	0-1	0-4	0-3	3-1
		0-2	1-1	0-1	1-0	3-2	0-3	0-2	0-4	0-5
Annan Athletic FC (Annan)	3-1		4-0	1-2	0-2	1-2	1-1	1-3	3-1	2-2
	4-0		6-0	1-1	3-2	3-1	2-0	3-0	2-1	2-2
Berwick Rangers FC (Berwick-upon-Tweed)	2-0	0-3		2-3	0-3	2-2	0-3	0-5	1-2	1-0
	0-3	1-2		0-3	1-1	0-2	0-3	2-0	0-3	1-2
Clyde FC (Cumbernauld)	1-0	1-0	3-3		2-0	0-2	4-1	1-3	2-0	1-1
	0-3	2-1	5-0		1-0	1-0	2-0	3-3	3-0	3-1
Cowdenbeath FC (Cowdenbeath)	1-1	1-2	4-0	1-1		0-2	1-2	2-4	2-0	1-0
	1-0	2-4	2-0	2-1		4-1	2-1	1-3	0-0	1-2
Edinburgh City FC (Edinburgh)	4-0	2-1	3-0	0-1	1-0		4-1	1-1	2-0	3-1
	3-1	1-2	1-0	1-2	2-0		1-1	0-0	2-0	0-1
Elgin City FC (Elgin)	4-2	0-1	2-4	1-3	3-1	1-0		0-3	2-1	0-3
	0-2	0-1	2-0	2-1	1-4	3-3		1-2	2-2	3-2
Peterhead FC (Peterhead)	2-1	2-1	1-0	1-0	1-0	0-1	3-0		1-1	4-1
	1-1	2-1	2-0	1-2	2-1	0-0	1-0		2-1	1-1
Queen's Park FC (Glasgow)	2-0	0-0	1-0	1-0	0-0	0-2	0-4	2-0		1-1
	2-2	0-3	7-1	*3-0*	1-1	0-4	4-1	0-2		0-0
Stirling Albion FC (Stirling)	1-0	1-2	3-0	0-3	2-1	0-1	5-2	0-2	1-0	
	0-1	2-1	1-0	0-1	0-1	0-0	2-1	0-1	1-1	

	SPFL Scottish League Two	Pd	Wn	Dw	Ls	GF	GA	Pts	
1.	Peterhead FC (Peterhead)	36	24	7	5	65	29	79	P
2.	Clyde FC (Cumbernauld)	36	23	5	8	63	35	74	POP
3.	Edinburgh City FC (Edinburgh)	36	20	7	9	58	31	67	PO
4.	Annan Athletic FC (Annan)	36	20	6	10	70	39	66	PO
5.	Stirling Albion FC (Stirling)	36	13	8	15	44	45	47	
6.	Cowdenbeath FC (Cowdenbeath)	36	12	7	17	46	46	43	
7.	Queen's Park FC (Glasgow)	36	11	10	15	44	47	43	
8.	Elgin City FC (Elgin)	36	13	4	19	52	67	43	
9.	Albion Rovers FC (Coatbridge)	36	7	6	23	32	71	27	
10.	Berwick Rangers FC (Berwick-upon-Tweed)	36	5	4	27	27	91	19	POR
		360	148	64	148	501	501	508	

Albion Rovers FC and Queen's Park FC were awarded 3-0 victories against Clyde FC in February 2019 after it was discovered that Clyde FC had fielded an ineligible player.
The original matches had finished 1-0 to Clyde FC and 1-1 respectively.

Pyramid Promotion/Relegation Play-offs

Cove Rangers FC (Aberdeen)   4-0, 3-0   Berwick Rangers FC (Berwick-upon-Tweed)
  Cove Rangers won promotion into the SPFL. Berwick Rangers were relegated into the Lowland League

East Kilbride FC (East Kilbride)   1-2, 0-3   Cove Rangers FC (Aberdeen)

SCOTTISH CUP FINAL (Hampden Park, Glasgow – 25/05/2019 – 49,434)

Heart of Midlothian FC (Edinburgh)   1-2   CELTIC FC (Glasgow)
Edwards 52'   *(H.T. 1-0)*   *Édouard 62' (pen), 82'*

Heart of Midlothian: Zlámal, Smith, Souttar, Berra, Hickey, Edwards, Haring (Bozanic 81'), Djoum, Clare (Wighton 75'), MacLean (Ikpeazu 78'), Mulraney.

Celtic: Bain, Lustig, Šimunovic, Ajer, Hayes (Bitton 89'), Brown, McGregor, Forrest, Rogic (Ntcham 70'), Johnston (Sinclair 72'), Édouard.

Semi-finals (13/04/2019 – 14/04/2019)

Aberdeen FC (Aberdeen)	0-3	Celtic FC (Glasgow)
Heart of Midlothian FC (Edinburgh)	3-0	Inverness Caledonian Thistle FC (Inverness)

2019/2020

Scottish Premiership 2019/2020 Season	Aberdeen	Celtic	Hamilton Acad.	Hearts	Hibernian	Kilmarnock	Livingston	Motherwell	Rangers	Ross County	St. Johnstone	St. Mirren
Aberdeen FC (Aberdeen)		0-4	1-0	3-2	1-1	3-0	2-1	0-1	2-2	3-0	1-1	2-1
		1-2			3-1					1-2	0-1	
Celtic FC (Glasgow)	2-1		2-1	3-1	2-0	3-1	4-0	2-0	1-2	6-0	7-0	2-0
				5-0		3-1				3-0		5-0
Hamilton Academical FC (Hamilton)	0-1	0-1		2-1	1-1	2-0	2-1	1-3	1-3	2-2	0-1	0-1
	1-3	1-4				1-0	2-4	0-0				
Heart of Midlothian FC (Edinburgh)	1-1	0-2	2-2		0-2	0-1	1-1	2-3	1-1	0-0	0-1	5-2
			2-2			2-3		1-1	2-1			
Hibernian FC (Edinburgh)	3-0	1-1	2-1	1-2		2-2	2-2	3-1	0-3	2-2	2-2	1-0
				1-3			1-1		3-0			2-2
Kilmarnock FC (Kilmarnock)	0-0	1-3	2-2	3-0	2-0		2-1	0-1	1-2	0-0	0-0	1-0
	2-2				1-2				2-1	3-1		
Livingston FC (Livingston)	0-2	2-0	0-0	0-0	2-0	3-0		0-0	0-2	4-0	1-0	2-1
		2-2						1-0				2-1
Motherwell FC (Motherwell)	0-3	2-5	1-2	1-0	3-0	2-1	2-1		0-2	1-2	4-0	2-0
		0-4			0-0					4-1		1-2
Rangers FC (Glasgow)	5-0	0-2	5-0	5-0	6-1	1-0	3-1	2-1		2-0		1-0
	0-0		0-1		2-1		1-0					
Ross County FC (Dingwall)	1-3	1-4	3-0	0-0	2-1	1-0	1-4	1-2	0-4		2-2	2-1
							2-0		0-1		1-1	
St. Johnstone FC (Perth)	1-1	0-3	3-2	1-0	1-4	0-1	2-2	0-1	0-4	1-1		0-0
				3-3		2-1	1-0	2-1	2-2			
St. Mirren FC (Paisley)	1-0	1-2	0-0	0-0	1-2	1-0	3-3	0-3	0-1	2-1	2-0	
	0-0		1-1	1-0						0-0		

	SPFL Scottish Premiership	Pd	Wn	Dw	Ls	GF	GA	Pts		
1.	CELTIC FC (GLASGOW)	30	26	2	2	89	19	80	2.67	
2.	Rangers FC (Glasgow)	29	21	4	4	64	19	67	2.31	
3.	Motherwell FC (Motherwell)	30	14	4	12	41	38	46	1.53	
4.	Aberdeen FC (Aberdeen)	30	12	9	9	40	36	45	1.50	
5.	Livingston FC (Livingston)	30	10	9	11	41	39	39	1.30	
6.	St. Johnstone FC (Perth)	29	8	12	9	28	46	36	1.24	
7.	Hibernian FC (Edinburgh)	30	9	10	11	42	49	37	1.23	
8.	Kilmarnock FC (Kilmarnock)	30	9	6	15	31	41	33	1.10	
9.	St. Mirren FC (Paisley)	30	7	8	15	24	41	29	0.97	
10.	Ross County FC (Dingwall)	30	7	8	15	29	60	29	0.97	
11.	Hamilton Academical FC (Hamilton)	30	6	9	15	30	50	27	0.90	
12.	Heart of Midlothian FC (Edinburgh)	30	4	11	15	31	52	23	0.77	R
		358	133	92	133	490	490	491		

All play-off matches were cancelled after clubs voted to curtail the season due to the COVID-19 pandemic.

Top goalscorers 2019/2020

1.	Odsonne Édouard	Celtic FC (Glasgow)	22
2.	Jermain Defoe	Rangers FC (Glasgow)	13
3.	Christian Doidge	Hibernian FC (Edinburgh)	12
	Alfredo Morelos	Rangers FC (Glasgow)	12
5.	Sam Cosgrove	Aberdeen FC (Aberdeen)	11
	Ryan Christie	Celtic FC (Glasgow)	11

SPFL Scottish Championship 2019/2020 Season	Alloa Athletic	Arbroath	Ayr United	Dundee	Dundee United	Dunfermline Ath	Greenock Morton	Inverness CT	Partick Thistle	Queen of South
Alloa Athletic FC (Alloa)		0-1	1-4	0-3	1-0	2-1	0-2	0-2	1-1	2-2
		2-0	0-2	N/A	0-0	N/A	N/A	2-0	1-1	N/A
Arbroath FC (Arbroath)	2-1		0-3	1-1	0-1	1-0	1-0	3-0	1-1	0-0
	N/A		N/A	N/A	N/A	0-0	1-2	N/A	2-1	2-0
Ayr United FC (Ayr)	2-1	1-1		1-2	2-0	0-1	4-2	0-2	4-1	1-0
	N/A	N/A		0-0	0-0	N/A	1-2	1-0	N/A	1-2
Dundee FC (Dundee)	2-1	2-0	1-0		0-2	4-3	2-1	0-0	1-3	1-2
	0-0	N/A	2-0		N/A	N/A	N/A	0-2	2-0	N/A
Dundee United FC (Dundee)	2-1	2-1	4-0	6-2		2-0	6-0	4-1	1-0	3-0
	N/A	0-1	N/A	1-1		N/A	1-1	2-1	1-1	N/A
Dunfermline Athletic FC (Dunfermline)	1-1	2-0	3-2	2-2	0-2		3-1	0-1	5-1	2-0
	1-3	N/A	0-1	2-0	2-0		1-2	N/A	N/A	1-1
Greenock Morton FC (Greenock)	4-1	1-0	2-3	1-0	1-2	1-1		2-1	3-2	2-2
	4-4	1-1	N/A	1-1	N/A	3-2		N/A	1-2	N/A
Inverness Caledonian Thistle (Inverness)	2-2	2-1	2-0	1-0	0-3	2-0	5-0		1-3	2-0
	1-1	0-1	N/A	N/A	N/A	N/A	3-2		N/A	3-1
Partick Thistle FC (Partick)	1-1	1-3	2-3	0-1	1-2	0-3	2-1	3-1		0-1
	N/A	N/A	1-1	1-4	1-1	N/A	N/A	0-0		
Queen of the South FC (Dumfries)	0-1	2-0	3-1	1-1	4-0	1-1	1-0	0-2	1-2	
	2-3	N/A	N/A	0-1	0-1	2-3	0-4	N/A	N/A	

	SPFL Scottish Championship	**Pd**	**Wn**	**Dw**	**Ls**	**GF**	**GA**	**Pts**	**Avg**	
1.	Dundee United FC (Dundee)	28	18	5	5	52	22	59	2.11	P
2.	Inverness Caledonian Thistle FC (Inverness)	27	14	3	10	39	32	45	1.67	
3.	Dundee FC (Dundee)	27	11	8	8	32	31	41	1.52	
4.	Ayr United FC (Ayr)	27	12	4	11	38	35	40	1.48	
5.	Arbroath FC (Arbroath)	26	10	6	10	24	26	36	1.38	
6.	Dunfermline Athletic FC (Dunfermline)	28	10	7	11	41	36	37	1.32	
7.	Greenock Morton FC (Greenock)	28	10	6	12	45	52	36	1.29	
8.	Alloa Athletic FC (Alloa)	28	7	10	11	33	43	31	1.11	
9.	Queen of the South FC (Dumfries)	28	7	7	14	28	40	28	1.00	
10.	Partick Thistle FC (Partick)	27	6	8	13	32	47	26	0.96	R
		274	105	64	105	364	364	379		

All play-off matches were cancelled after clubs voted to curtail the season due to the COVID-19 pandemic.

SPFL Scottish League One 2019/2020 Season	Airdrieonians	Clyde	Dumbarton	East Fife	Falkirk	Forfar Athletic	Montrose	Peterhead	Raith Rovers	Stranraer
Airdrieonians FC (Airdrie)		3-1 / 2-0	3-1 / N/A	4-0 / 1-0	0-0 / 1-1	0-2 / 1-0	1-3 / N/A	2-1 / N/A	0-1 / 0-1	2-2 / 0-0
Clyde FC (Cumbernauld)	3-1 / N/A		1-2 / 2-0	1-1 / 2-1	1-0 / 3-2	0-0 / N/A	0-2 / 2-1	1-2 / N/A	2-2 / N/A	6-1 / 3-3
Dumbarton FC (Dumbarton)	0-1 / 0-0	1-2 / 1-0		2-4 / N/A	1-1 / N/A	3-1 / 2-0	0-2 / N/A	1-0 / N/A	0-1 / 1-0	3-1 / 1-1
East Fife FC (Methil)	4-1 / 2-2	0-0 / N/A	2-2 / 4-2		0-0 / N/A	1-0 / N/A	0-1 / N/A	1-1 / 1-0	4-2 / 3-5	1-1 / 4-2
Falkirk FC (Falkirk)	1-2 / N/A	0-1 / N/A	6-0 / 3-0	0-0 / 2-0		3-0 / 6-0	2-1 / 1-0	4-0 / 3-0	1-1 / N/A	3-0 / N/A
Forfar Athletic FC (Forfar)	1-4 / N/A	0-0 / 2-1	3-4 / N/A	1-2 / 0-1	0-2 / N/A		2-0 / 2-3	2-1 / N/A	1-2 / 1-1	1-0 / 1-1
Montrose FC (Montrose)	0-1 / 1-0	4-0 / N/A	1-2 / 2-1	1-3 / 1-0	2-3 / N/A	3-0 / N/A		4-3 / 4-3	0-1 / N/A	2-1 / 4-1
Peterhead FC (Peterhead)	1-2 / 0-2	1-1 / 2-0	2-3 / 1-0	1-2 / N/A	0-0 / 1-3	1-0 / 1-1	0-0 / N/A		2-0 / N/A	3-0 / N/A
Raith Rovers FC (Kirkcaldy)	1-0 / N/A	5-2 / 1-0	0-2 / N/A	1-1 / N/A	2-2 / 1-1	0-0 / 2-1	3-0 / 4-3	4-0 / 2-1		3-1 / N/A
Stranraer FC (Stranraer)	0-2 / N/A	3-0 / N/A	0-0 / N/A	0-2 / N/A	0-3 / 1-1	2-4 / N/A	2-2 / 0-1	1-2 / N/A	3-2 / 1-1	

	SPFL Scottish League One	**Pd**	**Wn**	**Dw**	**Ls**	**GF**	**GA**	**Pts**		
1.	Raith Rovers FC (Kirkcaldy)	28	15	8	5	49	33	53	1.89	P
2.	Falkirk FC (Falkirk)	28	14	10	4	54	18	52	1.86	
3.	Airdrieonians FC (Airdrie)	28	14	6	8	38	27	48	1.71	
4.	Montrose FC (Montrose)	28	15	2	11	48	38	47	1.68	
5.	East Fife FC (Methil)	28	12	9	7	44	36	45	1.61	
6.	Dumbarton FC (Dumbarton)	28	11	5	12	35	44	38	1.36	
7.	Clyde FC (Cumbernauld)	28	9	7	12	35	43	34	1.21	
8.	Peterhead FC (Peterhead)	27	7	5	15	30	44	26	0.96	
9.	Forfar Athletic FC (Forfar)	28	6	6	16	26	47	24	0.86	
10.	Stranraer FC (Stranraer)	27	2	10	15	28	57	16	0.59	R
		278	105	68	105	387	387	383		

All play-off matches were cancelled after clubs voted to curtail the season due to the COVID-19 pandemic.

SPFL Scottish League Two 2019/2020 Season	Albion Rovers	Annan Athletic	Brechin City	Cove Rangers	Cowdenbeath	Edinburgh City	Elgin City	Queen's Park	Stenhousemuir	Stirling Albion
Albion Rovers FC (Coatbridge)		4-2	0-1	4-4	N/A	1-3	1-3	2-0	2-1	2-1
		N/A	4-1	2-2	N/A	N/A	1-2	N/A	N/A	0-3
Annan Athletic FC (Annan)	3-2		5-2	6-1	1-0	0-2	1-1	3-2	1-1	0-0
	2-1		N/A	0-0	N/A	N/A	0-4	N/A	0-3	2-3
Brechin City FC (Brechin)	0-0	0-1		2-4	2-1	2-3	2-1	0-3	1-2	1-1
	N/A	N/A		1-5	N/A	N/A	1-2	0-0	N/A	0-2
Cove Rangers	3-0	3-0	3-0		3-2	5-0	2-0	3-0	2-1	1-0
	N/A	2-0	3-2		3-1	2-1	N/A	2-0	N/A	N/A
Cowdenbeath FC (Cowdenbeath)	1-0	3-1	2-1	1-3		1-0	0-0	1-0	3-1	1-0
	2-1	3-1	3-2	N/A		1-1	N/A	N/A	N/A	1-4
Edinburgh City FC (Edinburgh)	3-2	4-0	2-1	2-1	2-0		1-1	2-1	4-0	1-0
	3-0	3-0	0-0	N/A	N/A		N/A	1-2	N/A	0-1
Elgin City FC (Elgin)	2-2	4-0	3-1	0-2	3-0	3-3		3-1	0-1	1-2
	N/A	N/A	N/A	3-0	3-2	0-1		N/A	2-3	3-1
Queen's Park FC (Glasgow)	1-1	1-2	5-2	1-3	0-3	2-1	0-0		1-1	1-1
	2-2	2-0	N/A	N/A	1-0	2-0	N/A		2-1	N/A
Stenhousemuir FC (Stenhousemuir)	2-3	1-2	1-0	3-2	0-3	1-3	2-2	0-3		0-2
	1-0	N/A	2-2	0-3	2-2	1-2	N/A	0-0		N/A
Stirling Albion FC (Stirling)	3-0	2-0	2-4	1-2	0-0	0-1	1-0	0-1	1-1	
	N/A	N/A	N/A	1-7	N/A	N/A	1-2	1-3	0-0	

SPFL Scottish League Two	Pd	Wn	Dw	Ls	GF	GA	Pts		
1. Cove Rangers FC (Aberdeen)	28	22	2	4	76	34	68	2.43	P
2. Edinburgh City FC (Edinburgh)	27	17	4	6	49	28	55	2.04	
3. Elgin City FC (Elgin)	28	12	7	9	48	34	43	1.54	
4. Cowdenbeath FC (Cowdenbeath)	27	12	5	10	37	35	41	1.52	
5. Queen's Park FC (Glasgow)	28	11	7	10	37	35	40	1.43	
6. Stirling Albion FC (Stirling)	28	10	6	12	34	35	36	1.29	
7. Annan Athletic FC (Annan)	27	9	4	14	33	54	31	1.15	
8. Stenhousemuir FC (Stenhousemuir)	28	7	8	13	32	48	29	1.04	
9. Albion Rovers FC (Coatbridge)	26	6	6	14	37	51	24	0.92	
10. Brechin City FC (Brechin)	27	4	5	18	31	60	17	0.63	
	274	110	54	110	414	414	384		

All play-off matches were cancelled after clubs voted to curtail the season due to the COVID-19 pandemic.

SCOTTISH CUP FINAL   (Hampden Park, Glasgow – 20/12/2020 – Played behind closed doors)

CELTIC FC (GLASGOW)   3-3 (aet)   Heart of Midlothian FC (Edinburgh)
Christie 19', Édouard 29' pen., Griffiths 105'   *(H.T. 2-1)*   *Boyce 48', Kingsley 67', Ginnelly 111'*
(Celtic FC won 4-3 on penalties)

Celtic: Hazard, Ajer, Jullien, Duffy (Johnston 90'), Taylor (Laxalt 83'), Brown (Soro 105'), McGregor, Christie, Turnbull (Rogic 68'), Elyounoussi (Frimpong 83'), Édouard (Griffiths 97').

Heart of Midlothian: Gordon, Smith, Halkett, Berra, Kingsley, Irving (Frear 109'), Halliday (Haring 90'), Walker (Ginnelly 57'), Naismith, White (Lee 82'), Boyce (Wighton 70').

Semi-finals   (31/10/2020 – 01/11/2020)

Heart of Midlothian FC (Edinburgh)	2-1 (aet)	Hibernian FC (Edinburgh)
Celtic FC (Glasgow)	2-0	Aberdeen FC (Aberdeen)

2020/2021

SPFL Scottish Premiership 2020/2021 Season	Aberdeen	Celtic	Dundee United	Hamilton Academical	Hibernian	Kilmarnock	Livingston	Motherwell	Rangers	Ross County	St. Johnstone	St. Mirren
Aberdeen FC (Aberdeen)		3-3 / 1-1	0-0	4-2 / 0-0	2-0 / 0-1	1-0 / 1-0	2-1 / 0-2	0-3 / 2-0	0-1 / 1-2	2-0	2-1	2-1 / 0-0
Celtic FC (Glasgow)	1-0 / 1-0		3-0	5-1 / 2-0	3-0 / 1-1	2-0	3-2 / 0-0 / 6-0	3-0 / 2-1	0-2 / 1-1	2-0	1-1 / 4-0	1-2
Dundee United FC (Dundee)	0-0 / 1-0	0-1 / 0-0		2-1	0-1 / 0-2	2-0	1-2 / 3-0	1-1 / 2-2	1-2	2-1 / 0-2	1-1 / 2-2	2-1 / 1-5
Hamilton Academical FC (Hamilton)	1-1	0-3 / 0-0 / 0-1	1-1		0-4	1-0 / 0-2	0-2 / 0-1	3-0	0-2 / 1-1	0-1 / 1-2	3-5 / 1-1	0-1 / 1-1
Hibernian FC (Edinburgh)	0-1 / 2-0	2-2 / 0-0	1-1 / 2-0	3-2		2-1 / 2-0	0-3 / 2-1	0-0 / 0-2	2-2 / 0-1	0-2	2-2 / 0-1	1-0
Kilmarnock FC (Kilmarnock)	0-2	1-1 / 0-4 / 3-0	4-0 / 1-1	2-1 / 2-0	0-1		1-2 / 4-1	0-1	0-1	3-1 / 2-2	1-2 / 2-3	1-1 / 3-3
Livingston FC (Livingston)	0-0 / 1-2	2-2	2-0 / 2-1	1-2 / 1-1	1-4 / 2-0	1-3		0-2 / 0-3	0-0	1-0 / 3-1	2-0 / 1-2	0-1
Motherwell FC (Motherwell)	0-0	1-4 / 2-1	0-1 / 1-4	0-1	0-3 / 2-0	0-2 / 3-1	2-2		1-5 / 1-1	4-0 / 1-2	1-0 / 0-3	0-1 / 1-0
Rangers FC (Glasgow)	4-0 / 4-0	1-0 / 4-1	4-0 / 4-1	8-0	1-0 / 2-1	2-0 / 1-0	2-0	3-1		2-0 / 5-0	3-0 / 1-0	3-0 / 3-0
Ross County FC (Dingwall)	0-3 / 4-1	0-5 / 1-0 / 2-1	1-2 / 0-2	0-2	0-0 / 1-2	2-2 / 3-2	1-1 / 1-2	1-0	0-4		1-1	0-2 / 1-3
St. Johnstone FC (Perth)	0-1 / 0-0 / 0-1	0-2 / 1-2	0-0	0-0 / 1-0	0-1	1-0	1-2 / 0-0	1-1 / 1-1	0-3	0-1 / 1-0		1-0 / 1-0
St. Mirren FC (Paisley)	1-1	1-2 / 0-4	0-0 / 0-0	1-1 / 1-2	0-3 / 1-2	0-1 / 2-0	1-0 / 1-1	0-0 / 1-1	0-2	1-1 / 1-0	3-2	

	SPFL Scottish Premiership	Pd	Wn	Dw	Ls	GF	GA	Pts	
1.	RANGERS FC (GLASGOW)	38	32	6	0	92	13	102	
2.	Celtic FC (Glasgow)	38	22	11	5	78	29	77	
3.	Hibernian FC (Edinburgh)	38	18	9	11	48	35	63	
4.	Aberdeen FC (Aberdeen)	38	15	11	12	36	38	56	
5.	St. Johnstone FC (Perth)	38	11	12	15	36	46	45	
6.	Livingston FC (Livingston)	38	12	9	17	42	54	45	
7.	St. Mirren FC (Paisley)	38	11	12	15	37	45	45	
8.	Motherwell FC (Motherwell)	38	12	9	17	39	55	45	
9.	Dundee United FC (Dundee)	38	10	14	14	32	50	44	
10.	Ross County FC (Dingwall)	38	11	6	21	35	66	39	
11.	Kilmarnock FC (Kilmarnock)	38	10	6	22	43	54	36	POR
12.	Hamilton Academical FC (Hamilton)	38	7	9	22	34	67	30	R
		456	171	114	171	552	552	627	

Note: After 33 matches the league was split with the top 6 playing-off for the championship and the bottom 6 playing against relegation, each team played a further 5 games.

Top goalscorers 2020/2021

1.	Odsonne Édouard	Celtic FC (Glasgow)	18
2.	Kevin Nisbet	Hibernian FC (Edinburgh)	14
	Kemar Roofe	Rangers FC (Glasgow)	14
4.	Martin Boyle	Hibernian FC (Edinburgh)	12
	Alfredo Morelos	Rangers FC (Glasgow)	12
	James Tavernier	Rangers FC (Glasgow)	12

Scottish Premiership/Scottish Championship Play-offs

Dundee FC (Dundee)	2-1, 2-1	Kilmarnock FC (Kilmarnock)
Dunfermline Athletic FC (Dunfermline)	0-0, 0-2	Raith Rovers FC (Kirkcaldy)
Raith Rovers FC (Kirkcaldy)	0-3, 1-0	Dundee FC (Dundee)

Scottish Championship

In June 2020, a majority of the SPFL Scottish Championship clubs voted in favour of shortening the season from the usual 36 games to 27 games, with teams playing each other 3 times instead of 4. This decision was made to reduce costs as Covid-19 related regulations meant that fans were not allowed to attend matches.

The shortened season commenced on 16th October 2020.

SPFL Scottish Championship 2020/2021 Season	Alloa Athletic	Arbroath	Ayr United	Dundee United	Dunfermline Athletic	Greenock Morton	Heart of Midlothian	Inverness Caledonian Thistle	Queen of the South	Raith Rovers
Alloa Athletic FC (Alloa)		1-1	0-2	3-3	1-4	1-1	1-3	2-1	2-1	2-5
			2-2	0-3	1-0			1-1		1-2
Arbroath FC (Arbroath)	0-1		2-1	1-1	2-0	0-0	0-1	1-1	1-1	1-0
	2-1		4-0			0-0	0-0		2-4	
Ayr United FC (Ayr)	4-1	0-1		2-0	0-0	1-1	0-1	0-2	2-1	0-0
				0-3	1-1				0-0	1-1
Dundee FC (Dundee)	3-1	1-0	1-3		3-3	1-0	3-1	2-1	2-3	1-1
		2-0			3-2	1-1				2-1
Dunfermline Athletic FC (Dunfermline)	2-1	1-0	0-0	0-0		1-2	2-1	3-1	3-2	4-1
		4-3				1-0	0-0	0-1	3-1	
Greenock Morton FC (Greenock)	1-0	0-1	3-2	2-2	0-0		0-2	2-2	2-0	0-1
	1-1		0-2				0-0	1-4	2-1	
Heart of Midlothian FC (Edinburgh)	3-0	3-1	5-3	6-2	1-0	1-1		2-1	6-1	2-3
	6-0		2-0	2-1				3-0	2-3	
Inverness Caledonian Thistle FC (Inverness)	2-2	3-1	1-1	2-2	1-1	0-1	1-1		0-1	2-0
		1-0	2-2	1-1						0-0
Queen of the South FC (Dumfries)	2-0	2-2	3-2	1-3	1-0	2-1	1-1	0-3		2-5
	2-3		0-2					1-1		0-1
Raith Rovers FC (Kirkcaldy)	3-1	3-0	0-0	3-1	2-2	5-0	0-4	0-1	0-2	
		2-2			5-1	1-0	0-4			

	SPFL Scottish Championship	Pd	Wn	Dw	Ls	GF	GA	Pts	
1.	Heart of Midlothian FC (Edinburgh)	27	17	6	4	63	24	57	P
2.	Dundee FC (Dundee)	27	12	9	6	49	40	45	POP
3.	Raith Rovers FC (Kirkcaldy)	27	12	7	8	45	36	43	PO
4.	Dunfermline Athletic FC (Dunfermline)	27	10	9	8	38	34	39	PO
5.	Inverness Caledonian Thistle FC (Inverness)	27	8	12	7	36	31	36	
6.	Queen of the South FC (Dumfries)	27	9	5	13	38	51	32	
7.	Arbroath FC (Arbroath)	27	7	9	11	28	34	30	
8.	Ayr United FC (Ayr)	27	6	11	10	31	37	29	
9.	Greenock Morton FC (Greenock)	27	6	11	10	22	33	29	PO
10.	Alloa Athletic FC (Alloa)	27	5	7	15	30	60	22	R
		270	92	86	92	380	380	362	

Scottish Championship/Scottish League One Play-offs

Airdrieonians FC (Airdrie)	0-1, 0-3	Greenock Morton FC (Greenock)
Montrose FC (Montrose)	2-1, 1-3 (aet)	Greenock Morton FC (Greenock)
Cove Rangers FC (Aberdeen)	1-1, 2-3 (aet)	Airdrieonians FC (Airdrie)

SPFL Scottish League One 2020/2021 Season	Airdrieonians	Clyde	Cove Rangers	Dumbarton	East Fife	Falkirk	Forfar Athletic	Montrose	Partick Thistle	Peterhead
Airdrieonians FC (Airdrie)	■	5-0	1-1	0-2	2-0	2-1	3-1	0-1	2-4	2-0
					2-0		2-1			
Clyde FC (Cumbernauld)	2-4	■	1-1	0-1	1-3	0-3	3-0	3-2	1-0	0-2
				2-0	2-1					
Cove Rangers	2-0	2-3	■	1-0	3-1	2-0	3-0	1-2	1-0	1-0
	0-2								2-2	
Dumbarton FC (Dumbarton)	0-1	1-0	1-0	■	2-1	0-3	0-1	0-0	0-2	0-1
							1-0			3-2
East Fife FC (Methil)	2-0	1-0	0-0	2-1	■	2-1	2-0	2-2	2-2	2-1
				2-1						1-3
Falkirk FC (Falkirk)	0-1	2-1	1-0	1-1	2-0	■	1-1	2-0	0-0	2-1
		2-2					1-2			
Forfar Athletic FC (Forfar)	1-3	1-3	0-1	0-0	1-2	0-2	■	2-3	0-2	1-1
		2-1			2-3					
Montrose FC (Montrose)	2-2	2-2	1-0	4-0	3-0	1-3	0-0	■	0-1	3-2
		0-2							3-2	
Partick Thistle FC (Partick)	2-1	2-0	1-1	0-0	2-0	2-2	2-2	5-0	■	0-1
	1-0				5-0					
Peterhead FC (Peterhead)	1-0	0-2	0-2	1-0	2-1	1-0	0-1	1-1	0-3	■
		3-0					1-2			

	SPFL Scottish League One	**Pd**	**Wn**	**Dw**	**Ls**	**GF**	**GA**	**Pts**	
1.	Partick Thistle FC (Partick)	22	11	7	4	40	18	40	P
2.	Airdrieonians FC (Airdrie)	22	12	2	8	35	24	38	PO
3.	Cove Rangers FC (Aberdeen)	22	10	6	6	28	18	36	PO
4.	Montrose FC (Montrose)	22	9	6	7	33	33	33	PO
5.	Falkirk FC (Falkirk)	22	9	5	8	29	26	32	
6.	East Fife FC (Methil)	22	10	3	9	30	33	33	
7.	Peterhead FC (Peterhead)	22	9	2	11	24	27	29	
8.	Clyde FC (Cumbernauld)	22	8	2	12	27	38	26	
9.	Dumbarton FC (Dumbarton)	22	7	4	11	14	24	25	PO
10.	Forfar Athletic FC (Forfar)	22	4	5	13	18	37	17	R
		220	89	42	89	278	278	309	

The season was shortened from the usual 36 games to 22 games to reduce costs during the ongoing Covid-19 pandemic. Teams played each other twice, then the league was split in half with the top 5 playing-off for promotion and the bottom 6 playing agains relegation. Each team played a further 4 matches.

Scottish League One/Scottish League Two Play-offs

Edinburgh City FC (Edinburgh)	1-3, 1-0	Dumbarton FC (Dumbarton)
Stranraer FC (Stranraer)	0-0, 0-1	Dumbarton FC (Dumbarton)
Elgin City FC (Elgin)	0-1, 2-2	Edinburgh City FC (Edinburgh)

SPFL Scottish League Two 2020/2021	Albion Rovers	Annan Athletic	Brechin City	Cowdenbeath	Edinburgh City	Elgin City	Queen's Park	Stenhousemuir	Stirling Albion	Stranraer
Albion Rovers FC (Coatbridge)	■	1-1	0-2	0-0	1-2	3-1	0-3	1-3	0-1	0-2
	■	1-0	1-1							
Annan Athletic FC (Annan)	2-3	■	3-0	0-0	0-4	0-3	1-2	5-1	1-2	1-1
		■		1-1				1-1		
Brechin City FC (Brechin)	2-4	0-0	■	0-0	1-5	1-2	0-2	1-1	0-5	1-4
		0-3	■					0-1		
Cowdenbeath FC (Cowdenbeath)	0-1	0-3	2-0	■	1-3	1-0	0-3	1-1	1-5	1-1
	2-0		0-2	■						
Edinburgh City FC (Edinburgh)	5-2	1-1	2-1	0-1	■	1-0	2-3	3-1	2-3	0-1
					■	2-0		0-1		
Elgin City FC (Elgin)	2-5	1-0	3-0	5-2	1-2	■	0-1	2-0	1-1	2-1
						■	3-2		3-1	
Queen's Park FC (Glasgow)	2-0	1-0	3-0	3-0	3-3	0-0	■	3-1	1-0	3-0
				2-0			■			0-1
Stenhousemuir FC (Stenhousemuir)	2-0	1-2	2-1	1-0	2-0	2-0	1-3	■	2-2	2-2
	0-1		0-2					■		
Stirling Albion FC (Stirling)	1-1	1-0	1-0	1-0	0-1	1-2	0-0	1-0	■	0-1
						1-2			■	2-2
Stranraer FC (Stranraer)	4-0	2-0	2-0	2-0	0-1	1-4	0-1	4-0	2-2	■
					2-1	1-4				■

	SPFL Scottish League Two	Pd	Wn	Dw	Ls	GF	GA	Pts	
1.	Queen's Park FC (Glasgow)	22	17	3	2	43	13	54	P
2.	Edinburgh City FC (Edinburgh)	22	12	2	8	40	27	38	PO
3.	Elgin City FC (Elgin)	22	12	2	8	39	28	38	PO
4.	Stranraer FC (Stranraer)	22	11	5	6	36	25	38	PO
5.	Stirling Albion FC (Stirling)	22	10	6	6	32	22	36	
6.	Stenhousemuir FC (Stenhousemuir)	22	7	5	10	25	35	26	
7.	Albion Rovers FC (Coatbridge)	22	7	4	11	25	38	25	
8.	Annan Athletic FC (Annan)	22	5	7	10	25	27	22	
9.	Cowdenbeath FC (Cowdenbeath)	22	5	6	11	15	32	21	
10.	Brechin City FC (Brechin)	22	2	4	16	13	46	10	POR
		220	88	44	88	293	293	308	

The season was shortened from the usual 36 games to 22 games to reduce costs during the ongoing Covid-19 pandemic. Teams played each other twice, then the league was split in half with the top 5 playing-off for promotion and the bottom 6 playing agains relegation. Each team played a further 4 matches.

Pyramid Promotion/Relegation Play-off

Kelty Hearts FC (Kelty)   2-1, 1-0   Brechin City FC (Brechin)
   Kelty Hearts won promotion to the SPFL and Brechin City were relegated into the Highland League.

Brora Rangers FC (Brora)   0-2, 1-4   Kelty Hearts FC (Kelty)

SCOTTISH CUP FINAL   (Hampden Park, Glasgow – 22/05/2021 – Played behind closed doors)

ST. JOHNSTONE FC (PERTH)   1-0   Hibernian FC (Edinburgh)

Rooney 32'

St. Johnstone: Clark, Kerr, Gordon, McCart, Rooney (Brown 79'), McCann, Bryson (Davidson 64'), Booth, Middleton (O'Halloran 82'), Wotherspoon, Kane.

Hibernian: Macey, McGinn, Porteous, Hanlon, Doig (Stevenson 76'), Boyle, Gogic (Murphy 56'), Newell (Hallberg 72'), Irvine, Doidge, Nisbet.

Semi-finals   (08/05/2021 – 09/05/2021)

Dundee United FC (Dundee)	0-2	Hibernian FC (Edinburgh)
St. Mirren FC (Paisley)	1-2	St. Johnstone FC (Perth)

2021/2022

SPFL Scottish Premiership 2021/2022 Season	Aberdeen	Celtic	Dundee	Dundee United	Heart of Midlothian	Hibernian	Livingston	Motherwell	Rangers	Ross County	St. Johnstone	St. Mirren
Aberdeen FC (Aberdeen)	■	1-2	2-1	2-0	2-1	1-0	2-0	0-2	1-1	1-1	0-1	4-1
	■	2-3	1-0	1-1		3-1	1-2			0-1	1-1	0-0
	■											
Celtic FC (Glasgow)	2-1	■	6-0	1-1	1-0	2-0	0-0	1-0	3-0	3-0	2-0	6-0
		■	3-2	1-0	4-1		6-0	1-1	4-0		7-0	2-0
		■										
Dundee FC (Dundee)	2-1	2-4	■	0-0	0-1	2-2	0-0	3-0	0-1	0-5	1-0	2-2
	2-2		■	0-0	0-4		1-2	1-2		0-1		
			■	3-1						1-1		
Dundee United FC (Dundee)	1-0	0-3	1-0	■	0-2	1-3	0-1	2-1	1-0	1-0	0-1	1-2
		1-1	2-2	■	2-2			2-0	1-1	2-1		
			2-3	■		1-0						
Heart of Midlothian FC (Edinburgh)	1-1	2-1	1-1	5-2	■	0-0	3-0	2-0	0-2	2-1	2-0	2-0
	2-0	1-2	1-2		■	3-1	2-0	2-0	1-3	0-0		
Hibernian FC (Edinburgh)	1-0	1-3	1-0	0-3	0-0	■	2-0	1-1	0-1	3-0	1-0	2-2
		0-0		1-1		■	2-3		2-0	0-0	0-1	
	1-1					■			4-0			
Livingston FC (Livingston)	1-2	1-0	2-0	1-1	0-1	1-0	■	1-2	1-3	1-1	1-2	0-1
	2-1	1-3	2-1	2-1		1-0	■	2-2			1-1	1-1
Motherwell FC (Motherwell)	2-0	0-2	1-0	1-0	2-0	2-3	2-1	■	1-6	2-1	2-0	2-2
	1-1	0-4	1-1		2-1	0-0		■	1-3	0-1		4-2
Rangers FC (Glasgow)	2-2	1-0	3-0	1-0	1-1	2-1	3-0	1-1	■	4-2	2-0	2-0
	1-0	1-2		2-0	5-0	2-0	1-0	2-2	■	4-1		
Ross County FC (Dingwall)	1-1	1-2	3-2	1-1	2-2	1-0	2-3	3-1	2-4	■	0-0	2-3
		0-2		1-2	1-1		1-1	0-1	3-3	■	3-1	1-0
St. Johnstone FC (Perth)	0-1	1-3	3-1	0-1	1-1	1-2	0-3	1-1	1-2	1-2	■	0-0
	1-0		0-0	0-0	2-1		1-0	2-1	0-1		■	0-1
St. Mirren FC (Paisley)	3-2	0-0	0-1	0-0	1-2	1-1	1-1	1-1	1-2	0-0	0-0	■
	1-0		2-0	1-2	0-2	0-1	0-0		0-4		2-1	■

	SPFL Scottish Premiership	Pd	Wn	Dw	Ls	GF	GA	Pts	
1.	CELTIC FC (GLASGOW)	38	29	6	3	92	22	93	
2.	Rangers FC (Glasgow)	38	27	8	3	80	31	89	
3.	Heart of Midlothian FC (Edinburgh)	38	17	10	11	54	44	61	
4.	Dundee United FC (Dundee)	38	12	12	14	37	44	48	
5.	Motherwell FC (Motherwell)	38	12	10	16	42	61	46	
6.	Ross County FC (Dingwall)	38	10	11	17	47	61	41	
7.	Livingston FC (Livingston)	38	13	10	15	41	46	49	
8.	Hibernian FC (Edinburgh)	38	11	12	15	38	42	45	
9.	St. Mirren FC (Paisley)	38	10	14	14	33	51	44	
10.	Aberdeen FC (Aberdeen)	38	10	11	17	41	46	41	
11.	St. Johnstone FC (Perth)	38	8	11	19	24	51	35	PO
12.	Dundee FC (Dundee)	38	6	11	21	34	64	29	R
		456	165	126	165	563	563	621	

Top goalscorers 2021-2022

1.	Giorgos Giakoumakis	Celtic FC (Glasgow)	13
	Regan Charles-Cook	Ross County FC (Dingwall)	13
3.	Kyogo Furuhashi	Celtic FC (Glasgow)	12
4.	Lewis Ferguson	Aberdeen FC (Aberdeen)	11
	Bruce Anderson	Livingston FC (Livingston)	11
	Alfredo Morelos	Rangers FC (Glasgow)	11

Scottish Premiership/Scottish Championship Play-offs

Inverness Caledonian Thistle FC (Inverness)   2-2, 0-4   St. Johnstone FC (Perth)

Partick Thistle FC (Partick)   1-2, 0-1   Inverness Caledonian Thistle FC (Inverness)
Inverness Caledonian Thistle FC (Inverness) 0-0, 0-0 (aet)   ArbroathFC (Arbroath)
            Aggregate 0-0. Inverness Caledonian Thistle won 5-3 on penalties.

SPFL Scottish Championship 2021/2022 Season	Arbroath	Ayr United	Dunfermline Athletic	Greenock Morton	Hamilton Academical	Inverness Caledonian Thistle	Kilmarnock	Partick Thistle	Queen of the South	Raith Rovers
Arbroath FC (Arbroath)	■	1-1	4-2	2-1	4-0	0-1	0-0	3-1	1-1	0-0
	■	1-0	1-0	3-0	2-2	0-0	1-0	1-1	5-1	3-3
Ayr United FC (Ayr)	2-2	■	3-1	0-0	1-1	2-2	0-1	0-4	2-1	0-2
	1-0	■	1-1	0-2	1-1	2-2	1-3	3-1	0-1	2-0
Dunfermline Athletic FC (Dunfermline)	0-3	3-0	■	1-3	0-0	0-0	2-2	0-3	3-3	1-1
	0-3	2-1	■	1-1	1-0	1-1	0-0	4-1	1-2	2-0
Greenock Morton FC (Greenock)	2-2	2-2	2-2	■	1-1	1-6	0-2	0-0	2-3	0-1
	0-0	1-1	5-0	■	0-1	0-1	1-1	2-1	2-1	2-2
Hamilton Academical FC (Hamilton)	1-1	0-2	1-0	0-1	■	2-1	0-2	1-6	1-0	0-3
	0-1	1-1	2-2	1-0	■	1-1	2-3	2-2	1-0	0-2
Inverness Caledonian Thistle FC (Inverness)	0-1	1-0	1-2	2-0	1-2	■	1-0	3-1	2-1	1-0
	3-0	1-2	2-0	0-1	4-0	■	2-1	3-3	2-2	1-1
Kilmarnock FC (Kilmarnock)	0-1	2-0	2-1	1-0	2-1	0-1	■	0-1	4-0	1-3
	2-1	1-2	2-0	1-1	2-0	1-0	■	2-1	2-1	3-0
Partick Thistle FC (Partick)	0-2	4-0	0-0	3-0	1-0	0-0	0-2	■	3-2	1-0
	0-0	1-0	1-0	0-1	0-4	1-0	1-1	■	1-0	0-1
Queen of the South FC (Dumfries)	0-2	3-0	1-0	0-0	1-2	1-2	0-1	0-0	■	1-1
	0-0	1-1	0-2	3-0	0-3	2-1	0-2	0-1	■	0-1
Raith Rovers FC (Kirkcaldy)	2-1	2-1	1-1	2-1	4-4	1-1	1-0	3-2	0-1	■
	1-2	0-4	0-0	0-1	0-0	2-3	1-1	0-0	3-3	■

	SPFL Scottish Championship	**Pd**	**Wn**	**Dw**	**Ls**	**GF**	**GA**	**Pts**	
1.	Kilmarnock FC (Kilmarnock)	36	20	7	9	50	27	67	P
2.	Arbroath FC (Arbroath)	36	17	14	5	54	28	65	PO
3.	Inverness Caledonian Thistle FC (Inverness)	36	16	11	9	53	34	59	PO
4.	Partick Thistle FC (Partick)	36	14	10	12	46	40	52	PO
5.	Raith Rovers FC (Kirkcaldy)	36	12	14	10	44	44	50	
6.	Hamilton Academical FC (Hamilton)	36	10	12	14	38	53	42	
7.	Greenock Morton FC (Greenock)	36	9	13	14	36	47	40	
8.	Ayr United FC (Ayr)	36	9	12	15	39	52	39	
9.	Dunfermline Athletic FC (Dunfermline)	36	7	14	15	36	53	35	POR
10.	Queen of the South FC (Dumfries)	36	8	9	19	36	54	33	R
		360	122	116	122	432	432	482	

Scottish Championship/Scottish League One Play-offs

Queen's Park FC (Glasgow)	0-0, 1-0	Dunfermline Athletic FC (Dunfermline)
Montrose FC (Montrose)	1-0, 4-6 (aet)	Airdrieonians FC (Airdrie)
Queen's Park FC (Glasgow)	1-1, 2-1 (aet)	Airdrieonians FC (Airdrie)

SPFL Scottish League One 2021/2022 Season	Airdrieonians	Alloa Athletic	Clyde	Cove Rangers	Dumbarton	East Fife	Falkirk	Montrose	Peterhead	Queen's Park
Airdrieonians FC (Airdrie)	■	2-1	2-1	0-2	3-2	3-0	1-2	0-3	3-1	1-0
	■	3-1	1-1	1-1	3-2	3-0	3-2	4-1	1-1	2-0
Alloa Athletic FC (Alloa)	2-1	■	0-1	1-3	1-2	3-1	2-0	2-2	2-4	1-1
	0-2	■	1-0	2-2	2-3	1-3	0-3	4-1	1-0	1-1
Clyde FC (Cumbernauld)	2-2	2-1	■	2-1	0-3	3-1	1-3	0-5	2-2	2-2
	0-5	2-1	■	0-1	1-3	2-0	1-1	2-1	0-3	1-1
Cove Rangers	1-0	3-0	3-0	■	2-0	5-2	1-1	1-1	3-0	3-3
	1-1	3-0	4-1	■	1-0	4-2	2-0	1-0	5-2	0-0
Dumbarton FC (Dumbarton)	2-2	1-1	1-1	1-3	■	5-0	0-3	1-3	2-3	0-3
	0-1	1-2	2-1	2-2	■	2-0	0-2	0-0	1-1	0-3
East Fife FC (Methil)	0-1	1-1	0-2	4-2	2-1	■	0-2	0-2	3-0	1-1
	0-2	0-3	0-0	2-3	2-0	■	1-3	0-2	0-0	1-1
Falkirk FC (Falkirk)	0-3	1-1	3-0	0-3	1-2	2-1	■	0-1	2-1	0-1
	1-4	1-2	1-2	0-2	6-2	3-1	■	0-3	1-1	1-1
Montrose FC (Montrose)	2-1	0-2	2-2	0-0	1-2	4-1	2-2	■	1-0	1-1
	2-2	1-1	1-1	1-2	1-1	0-0	2-1	■	2-0	2-1
Peterhead FC (Peterhead)	2-3	2-0	3-2	0-1	5-0	1-1	0-0	0-0	■	2-1
	0-1	0-1	1-1	0-1	4-3	1-0	1-0	0-1	■	2-1
Queen's Park FC (Glasgow)	0-0	3-4	0-0	2-0	3-0	1-1	6-0	1-1	3-2	■
	1-1	1-1	1-0	1-1	2-1	1-0	1-1	0-1	2-1	■

	SPFL Scottish League One	Pd	Wn	Dw	Ls	GF	GA	Pts	
1.	Cove Rangers FC (Aberdeen)	36	23	10	3	73	32	79	P
2.	Airdrieonians FC (Airdrie)	36	21	9	6	68	37	72	PO
3.	Montrose FC (Montrose)	36	15	14	7	53	36	59	PO
4.	Queen's Park FC (Glasgow)	36	11	18	7	51	36	51	POP
5.	Alloa Athletic FC (Alloa)	36	12	9	15	49	57	45	
6.	Falkirk FC (Falkirk)	36	12	8	16	49	55	44	
7.	Peterhead FC (Peterhead)	36	11	9	16	46	51	42	
8.	Clyde FC (Cumbernauld)	36	9	12	15	39	62	39	
9.	Dumbarton FC (Dumbarton)	36	9	7	20	48	71	34	POR
10.	East Fife FC (Methil)	36	5	8	23	31	70	23	R
		360	128	104	128	507	507	488	

Scottish League One/Scottish League Two Play-offs

Edinburgh City FC (Edinburgh)	2-0, 1-2	Annan Athletic FC (Annan)
Edinburgh City FC (Edinburgh)	4-1, 1-1	Dumbarton FC (Dumbarton)
Annan Athletic FC (Annan)	1-0, 1-1	Forfar Athletic FC (Forfar)

SPFL Scottish League Two 2021/2022 Season	Albion Rovers	Annan Athletic	Cowdenbeath	Edinburgh City	Elgin City	Forfar Athletic	Kelty Hearts	Stenhousemuir	Stirling Albion	Stranraer
Albion Rovers FC (Coatbridge)	■	0-1	2-1	2-0	2-0	2-3	0-3	2-2	1-0	3-2
	■	1-4	0-1	0-1	0-0	0-0	0-0	1-2	1-1	0-5
Annan Athletic FC (Annan)	1-1	■	1-0	1-3	4-1	0-2	5-1	1-2	3-1	2-2
	2-4	■	2-3	2-1	2-1	2-2	1-2	0-2	0-0	4-1
Cowdenbeath FC (Cowdenbeath)	0-0	1-3	■	1-2	3-1	1-1	0-1	0-2	1-0	1-2
	0-1	1-3	■	0-0	2-0	1-2	0-1	1-1	0-0	0-1
Edinburgh City FC (Edinburgh)	0-4	0-1	1-1	■	2-0	0-4	2-3	1-0	2-2	3-1
	1-2	2-1	1-0	■	2-2	2-0	1-1	1-1	1-0	1-2
Elgin City FC (Elgin)	3-0	0-2	1-0	1-1	■	1-1	2-0	2-2	0-2	1-1
	1-1	0-2	1-4	2-0	■	1-0	0-0	0-2	3-1	1-2
Forfar Athletic FC (Forfar)	3-1	2-0	3-0	2-0	2-1	■	2-2	3-4	2-0	1-1
	2-0	5-1	1-1	2-3	0-0	■	1-0	0-0	0-1	3-2
Kelty Hearts FC (Kelty)	6-1	2-1	2-0	1-0	1-1	1-0	■	2-0	1-1	1-0
	3-1	3-1	1-0	2-2	4-0	1-1	■	1-0	1-1	3-2
Stenhousemuir FC (Stenhousemuir)	3-1	2-0	1-1	2-2	1-2	1-1	1-4	■	0-1	1-4
	4-1	0-1	0-2	0-0	2-1	2-0	0-1	■	1-2	1-3
Stirling Albion FC (Stirling)	2-1	2-3	4-0	1-2	0-1	1-0	1-3	1-3	■	1-1
	0-1	0-3	2-1	5-0	0-2	1-1	0-3	0-1	■	1-0
Stranraer FC (Stranraer)	1-0	0-3	2-0	0-1	1-0	2-3	0-4	2-0	0-3	■
	0-0	1-1	3-0	0-2	2-0	0-2	0-3	1-1	3-3	■

	SPFL Scottish League Two	Pd	Wn	Dw	Ls	GF	GA	Pts	
1.	Kelty Hearts FC (Kelty)	36	24	9	3	68	28	81	P
2.	Forfar Athletic FC (Forfar)	36	16	12	8	57	36	60	PO
3.	Annan Athletic FC (Annan)	36	18	5	13	64	51	59	PO
4.	Edinburgh City FC (Edinburgh)	36	14	10	12	43	49	52	POP
5.	Stenhousemuir FC (Stenhousemuir)	36	13	10	13	47	46	49	
6.	Stranraer FC (Stranraer)	36	13	8	15	50	54	47	
7.	Stirling Albion FC (Stirling)	36	11	9	16	41	46	42	
8.	Albion Rovers FC (Coatbridge)	36	10	9	17	37	58	39	
9.	Elgin City FC (Elgin)	36	9	10	17	33	51	37	
10.	Cowdenbeath FC (Cowdenbeath)	36	7	8	21	28	49	29	POR
		360	135	90	135	468	468	495	

Pyramid Promotion/Relegation Play-offs

Bonnyrigg Rose Athletic FC (Bonnyrigg)   3-0, 1-0   Cowdenbeath FC (Cowdenbeath)

Bonnyrigg Rose Athletic FC won promotion into the SPFL.
Cowdenbeath FC were relegated into the Lowland League.

Bonnyrigg Rose Athletic FC (Bonnyrigg)   3-1, 0-1   Fraserburgh FC (Fraserburgh)

SCOTTISH CUP FINAL (Hampden Park, Glasgow – 22/05/2022 – 50,319)

RANGERS FC (GLASGOW)　　　　　　2-0 (aet)　　　　　Heart of Midlothian FC (Edinburgh)
Jack 94', Wright 97'
Rangers: McLaughlin (McGregor 119'), Tavernier, Goldson, Balogun, Bassey, Davis (Jack 81'), Lundstram, Arfield (Kamara 81'), Diallo (Wright 63'), Aribo (Sakala 106'), Kent.
Heart of Midlothian: Gordon, Souttar, Halkett, Kingsley, Atkinson, Haring, Devlin (McEneff 106'), Cochrane (Mackay-Steven 100'), Boyce (Halliday 76'), Simms, McKay (Ginnelly 82').

Semi-finals (16/04/2022 – 17/04/2022)

Heart of Midlothian FC (Edinburgh)	2-1	Hibernian FC (Edinburgh)
Celtic FC (Glasgow)	1-2 (aet)	Rangers FC (Glasgow)